锲镂集

台州历代墓志选录

·何薇薇 著

西泠印社出版社

序

墓志，是缅怀先贤，铭记其不朽之迹的盖棺定论。一碑所记，映照一生风雨，定格历史长卷中的不朽篇章。岁月如织，历史的长河滚滚向前。台州，这片古老而充满活力的土地，自古以来便是英才辈出的摇篮。他们的辉煌成就、高尚品德，乃至家族命运的起伏跌宕，皆化作这片热土上不可磨灭的记忆烙印。

早年，我曾编辑过《临海墓志集录》一书，然受限于当时的信息条件，未能尽收台州所出之墓志。直至如今，时隔多年又有新的墓志不断发现，每见每闻，欣喜又遗憾。时光荏苒，幸而后继有人。何薇薇，台州历史研究者中的青年翘楚，在地方历史文化研究方面有着不凡的成就。她在对地方文化的挖掘中尤感墓志的重要性，决定重新拾起编辑、整理、考证地方墓志的工作。这对何薇薇是一个不小的挑战。当她征求我的意见时，我很是欣慰，历史文化要薪火相传，正需她这样“愿坐十年冷板凳”的青年研究者的奋发图强。对此，我更愿意倾囊相助，提供资料与线索，以助力其成就此项工作。

历时数年，不辞辛劳，何薇薇广搜博采，编纂成《锲镂集》一书，为以后台州地方历史研究提供了重要的参考依据。这是一件可堪欣慰之事。细读该书，信息量大，历史内涵丰富，底蕴厚重，书中收录了台州自有墓志记载以来至民国时期的众多墓志资料，这些珍贵的文献资料的系统呈现，为后世留下了宝贵的文化遗产。

尤为值得一提的是，何薇薇在编纂过程中展现出的毅力与严谨。她不仅广泛搜集资料，更对每一条信息都进行了深入细致的考证辨识及研究，力求做到准确无误。例如对“台教之祖”郑虔墓葬之谜等复杂问题，她以大量的史事考证为依据，展现了深厚的学术素养与客观公正的立场。这种精神与品质，值得嘉许。

因此，当何薇薇请我为本书作序时，我欣然应允。这既是对她个人努力的肯定与鼓励，更是对所有致力于地方文史研究、传承中华优秀传统文化的青年学者的支持与期待。我相信，《锲镂集》的出版，必将为台州地方历史、文化、人物的研究提供坚实的文献基础与丰富的资料支撑；同时，它也将成为一扇窗口，让更多人了解台州，认识台州，爱上台州。

愿广大读者能够珍惜这份宝贵的文化遗产，深入研读、细心品味其中的历史智慧与文化精髓，共同为传承与弘扬中华优秀传统文化贡献自己的力量。

马曙明

目录

元代

明代

清代

民国

唐代

郑虔[①]并妻王氏墓志铭

大唐故著作郎贬台州司户荥阳郑府君并夫人琅琊王氏墓志铭并序

公讳虔，字趋庭，荥阳人也。本枝自周，因国氏郑，尔来千有余年，世为著族。曾父道瑗，随朗州司法参军；大父怀节，皇澧州司马，赠卫州刺史；父镜思，皇秘书郎，赠主客郎中、秘书少监。公则秘书之次子。源长庆深，世继其美。

公神冲气和，行纯体素，精心文艺，克己礼乐。弱冠举秀才，进士高第。主司拔其秀逸，翰林推其独步。又工于草隶，善于丹青，明于阴阳，邃于算术，百家诸子，如指掌焉。家国以为一宝，朝野谓之三绝。解褐补率更司主簿，二转监门卫录事参军，三改尚乘直长，四除太常寺协律郎，五授左青道率府长史，六移广文馆博士，七迁著作郎。无何，狂寇凭陵，二京失守，公奔窜不暇，遂陷身戎虏。初胁授兵部郎中，次国子司业。国家克复日，贬公台州司户。非其罪也，国之宪也。

经一考，遘疾于台州官舍，终于官舍，享年六十有九，时乾元二年九月廿日也。

夫人琅琊王氏，皇凤阁侍郎平章事方庆之孙，皇侍御史晙之女。承大贤之后，盛德相继。母仪母则，传在六亲；妇道妇容，闻于九族。享年廿有五，以开元十四年十一月二日先公而殁。嗣子元老、野老、魏老，有女五人。既奉胎中之教，又承庭下之训。动乃应规，言必合则。咸以世事多故，或处遐方，唯长女、次女、幼子在焉。

初，公以权厝于金陵石头山之原，夫人在王城南定鼎门之右，顷以时艰，未遑合祔。昨以询于长老，卜于龟筮，得以今年协从是礼。长女、次女相谓曰：“吾等虽伯仲未集，而吉岁罕逢，今誓将毕乎大事。”于是自江涉淮，逾河达洛，万里扶持，归于故乡。昨以六月廿五日，将启城南故窆，言归郑氏新茔。大隧既开，玄堂斯俨。盘藤绕塔，彰神理之获安；葛蔓萦棺，未精诚之必感。青乌有言曰：“地之吉，草木润。神之安，福后胤。”此其是也，必不可动。佥曰：“此其为万代柽槚，胡造次而易哉！”于是长女、次女等叹曰：“不归故乡，亦闻古礼。”遂以大历四年八月廿五日，祔于夫人故茔，崇礼经也，议不可动也。外生卢季长备闻旧德，书此贞石。

铭曰：于昭我舅，道德是尊。才高位卑，天道奚论。茫茫野田，苍苍古原。凄凉对阙，冥冥双魂。陇月夜明，松风昼昏。千秋万祀，传于子孙。鼎门之右，龙门之侧。郁郁佳城，志荥阳茔域。

注：①郑虔（691—759），字趋庭，又作若齐、弱齐、若斋，郑州荥泽县人，唐代文学家、书法家、画家。因遭安史之乱牵连，郑虔于乾元元年被贬为台州司户参军。在台州任上，他以兴文教为己任，被后世奉为台州文教之祖。临海大田街道白石村有郑虔与夫人郭氏合葬墓，其子彧、稷附葬，清康熙《临海县志》有载，墓在“县东三十里白石岙金鸡山”。墓为郑氏子孙世代相守，历代经多次修缮。清同治年间台州知府刘璈曾重修此墓，并撰《唐广文公碑》立于墓前。该墓现为浙江省文物保护单位，历史上是否曾出土墓志未见记载。

上文墓志出土于河南省洛阳市关林镇，出土时间未详，现藏千唐志斋博物馆，志石长、宽各 45 厘米，共 28 行，行 28 字，正书，系郑虔外甥卢季长所撰。该墓志的出土，引发了郑虔葬在台州还是洛阳之争。今录文于此，仅供参考。

应宗本①墓志

唐故汝南应府君墓志并序

前婺州衙推将仕郎前澧州澧阳县尉李文师撰。

公讳宗本，字利用，世代东阳郡之人也。曾祖兆，皇道州别驾。祖晁，皇宣州宣城县尉。先父府君藻，皇台州司士参军，先妣夫人范阳卢氏。公即府君之次子也。昆仲三人，长曰宗合，寻已谢世；弟宗立，孝行理家，承公之训。公幼而婚，娶吴兴沈氏，即故乐安县尉刚之长女也。有男一人，播，尚幼。稚女一人，年未及笄。

公累代经业出身，禄位不绝，弱冠习读应孝廉之科，虽数战而不第，学与德行未亏，其节慕古人风教，性气不杂，蕴仁抱义，孝敬为心理身，克俭于家，和睦以道，遣时无苟□名利，常言积善可庆寿必延永，何神理而昧。咸通二年夏六月十日，染疾不逾，旬启手足于郡城西郊之私第，享年五十有七。其年六月十七日，拳厝于大固之北山。属数岁皆日月不利，未及安神于厚地。咸通六年十月廿四日，卜得延寿[②]乡延祚里白石墺七德之村原也，临海县之东。迁魂其所以故乡迢递，山坂崎岖，物力不赡，相者称善。呜呼！令弟营丧而悲泣，幼子攀慕而哀号，亲友同嗟，谁不凄怆。恐岁月更变，文师请志于石，其铭曰：

志气不展兮，天地何偏。有义有德，遽奄黄泉。政直罕及，行偕古贤。寿宫杳杳，寒云惨然。浮世若梦，终随逝川。迁魂厚地，松柏千年。

注：①应宗本（805—861），字利用，临海人。生平不详。其父应藻曾任台州司士参军。墓志系清咸丰三年六月出土于临海大田岭外村马方山麓。石高一尺九寸三分，广二尺五分，十七行，行字不等，正书，字径六分。七月，为临海刘凤洲收藏于家，刘凤洲过世后，其家人秘不外示。时任广文书院掌教蔡篪以旧藏拓本相赠，得以摘录碑文。《台州金石录》收录，今由编者点校。

②原缺，此据《赤城志》补充。

杜雄[①]墓志铭

唐台州刺史杜雄墓志铭

□□□□州刺史检校司空□□杜公墓志铭并序

门吏德化军巡官前岭南西道观察支使试秘书省正字鲁洵撰。

□□□□□日月斯照，乃有大电呈瑞，灵岳降贤。上则一千年以诞（阙）□□□□□□□□□而□□□□□□□□□简册焕乎古今（阙）□□□□□字昌符□京兆人也。自汉魏至于（阙）□绝□□茂族（阙）先世自东晋过江，士族南徙，以丹邱（阙）政。

先君禺自安高尚，不求禄仕。（阙）先君由（阙）军□迁春州刺史，（阙）公即春州府君第二子也。生有奇表，（阙）精元孝资温清、敬事昆弟，至于疏亲远属，（阙）天下将乱，且叹曰：穷经讲学，将非其时。豹略龙（阙），士之志廉使美其材，署为平昌讨伐使（阙）州事，承制加御史大夫。是时歉俭后（阙）左诏兼大司宪。恩及师徒，惠播闾里。（阙）以功业（阙）上闻，（阙）光启三年加工部尚书。是秋又迁刑部，（阙）以正道使知而后改，遂刑措不用。（阙）租赋其式稼穑将登有水（阙）不若神明之政也。日者（阙）公率兵拒之，群寇瓦（阙）有武而不用得非良二千石（阙）部□□□□□转金紫，是岁复加右揆大（阙）两浙中令以嘉辞厚（阙）首史不绝，书多竭私（阙）有地千里，有爵三公。显赫（阙）其礼，未尝骄于色，吝于（阙）于国，厚于人，薄于己。古（阙）起视政，以其月十七日薨。（阙）终神气不乱，顾谓（阙）曰（阙）可归勉主郡事。言讫而瞑。

□□□之□□状如生（阙）民如子，抚军若一奉上（阙）加以宗事□充（阙）不异□□功成名遂，善始令终□。（阙）路□□□碑荆州罢市共□□□□□见之其得人心也。如此先大父□□□弘□□□□□殁□□继大（阙）封□平（阙）□□之养□□□□是日太君□□□□□□□□□陈氏封□郡夫人（阙）礼□闺门道光，先公一岁而殁□□□人，长曰彦崇，□□军节度押衙□□□□亲□□将，孝以承家，谦以处众。生知□□之道，早明治乱之机，入侍庭闱，出佐军旅。次曰彦辉，彦□，彦信，彦特，彦持，彦琪，彦择、西凉府节度推官，幼曰彦丰，并俊秀聪敏，仰禀义方，号慕殒绝者数四。女四人，皆明惠贤淑，有曹谢之风。长适镇海军都指挥右揆吴章；次方笄年，未良匹；次许嫁陈氏，即故闽帅司空公第二子；次许嫁钱氏，即今两浙中令彭城郡王爱子也。

副使叶公与左都押衙师位右都押衙绍吞及诸郡将，亲奉丧事，各率家财，送往事居，知无不至。《传》曰："周人之思，邵公爱其甘棠，况其子乎？"公恩施广于一境，可谓贻厥孙谋矣。以其年十一月廿五日，葬于郡之义成乡贞节里。一日，亲吏传尚书公命曰："子为宾职，复典文翰。我先君勋绩善政，当得其实。愿为志石，以传不朽。"洵受恩有日，报赐无阶，陈让不获，因洒泣铭曰：

五纬降瑞，四灵效祥。诞生硕臣，赞我巨唐。奇表岳峙，懿行兰芳。耆天柱石，浮海舟航。士怀恩信，民歌乐康。凤书锡命，虎符有光。军崇美号，义洽故乡。三公爵秩，千里宪章。化穆二纪，仁被一方。威仪棣棣，度量汪汪。未当分阃，俄惊坏梁。望碑挥洒，罢市凄怆。佳城叶吉，丹旐启行。厚地永固，遗德难忘。流庆令嗣，与□□□。

注：①杜雄（？—897），字昌符，生年不详，卒于乾宁四年，临海人。唐僖宗中和年间，趁时局动乱，杜雄、刘文起义，杀死台州刺史罗虬，攻占台州。初刘文自任台州刺史，后改任明州，由杜雄任台州刺史。光启二年，浙东观察使刘汉宏为董昌手下大将钱镠所败，逃奔台州。杜雄诱捕刘汉宏，送于董昌。在董昌的帮助下，朝廷默认杜雄任台州刺史。光启三年，台州置德化军，杜雄任德化军节度使。杜雄掌控台州前后共十五年，累官至司空。据《两浙金石志》载，志石原在临海义城乡（今尤溪镇）大王庙。清代洪颐煊曾访得收藏，后下落不明。铭文在《全唐文》《两浙金石志》《台州金石录》均有载，详略稍异，今由编者整理点校。

王从德①墓铭

唐大理寺少卿王公讳从德，字本心，钱塘施水人也。高祖讳稷；曾祖讳业；祖讳架。父讳彦，母刘氏。子四人：惟勤、惟善、惟能、惟贤。孙三人：可与、可权、可止。

公生于李唐大中元年八月初八日，卒于我朝天成元年十二月一日，享年八十有一。夫人贾氏，先公卒。以明年丙戌十二月望日，合葬于本乡金岙，去家南五里。

公自幼能赋诗，迨壮，名重缙绅，荐举咸通进士。初为临海县尉。时邑中有贫民，地近豪右，欲之勿得，乃罗以他事陷之狱。官司无能理其枉者。公独怜之，得其情。士民咸为称快。凡三擢，至景福为大理寺少卿。以切直忤权贵，在位仅八月。遂弃官归施水，矢志勿出。呜呼！公诚豪杰人士也，临大节不可夺者欤。

初与钱镠同里闬，相友善。镠为锦衣将军，豪侠盖世。公遂避之。及据有十三州，以吴越自号，欲以千金聘公主帷幄。公峻却之。仁和曹圭，与公同师甚善。后圭仕吴越，欲诱公同禄。公遂与之绝。因以身为唐臣，土地人民奄为敌有，门生故友叛仕他姓。

忽一日，思台州山水之美，曰："此吾初仕地也。"遂弃施水，径往台之宁溪家焉。道经四明，谒予，予延之舍。商及时事，悲形于色。洎至宁溪，卜居于东山之阳，署其室曰"诚斋"。植以花木，雅有幽致。尝著《农家事略》六卷凡十二篇，大意以人生之本在农，农之本在勤俭。后六篇大意以能勤俭则农事成，农事成则礼义兴。噫！真至言也。

公之少子惟贤，以予与公素友善，追殁，造予请志。予不敢辞，敬推其生平之素。以志之铭曰：

公之履端而方，公之身寿而臧。生逢乱离兮固守厥良，心秉贞忠兮罔变厥常。不为刘子之媚兮而献祥，不为屈子之怨兮而沉湘。初居施水之乡，终徙宁溪之阳。耿耿兮世德之光，绵绵兮孙子之昌。噫！公今往矣。公之名，千秋万载在人而不忘。

后唐天成礼部左侍郎黄晟。

注：①王从德（847—926），字本心，钱塘（今属杭州）人，曾任临海县尉，《临海县志》有载。官至大理寺少卿，因率直得罪权贵，遂弃官归家。后迁居黄岩宁溪。上文载于王氏族谱，墓葬及志石等情况均不明。据铭后跋文记述，原文曾佚失，至明嘉靖年间，由黄岩王启昭处意外得回。今白水洋王氏即为王从德后裔，编者据族谱录文点校。

宋善主①墓志

大唐故冠军大将军代州都督上柱国许洛仁妻襄邑县君宋氏夫人墓志并序

夫人讳善主，字令仪，定州安喜人也。原夫玄禽翙羽，开有商之祚；白翰腾骧，肇承殷之祀。洎乎分邦锡社，凝茂实于睢阳；列国会盟，秀芳华于官度。祖逸，周开府仪同三司江州刺史永宁县开国公；父涛，随左千牛备身永州长史柱国袭爵如故，并位光烈宰，名参上将，褰帷楚甸，副轸衡吴。夫人名蔼兰闺，声绵闭壶，标梅觐止，樛木承恩，捧案申恭，敬深馌野。年过蒲柳，岁迫桑榆，遘疾弥流，游魂岱录。春秋九十有九，薨于金城坊里第。即以其年五月廿四日窆于龙首原，礼也。呜呼哀哉！松风凄惨，薤露苍茫，悲夜台之永暮，痛佳城之未光。乃为铭曰：

天开宝祚，地启灵源。瑶华荫蔚，玉叶便繁。伟哉先哲，猗与后昆。褰帷下邑，露冕上藩。

四德摽举，三从惠养。淑慎居贞，声名厉响。落景西倾，逝川东往。瘞玉质兮重泉，遂埋魂兮幽壤。

注：①宋善主，字令仪，安喜（今属河北定州）人，生卒年不详。许洛仁妻，许洛仁为并州（今山西太原）人，蔡州刺史许世绪之弟。据《台州金石录》载：“石高一尺四寸二分，广一尺四寸。文十七行，行二十字，正书，径六分。前后附刻题名四种，字数俱不等。”此志系清道光年间，临海宋世荦自关中购得，藏于临海倦知山馆。故附录。

五代

俞让[1]墓志

大吴越国匡时励节功臣台州教练都知兵马使罗城四面都巡检使银青光禄大夫检校刑部尚书上饶卫将军兼御史大夫上柱国俞让墓志

将仕郎秘书省秘书郎赐绯鱼袋崔铎撰

夫达邦家者，非仁与义则外无能而处焉。将军德行立身，遐龄鲐背八十有三，本出冀州河间郡鄚县都仁乡平相里。唐初，龙骧将军法才公任台州刺史，于今三十二代孙也。先考大夫讳亮，居常州无锡县西一十七里，祖墓相继数代，羊碣犹存，旋遇仕马离乡，乃投就浙东，壬午年则服戎提戈承事。太祖武肃王定乱江东，随郡牧骆团太保，却复台州营，卜第宅于开元寺之街西。自天祐年中，吴越已来四五朝帝，累沐国恩，转职授官至叨，优恤仍加功臣，赐褐衫、火珠腰带，并及金银器皿者。

将军先娶太原王氏，夫人门阀簪裾，迥怀令问，育三男二女，年六十有八，早遇殂变。长男彦璋，上军讨击副使、栱宸侍卫、□副兵马使、充台州水军都将、银青光禄大夫、检校国子祭酒兼御史大夫、上柱国及宣赐褐衫、粟面、金火珠腰带。先娶徐氏，年五十七，祸遘衰疾□。一孙，仁安，娶黄氏，代父职，任副兵马使、殿直都副将、充水军都将、知省造船务、银青光禄大夫、检校太子宾客兼侍御史、上柱国。有女孙二人，长适潘仁□，少适孔仁福，俱从职掌。次中男彦球，第二台州军事押衙、充厢虞侯。自丙申至辛亥年，叠蒙睿慈，迁转职阶，兼赐褐衫及粟面、金火珠腰带，充上军兵马使、衙内管当直都副兵马使、银青光禄大夫、检校国子祭酒兼御史大夫、上柱国，续至甲寅年，蒙圣恩，宣差使赍制并朱记二枚，补充教练使罗城四面巡检使。审著勤劳不起疚瘵，令代父员位。新妇蒋氏，闺户肃雍，育孙数人，一男仁升，军事押衙、勾当省内礼酒坊务、银青光禄大夫、检校太子宾客兼监察御史。第二男仁福，军事押衙、勾当东酒坊务、银青光禄大夫、检校太子宾客兼监察御史、上柱国。第三男仁祚，军事押衙、充当直都队将、知省回图库务、银青光禄大夫、检校太子宾客兼监察御史、上柱国。余孙即未守职。女孙三人，并适徐氏、卢氏，皆居将校将军。次男彦迴，第三军事押衙、充厢虞侯、银青光禄大夫、检校太子宾客兼监察御史、上柱国。嫡女二人，长适衙内副兵马使吕氏，次适知省回图库务盛氏。并列家风，文武不坠，子孙昌盛，礼士待贤。在处输机，济盖军幕，崇构精宇，斋供高僧，艘舻应官，金汤匝郡。回图虽设于一方，上供曾计之巨万。

呜呼！奈何久淹风恙，寿终遐龄，寻乃录表奏闻，便蒙宣赐祭筵兼颁赙赠等，光九族之显荣。启手足日，悲哽道途，吁嗟邻里，以显德元年甲寅十月十□日甲寅，宅兆于临海县兴国乡浮江岙里东山保茔，近先妻王氏夫人之墓，礼也。遂立其志，故形斯文。

铭曰：功业智远，力作义舟。艰历富贵，荣协公侯。名于两浙，家立丹丘。接下承上，肥马轻裘。葬礼浮江，郡西十里。旌旐宛约，祭奠迤逦。亲聚戚哀，庆积善美。勒石贞珉，人生已矣。

注：①俞让，生卒年及生平不详，临海人，光绪《台州府志》载为“寓贤”，民国《临海县志稿》有传，即铭文节录。志石在咸丰年间出土于临海城西松山，村民取为落麦石，后被仙居陈羽樵购藏。石高二尺三寸八分，广二尺三寸，文三十行，行字三十五、六、七不等，正书，字径八分。后王藻录文，《台州金石录》收录。今由编者点校。

继昌翁①墓志铭

余老矣，一切事付之东流矣。第念余性颇峻峭，与订交者屈指不过数人。一日访友至仙之秀溪，与王翁晤，见其道乃貌、德乃容、规乃步、矩乃行，而一言遂定交焉。盖契之远矣。嗣以司刑东粤，不获与谈衷曲。然寤寐间如在风雨庐中，见其人如玉，爰于簿书倥偬余，赋里言一律，内有“秋水伊人应宛在，高山逸调若遥闻”之句，志怀也。兹解组归，正欲具书词命夫赴候间，而翁之幼嗣君，忽走币，具行实，丐余言以志诸墓。噫！余想翁久矣，虽老朽，得无言以表之哉？

按：翁姓王氏，讳继昌，字惟宏，文庵其号也。其先世居钱塘施水巷。乃父诚斋公为唐进士，累仕至大理寺少卿。后以直忤权贵，弃官而归。既而钱氏称吴越王，虑其地逼而征聘不已也，乃潜迹埋光，迁隐于台之秀溪。及将易箦，语诸翁曰：“我唐臣也，汝辈慎毋臣他氏焉。”可翁对曰：“唯命。”当斯时，驹齿尚未落也，其一种忠孝气已流露于片言中矣。

嗣是而后奉遗训为格言，遂远褚先生、管城子，逍遥陇上，日以督理农务为治生本业，间以其暇汇慕三代及汉晋唐忠荩录二卷。体尚四六，语匕钟鍊，字字精工。大抵借前人榜样，吐胸中傀儡，若云以博洽见技，非其志矣。吁！凛家训，不愧为名臣后裔。孝也，服田畴不失为一时完人；忠也，本孝矢忠即以忠成孝。其有裨于名教也，岂浅鲜哉。

何天永其德，不永其身，竟使矍铄义叟，一旦飘然而去，盖周显德丁巳九月十有一日也，距生唐咸通癸巳正月十五日子时。安人盛氏，生于唐乾符乙未八月十六日午时，卒于后晋天福癸卯三月廿三日申时，年八十三。合葬于上蒋园之原。卜者谓眠牛地不之过焉。余谓忠肝义胆直与日月争辉，岂区区窀穸得所云乎哉！嗣君三，曰焕、曰烨、曰炎，皆磊落光明，气识森严，奕匕可钦。爰志之曰：

忠尔国，孝尔亲，全尔节，完尔名。今古完人，贯金介石，孰如君是宜铭。

前任广东等处提刑按察司使越城年家眷生姚钺撰。

注：①王继昌（873—957），字惟宏，临海人，生平不详。据铭文，其为王从德子，但据王从德墓铭，四子中无惟宏。其中缘由，有待考证。上文录自临海白水洋王氏族谱，编者点校。

宋代

曹勋妻王氏[①]墓志

宋故淑人王氏之墓（篆题）

大宋保信军承宣使提举万寿观曹勋妻淑人王氏，以绍兴廿四年甲戌十月乙亥十八日丁酉，葬于台州临海县真隐山之阳。自南渡居此，淑人怀土感伤，以疾不起，年五十一。勋率其男成忠郎耕、耜、耘砻石以瘗于幽宫，呜呼哀哉！谨志。

注：①王氏，曹勋妻，生卒年及生平均不详。曹勋，字公显，一字世绩，号松隐，颍昌阳翟（今河南禹州）人。南宋大臣，靖康之难时随宋徽宗被俘，北上途中受徽宗半臂绢书，自燕山逃归，向宋高宗上御衣书，请求召募敢死之士营救徽宗。当权者不听，被黜。绍兴十一年，宋金和议成，曹勋被诏出使金国，劝金人归还徽宗灵柩，后又两次使金，促成金人放归太后等人。宋孝宗时加封太尉、提举皇城司、开府仪同三司。晚年寓居台州，淳熙元年卒，赠少保，葬临海显恩寺。王氏墓志出土于临海市括苍镇大岙村，高 76 厘米，宽 48 厘米；题篆书，大字双行居中；志文分列左右，各一行，右行 45 字，左行 46 字。王氏系独葬，墓于早年已被盗，上世纪六七十年代被村民发掘时，仅存此志。1999 年 9 月何达兴等同志调查时发现。

王之望[①]墓志

宋故资政殿大学士左太中大夫襄阳县开国伯食邑八百户食实封二百户致仕赠左宣奉大夫王公墓志（题）

公讳之望，字瞻叔，姓王氏，襄阳谷城人也。其先闽人。唐开元中，远祖自余杭徙居汉沔。曾祖讳迁，积善种德，乡闾称之为“无怨公”，赠太子太保；妣向氏，赠琅琊郡夫人；彤氏，赠博平郡夫人。祖讳文，好学有才名，赠太子太师；妣黄氏，赠江夏郡夫人。父讳纲，登元符进士科，官至朝散郎，通判徽州，赠少傅；妣张氏，赠庆国夫人。

公自幼警悟，笃志学问，意气英迈。一时名士如魏泰诸人，皆以公辅期之。与同里范公宗尹齐名。甫冠，游太学有声，屡中优选。会中原乱，避地东土。

绍兴二年，以少傅遗泽，补将仕郎。明年授右迪功郎、昌化军判官，改辟监台州支盐仓，因家焉。秩满，铨试第一人，循从政郎，调处州录事参军。未赴，登戊午进士第，公为第五人，改本州教授。公为之重修学舍，严教导之法，由是士风之盛甲于东南。用荐者改秩，除太学录。久之，为博士。时重建贤关之初，公极力作成，文格一变，士子经公赏识者，多为闻人。

求外补知荆门军。诸司将以治最上闻，公力辞之。癸酉秋还朝，除提举湖南常平茶盐。岁余移潼川路转运判官。以经郊，赐六品服。丙子冬，奉手诏同制帅萧振等讲究四川裕民事，公多所建明，蜀人赖之。明年，就除提点刑狱，权潼川府。因饥修城，公私便之。俄除直秘阁、成都府路转运副使。寻得旨，权提举四川茶马。公尽革两川积年经界、盐酒、赋敛、科举、铨选之弊，所至令行禁止，风采凛然。治行闻于朝，台谏列荐，加显谟阁。明年执政论荐，遂召赴行在。时相忌之，除太府少卿，总镇四川财赋军马钱粮。时金人败盟，调度百出，未尝横敛而军民兼裕，田里不知用兵也。以职事修举，升太府卿。上皇曰："川陕用兵，朕全得一王某之力，几如萧何之在关中，朕当大用之。"

壬午秋召赴行在。时上初即位，欲举一忠悫明敏之士为四川都转运使，令侍从台谏各举所知，以俟拣择，佥言无以易王某者。遂除权户部侍郎、川陕宣谕使，赐四品服，委公措置守御川口。公进驻河池，虽西师失利，而公独保蜀无虞。隆兴改元，请辞，夏，除集英殿修撰、提举江州太平兴国宫，到荆南。复召，再除权户部侍郎，江淮都督府参赞军事，公累辞不获。上深欲见公，促入觐。及对，上迎劳之，曰："吴璘用兵，全得卿力。"因奏川陕事宜，往复数万言。是时和战未定，公于榻前指陈其说，疏读至半，玉音称善。于是论事至十一刻，即日留中。俄兼权直学士院，改权吏部侍郎。

先是，朝廷通虏帅书既回，忌公者欲陷公于不测，遂荐公使虏，借礼部尚书为通问使。公与宰执论难使事利害几两时，言辞慷慨，义理明白，闻者耸然。又见上反复言之。寻诏台谏、侍从集议于后省，公辞不与。台谏以为宜遣小使先审虏帅，乃以胡昉等为审议官先行。明年春，所议不谐，公久留境上，得旨而还。入对，上慰劳曰："卿所料无遗策矣。"

是时都督府将罢，上始有意以江淮属公，以公为淮西宣谕使。公坚卧力辞，上曲加谆谕，始拜命。俄擢左谏议大夫。公既受上非常之知，由是知无不言，言无不用。公首章极论当时之弊，上以所言榜明堂。公至建康，一新军政，与大帅王彦等会于合肥，遍历淮西，相视关隘，盛为守御之备。及归，图上方略，上大嘉叹。留旬余，复往江上，悉施行之。是秋，虏将犯塞，公调诸将之兵渡江，各守所分之地，而淮上列戍数千里，隐然有不可犯之势。暨冬，虏寻入寇，淮西竟免冲突之患。

公将如昭关为诸军声援，忽得御札云："虏有举兵意，卿等可激励将士，以获功名。"公遂陈三策，上批奏云："差强人意，有臣如此，何忧国是之不定！"此奏未到，已拜参知政事，中使至建康宣押，赐公宸翰，有"谋皆朕同，规模甚远"之语。公固请终使事，不获命，遂入朝。上见公慰劳周至。公曰："执政自外除，国朝旷典。庆历中韩琦、范仲淹立功西鄙，就除枢副，亦未有自谏大夫而为参预者。"上曰："稍定，待与卿理会天下事。"俄兼同知枢密院事。寻充督视，又改除同都督江淮军马。先是左相汤思退为都督，杨存中为同都督，又以公为之，公奏论其事，大抵谓"都督并置，权势相敌，使将帅何所禀承？"上批奏云："其理甚长，所请宜允。"

公以军兴多事，欲依祖宗典故，移郊祀于来年，且请因此改元，上从之。时虏又侵犯淮东，公深以为忧，乃自请行，因就措画，上许之。乃陛辞，上曰："卿且休去，只在此理会事；上皇亦不令卿去。"公径辞出，遂以参政行府，劳师江淮。公到京口，虏已深入，而流民数十万，颇啸聚，人心皇皇。公宣布上恩，训厉诸将，始有固志。

先是，公建议贻书虏帅，遣介持往，以为所议不成，交兵未晚。而朝廷屡下督战之令，将帅颇欲侥幸邀功，间有违节度轻出失律者。公既论奏，又力制之，以取万全。未几各罢兵，至今南北宁息者，皆公力也。

公以病甚，未克渡江，有旨赴行在。公既在外，言事者亟论公，章皆不出。

公因恳辞机政，罢为端明殿学士，提举江州太平兴国宫。明年，加襄阳县开国子，食邑五百户，食实封二百户。五月，起知福州、福建路安抚使。公尝慕郑子产为政，凡居官不求近效，为帅四年，救荒靖寇，威惠并行，豪强戢伏，海道宁肃，闽人大安之。戊子春，加资政殿大学士，赏报政也。仍进爵开国伯，增邑三百户。

前后丐闲章七八上，未得请。会有夫人之丧，乞便郡，差知温州。未几以病请辞，优诏不允。是秋坐水灾，降一官。旋以海盗之捷，收还前命。言者承风旨，劾公罢郡，归于临海之私第。方优游卒岁，庚寅冬疾作，至春加剧，而神观峻整如平时。一旦，亲草纳禄奏，且召亲故与诀，曰："余六十八矣，此司马温公死之年也，复何憾！"二月乙卯，薨于正寝。公奏到，但得宫观，再请于朝，转一官致仕。遗奏闻，天子震悼，辍视朝一日，赠官五等，恤典有加。

公资孝友，事亲、居丧有人所难能者。当效恩，首官其弟。平日景慕前辈，动以为法，鲠介特立，恬于进取。太学五年不徙官，使蜀九年，屡召屡止，不以为意。在政地甫及两月，复以谗去。其难进易退如此。当官而行，不恤毁□，以故不乐公者众。少历艰难，中更沮抑，而气不少衰。居常无他嗜好，奉养甚薄。手未尝释卷，博学无所不通，谈论英发，听者忘倦。为词章下笔立成，豪赡宏博，切于事理。有《汉滨集》《奏议》《经解》各若干卷。诸孤以十二月丙午奉公之柩合葬于台州临海县义城乡白岩之原。

配同郡张氏，凝重而有贤德。扰攘中，公二兄有急难，夫人竭赀装助公救之。暨贵俭素不改，在政府，不解襜。及公罢，夫人笑谓诸孤曰："吾固知汝父方严，不能久于此也。"闻者钦服。历封咸安、同安郡夫人。先公四年薨。男五人：镛，右从事郎；铢，右宣义郎；镎，右承奉郎；钦，右承务郎；鈆，未仕。女二人：长适右通直郎魏钦弼，次未行。孙男一人：淙。女三人，尚幼。

公以儒学致身，出入中外殆四十年，被遇两朝，晚参大政，所蕴未究而奄弃昭代，此我诸孤所以叩心仰天而泣血也。然公勋在王室，道信天下，载之史官，传于士大夫之口久矣，不肖之孤讵敢称道！姑叙其出处大概，刻诸坚珉，以贲幽宫，虽天壤相弊，而斯传为不泯矣。

乾道七年岁次辛卯冬十二月朔辛丑，孤哀子镛等泣血谨书。

郡士王棠刊。

注：①王之望（1104—1171），字瞻叔，襄阳谷城人（今湖北谷城），南宋著名政治家、词人、书法家。绍兴三年，因任职台州，举家徙居临海。后曾出任参知政事，兼同知枢密院事等职，身历四朝，仕宦近四十年。晚年退居临海，因病卒，谥“敏肃”。志石高96.5厘米，宽72厘米，厚8厘米。文连题41行，满行59字，又刊人勒名1行。墓及出土情况不明，志石系2000年8月征于临海市江南街道白岩岙，现藏临海市博物馆。

王之望妾徐氏[①]圹志

宋故太安人徐氏圹志

太安人讳徐氏，世居中原。父从□□□冠南渡，寓居台之临海，未籍。□□□□先君□政敦肃公从安人□□□□升□朝大夫，孺人过□□灵寺□□□□，享年六十□□，终于庆元六年十二月二日，其年十二月二日葬于临海县义城乡白岩坤山之原，依□先□□，男一人：鈆，朝奉郎，前过州赣州；女一人，□文林郎新监□□在文思院都门秦墀。孙男一人：洤，将仕郎；孙女二人，长适林熊卿，次幼。

鈆年十三而孤，太安人鞠拊长育，以迄于壮。经理其家，内外克齐。鈆历五仕，粗免旷弛，寔慈教之为。劬劳未报，遽惧酷罚，擗踊号叫，昊天罔极。必忍死毕大事，惧无以识不朽，具列始终，措诸幽阴，呜呼痛哉！

孤哀子王鈆泣血谨记。

王才刻。

注：①徐氏（？—1200），王鈆生母。王鈆为王之望第五子，曾任四川总领。据王之望墓志，其妻为张氏，未见徐氏记载，徐氏应为妾室。宋真宗后，如父亲、嫡母、继母均已过世，则生母可以凭借儿子的官职受封赠，故徐氏有“安人”封号。志石高、宽均约70厘米，文连题17行，行15字，又刊人勒名1行。1990年11月，临海市博物馆马欣访见于临海江南庙前

村项文喜家。部分志文被藏主掼砖泥时磨损，马欣据石点校。2018 年 12 月，临海市文保所彭连生访见拓文，在原基础上补缺。

王淦[1]墓志铭

宋永州通判王淦墓志铭

宋永州通判王公朝奉墓志铭

文林郎新平江府学教授江朝宗撰。

昔《孟子》论，故国不谓其有乔木，而美其有世臣。岂非以世臣之贤，国所倚仗，其遗风余烈，动人悟物，足以维持数百年之远。况于其身，与其□，与其子孙，福禄蕃衍，与国咸休，诚无忝与世臣矣。其源流岂无所自来哉，考其世祚可知也。

公讳淦，字困道，姓王氏。五世祖讳迁，赠太子太保，居襄阳之谷城，自其种德克迈，积善有余，乡人称之为无怨公，故流庆之远，实胚胎于此。曾祖讳纲，登元符进士第，官至朝散郎，通判徽州，赠少傅。皇祖讳之望，初以少傅遗泽补官辟盐台州监仓，因家焉。秩满，诠试第一，调处州录参，未赴。登绍兴八年进士第，考官将其魁选，知举争之不合，遂以为黄甲第五人。德行文章为学者师，被遇□□□□□阜陵，参预大政，终于资政殿大学士、左太中大夫，赠太师、秦国公，谥敏肃。勋庸炜烨，载在□国史。皇考讳鉩，敏肃公第五子也，孝友笃至，绰有父风。繇监牧，迁总饷，皆践世职，历官朝议大夫、直秘阁太府卿。

公佩服家训，笃志问学，性识明了，自幼颖悟，年甫六岁，伯、朝奉大夫镛见而异之，以绍熙五年郊霈恩奏补。嘉定三年，铨中前列，授迪功郎、衢州户曹，未赴。随侍总卿入蜀奏辟，总领所内机，积粟安边，屯营足饷，多所碑□。鹤山魏公见其丰神清迈，喜敏肃之有后，及出所为诗，记称其言近意到，气焰可仰，手书序文勉之。任满，利路监司，见知辟监利州昭化县。转般茶库部，押绢纲，旌赏增秩，监行在中界省仓出纳，唯谨和籴充裕，以职事修举该赏转官。虽屡游宦路，而黾勉服劳，无从事独贤之叹，盖公廉勤公正，视国犹家。当路钜公佥知其贤且才，交口称焉，惟恐或后。如宪使陈公元勋、侍郎曹公彦约、尚书魏公了翁、尚书邹公孟卿、尚书杨公烜、侍郎赵公崇龢、尚书袁公君儒，并剡荐于朝，以举主及格，改知衢州衡阳县。

衡阳视湖南为北邑，财赋浩瀚，讼牒繁夥，上官委送无虚日。公经书有方，酬应得宜，催科则逐乡置籍，条列姓名，躬自点勘，标引必信，期限不迫，人户翕然乐趋，上供不劳而办。听谳则推究情状，行之以公，曲直是非，吏奸靡容，民无枉滥之，赦有冤狱数件。如全州指使徐从义之子徐可大货衡州赵秉义财物营生，后徐可大不义逃闪，其弟徐可久诬诉赵秉义夫妇谋杀其兄，连年不决，事关人命，公竟得情，遂雪其冤。有朱大夫者，其家赀富饶，因被盗闻于有司，□手马文捕获邵大二等十余人鞠勘解县，案款将圆，罪该重宪，公察其辞情有差，躬自审勘，乃知马文受贿，逼抑供招，复贿县吏，符合前款，冤不可伸，几陷诬枉，赖公详明，皆得清脱。有如疑似之狱，纷不胜数，惟公心平见定，片言折服，剖决明允，前后书判，积成《平心集》十卷可考。高垓峒寇李保一者，率众驿骚，焚荡居民，掳掠财物，凶势猖獗，阖郡为之惊骇。宪台命公激励义兵，前进杀贼。公被檄即单骑就道，奋不顾身，号召义兵，勠力前迈，去贼仅一舍，闻风奔遁，潜回峒穴，一境获安。丁亥岁欠，细民乏食，公推诚劝谕，上户委之赈籴，阖境士民感德慕义，平价给济，民保无饥，凡可以恤下者，靡不尽心。枢相李公鸣复深所推重，举以升陟，期以远器。衡阳乃外台耳目，所萃风波崄巇，公政声既著，舆诵攸归。适永州阙倅，诸台遂以公奏辟，骥足方展，遽得疾而卒。实嘉熙丁酉六月十日也，享年四十有八。

死之日，吊者罢市，送者塞路，然后知公之爱民，民之德公，其诚意格物，非勉强能致也。公天资宽厚，轻利重义，亲故婚葬无不乐助，其有力不赡者，周以月给。衡阳官所去乡几三千里，子侄有孤弱无依者，不惮裹粮般挈之费，与之同行人以急告，则捐金周之，不使徒手而去，人未尝过而问。有以非理相干不逊忤意者，后其人或遭患难，不惟不念旧恶，抑且以德报怨，恻然拨援，尤有夫人所难及者，胸次坦荡，自号郤尘，暇日饮酒舒畅，吟咏联篇，有《郤尘集》数卷存焉。方敏肃公当绍兴间总饷西师，军旅精练，边陲乂安，民物殷阜，蜀人德之，创堂扁曰“二政”，彰其成绩，以垂不朽。越六十年而总卿继踵前躅，父作子述，泉流货衍，仓积用饶，西南生齿，复赖其泽，前后相继，典刑具存。公目击盛事，尝慨然有意于斯，不幸赍志而往。悲夫！

历官至朝奉郎。母胡氏，继吴氏，俱封令人。娶毗陵秦氏，先公十九年卒，封孺人。子男一人，梗，文林郎，新福州候官县丞。初，孺人之丧，公奉而葬于临海县义城乡白岩山之原。尝预穿圹于其旁，距总卿宅兆百步，其孤不敢违先志，谨卜以己亥十一月十九日甲申合葬焉。襄事有日，其孤来请铭其行，余窃谓公之庆源演迤，虽由于无怨公之所积而接踵膴仕者，类皆藻明玉洁，尊主庇民，使家法懿范绵绵延延，激而不坠，则所以能世其家者，何如哉。朝宗昨守官邵阳，去衡阳密迩，尝以书问往来，闻公之丧归以病，未及一恸，素知其孤之纯孝，克负荷先训，其敢以不文辞。铭曰：

上世积德，如山如阜。怨是用希，传诵万□。源深流远，培植益厚。载生贤祠，富哉抱负。克播其芬，克长其亩。未□厥施，天啬其寿。令名不泯，福霈于后。

嗣延。

注：①王淦（1190—1237），字图道，王之望孙，王鈆子。曾任衡阳知县。上文在《两浙金石志》《台州金石录》中均有载。据载，碑高六尺，广三尺六寸三分，额篆书，十二字，径三寸。文正书，三十五行，行五十四字，径六分。原在临海城南白岩寺侧，后移至前洋王氏门口。此据《台州金石录》录文，编者点校。

余焕[①]墓志

宋故校尉余公墓志（篆额）

先君姓余氏，讳焕，字彦章。其先台之黄岩人，徙名数于临海九世矣。曾大父承、大夫严、父潮，俱晦田里。

先君甫束发，失所怙。三伯氏蚤世，怡愉奉母夫人，恐失词色。偕仲氏长膝下，友爱天至，阅岁数十如一日，绝纤介嫌。资俶傥，读书喜擘析义理。遇事亡剧易，纵夺务己出，室老刺刺语不肯，无所回。绍兴间，天子忧北边，诏郡太守籍富人输财者以闻，当授爵，众喜津津出颜间，先君归卧不乐。除舍置席东乡，麾宋卿首戒曰："吾不幸，离夙丧忧，蚤力家政，问学不得竟；汝曹勉之，书不负人也！"乐闲放，间从所亲寻幽选胜，把酒婆娑，竟日忘罢。老益衰，乃创丘亭，聚石储水为游观。道遣遮客，亡谁何辄馆置，浩歌剧饮，单厨馔，不为朝夕计留。与人交，务尽欵诚；趋人急，甚于索水火；问病疾，手药饵之；贫与分食饮，死为调棺给敛葬具，里中客冢累累。盖先君行事闻于家、于乡梗概如此。

年六十有三寝疾，越三日，且革，家人环泣，枕幼女，孰视笑曰："是非累我者"，乃瞑。时庆元庚申正月二十九日也。於戏！今人适数百里登，出门恋恋，反走若有所亡，持女曹儿呫嗫语不休；先君视弃人世如脱屣易，头陀、衲子所难，晚读佛书，所得盖若是！

配宁川何氏，卒、葬皆先焉。男四：宋卿、宋臣、宋喆、宋宾。女三：长归吴琏，卒；次许妻黄锐；次尚幼。孙男女三人。诸孤卜以十一月二十日壬申堋于东山原，林木深秀，溪流缭曲，盖先君所行营者。诸孤亡所象似，既亡以为泉下荣，又亡绍介得铭于当世大手笔，茹哀忍死，姑叙其行义年，尚虞陵谷。

孤哀子宋卿谨书。

注：①余焕（1138—1200），生平不详，据墓志，余焕未仕，题额中"校尉"不知何来，且其妻何氏封"孺人"，疑为由子获封。查其四子，仅在周必大《思陵录》中发现"有台州进士宗女夫余宋臣缟素，在望仙桥东欲拦驾，投进二黄册文字，为街司所驱"等字，余未发现详细记载，有待进一步考证。志石高 64 厘米，宽 46 厘米，厚 9.2 厘米；圆肩，篆额双行，额旁浅雕夔龙各一；文 18 行，行 29 字，字径 1.5 厘米。出土于临海市小芝镇梨岙村石柱坟山麓。墓于 1993 年 3 月被盗，志石移藏于桥头村余氏后裔余国坚家，此据拓片录文。志文首段"焕、承、严、潮"四字均避讳缺末笔。

余焕妻何氏[1]墓志

宋故孺人何氏墓志（篆额）

临海余焕之妻何氏，卒越六年，乃葬兆所曰东山原。享年五十有八，为余氏妇凡更三十寒暑。有男四人：宋卿、宋臣、宋喆、宋宾。女二人：长适吴津[2]，后其母五年卒；次尚幼。孙男女各一人。

何为宁川著姓。君之曾王父诠、王父安、父珣，率善富有称。君少知为处子之法，足不出阃，事麻枲丝茧，朝夕作苦。既嫁，尽妇道，孳孳奉姑老，恐一日失颜色；吾母安之。丘嫂早世，君力家政，调和数百指，内外无间言。岁时馈祀，必躬必亲。宾客至，亟饭奴秣马，以安其主，击鲜酾酒，厨馔总总然，忘寝食不倦。予得婆娑为乐，户外之屦满矣。男子勉之读书，女子教之使类己，恩爱通浃，厚薄不见纤介，庶几乎鸣鸠之用心者。

呜呼！吾老矣，内失良朋，曩事尚忍言哉！君之死，岁在淳熙戊申孟秋之月有五日，堋以绍熙癸丑季冬既望之来日。书而纳诸墓为志。

许伯启刊

注：①何氏（1131—1188），余焕妻。志石高 56 厘米，宽 37 厘米，厚 4.9 厘米。文 16 行，行 18 字，字径 2 厘米。与余焕墓志同出，相关情况见余焕墓志附注。

②余焕墓志作“津”。

李端修妻周氏[1]墓志铭

宋故夫人周氏墓志铭（篆额）

宣奉大夫知枢密院事兼参知政事兼同提举编修敕令权监修国史日历权提举编类圣政临海郡开国公食邑四千六百户食实封□千六百户谢深甫撰。

朝奉大夫行国子监丞王及书。

朝奉大夫新权知无为军兼管内劝农营田屯田事商飞卿篆额。

夫人周氏，台之临海望族也。曾祖文宠，祖允平。父永瞻，迪功郎；母韩氏。夫人幼敏悟，女红之事不俟训而能，父母爱之繇。为择佳配，年十九归于同里文林郎李君端修，相敬如宾，事舅姑以礼，主祭祀以时，而仁其族、成其家焉。李君任楚州山阳县主簿，当边事抢攘，人争奔避。夫人闵劳劝义，属李君以功名而介然自守，亦免于难。后李君沿檄，旁郡火及官居，夫人从容取文书，携其箧处园池中，了无所丧。翌日，同僚来问讯，莫不叹服。舅姑之丧，斋素阅佛书，寒暑弗间。李君再任通州买纳盐场，盖勉以职业，曰："家事吾量有无为之缓急，君毋以私忧。"故其能以最称于一路。秩满，从李君游衍江湖间，极登临选胜之适。归筑室治园，往往得要。李君乐于命客诗酒自娱，夫人主馈不懈。至衣食孤穷，津梁道路之费又不少靳。李君□□□行都得疾不起，夫人闻讣过哀，遂至丧明，后虽眊眊于他物，而独佛书了了，心通口诵，始终其身，教诏子孙，闻其读书声，辄喜且告之曰："汝世其业，唯勤而已。"及孙预名宫庠，尤切训厉。诸子以夫人之年几可及庆恩，盖请于朝。夫人曰："吾年实未至，而父平生以忠实自许，尔曹可以吾故罔上累之耶。"讫弗许。

夫人尝有疾，即治敛具。会盗入宅，多所取，独舍是。夫人曰："所存如此，他不足问也。"庆元二年冬，会亲党至夜分。尽欢后三日，忽被疾，命其子楷曰：吾行矣。尔曹毋哭泣以溷我。"再呼楷前，欲言而止，已即奄然。时十一月二十三日也，享年八十有四。李君前夫人二十三年卒。子男四人，楷其长，格、杞、枬皆举进士，其幼早世；女四人，婿进士徐江、林不愚，二为尼。孙男炳然、焕然、爀然、熿然、烜然、熺然、烨然、爚然；孙女八人。曾孙男三人，女二人。

五年十二月二十六日以夫人归葬县之金仙院岩山之阳，祔李君之茔也。楷先期求铭于余。余知其家德善而仁在所，宜书铭，其可辞。铭曰：

敏其室兮宜其家，繁其实兮收其华，勇施舍兮忘俭奢，成夫君兮诏孙子，觞江岷兮□海溢，源则长兮流未止。

台 王之才摹刊。

注：①周氏（1113—1196），李端修妻。李端修，字可愿，号无著道人，临海人，曾任山阳主簿等职，著有《汾川集》。上文在《两浙金石志》《台州金石录》均有载，据载，碑高六尺，广三尺四寸五分，额篆书“宋故夫人周氏墓志铭”九字，径三寸三分。文二十五行，行三十六字，正书，径八分。在临海县东乡金仙寺侧，碑石断为两截。此据《台州金石录》录文，编者点校。

谢烨[1]墓志

先君讳烨，字炜叔，姓谢氏。会稽晋太傅安石之后，五季末徙台之临海长石，因家焉。故太师大丞相益公深甫，即其六世祖之流派也。曾祖质，祖珍，父琦，俱以隐德称。

先君世儒学，欲以文墨奋，厉志读书。试于乡，不利。遂以观察使姚公兴恩泽，补将仕郎。举漕台，复不利，即无意世用。当世伟人争欲出其门，都大姚公述尧辟摄青田尉，漕使陈公达善辟摄四川总属，先君俱不屈。

生平惟以孝事父母，恩睦宗族，义交邻里，礼亲师友，终身不易其行。虽造次颠沛，不忘敬焉。人咸称古君子。晚年会集长老，仿乡饮故事，以表率后进。又欲创义学，聚田峙粮，择明师，俾子弟无贫富皆得就学。未及推行，竟感疾以没，实癸亥二月六日，享年六十有二。

娶同郡胡氏，柔顺恭敬，克媲清德。箧笥无私藏，每预以须。贫乏臧获，未尝见愠容，闺门之内肃雍如也。故先君以贤德著名，内助之力居多。享年六十有五，先先君三年卒。男二人：植，修进士业；枢，补太学生。女二人：长适进士胡夔，次适进士蒋晋。女孙四人，尚幼。以嘉泰甲子十月丁酉合葬于盖竹山之原。

先君遗德远矣；妣孺人淑仪懿行，尤可法也。使得达而在上，书“舟楫”“霖雨”，诗《鹊巢》，不是过也。天不福善，卒以其仁天下者，止于一身一家一乡而已。痛哉！异时世代绵邈，陵谷变迁，后之君子访遗基而获睹其颠末，尚有赖于恻然为之掩□□□。

大宋嘉泰四年甲子十月（阙）日，孤哀子植、枢泣血谨志。

许伯启刊

注：谢烨（1142—1203），临海人，生平不详。志石高69厘米，宽63厘米，厚7.5厘米。文19行，行25字，字径2厘米。另刊工小字1行。笔划略带行意，二“颠”字均写作“顛”。1990年2月12日征于临海市汛桥镇光明村村民委员会。光明村原即西岙，为长石谢氏世居之地。

王玠[①]偕妻范氏圹志

公姓王，讳玠，字国瑞，世为台临海人。曾大父愈，大父谦，父榛。公生于绍兴己巳五月己丑，终于庆元己未三月丙辰。先娶范氏，继室以张。范氏，寺丞醇之孙，通城令君自厚之女，先公十有四年卒，享年四十有二。子汝夔。五女，其三皆嫁进士，曰柯容、黄似晦、应常，常早亡。二幼未行。以嘉泰四年十一月己未朔合葬于兴国乡开浦山之原。

汝夔泣血书而纳诸圹。

注：王玠（1149—1199），临海人，生平不详，据其继室张氏圹志，南宋学者、临海人王象祖为其堂弟或族弟。志石高65厘米，宽55厘米，厚8厘米。文12行，行12—13字，字径2厘米。2000年7月14日，临海市更楼乡（今永丰镇）留贤村新堂山因炸岩发现该志，次日入藏临海市博物馆。

王玠继室张氏[②]圹志

先君讳王氏，讳玠，字国瑞，台之临海人。曾大父愈，大父谦，父榛。享年五十有一，以庆元己未三月二十四日亡。妣范氏，同邑大理寺丞公讳醇之孙，通城令君公讳自厚之女，享年四十有二，前先君十有五年[②]亡。后妣张氏，同邑张公讳守芝之女，享年七十有三，后先君三十有三年亡。子汝夔。五女，柯容、黄似晦、应常、张良孙、林秀萃其婿也。孙男：輗、㕓、阿经、阿棨、逢辰，輗已亡。孙女六人，已嫁之婿黄止善、陈君温也。

先君与前妣之葬于城西路口山之原也，嘉泰甲子年十一月朔也。后妣今祔于先君之圹也，绍定壬辰十月二十日也。惟先君崇德义，公是非，接物无术数，临事有胆略，才可用于世；二妣皆有淑德，详见于叔父象祖之铭。汝夔不肖，不能立身以显父母，有负先志。

先君之葬也，圹虽已记，今忍死并记其得年、裔绪，而纳于妣张氏之圹，庶几得以参考云。葬之前七日，孤哀子汝夔泣血谨书，婿良孙填讳。

注：①张氏（1160—1232），王玠继室，王玠与原配范氏先合葬，张氏再祔。志石高60厘米，宽50厘米，厚6厘米。文16行，行20字，字径2.2厘米。与王玠志石同时出土，同藏临海市博物馆。

②王玠墓志为十四年。

陈椿[①]墓志

宋故府君陈公墓志（楷额）

先君讳椿，字大老，台之临海人，三世俱有潜德。先君姿禀沉厚而粹和，口不喜言人过，与人交无城堑，有无所通，辄委而不问，识者咸谓有古人之风。幼年游郡庠，月、季屡占优选。弱冠失所怙，侍奉母太孺人，调御甘旨，怡怡愉愉，惟恐失辞色；遇修崇梵果，欢喜赞成，随侍瞻敬，未尝或离左右。此其至孝出于天性。家事总剧，析力支持，内外整缉，常若无事。身居阛阓之境，自乐闲淡，谨省出入，声色素弗迩。日夜颠沛文字间，未始知倦。聘师教子，虽甚费，弗靳。

有客剥啄，一见倾盖，饮剧欢洽，犹匆匆惜其去。风清月白之夕，摩挲庭竹，咀味名贤辞语，得意处悠然自得，若将与世相忘者。一夕赴亲集，俄感首眩之疾，医药弗及施，竟至不救。时嘉泰辛酉二月十三日也，天乎痛哉，纵百身奚赎！先君享年五十有二。娶口氏，生五男：应龙、起卿、光卿、荣卿，皆业儒，冠卿，先一纪而卒；二女，长修净业，次许嫁进士杨壆。卜以开禧[2]乙丑五月己未堋于义成乡解岙之原，附先祖茔之侧。

应龙等诸孤不孝，既亡所象似，又亡以为泉下荣，苟不志其实，是重罪逆；茹哀忍死，姑载颠末而纳诸幽。千岁之下，陵谷变迁，见而掩之，实有望于仁人君子。孤子应龙泣血谨志。

注：①陈椿（1150—1201），字大老，临海人，生平不详。志石高 44.5 厘米，宽 63.5 厘米，厚约 8 厘米。文 24 行，行 17 字，字径 1.5 厘米。1996 年 9 月 16 日，临海市江南街道小溪村农民洪仁杰送交临海市博物馆。据述，志石原在江南街道张家岙王来福家，被用作柱础基石，同年拆屋重建而重新发现。

②原文写作“僖”。

朱增[1]圹志

先君讳增，字淑进。其先永嘉人，六世祖徙居台之临海。曾祖讳景山，赠右朝散大夫；妣太宜人林氏。祖讳伯师；妣黄氏。父希说，忠州文学；妣石氏。

先君天性孝友[2]，幼蒙义方，勉励向学。暨游乡校，郡博士、今刑部尚书陆公深器之，授以经席。嘉泰癸亥八月三日感微疾，终于寝。享年五十有三。

娶同郡[3]范氏，参议公讳醇之孙女[4]。子男一：仲琛。女四，其次许嫁进士姚衡。葬于县之兴国乡西山之原，近族祖正议公墓之左方。

有宋开禧二年，岁在丙寅，三月十五日丙申，孤子仲琛泣血谨记。

注：①朱增（1151—1203），字淑进，临海人，生平不详。志石高 65 厘米，宽 30 厘米，

厚 7 厘米。文 10 行，行 19 字，字径 1.8 厘米。1989 年 9 月 30 日出土于临海市城郊（今古城街道）后山村后岭下馒头山东坡。系村民蒋通广平整屋基时发现朱墓，墓为拱卷形砖室，二圹相连。出土物除朱增及妻范氏志石各一方外，尚有铜镜二面，一已毁未见，一为湖州石十五郎造宋镜。后又于积土中得褐瓷点彩茶碗一口。圹志二方及茶碗均由该村文保员郭敏希征送临海市博物馆。

②原文误作“支”。

③原文误作“君”。

④据范氏志，应为醇之曾孙女，此处漏“曾”字。

朱增妻范氏①圹志

先妣范氏，世家临海。曾祖醇，大理丞；祖自治，知松阳县；父承祖，不仕。

先妣归先君讳增。性柔淑，为妇为母，动循仪范。先君蚤世，力勤俭，膺门户，了婚嫁，垂三十年。绍定己丑九月丁卯，朏水决城荡庐，既得生，翼日感寒疾卒。距诞之年绍兴乙亥七十有五。子仲琛。长女不嫁，次嫁进士姚衡、陈朋孙、太学上舍生吴梦弼。

初，先妣卜葬先君，得兆县之兴国乡韩奥②。今丧先妣，遭变旅殡，弗宜久，卒哭后十二日庚申，遂奉柩以附。迫期，姑叙岁月内圹之左。

孤哀子朱仲琛泣血谨记。

注：①范氏（1155—1229），朱增妻，生平不详。绍定己丑即绍定二年，其年九月，台州府城遭遇洪水，地方志载“平地高丈有七尺，死人民逾二万”。志石高 58 厘米，宽 42 厘米，厚 5 厘米。文 12 行，行 15 字，字径 2.2 厘米。与朱增圹志同出，详见朱增圹志附注。

②应为“嶴”，即岙。

朱仲旸[①]圹志

朱氏自温徙台，世以儒显。淳熙间，有孝闻于朝者，赐旌表门闾，为台望族。先君讳仲旸，字惟日，曾祖讳伯师，以《易》名家。祖讳希伋，从政郎。考讳渭老，文林郎、邵武郡武县丞；母军器监薄、召试馆职周公讳洎之女。

先君生而敏慧，好学织文，通《诗》《书》《易》《春秋》。伯舅松阳令讳成子者奇之，期昌朱氏。天性孝友，坦易介直，不妄交与，以践履为实地，荣华为飘风。掉鞅举场，率中眉。乃绝意进取，心斋自怡，每戒梦炎曰："书脉在汝，勉旃！"梦炎叨甲子乡荐，慰先君怀，娱侍燕适先君。忽一日晨兴，盥栉整冠，危坐而逝，医祷莫及。痛贯肝膈，未忍即死，盖有母在焉。

先君生于嘉泰辛酉正月廿三日，殁于咸淳丙寅十二月初八日，越二年戊辰以九月庚申奉柩葬于临海县重晖乡慈云山之原，在外祖墓右。娶周氏。男一梦炎；女一先卒，适进士周曾。孙男二：应牛、应壁。孙女一尚幼。

痛念先君立身行己，读书为文，不愧于古，仅以恩霈受初品服，非先君志也。远日迫，将丐铭当世鸿硕以传不朽，姑叙大概纳诸圹。昊天罔极，呜呼痛哉！

孤子朱梦炎泣血谨志。

内弟浙漕发解敕免升甲进士周夔填讳。

注：①朱仲旸（1201—1266），字惟日，临海人，生平不详。志石为页岩白石，长 54 厘米，宽 43 厘米，厚 3 厘米，文 22 行，满行 18 字，字径 1.5 厘米。1966 年 6 月出土于临海大田双狮村外慈云寺对面的螺丝山脚和尚坟地，因墓年久塌露，志石被村民韩小广、韩吁约发现，后被韩吁约搬回，砌入自家灶门。2011 年 2 月，韩吁约家拆屋，志石流出。石已对裂，该村文书韩火富发现并上交临海市博物馆，现藏临海市博物馆。此据临海市文物保护所彭连生录文转录。

陶骥[1]圹志

故陶处士圹志（题）

先君讳骥，字希之，改希乘，台之临海人。大父义；妣许氏，覃锡类恩封孺人。大父年三十有六卒，逾六月始生先君。舅弟四，行居卑。娶包氏。男升卿，次鼎卿出为从叔镐后。女适进士应开，次在室。二孙：冈老、瑞老。

先君生于绍兴庚午十月六日，年六十有九，嘉定戊寅六月三日终于正寝。升卿不孝，越二载未得吉卜，家伯父命附于太孺人之茔左，忍死于腊月二十八日庚申葬。

时有宋嘉定庚辰十二月（阙）日，升卿泣血谨志于圹。

注：①陶骥（1150—1218），字希之，改字希乘，临海人，生平不详。志石高47.5厘米，宽37厘米，厚9厘米。文12行，行16字，又撰人署名小字1行，字径2.2厘米。1990年12月27日征于临海市大岭乡（今括苍镇）俞家岙彭家效家。据述，系七八年前从箬溪山掘得，同出另有陶骥妻包氏圹志。现均藏于临海市博物馆。

陶骥妻包氏[1]圹志

妣孺人讳□□，台城西包处士黼之仲女。幼失所怙，兄亦蚤世，侍尼兄，事母黄氏，以孝悌闻。迨归先君进士陶骥，每以弗及事舅为恨，奉姑益尽职。言貌庄重，喜怒不妄发。葳事必躬，阃助为多。处妯娌姻党穆如也。甫毕婚嫁，含饴弄孙以自娱。宝庆丁亥欻感疾，一日却药，语□□□视□□生平所□契将□□归曾……[2]未绝口而目已瞑矣。□□□慨然，实□□月十四日，哀哉痛哉！享年七十四，生于绍兴甲戌十二月十六日。

男三：长馨孙，蚤夭；次升卿；次鼎卿，出为从叔镐后。女二：长适进士应开；次处女，从其志也。孙男二：冈老、瑞老。

今升卿忍死以端平甲午腊月甲中附于箬溪山先君之墓，谨茹苦书其概而纳诸圹。

婿开填讳。

王正已刊。

注：①包氏（1154—1227），陶骥妻，临海人，生平不详。志石高 84 厘米，宽约 59 厘米，厚 9 厘米。出土后被凿为左右二块，右半又横断为二块。文连题 13 行，行 20 字。与陶骥圹志同出，详见陶骥圹志附注。

②此处石被凿断，缺字一行。

胡炳①偕妻黄氏圹志

宋故府君胡公孺人黄氏圹志（篆额）（题同）

先君姓胡，讳炳，字文叔。曾大父仲甫，大父椿，台临海之逸民也。先君性宽和，强敏于学问，从游多名儒，择交不谄渎。岁大比，有司欲罗致之，以好古耻自眩鬻，屡举弗就。既卜新居，薄世务，放意诗酒，徜徉自娱，未尝以得丧休戚婴其心。里有争，乐与之和解。一日，叔父谋举叔祖药石田讼，独谓此田出于疣赘，愿割己田以代其偿，叔父不许。后两家竟以讼废，其远虑如此。昔有从大父易田为基，岁久，欲复故业，卒举而还之。家园见缘木采桑之盗，亟趋而避，曰："恐彼惊则坠地矣。"往年代役扰民，每不堪其苦，先君受役，凡奉公文分呼，一付之僮仆，则又为之申功，谕以赴程限，时咸称为胡佛。

先妣黄氏，实从政户曹之孙女。居尚严静，动循礼法。事祖考，躬祭祀，以孝敬闻。喜怒不形，闺门整肃，好生恶杀，乐施无倦。与先君同甘苦者数十年。生三男，二蚤世，应龙居长；四女，一为尼，余适刘棨、郑潜、朱应龙。孙男二：宁祖、瑞孙；孙女二，尚幼。

应龙获绍箕裘，当门户，谓二亲康宁寿考，足以尽人子菽水之欢。无何，妣晚岁心疾，百药弗瘥。盖生于丙戌，复卒于丙戌正月二十六日。先君生于丁亥，因妣云殂抱忧，亦卒于是月二十八日。今卜庚寅十一月壬寅日合葬于安乐乡柘山奥之原。痛念岁月变迁，用是忍死志其颠末而纳诸圹。若夫发扬幽光，状其行义，则将有俟于立言之君子。

孤哀子应龙泣血谨志。

王庠刊。

注：①胡炳，生卒年及生平不详。志文中仅有干支纪年而无皇帝年号。刊工王庠出自南宋台州石刻世家王氏，王氏以“广”字旁为辈行的另有王序、王庸等，二人皆是理宗时期人，王庠可能也相近。理宗时宝庆二年为丙戌年，此年或为黄氏卒年，照此类推，或可作参考。志石高 62.5 厘米，宽 43 厘米，文连题 19 行，满行 26 字，字径 1.4 厘米，又刊人小字 1 行。1991 年 9 月 24 日出土于临海大田下安乡泄下庄山头，同月 26 日征藏于临海市博物馆。墓系砖构双室，已没于地下，当地农民在挖泥时发现。出土物尚有金钗、镀金银步摇、铜镜各一，皇宋通宝钱半个及铁棺环，余皆无存。

赵汝俞妻杨氏①墓志铭

有宋夫人杨氏墓志铭（篆额）

……②

妇从不外闻，闻……右曹公汝俞，历代……炯适仕二十年，一介不取，所合入亦……至有遗命未修者，夫人治其言，业业不能……理考在御，夏大旱，诏求直言，丰储是以上……勉之。每曰忠君爱国，匪分外事，汝曷可不力……曰：某欲言相国甚，死亡日矣，死则为夫人忧，可若何？……建，上亦既有家法，在吾又何惧！疏入未月，彼闻过者疾丰储……论何。已而监察御史潘公凯、吴公燧乃以讼冤去国，搢绅学……以恭俭，训诸孙以诗礼，至是又二十余年，生计寥落，晏如。夫人生于……十八日卒于正寝，阅甲子五百三十四。

抚孙八：孙男必峦，迪功郎，平江……必屸，宗学三请；必嵋，监请；孙女必嶅，适承直郎、监行在交引库卢应；必……；必嵒，适进士方友谅。抚曾孙十有五，曾孙男：良琎，良鉴、监请，良瓏，良瓅，良瑛，良琈，良琮……良瑶，良珅，良琈，良琱。

以是年九月十八日附葬于丰储之兆，循治命也。

夫人壮年慕黄老，佩龙……唯谨，莫年警悟，弗复事事。呜呼，贤于梏异端而终身不近者远甚。世率谓妇难备者功容德言……承顺，功不过治麻丝，丽组织，酌出入以裕其家而已；惟夫人趋向严介，于坤之承顺有直方……丰储之教诏而安于贫，其功与德，视彼增什。

先伯与右曹公檐楹相枕，握手为道义交，琳在……卓卓，厥既得卜，且内舍必嵲泣请，俾以所知寿诸石，辞不获，僭系之以铭曰：

山峭立，月孤明。竹之动，兰之馨。式秘金玉东峆帻而西……

注：①杨氏、赵汝俞，生平及生卒年不详。赵汝俞，字仁父，宋太宗八世孙，淳熙十四年进士，曾任江州教授、饶州知州等职。有侄子赵崇禹、赵崇正均为进士。因志石缺损较多，杨氏生卒年及家世不详。此残志系 1991 年 2 月临海马欣征于临海市城南特产场卢秀义家，下截及右面均缺。现尚存字 19 行，估计首缺 3 行；行存字最多 36 字，下尚缺 10 余字。

②首缺约三行，应是题额及撰人姓氏等内容。

李灼然①墓志

……讳灼然，字子明，李姓，台临……章安之芬川。于庆元丙辰试中②……飞锡第，偕迪功郎□□典簿。继沾庆典，升从事郎，捧檄移任，甫及考……恙，卒于官舍，盖丁酉八月初十……年六十有八。

室林氏，式谨妇常，先……子男二人：长壁、次奎，俱丧；子女三：……进士童应发，次亦俱夭，立熹然……其后。龟辰协吉，卜以淳祐甲辰十……十八日，宅兆于谢山之原。千载之下，……变迁，见之者幸为掩诸。

弟熹然谨志。

注：①李灼然，生平不详，据上文，其葬之年淳祐甲辰为淳祐四年，即公元1244年，则卒之年丁酉应是嘉熙元年，即公元1237年，则生之年应是乾道六年，即公元1170年。志石残高39.5厘米，宽38厘米。文12行，行存字最多14字。依字义当为16字满行。上世纪七十年代出土于椒江杨司乡谢杨村（原属临海），现藏台州市椒江区文物管理委员会。

②此残空一行。

董亨复①圹志

宋故秘阁玉局宗卿董公圹志（题）

先君讳亨复，字子顺。曾祖安宅，祖畴，父明远、赠奉议郎。世居台临海之东山，至奉议始卜居城闉。

先君资禀淳实，与人交洞见底里，无岸涘方幅。好谈论，率尽所有乃止，无险意匿语。遇家人无少长，一接以至诚，无嗔气躁容。操行严，故芳洁而不污；质度远，故冲泊而无慕。步趋引绳墨自命，犹惴然常恐失万一。嘉定甲戌，以《春秋》登进士第，授迪功郎，池州青阳县主簿。丁母郑氏忧，不赴。服阕，调饶州商税。秩将满，辟建康府户部赡军酒库。寻教授潭州。长沙固多士，而远地闻者竟蚤夜云来莫禁。甫半载，以外艰解官驰归。服阕，调邵州录事。诸公争推上，以格知宁国县，江东四十三县称廉平为最。旋擢提辖行在榷货务，迁监登闻鼓院，行国子主簿。官益闲，乃得穷日夜点勘书传。会上促进玉牒，迁宗正寺主簿。书成，迁监察御史。时相方怙威作气，招吁英贤，看设门户，而风旨秘密，□吠胁迫，使日刊伐之，不觉其摇落矣。先君愀然曰：“吾不为御史于端平，今何等气象乎！”同堂会食，诸人将有开说也，先君素易无猜嫌，反出肺肝示之，以忠言解其蔽。不知小人包藏奸心，冥倏逆逞，张机而待其投羽者也。谏疏剀切，欲挽回贤人，弗计其术之疏。盖所谓“资禀淳实，与人交洞见底里”，是其一验耳。弹击不尽行，迁宗正少卿。以其日出关，乞骸归老。请至再，渡江而东。旨直秘阁知信州，辞愈力。三辞乃得宫观。既归病侵，纳禄，旨转朝奉大夫。终于正寝，淳祐壬寅十二月二十二日也。年才五十六耳。

先君生于绍兴丁未。郑氏孕先君凡十有二月，一夕梦神人捧婴孩授之，曰：“是子生，名之难老。”觉而生先君。先君丰度山立，缫藉幽薄之表，须眉俨然，若耆英图画人物；且行事宽静和平，类宜寿者，呜呼痛哉，其竟止是耶！

娶尹氏，封安人。男四人：权；朴，将仕郎；楷；椈。女三人，长适进士陈林，蚤夭；次为尼；次适迪功郎和州司户包定孙。所著文曰《锡老堂集》，十卷，藏于家。卜以淳祐丙午正月十六日葬于东山之原。惧异时陵谷易处，谨书梗概，以告来者，将有仁人盖□之。

孤子权、朴、楷、椈泣血百拜谨志。

从政郎新南剑州录事参军高应雷填讳。

王济刊。

注：①董亨复（1187—1242），字子顺，临海人，嘉定七年进士，与陈耆卿同榜。曾任宁国知县、宗正寺主簿、监察御史等职。《赤城集》中有收录其《州学增高涂田记》。2001 年 8 月 18 日，临海车站退休职工徐文秒告知，其家乡（邵家渡东山）发现该墓志。同年 10 月征藏临海市博物馆。志石高 79 厘米、宽 55 厘米、厚 6 厘米，文连题 20 行，满行 38 字。董墓所在地，人称瓜陵董，原为村名，村民皆董姓，因墓区为董氏所有，故以村名名之。

罗适[①]墓志铭

宋故朝散大夫上护军致政罗公墓志铭

奉议郎管句潭州衡山南岳庙轻车都尉赐紫金鱼袋舒亶撰。

朝奉大夫知台州军州兼管内劝农事上轻车都尉借紫楼常书。

朝奉大夫新羌知歙州军州兼管内劝农事上轻车都尉借紫汤景仁篆盖。

哲宗皇帝即位改元之二年，诏曰："知开封府开封县罗适岂弟廉平，出于天性，视民疾苦如在于己，朕惟京师大众之地，宜得仁人往体朕心，可权发遣开封府推官公事。"当是时，天下晓然，咸知天子仁圣，所以惠养元元之意至深厚。而公行治暴耀翕艳，为一时公卿大夫之所叹誉，谓且用世矣。既而推迁出入奔走使事，凡十有余年。比还，得对天子而公老矣，于是遂致其事以归。归之三年夏，明适大旱，公曰："民病甚，国事也。余虽老，且得谢，窃服明诏所以褒谕甚宠，夙夜念不报万分，义终不忍以仕，已式其心。"令江都旱，命浮屠氏作瑜伽法，祷于扬子江神，验。乃即佛祠，用前法方。袢暑，自夕通旦，擎跽曲拳百拜不少间，因以感疾，浸剧，遂卒于其家。实建中靖国元年辛巳八月十有六日乙巳也。

公讳适，字正之，世为台州宁海县人。曾祖爽，祖德诚，皆不仕。父允明，赠中散大夫。公两举乡书，第治平二年进士。尉舒州之桐城县。县俗习病不知医，独用巫治。公一日属群巫尽取所谓像设，焚之庭下。即捐私帑市药以予民，既又石刻方书以示后用。举者移兖州泗水令，山东旷地数万顷，民佃居几数千户。部使者欲取以规利，以祸福撼公。使任其事，公力建不可。使者卒感悟。改著作佐郎，知曹州济阴县。居数月，察访使人飞语奏劾公，辄夺官去。父老诣阙诉留者殆万人。朝廷察之，以天平军节度推官还旧治。阅二岁，复官如初。守臣以公最上，即从知开封府陈留县，畿甸宿兵余数万，主将不得其情，方春阅，俄有以变告者，僚佐惶骇，噤不敢出气。公笑曰："妄人也。"即其众杖之军，以无事。上遣内侍刺制德音为称善。邑当孔道，四方宦游，死不能归，而旅殡佛庙，残骸破棺，无复主名，以数千计。公请于朝，即县之东南隅葬之。有官于南方溺死，其妻挈孤茕丐于道。公馆之传舍，解衣辍食，衣食之卒，移其所居，州里亲党使收恤以去。开封府军巡院官阙以公摄事，院狱淹不决，寒饿疾病相枕，藉稂藉吏玩为常。公至则首惩其黠吏，一疏其连坐之无辜者出之，斥案牍之无用者为衣衣之，宿垢陈弊，不阅月殆尽。朝廷患市易积乾没张职钩考，公与辟为属同列。有忌公前数出异论者，官长谋为君罢之。公曰："进己退人，非所愿也。"去知扬州江都县，前此更七令皆不得以理去。诉牒日盈庭，大抵缘逋赋不能均。公以保伍法集民庑下，给笔札，使自列，人人得其平。淮俗类呰窳，农惰不劝。公为易置耕器，身自教督之。朝廷议盐法，使者妄意欲以强民，他郡县皆应矣，公独弗听。人莫为公危之。公曰："为国爱民，令职也，纵得罪何憾事？"卒寝。时近臣有荐公可任，剧召对，久不报会。大臣守杨最为知公者，归相天子，于是擢知开封府开封县，就迁府推官，未几，除提点府界刑狱，兼相度京西等路水利。畿邑沟洫久湮茀，岁积潦，田至□不得下，公设法疏畎之，民始不病。广济军南里堤田凡数千顷，地形相倾，水上下交为患。公行视，即下流酾为渠，以注之淮，其功利居多，朝廷赏之。公曰："僚吏力也"，推不受。虽不行公志也，两浙道苏秀水议者不一，朝廷遣专使相视经理，而又以公为提点刑狱，佐其事，经费不赀，民力殆不支，公不及请，辄发常平贷助之。朝廷为薄其罪，最后移京西北路提点刑狱。熙宁中，河北灾，诏许流民处荒土，汝州几数百户。至是，或者规其地以冒佃，告数更，有司不能判。公请如方田法，民以奠居。盖公少长田间，于民事无所不知，故仕宦自初暨终更十任而六为农官。其所设施，初虽若烦碎，及其既久，上下情得，是非曲直，至则辨察，事无小大，罔不饬举，教条所下，吏服民听，如父诏子。以至四为监司，一切务在恤民隐，戒督官吏，必先廉恕，而于水事尤为不苟有劳。以故所至称治，去则人思之，多为立生祠②。而论者以谓有古循吏之风，信然！

公资浑厚，质直不华，临事嶷嶷，信理直前，不肯为利害俯仰。闻人之善，奖与成就，唯恐不力。急人艰厄，勇往不倦，如赴嗜欲。奉禄所入，应手随尽，未始为子孙后日毫发计。其事亲孝，于兄弟友，待亲戚交旧笃恩义，立然诺，异母兄欲异财，听其所欲取。季弟死，为择婿嫁其妇，□嫁其女，如己出。初未知学，自大母族党发之。其后家困，为抚育其孤，女妻之士族。尝学于乡先生，既死，与教养其子，至分俸以舍之太学。少举进士，与友生偕上，中道辄卧疾，他皆委以自便，公独留不去。故人死，久不能举，唱乡人，营宅兆，卜日月，哭泣以葬之。有使者数侵公，他日公出使，乃在部中，初疑其不能忘也。公曰："本自不记，无可忘者。"盖公义节厚德，类如此而多至不可胜数。平日与客语，常谓"忧人之忧，然后可以乐其乐。"盖其意向所在，大抵不以私自营。晚虽退休，志犹不衰，而其余力长智若尚可以为世用。近臣使者方且交章，而公亡矣。人莫不惜之。公好古强学，虽老不废书。当嘉祐、治平间，学者方事声律，而公已能用意经传，然颇独嗜《易》，其所为注解，合其他歌、诗、章、疏、碑碣、杂文，仅百卷。雅意藏书，凡遗文古事与夫国朝新书，家多有之。晚岁奉佛尤严云。公享年七十有三，官自著作佐郎，换宣德郎，七转为朝散大夫，勋至上护军，服五品。中散公两娶，前吴，赠慈溪县太君；后周，赠金华县太君。公即金华出也。娶周，封永嘉县君。男六人，四亡，曰璪、曰球，皆为太庙斋郎。女九人，一亡，长归陈师渐，次陈惇，次王庭筠，次朱充，皆举进士；一在室，余尚幼。以崇宁元年壬午三月初七日壬辰归葬于宁海海游之东原。公虽世居宁海，而姻旧多在明，且爱其湖山可乐，去坟墓为不远，遂家焉。比讣至于其乡，父老为置位，聚而哭者凡三日。余与公少同笔砚，又为同年生，又尝为同僚，今又为同里，投分实四十年。自公寝疾，得日造其门，迨治命与之握手而诀，且诘其所欲属我者，曾不及他。夫岂谓余自足以深知其心而不待言与？故当其葬也，为具论其平生，泣而为之铭曰：

允矣罗公，其德孔夷，维人之优，弗苟弗随。维圣天子，民瘼是咨，大众之区，曰唯京师。其往赞哉，莫如汝宜，孰荒我田，有黍离离。水行地中，自公来户，耋稚舞歌，匪唯无饥。凡利在人，勿问细微，暨厥行路，枯胔弗遗。内外戚疏，岂不异施，我罔不尽，忠利爱慈。百尔士夫，敦一于兹，公取而足，其贤可知。膴膴故原，公乎其归，宁我邦人，百世是思。爰憩彼郊，其生有祠，配古社神，春秋祀之。

四明陈钜□字。

注：①罗适（1029—1101），字正之，号赤城，三门人。治平二年进士，历任桐城县尉、泗水、济阴、陈留、江都、开封县令及提点两浙刑狱、提点京西北路刑狱等职，是北宋有影响的水利学家。江都百姓曾为他建生祠，今江苏江都邵伯镇有生祠记碑，为北宋文豪秦观所撰。台州民谣有“黄岩熟，台州足”流传于世，也源于罗适在黄岩治水。罗适墓在三门县海游街道马家山麓，清代时曾修葺，二十世纪五十年代被毁，后由罗氏子孙集资重建。墓圆形，墓前立“宋罗正之先生之墓”碑及挽联“缑城学祖；宋代名臣”。墓志铭在同治九年出土于海游马家山，碑高 1.22 米，宽 1.36 米，竖 49 行，足行 52 字，正书。曾藏于章文家，现藏三门

县博物馆。此据《台州金石录》录文，编者点校。

②秦观撰《罗君生祠记》：罗君之为江都，以诚心为主，耻言钩距惠文之事。凡民有讼，曲直径决于前，不以属吏。诖误若小过，辄诲谕遣去。视鳏寡孤独之有失其所者，如己致焉。黎明视事，入夜犹不已。或讥其太劳，君曰："与其委成于吏，民有不尽之情，孰若劳予之耳目哉？"居数月，政化大行。民知其长者，不忍欺绐之，讼者益少。君乃出行诸郊，所过，召其耆老，问以疾苦及所愿欲而不得者，为罢行之。始复大石湖，改名元丰。广袤数百步，溉田千有余顷。是岁大穰，亩收皆倍。于是远近自陈愿复陂塘沟渠之利者相属，君一切听许。亲至其地，与之经始。筑大堤以却潮之患，疏潦水而注诸江。凡水利之兴复者五十有五，溉田六千顷，而桑之以课种者亦八十五万有奇。徙其治于东南爽垲之地，为屋数百楹。以其赢材，新驿堠亭馆之在境者。又颇出私钱营制药剂，以给疾病之民，所愈至不可胜计。岁或乾溢，有祷群祠，雨旸辄应如响。世益为神其享之。岁满代去，其民思之，不置，乃聚而谋曰："我民之德罗君至矣，顾无以自效。闻古有召伯者，善治民，民追思之，至不忍伐其所憩之棠。又有谢公者，亦其流也。尝于斯城北筑埭圈，后人因名其埭为召埭。今埭实在江都之北境。盍即其地堂画罗君之像而祠之，以慰吾民？"且曰："使罗君之名，与召、谢共传而不朽，不亦可乎？"众曰："善。"于是即召埭之东法华佛寺，置生祠焉。罗君名适，字正之。台州宁海人。学术有本末，通于世务，风节凛然，国士也！尝再被召见，皆以不合罢归。其莅官行己，所可书者甚多。书在江都者，以为生祠记云。淮海居士高沙秦观撰。

罗适妻周氏①墓志铭

宋永嘉县君周氏墓铭（篆盖）

宋故永嘉县君周氏墓志铭（题）

朝散郎通判滁州军州兼管内劝农事管勾学事飞骑尉赐绯鱼袋陈羔撰。

奉议郎权通判越州军州管勾学事兼管内劝弄事借绯袁灼书。

将仕郎台州宁海县主簿权县事管勾学事姚棐忱篆盖。

夫人姓周氏，明州鄞县人。祖延霸，有美行，取重乡井。父思仲，以强年蚤世。母曹氏，再行为沈氏室。子女尚幼，皆就育叔父，夫人即其此女也。天资端厚，趋尚不群，自髫龀时，不嗜戏玩，唯女功是习，淑德懿范，宛然天成。及笄，乡之大姓右族有遣媒妁问名者，夫人每每固拒。卒归于故朝散大夫上护军致政罗公适。罗公时尚布衣，家甚贫窭，几无担石。少依会稽乡先生石君学。石与夫人之叔父友善，一日谓之曰："予门生罗君，刻意力学，志追古人，可妻也。"叔父以石意试之，夫人默有可意。先是，夫人之姊适同邑朱氏，家极殷富，或间之曰："女兄之家，珍贿坌积，而乃欲事儒生，甘寒馁耶？"夫人曰："终身之托，第患其无才术耳！苟非其人，虽帑藏囷积，亦奚足恃。"志遂不易。既而罗公亲迎以归。奉蘋蘩，修妇顺，率有仪轨。中外姻戚，视为规表。钦睦上下，靡不爱悦。妯娌间有悖戾者，时为横逆，夫人引咎自反，恬不与较，彼亦悔服。初，夫人大归未及旬浃，俄廪食不继，晨爨将绝，罗公弟妹虑夫人闻之，嗫嗫耳语。夫人逆知其端，谓罗公曰："贫盖人之常。既委身于公，何见疑外？妾之奁箧，粗可以易菽粟。"遽取首饰付之。自是与罗公尝艰难，共甘苦，虽甚窘，未尝戚戚。罗公以是自安，益得进业。嘉佑末，遂登进士第。人始服其远识。

夫人性慈俭，薄于奉己，服饰器用，不事靡丽，唯整洁而已。容止庄重，动静如一，夫妇间若对宾客，终老未尝失容。罗公或莅事丛剧，退食移时，夫人未始问故。每诲诸女曰："闺阃之外，非妇人所知。唯酒食是议可也。"罗公乐宾朋，赒亲旧，历宦三纪，门无虚日，夫人每赞助之，蔑有倦色。克勤妇功，寅夕不少置。暇则以诗书教其子，耳提口授，每至夜分。悉志奉佛，躬事香火，昧旦焚诵，达午方辍。数置妾媵，以广息嗣，罗公所属意者，尤加宠爱，其不妒忌如此。母氏之后夫卒，沈族替散，无所依给。夫人通夕不寐，忧形于色，以书促其姊兄迎养于家，夫人远致甘旨，未尝匮绝，里闬称其孝焉。

元丰六年，郊祀大沛，以罗公升朝籍，封永嘉郡君。八年，折庙登极，恩当改封，夫人曰："妇从夫贵。邑君之称，亦虚名耳！"故永嘉之号，终老不易。崇宁四年，其子迎侍，尉于溧阳。越明年，以寝疾终于官舍，实岁在丙戌八月十日丙寅也。享年七十二。六男：四亡；璪，即溧阳尉；球，太庙斋郎。九女：二亡；长归陈师渐，次陈惇，次王廷筠，皆举进士；次将士郎前歙州婺源县尉汤子稙，次朱充；余尚幼。孙男一人，孙女二人。以大观二年戊子八月二十日丁酉，合葬于宁海县海游原罗公之茔。

夫人之懿行，多至不可胜纪。以其言不出阃，难以备见。予之女事其男璪，概闻其一二尔。既亲，且高其行义，不获辞，为之铭曰：

猗欤夫人，生质异伦。全美于天，姆训弗勤。温柔惠和，惟德之循。

淑仪孔嘉，择配长沙。不羞贱贫，乃基显华。黾勉艰难，克成厥家。

琴瑟好修，鸿妻匪优。教子诗书，孟母是俦。并擅厥美，异世同流。

海游之岗，佳城肇祥。罗公是茔，厥卜允臧。于焉归附，来裔其昌。

注：周氏（1035—1106），罗适妻。1987年1月，罗适族人修缮罗适墓时，发现周氏墓志。志盖长63厘米，宽83厘米，厚9厘米，篆书3行，行3字，字径宽10厘米，高17厘米，出土时已碎裂；志石长84厘米，宽86厘米，厚6厘米，正书35行，行34字，字径2厘米。现藏于三门县文物馆。

钱端仁①墓记

宋故右朝散大夫直秘阁赠正议大夫钱公墓记（题）

公姓钱氏，讳端仁，字迪道，世为临安人。吴越忠懿王六代孙。曾祖讳暄，中大夫、宝文阁待制、知郓州，赠太师镇国公；妣镇国夫人胡氏。祖讳景臻，驸马都尉，赠太师会稽郡王；妣秦鲁国贤穆明懿大长公主。考讳忱，少师、泸州军节度使、荣国公，赠太师雍国公；妣雍国夫人唐氏。

公建中靖国元年生于京师。以大长主荫补入仕，历官右朝散大夫、直秘阁□□□□□曹，摄少尹事。寻知郢州，未赴。属中原扰乱，随侍南迁。建炎初，除提点大长主府公事。癸巳□，避地湖湘，入交广。公奉重亲，经涉万里，忱劳顿瘁，感疾瘴乡。四年五月十四日，终于潮州，享年三十。后以子遇郊祀大礼恩，累赠正议大夫。先娶刘氏，□□□□□□□□屏文惠公之后，金部郎中赠通议大夫道古之曾孙，朝散大夫赠□□大夫知恕之孙，文林郎俣之女，母李氏。年十八归公，二十九嫠居，刻志自励，教子若孙，皆见成立，封太淑人。生二子：符，右承议郎、两浙西路按抚司干办公事，绍兴二十二年三月卒；竽，右朝请大夫、直秘阁，知饶州军州事，乾道五年八月卒。五孙：荣祖，宣义郎、新福建路提举市舶司干办公事；庆祖，从事郎、新监江西转运司造船场；扬祖，迪功郎、建宁府司户参军；昌祖，迪功郎、信州永丰县簿；光祖，迪功郎、新临江军清江县尉。荣祖、昌祖蚤世□。孙女五人，适宣教郎、知常州武进县事杨樗年，迪功郎、建宁府瓯宁县主簿李将之，迪功郎、湖州德清县主簿郑惟康，迪功郎、静江府灵川县尉兼主簿留尚贤，迪功郎、温州司户参军高可用。嫁杨氏者蚤世。曾孙三人：迈，登仕郎，台孙、宜寿无名。曾孙女四人：宜重、添重、宜婆、申娘。

昔公之没也，藁殡炎荒。越十有四年，当绍兴十四年，岁在甲子，竽始扶护旅榇，归葬台州天台县白岩妙智寺新塘之原。又三十三年，当淳熙四年，岁在丁酉三月十九日，太淑人陈氏□逝，于是举公之丧，合葬于山麓□□□□□□从□也。

□□□是年七月十二谨记。

郡人王贯之镌。

注：①钱端仁（1101—1130），字迪道，临安人，吴越王钱镠八世孙，钱忱长子，曾任承议郎、朝奉大夫、直秘阁、知郢州提举兼南京鸿庆宫提举等职。宋室南渡，秦鲁国大长公主携子钱忱等迁居临海，宋高宗赐“一行宅”。钱端仁因此居于临海。其弟有端义、端礼、端智，其中钱端礼官至参知政事，钱端智过继给钱衎承嗣后，改名钱观复。南渡时，大长公主驸马钱景臻已殁，其墓先葬镇江丹徒县，钱氏于临海定居后，迁葬天台凤凰山（在今天台县白鹤镇），并乞护国寺侧殿为香灯院，大长公主殁后，与钱景臻合葬。此后数代，钱氏墓葬多在护国寺周围，如钱忱、钱愐、钱端仁、钱端礼等，据考共有二十余处。钱端仁墓石长 79 厘米，宽 64 厘米。文 21 行，行 33 字，字径 2 厘米。出土于天台县，具体情况不清。字面有剥蚀，部分文字难辨，可考处，据《赤城志》《钱氏宗谱·台临派》等考补。

綦崇礼[1]墓志铭

（前缺）……州兴县及丙乾□□团实…………邢州龙岗县令。曾祖母刘氏夫人，…………北东路□□公事，赠银青光禄大夫。母赵氏…………惊叹，谓文安曰："吾门其将大乎！"银青卒，文安…………将檄交驰，亲族奔窜傍邑，公独守坟墓，终丧，□□茂…………迁起居郎，兼权给事中，召试中书舍人。公自郎曹久…………之，除徽猷阁直学士，知漳州。甫到，盗起建阳，声撼邻境，…………召为吏部侍郎，权直学士院。自省曹按籍尽于维扬…………，剧丐它曹，改兵部，进直学士院，俄除翰林学士兼…………史，或以访公敷奏荐引，悉以公议为对。□□山数…………士大夫，□远人之心。至于纯外台奉令闲忽…………公极论其不可。杨惟忠、刑焕节度使致使，舍…………得为宰相，下不得为谏官，而以言语受知人主，…………言只字，脍炙人口，乃哲人之细事，而元稹辈…………所撰诏命数百篇，文简意明，不私美，不寄怨，固…………使公当制，有曰：陆海神□，既失秦川之祠，铜…………宝文阁学士、知绍兴府……冬，虏寇淮西…………累疏丐……（后缺）

注：①綦崇礼（1083—1142），字叔厚，山东高密人，政和八年进士，曾任中书舍人、漳州知府、明州知府、吏部侍郎、兵部侍郎、翰林学士等职，后因遭秦桧打压排挤，辞官退居临海，将其毕生所作编著成60卷的《北海集》。59岁时因病卒于临海，朝廷赠官左朝议大夫。曾任参知政事，晚年亦寓居临海的谢克家与綦崇礼为亲家。谢克家为李清照第一任丈夫赵明诚的姨表兄，綦崇礼为赵明诚的姑表弟。李清照曾有答谢信《投翰林学士綦崇礼启》写给綦崇礼，感谢綦崇礼在其身陷囹圄时出手搭救，并在信中交待了她晚年再嫁张汝舟的不幸。綦崇礼墓在临海市城南东山，墓已遭盗，墓室外露，空无一物。志石系1985年冬，王甫计在墓址附近一砖瓦窑发现，发现时已残损，字不成文，相关信息有待进一步发掘。

鹿何[1]墓志铭

（额阙）

（题阙）

显谟阁直学士通议大夫提举江州太平兴国宫奉化县开国子食邑五百户楼钥撰并书。

□□阁学士通议大夫提举江州太平兴国宫河南县开国伯食邑七百户丘密篆额。

□□□□□□□□□□□□□□□□□□□□□上章求致其事时，□□□□□□□□□□□□□□□禄禄奔走臣子。然圣意颇厌躁竞之习，顾大臣问所以。丞相赵公雄奏曰："鹿某之请，出于至诚，朝论多惜其去。"寮友有以诗挽留之者，庙堂亦尝却其请而求之不□□□□□□□□□□□□□□□□□迁官二等，以朝奉郎直秘阁赐绯衣银鱼，授一子昌运以官，用华其归。君生于建炎之元，至是年才五十有三。况以循良之课，入为名曹，日向于用，翩然乞身而去□□□□□□□□□□□□□□高节，万众钦叹。其行也，朝士饯别，争赋诗以为赠。先是，有客尝取灵澈诗所谓"林下何曾见一人"者，欲以"见一"名君所居之堂。君曰："此吾志也。"既十年矣，人皆以君不待年□□□□□□□□□□□□□去台城四十余里，地名鹿岙，山水佳处也。既归，不复入城府，泛埽庭宇径，为终焉之计。钥时自敕局赘倅于台，访君之庐，崇冈碧溪，老木拥门。主人欣然出迎，望之使人自□□□□□□□□□□□□□之，赋诗而还，郡太守为裒中外之诗，为《见一堂集》行于世。官满，再过之，问君"乐乎？"笑曰："不见其乐，但觉日长耳。"慕仰不足，又为之诗曰："再上先生见一堂，澹然宾主两相忘。不知海内清风满，但觉山中白昼长。"君亦为一笑领此意。寻即别去，意君之寿考未艾也。别四年而讣闻，盖十年十月七日也。哀哉！

嘉泰三年，昌运改通直郎，将宰龙泉，过四明敝庐中。感念畴昔，恍更二纪。方相□□□□□□□□□□椿年知处州日所作君行状，泣而曰："先君之葬，未有墓隧之碑。今日深知先君之出处者，几无人矣。敢以铭为请！"虽老矣，学益落，义不得而辞也。

君字伯可，世为临海人。曾大父戡，不□□。祖渊，赠右承事郎。父汝为，累赠宣教郎。惟鹿氏积有隐德，谏议忠肃陈公瓘谪居时，承事伯仲，实从之游，始为儒家。伯父汝弼、汝明，绍兴十二年同以进士起家，乡闾荣之。二兄皆与宾贡而早世。君资□□□□□□□属文，由太学登三十年丙科，授左迪功郎、秀州华亭县尉。有戚寇者□海道，朝以名捕。君闻其凭险肆虐，先以方略擒其爪牙数辈，一旦出不意，亲至其家缚取以归。凶徒屏息，潦水□□□□□□□千顷。王公炎时为漕使，被旨疏导之。水军奉命促迫，诸县吏民汹汹。及君往视，持畚臿待于阡陌者数百千人。询之耆老，具言权豪筑长堤浸淤水道，今不于彼疏治，反坏民业，害愈□□□□□□□□□堤。或曰：“此鼎贵之人所筑也。”君曰：“正当自显名始。有罪，尉自当之。”堤既尽去，水势顿泄，向之没者，土且作乂矣。漕来按临，力陈利害之原与其已施行者。漕喜甚，属君草奏□□□□□□□郡寮贺曰：“决堤之举，旁观为之股栗，乃以澹然而□，其利溥哉！”用盗赏改左承奉郎、知泉州南安县。郡于中冬督秋赋甚急，就逮者县率二百人。君力言“省限未及，法未应追”，而逮愈急。趋□□□□□□□掷其牍于地，连日上谒不得见，愿给告身以归。民相率至县庭，遮留者日数百人，且言：“无舍我去，赋易足也。”皆夜舂昼输，未浃日而登足。守惊且悔，设宴延款，问“何以致此？”逊谢而已。邑庠□□□□□□□□筑淫祠于□□□彻其材新之，增员选师，亲加督课，士益知劝。黄龙见于溪前，纪之以诗，属和者甚众。是岁，邑士名荐书者倍于旧。吏部石公起宗廷试为亚魁，人皆以为作成之□□□□□□□□治相戒不忍犯法，至亲有讼，一言谕之，或感泣而退。圄空累月，邑人肖像立祠，奉之至今。詹事王公十朋为守，以治最荐，有旨审察。詹事陈公良翰为给事中，举君自代，云“处事刚□□□□□□谅直而不欺人，以为得其实。”二公皆有当世重名，不轻许可□□监登闻检院，时中都官待次者率从员外置，遂添差通判吉州，佐郡有声。邻有滞讼，部使者多以委君。一问而得其情□□□□江右大饥，参政龚公茂良帅隆兴任，以荒政，朝廷设赏，募人出粟。君谕富室，得米七万斛，赖以全活者不胜计。龚公力荐之，复有堂察之命。淳熙二年二月，除知衢州，寻改饶州。

□□□□群臣气节不立，风俗委靡，不能仰副圣意。及论诸郡狱官，不□注癃老之人，乞严差注之法。又言奏对者多徇私迎合诋议，成法间有施行，又以不便而罢，诚有朝令夕改之弊。上皆嘉□□□□谕君："治郡不可不留意财赋。"君奏曰："今生财之道极矣。惟能窒弊原、惩吏奸，则财不可胜用。无政事，则财用不足。若能使田里无愁恨叹息之心，则郡计不足虑也。"上然之。

四年九月到郡，未□□□□召为诸王宫大小学教授。五年五月，除尚书屯田员外郎。轮对，因奏："立宫庠以教宗子，而法制苟简反不及州县。乞修庙学，定生员，置膳养之资，严教导之法。"又以屯田有名无实，国用十以□□□军，惟此可以少纾民力。酌古验今，周询博采，有上屯田□指两淮可以留屯者数十所。君稽考订正，灼知利便，愿以身任其事。十一月，迁金部。君佽助长二，经画调度，给纳唯谨。纲运当输左帑者，因□□□□野，多露积岸次，躬为督察，力革其弊。明堂大飨，阴雨不止。蒇事之日，天宇开霁。礼成，上甚悦。君进诗颂恩，有以开广上意。又奏："圣人不以得天为足，而以敬天为务。天之所以眷顾□□□皆如此其至。陛下宜存不息之诚。勿怀自满之意，则天之眷佑有加无已。"上称善者再三。且极言民之疾苦，宽恤之诏每下，而奉行不虔，其扰益甚！如差役催科、折帛场务，俱乞更张。□□□议而行之。郡县有奏陈利害，□然可行者，必力主之。势不得专，多有扞格。自以强颜班列为愧，而归心启矣。

君寡兄弟，少又多病，世味宦情，泊如也。陪祠小疾，决意纳禄。或劝止之，则曰："吾才薄命奇□□□致身员郎，所得已厚，不自知止足，其旷败悔之何及！"识者谓二疏官至师傅，禄二千石，又皆笃老，君过之远矣！

归创小阁，聚书其上，朝夕省阅。客至，则觞咏以为乐。给事龙学吴公芾，挂冠已久，宅于□□□石井，自号湖山居士。闻君此举喜甚，篇章相属，为忘年交。君岁一过之，剧欢而归。吴公病中邀一见，亟往访之。未几，遂相寻于九京，尤可叹也！

君天姿孝友。在上庠闻父病，不暇俟潮，有愿负以涉者□□而潮至，负者弃走，自分必死。俄有小艇至前，赖之以济，人以为诚孝所感。二兄寝疾，药饵悉出其手，未尝去侧。为伯氏立嗣，抚之如己出。伯父通直性严重，事之尽礼，得其欢心。分田宅则辞多而受寡，自奉甚薄而好周人之急。少读张乖崖公所录黄兼济事，慕其为人，凶岁则捐直、捐廪以济邻里。外和内刚。初，有朝缋吏白当先谒权近，叱去之。居官一毫不妄取，禁家人市土宜、作器用。南安月约有例当增，竟不之问。鄱阳郡例及诸司以千缗饯行会、建贡闱□以助费。在州县时，雨旸，有祷辄应。谢事五年而四旱，乡人祷或不获。君一出，则甘澍随之。人皆归功，则曰："偶然耳。"弃置人事之后，闻国家一政令之得失、一贤才之用舍，忧喜形于言色，若身任其责者。为文明白简易，诗务平淡，能写人所难言。文集十卷，藏于家。

娶应氏，知楚州宝应县权之女，先君十五年卒。有贤行，君自为之志，其文甚□。赠安人，葬于重晖乡白竹隩。一子，昌运也；一女，适从政郎江州德安县丞吴桰。孙男愿，业儒；女二人，适同里进士吴熺、应虞。曾孙男、女四人，尚幼。十一年仲冬丙申，举君之丧合于应安人之墓。

呜呼！范蜀公六十三而致仕，君又先之。钥投闲九年，犹以为养而未忘祠禄，视君有愧焉！铭曰：

七十致仕，礼经甚白。年逾知命，胡去之亟。才方登用，身又康强。慨然赋归，二疏有光。煌煌孝宗，求贤如渴。崇奖廉退，以励臣节。天□□仁，不假之年。高风令名，惟君纯全。我升其堂，又铭君墓。后之君子，庶几知慕！

许伯启刊。

注：①鹿何（1127—1183），字伯可，临海人，绍兴三十年进士，曾任南安知县、饶州知州、尚书屯田员外郎等职。志石原出土于临海东乡白竹隩（今属大田街道），后下落不明。《两浙金石志》《台州金石录》均有载，据载，志石上截断损，高不计，广五尺，题、额俱缺。三十七行，行七十八字，正书径六分。今临海汇溪镇西溪村尚有鹿尚书台门一座，为临海市文物保护单位。此由临海杨世学提供。

鹿昌运[1]墓志铭

宋故朝散郎知连州鹿公墓志铭（篆额）

宋故朝散郎知连州鹿公墓志铭（题）

朝请郎右正言兼侍讲黄序撰。

朝请郎尚书吏部郎中黄宜书丹。

朝散郎尚书兵命员外郎何刿题盖。

公讳昌运，字会之，世为临海人。曾祖渊，赠右承事郎。祖汝为，赠宣教郎。父何，任朝奉郎直秘阁致仕，累赠中奉大夫。承事郎、祖俱隐德弗耀。自了斋忠肃陈公谪居是邦，承事伯仲，实从之游，始为儒家，子孙相继举进士。秘阁历仕有声，入为屯田员外郎。迁金部，骎骎向用。甫逾艾服，□然请老。孝宗嘉叹，迁官二等。为朝奉郎直秘阁赐绯衣银鱼，兼官其一子，以华其归。时文忠周益公而下皆赋诗祖饯，亡虑百首。归以“见一”名堂，徜徉其间，荣□疏传□□彦远矣。

公自幼□□□□善属文，壮入上□□行起敬。会秘阁挂冠，授将仕郎，便养以□，盖公少而丧母，事秘阁极其仁孝，不忍顷刻去亲侧。继中□授迪功郎、温州司户参军，丁秘阁忧，不赴。服阕，以庆寿恩补修职郎，主处之遂昌簿。邑素□□□籍散亡，公□□治力赞治排之□民赖以无扰。尉阙摄事，闻恶少十余辈□□于道，禽以抵法，不愿□□□□缚之□□从政郎监□仓中界，至则亲检□□□除宿□诸路，米舟率愿从中界交卸，上官贤之，交章论荐。改宣教郎，□处之龙泉县。龙泉素号繁剧，公务行安静□□□□催科不以鞭朴，听讼不以钩距，邑中不闻胥吏疾呼，而治盛讼理整整□□□□□□□其政绩荐之于朝，而公□□□□□之意，命其子营数椽于家□之由□暂秩满□同舍多在朝列，竞□□挽，公独恬然不以为意，遂□□□之阙□□天下□□所萃，出纳之间，敝幸迭出□□□□□□□□布。公正身奉法，无所挠屈。一载，依吏例迁院□，公不愿留，意连□之组同，以陛辞之日，□□重楮轻之敝，则欲□折帛之供权。时纯用□□，又论□□□□之敝，则欲分责江上诸军□衙□□□□□□□达于总饷□□上下□议而施行□□□□□□□□□□日课诸孙，以自娱乐。明年七月十二日，以疾卒于正寝，实嘉定癸酉岁也。积官至朝散郎，享年六十有四。

公□□□□待人以恕，居官不受私谒，一介不以取诸人，去之日如始至。居乡简出，未尝干挠州县。秘阁有兄登□书□□□□□□□□又无子，公再为命□析产。惟或□谓秘阁私财，不应抵分。公笑曰："何待我之薄也！"疏财□□，旦誉高之。嗜□□书滨老不倦□受延赏，犹不废举子业，预丙午、壬子漕荐。尤工于诗，善状物态，有《益斋文稿》藏于家。

娶□郡吴氏，封安人。先公十三年卒。子愿。女二人：长适国子进士吴学易，次适进士应虞。孙男二人：祖烈、祖德。孙女六人：长适进士□衍，次许嫁进士吴□，余尚幼。将以乙亥年二月壬寅葬于白竹山之原，盖秘阁阡茔之侧也。

先期，愿遣书叙公之行实来请曰："向者先生获托寅恭，辱知不薄，愿得铭文，以垂不朽。"序惟公质朴廉介，士大夫中不可多得。顷幸同僚相与之意甚深，其敢以固陋辞！乃为之铭曰：

以见一之高尚兮，足以振颓俗。以瞻忻之廉介兮，足以播其余馥。皆□丰而施啬兮，天不可问。并藏于白竹之原兮，清风满谷。

注：①鹿昌运（1150—1213），字会之，临海人，鹿何子，曾任遂昌主簿、连州知州等职。志石高118厘米，宽90厘米，厚10厘米。篆额12字，文28行，正书。原在白竹岙鹿伯可墓左，1999年鹿氏后裔移至汇溪镇西溪村鹿祖烈墓旁。上文在《两浙金石志》《台州金石录》均有载。此由临海杨世学提供。

鹿愿[1]圹志

宋故浦城大夫鹿公之墓（篆额）

先君讳愿，字端夫，台临海人。曾大父汝为，赠宣教郎。大父何，任朝奉郎直秘阁致仕，累赠中奉大夫。父昌运，任朝散郎知连州，赠朝奉大夫。母吴氏，赠宜人。生于乾道辛卯八月三日。以父任积官至奉议郎试松阳尉，历隆兴、绍兴司理参军，宰浦城。卒于端平丙申六月七日，享年六十有六。娶应氏，赠孺人，先三十八年卒。继周氏，封孺人。子男祖烈；祖德，为从弟恕后。女适姚皆、吴㞒、骆似、翁注、芝芃，一未遣。孙男公复、公泰，女五人。卜于白竹山先茔之西原，□以嘉熙丁酉腊月十九日丙申。孤子祖烈泣血百拜谨书以纳诸圹。婿乡贡待省进士姚皆填讳。

注：①鹿愿（1171—1236），字端夫，临海人，鹿何孙、鹿昌运子。曾任松阳县尉、隆兴司理参军、绍兴司理参军、浦城知县等职。志石高 90 厘米，宽 57 厘米，厚 11 厘米。文 10 行，满行 22 字，隶书，字径 2.5 厘米。1986 年 11 月，征于临海市大田镇（今大田街道）白竹村周道对家，现藏临海市博物馆。据周家称，此志出于白竹岙，上世纪六七十年代，生产队平整晒场，发现鹿愿及其妻应氏二志平埋土中，遂得，墓室则未见。

鹿愿妻应次昭①圹志

宋应氏墓（篆额）

亡妻姓应氏，名次昭，字德华，世为台之黄岩人，泰州助教宏甫之女。自其大父侨家城闉，遂卜居临海。生于乾道己丑。后十有九年，归于同里鹿愿。得男一人，女二人。至庆元戊午十一月丁酉，以疾卒于省仓官舍。越二年，庚申十二月壬寅，始克卜藏于重晖乡下浦山之原。

德华赋性和柔，处事详密。幼失所恃，事继母弥孝。逮事舅姑，妇礼惟谨。承夫无亵慢之色，接下无喜怒之私。少颇敏悟，闻弟兄读书，至有过耳成诵，终身不忘者。常裒古今雅歌，楷书成编，亦粗识其义。顷侍其舅官于左所，未数月而感疾。疾革，舅临问之，愀然敛容曰：“筋骸散弛，执礼有亏，惟吾翁矜而贯之！”言讫而逝。呜呼，礼者人之大分，讲明于暇时，颠连于乱命，常情然也；而德华守死不变，亦足以见生平知识加于闺门一等矣！惜乎天啬其命，俾事育失助，哀哉！昔潘安仁诗以悼亡，刘梦得赋以伤往，其欲增重伉俪之情，永叹泉壤之隔，读之至今犹怆然也。今德华处室家余十年，同甘苦如一日，仆之无闻，固不足以文字企潘、刘；若夫夫妇之义，自有天地以来，无贤不肖，钧是情也。故重有感而为之书，庸属诸圹。

郡人王之宾刊。

〔碑阴鹿祖烈跋〕先妣孺人以先君进秩升朝，该绍定癸巳郊典，初赠命妇。端平丙申不幸先君即世，嘉熙丁酉得卜于白竹山之原，□九月丙辰先举孺人之柩，庚申□□于新茔，用全合葬之礼。孝男祖烈泣血百拜谨书，刊于圹志之碑阴。

注：①应次昭（1169—1198），临海人，鹿愿原配妻。志石高 84 厘米，宽 65 厘米，厚 10 厘米。文 18 行，满行 22 字，除文末刊人小字楷书外，余均隶书，字径 2.3 厘米。碑阴跋文 6 行，满行 15 字，亦隶书，字径同。1986 年 11 月，与鹿愿圹志同征于临海市大田镇（今大田街道）白竹村岙里周道荣家。应氏墓经迁葬，出土情况详见鹿愿圹志附注。

鹿祖烈[①]圹记

宋故临海鹿府君圹记（题）

府君讳祖烈，字元挺，世为台之临海人。曾祖何，朝奉郎，直秘阁致仕，累赠中奉大夫，号见一。祖昌运，朝散郎，知连州，赠朝奉大夫。父愿，奉议郎，知建宁府浦城县。妣应氏，继周氏，并封孺人。府君应氏出也。为人敏爽端庄，事亲理家，洽族睦邻，咸尽其诚，而人亦敬慕之。为文务平淡，尤长于词赋，弗肯镂刻。由是与时寡合，试辄不中，略无愠色。但整诵先世手泽，日与亲朋觞咏，从容山水间耳。家人生理亦未尝一一留意。盖其轻名而重实，务内而忘外，天性固然，而践履益到矣。

府君享年五十。庆元六年闰二月庚子生，淳祐六年闰四月甲辰，以疾终于正寝。九年三月壬午，葬于所居之鹿岙山。娶骆氏，同郡进士一新之女。子二人：

公复、公泰。女五人，适吴铉、骆禧，许嫁吴思睿，余未行。公复等泣血求铭于吴荆溪先生以植于墓，兹直叙世系日月而纳诸圹云。

忝戚迪功郎新监池州在城酒税务姚皆填讳。

镌石王序。

注：①鹿祖烈（1200—1246），字元挺，临海人，科举未中，生平不详。圹记中关于鹿祖烈生卒年与年龄不相符，按生卒年计，则享年应是47岁，按享年计，则生年应是庆元三年。志石高76厘米，宽50.5厘米，厚7厘米。文14行，行24字，字径2厘米。出土于临海市岭外乡（今属大田街道），原藏于西溪鹿氏后裔鹿洪州家，1984年征藏临海市博物馆。

谢坦然妻宋氏①墓志

宋故安人宋氏之墓（题）

宋故承事郎谢公坦然妻安人宋氏，台州天台县人。考良弼，承节郎。安人绍兴元年十一月初二日生。年二十八，适谢氏。以长子奉议郎晋卿，累封安人。嘉泰二年正月初七日，终于家之正寝。是年三月癸酉，合葬临海县义城乡杨梅山。子男：晋卿先卒，唐卿、元卿、起卿、端卿、飞卿；女，长适司马述，次未行。孙男：兴祖、绍祖，女二人。

注：①宋氏（1131—1202），天台人，谢坦然妻，生平不详。志石高68厘米，宽53厘米，厚8厘米。题大字居中，直书。文列左右，各3行，行21字。出土于临海市城南乡（今江南街道）大岭头，1984年征藏临海市博物馆。

黄礼妻李氏[1]墓志

孺人李氏，生绍兴辛酉，世为台之黄岩人，李公讳禧之次女。丁亥适同邑黄公讳礼，字用和。孺人性温厚勤俭。产业颇薄，克相夫子，劳苦成家。训子义方。善宗族处，疏昵无间。亲戚孤遗有女未嫁者，为出金嫁之；贫不能自养者，留于家，终其身。凡周人于病难，济人于死亡，率无吝。公先孺人卒，抚诸孤如旧。甫及三载，嘉定己巳秋遗恙，临终前三日，谓诸儿女曰："八月初二日定与汝别。"是日果不救。处心明，至死不变，世亦希有。孺人寿六十有九。

子男三人：大猷、大锡、大珪。女二人，长适吴端礼，次适进士笮麟，元名朋。孙男七人：思齐、思恭、思诚、思忠、思敬、思温、思昶。孙女五人，尚幼。

卜良月初十日，合葬于夫黄公之茔，在县西南之偏。麟忝子婿，知孺人懿行，不敢没，故敬书其略，以志诸圹云。

注：①李氏（1141—1209），黄岩人，黄礼妻，生平不详。志石高11厘米，宽53厘米。文19行，行14字，字径2厘米。出土于原黄岩县农机公司，现藏黄岩区博物馆。

姜郾[1]圹志

先君讳郾，字子西，姓姜氏，世为淄州长山人。曾大父讳仲谋，朝散大夫直秘阁、广东转运副使，累赠少师；妣李氏，秦国太夫人。大父讳诜，乾道间为工部侍郎，以宝文阁直学士、通议大夫致仕，累赠少师；妣李氏，越国夫人，王氏，楚国夫人。父讳处厚，朝议大夫，长山县开国男致仕；妣徐氏，恭人。建炎南渡，曾大父避地于台，始占籍临海。

先君生于绍兴辛未闰四月二十八日。未冠，以宝学郊祀恩，补登仕郎。中铨选，授迪功郎、温州乐清县尉。庆典，循修职郎。秩满，循从政郎，调绍兴府曹娥盐场管押袋盐。用赏，循文林郎，知鄂州嘉鱼县事。开禧元年十一月初六日，以疾卒于官舍。享年五十有五。娶陈氏，故秘阁修撰奉常陈公讳举善之女。子男一人：弥宁。女一人，适从政郎新赣州司法参军赵允夫。

先君赋性刚介，律己修洁。涉猎今古。尤喜唐人诗，手抄殆遍。习欧阳率更书，清劲有楷法。儒雅自将，不妄交游，意有所不合，虽达官弗顾也。尉乐清日，以捕盗及格，将改京秩；部吏挟法沮之，竟舍去不就，人以为屈。晚宰嘉鱼，诸司方交章剡奏，已不幸至大故，呜呼痛哉！后五载，适赵氏女亦卒。先君素钟爱，母氏命营宅兆，必以祔，其敢不承。嘉定五年十二月丙申，始克葬于义城乡白岩墺口之原。事从力弱，未暇求铭于立言之君子，姑志岁月大概，刻石纳诸圹。

男弥宁泣血谨志。婿赵允夫填讳。

注：①姜郿（1151—1205），字子西，临海人。曾任乐清县尉、嘉鱼知县等职。志石高58厘米，宽41厘米，厚7厘米。文17行，行28字，字径1.5厘米。出土于临海市小溪乡（今江南街道）白岩墺村太阳山。原藏墩头农民谢庭寿家，1986年9月征藏临海市博物馆。

谢开[1]墓志

宋故府君墓志（篆额）

先君讳开，字邦达。其先东晋谢氏，寓于会稽，支分派别，自国初五代祖徙家台之临海，今居焉。曾祖显，祖概，父宰，俱隐德不耀。

先君性简亢，有气节，□行修饬。拘录□如，不以富贵利达介其心。接物应变，厥有常度。平居一衣一食，必思有饥寒者。或以急告，辍己纾之，未尝有靳色。晚节不遂志于场屋，乃以命自处，毋复为进取计。于是守田园以安分，莳花木以赏心，陶冶性灵，追咏古作。辟家塾延师以诏子，遇休沐则亲课其勤怠。奉竺乾学，鸡旦尤谨。一日，谓荣祖等曰："人生天地间，犹一逆旅耳。轩冕付傥来，学问当自尽，汝其勉之！"既而娱□自适，整衣夜香，遽终于寝。时庆元乙卯正月五日也。享年六十有二。

妣尹氏，先二十七年卒。再妃妣林氏，相先君以善道，处姻族有恩意，内助之功尤□。日诵般若，了然心通，膳余盥手，奄忽而瞑。时嘉泰癸亥三月十三日也，享年七十。男四人：彝卿，屡预待补国学，不禄；荣祖、炜卿业进士；俊卿早夭。女四人，适进士汪君岩、李棣、李林，季女即世。

始先君寒食扫祖茔，指顾冈势，曰："吾死欲瘗骨于斯，春秋祭祀得祔焉！"荣祖等不孝，死其亲，未忍即其地□窆。阴阳家曰："唯是吉。"将以嘉定癸酉良月二十四庚申，奉二柩合藏于尹氏之兆。其山曰金家湾，即重晖乡祖茔之侧，从治命也。荣祖等痛念潜德，未得当世秉鸿笔者为之状，姑叙其大略而纳诸幽。百世之下，陵谷迁改，见而掩之，不无望于仁人君子云。

孤哀子荣祖、炜卿等泣血谨志。

郡人王之彬刊。

注：①谢开（1134—1195），字邦达，临海人，生平不详。志石高 65 厘米，宽 49 厘米，厚 7.5 厘米。文 22 行，行 25 字，字径 1.5 厘米。出土于临海市岭外乡（今大田街道），原置于田洋村俞良桂家后门口，1983 年征藏临海市博物馆。

应讷[1]圹记

宋故进士应公圹记（篆额）

君讳讷，字仁夫。曾祖敏，妣张氏。祖序，妣胡氏。父宏甫，娶王氏，继室牟氏。有子六人，君为长。自幼力学，善结字。始冠而父亡。君，王出也。以蚤失所恃，故事牟夫人温凊尤谨，家事内外悉禀母命，君率诸弟一意读书。季弟登贤关，君以笔砚久无成，意悒悒不自得，因逃于酒。性素疏豁，至是益铲夷畦町，断去枝节。颇慕昔人旷达之意，寄傲于醉乡。平生未尝忤物，而亦不校物之忤己。疏财急义，绰有父风。一日晨兴览镜，叹曰："梦寐不祥，得为亲寿足矣！"未几，牟夫人诞日，君与群弟展庆，盛设称寿尽欢，浃日未既。及晡，独捧觞起舞曰："讷不孝，弗克终养，自是与母永诀矣！"因泣下。人以为醉也，遂彻宴就寝。终夕鼻鼾，诘旦家人褰帷趣起，俄觉息绝，视已逝矣。岂畴昔之梦有以开先耶！实庆元戊午六月十九日也。享年三十有一。娶谢氏。子男二人：幼学、正学，皆业儒。女二人：长适进士阮居简，次许嫁谢攀龙，未行。其先世居台之黄岩，自父徙居临海，今为临海人。

幼学、正学卜邑重晖乡鼓山之原，曰吉。以嘉定癸酉腊月己酉奉襄大事，嘱母党免解进士王应之识其州里岁月与夫行谊之略而纳诸圹。是为圹记。

注：①应讷（1168—1198），字仁夫，临海人，生平不详。志石高68厘米，宽46厘米，厚8厘米。文16行，满行24字，字略带行，字径1厘米，出土于临海市岭外乡（今大田街道），七十年代入藏临海市博物馆。

应宏甫继妻牟氏[①]圹志

宋牟安人圹志（题）

先妣姓牟，讳妙真，世为台之黄岩人。外大父巽……归于淳熙壬寅。惟我先君泰州助教讳宏甫……先君随侍，因寓为家。遭乾道灾，徙大田，依前……王妣亲谢世，先君颇厌湫隘，更议卜筑。时阐……酬应单力，势弗获支，始行议聘。暨先妣归，识……敬顺无遗，恂恂然似无能者，人固莫晓其谓。而……六年，不幸先君弃诸孤。户门丛杂，拏累猥众，……合门数百指，嘻嘻怡怡，不闻疾声忿色。外若少……男使有分，女使有归，爱育抚摩，如出一己。笃于教……之言。尽母道者，必以先妣为首称。晚厌阃务，……痹，荏苒未瘳。易岁再作，砭剂不可加矣。实嘉定……六十有六。呜呼痛哉！子男七人：讷、称、庄、常、蒙、□、若，……士。今所存者，惟称、蒙、若而已。女二人，长适文……鹿愿，次适进士柯实。孙男九人：幼学、正学、惟学、……孙女七人，适进士阮居简、丁震、谢攀龙，余尚……不克终养，灵輀在堂，奄忽岁月，罪逆愈深。今……将扶护合葬于重晖乡柘溪原先人之墓。……自振，不欲求铭于当世达者。谨摭梗概，以……一日。

孤哀子应称泣血谨书。婿鹿愿填讳。

注：①牟妙真，生卒年及生平不详，应宏甫继室。该志石下截断失，石残高34.5—35厘米，宽44厘米。文20行，每行残存17—18字，字径1.4厘米。据《礼记·礼运》补一字。出土于临海大田街道柘溪头，七十年代入藏临海市博物馆。

（佚名）[①]圹志

……以黜于嫌，终身不复事场屋。晦迹林园，景行乐…………诵其诗不□□。客至，不问亲疏，把酒笑谈，竟日无倦。晚通…………金刚大义。一日忽病，□□以□□可，越六日终于正寝。…………庚寅五月戊戌，寿七十有九。□商氏，赠中大夫周之…………纯臣，先卒；次俊臣、鼎…………女三人。痛念…………卜以乾……

注：①此志石仅存一残片，志主及生平均不详，1985年12月30日发现于临海市城南特产场一小溪边。据仅存文字推断，志主应是娶妻商氏，其祖辈或父辈疑有“赠中大夫”之职，“中大夫”在宋代为从四品，元代为从三品，明代为从三品。“赠”是朝廷对官员的先人或本人死后追封的爵位或官职。临海商氏以宋代为鼎盛，其中最显赫为商飞卿，官至户部侍郎，从三品。元、明时期则无官居要职或声名显赫者。故志主之妻商氏或出于宋代商姓一门。再以“纯臣、俊臣、鼎臣”在地方史料中查找，无所获。

徐邦用[1]墓志

宋故监岳徐公墓志（篆额）

先君讳邦用，字行之，世居台之临海。曾祖言、祖友臻，有隐德。父大受，登进士第，任广德军建平尉，次辟四川制置司干官。先君以皇宋绍兴癸丑正月三十日生，以嘉定己巳八月八日终于正寝，享年七十有七。妣吴氏，同郡人，生于绍兴辛亥八月初九日，卒于嘉定庚午六月十一日，享年八十。子曰信、曰仪。女适儒林郎李曾、国学永免进士谢尧曦、进士黄似朴、进士应称。孙男一龙、一夔、一凤、一鹗。孙女四人，许进士黄可善、进士王淮，二未行。以嘉定乙亥腊月十二日丙申合葬于兴国乡吉祥山之原。

先君强记问，工为文。甫冠，侍我大父从制置曹公筠转辟入蜀。会科举试眉州，得贡。既不偶于有司，受参政女兄谢公然[2]除拜恩，受右列，调监绍兴府枫桥税、临安府三闸、授衡岳祠者四任。居官以廉勤称。内相洪公迈、丞相谢公深甫、祭酒彭公椿年，皆以科目荐。先妣柔淑端靖，克助于内，并有阃则。信等忍死叙大概纳诸圹。异时陵谷易处，仁人君子哀矜之，俾勿坏。

孤哀子徐信、仪泣血谨志。

注：①徐邦用（1133—1209），字行之，临海人。志石高 66 厘米，宽 54 厘米，厚 5—7 厘米。文 16 行，行 21 字。凡名字均用小字。1986 年 6 月发现于临海市城关（今古城街道）后山村后岭下朱万荣家，后征藏临海市博物馆。据述，徐氏墓位于朱万荣家屋后，1980 年朱家建房掘基时发现，两年后拆墓时见墓志。墓共三圹，砖构，伴出多量铜钱，已腐。

②此处文字表述疑有误，联系上下文，并结合史料，其意应是受谢廓然任参知政事之恩荣，得以受职吏部。“女兄”之指，或是徐邦用姐姐与谢廓然为妻，有待进一步考证。

赵世显[1]偕妻陈净修幽堂记

宋处士赵君孺人陈氏幽堂记（题）

赵之上世居会稽，讳仁晖，仕后周，爵至光禄者，先君八代祖也。嗣世避难，徙台之黄岩，因家焉。先君讳世显，字廷俊。曾祖广，祖庶，父拱。先君年五十五，卒于淳熙丁未九月九日。母氏讳净修，同郡临海陈氏，年七十五，卒于嘉定丙子七月初八日。二男：允济、允迪。允迪先母氏九年卒。一女，适进士袁秉文。孙男四人：处温、处良、处俭、处善。女六人。

先君简服用，鄙涂饰，厚施薄取，急宗族乡党之难。与伯父义居，终其身无丝发间语。母氏克佐其志，内治尤有条理，晚嗜浮屠书，崇信尊礼无虚日。先君葬于祖茔之南驯雉乡关山岙，实绍熙三年十二月丙午。今以十一月壬寅奉母氏之柩祔焉，距卒百六十四日。

呜呼！葬先君而弗志，允济之不孝大矣；葬母氏而并志，岂求以文其罪乎！千载之下，陵谷变迁，仁人君子，能见而掩之，是允济痛切之望也。

嗣子允济泣血谨志。

注：①赵世显（1133—1187），字廷俊，临海人，生平不详。志石高 30.4 厘米，宽 57.5 厘米。文连题 22 行，行 14 字，字径 1.7 厘米。出土于温岭市，出土情况不详。

陈容[1]圹志

有宋进士陈君之墓（题）

先君讳容，字君卿，台之临海人。父奉议讳芝，淳熙丁未登进士第。长子全，继登庚戌第。先君居次，俱习《春秋》，兄弟竞爽，不坠先奉议之业。嘉泰辛酉，先君曾预待补国学生之首选。母吴氏孺人在堂。娶王氏，故秘书、奉议之孙女也。

子男三人：长抱孙，后先君三年卒；次振孙、僧孙。女二人，长适进士杨嗣孙，次在室。

先君以乾道戊子岁生。嘉定乙亥三月得疾，卒于正寝。享年四十有八。振孙等忍死侍母，得地于外氏，以丁丑岁十二月庚申奉先君之柩，葬于重晖乡石门山之原。祔兄抱孙于右。是日，孤子振孙等谨勒石泣血以书，而纳诸圹。

注：①陈容（1168—1215），字君卿，临海人，生平不详。志石高 48 厘米，宽 40 厘米。文 13 行，行 18 字，字径 1.8 厘米。出土于临海市岭外乡（今大田街道），原藏田洋村农民徐济敏家，1983 年征藏临海市博物馆。

陈容①墓志铭

陈君卿墓志铭（题）

天台王象祖撰。

有宋嘉泰元年，台之举进士者逾七千。有文卷明《春秋》大义，以齐威召陵之功不克终，原于蔡姬侵蔡之事不正。始考官伟之，置首选。郡守持号钓卷，求苛于字画，移冠待补。暨揭榜乃陈君，哄一郡以为屈。

君讳容，字君卿，奉议郎佥书武安军芝之子也。佥判以明经为乡先生，晚登第。君与兄全习同经。兄蚤登第。君于学尤究终始，言简行谨，书册之外澹如也。文场开，众必指目君，而考官少提掇者。至提掇，又不偶。佥判亡，谋葬地，财殚力惫，得不得未可知，而君忧。既得葬，而君病。数年，竟以是亡其身。实嘉定八年三月十六日也。享年四十有八。

娶王氏，秘书省校书郎道之子似之之女也。子抱、振、僧。女长适进士杨嗣孙，次未行。君亡三年而抱孙□□□□□□□起家，未成而逝。至君父子亡而□□□□□□□□□□不而无葬，归谋于父母家，得地于石门。□□□□□□□□□事，以嘉定十年腊月庚申归于土。将葬，□□□□□□□□□□□□汝与吾夫略相类。吾夫试不售而死，汝若不□而存，则汝宜铭。铭曰：……文不……年不……，继先世，尚有后。

注：①陈容，身份信息见圹志。志石高57厘米，宽45.5厘米，厚5厘米。文18行，行24字，字径1.5厘米。部分文字磨损不辨。与圹志同出，原藏田圳村农民王家善家，1983年征藏临海市博物馆。

陈三省[①]圹志

公姓陈氏，讳三省，字少曾。……之仙居。曾祖讳兑，妣金氏。祖讳禹锡，赠承事郎，妣胡氏，封………上林麓。状元黄公定状其行，目以隐君子。………改元七月十四日生[②]。及冠，从文忠公文玉，公□□………与叔父讳愿，母弟讳三聘，俱有时名。数奇……特旨不待郊，参选授迪功郎。潭州益阳尉……泉盐场，岁饥。首请外台，告籴以赈。亭户赖以获生。………公□□□辟摄，高邮、无为侯泮二邦，青衿挑达，公□其………士子翕然□慕。已而调益阳，邑境擅摘山之饶。凶徒啸乡……公任不敢□有警。邑通蜀江，江涨堤决，居民昏塾，田遭区……转承事躬□按视筑，断堤数十百丈，且率亭右行周恤之。故乡人德之，环邑□□□□毁□以增修祀典祠宇。时有酒官物故，道远囊无□金，公捐己俸，为同□士夫倡，且为办斋设，劝诱缁黄者流，所获几五十万，□□□□之后族□□□州大□丞未上。状元钱公文子以同门授经之契，素雅重公。出镇乡邦，公□□□□□□即致纳禄，请且辞以归，竟成大故。实开禧改元四月初七日，享年□□有五□命下，授承务郎致仕。娶同邑曹氏，四男，峻、岘、岠、屿。二婿，剡州周之绍，同里李□七。男女孙俱幼。

公内温外厉，急义疏财，经学淹通，骈俪典雅，事亲至孝。每临讳日及春秋祭祀，悲泣如初丧。居丧不入闺闼。乡邻之绝者，时率周之。开门授徒，无虑数百员，刻意作成有业，宏词升舍，选掇魏科魁右。学者所得束修，率归亲庭，不事生产作业，间有私财，所置与弟剖分之。生徒有贫不能学者给之，俾卒所业。尤好宾客，门外车辙无虚日，以故卒之日，家徒四壁而已，其年十有一月十四日丙申葬于睦溪之原，从先志也！念事以猝举，未克求宗工鸿笔，以□扬潜懿，姑叙大略，识之圹中。男峻泣血敬书。

按：①②陈三省（1131—1205），字少曾，仙居人。以志主卒年及享年尾数有五倒推，符合“改元”，仅政和元年与绍兴元年，又以与钱文子为同门等信息，推断生年为绍兴元年，亦即享年75岁。志石高68厘米，宽49.5厘米。文22行，行20字，字径1.8厘米，缺字较多。二十世纪八十年代出土于仙居县皤滩古镇北面古墓群内，仙居县文物管理办公室收藏，此据《仙居历史文化论丛》转录。

杨彦通①圹志

宋故驻泊杨公圹志（题）

公讳彦通，字仲和，姓杨氏，其先眉山人。曾祖安，赠秉义郎。祖立，武经郎，建炎中兴，总关陇兵勤王，扈驾渡江。父俊，由将家子入侍宿卫，积勋劳，合授成忠郎，乃力丐闲，玉音屡勉不拜，得请辅郡禄养，始家于台之临海。

公器资端重。幼失怙，能树立。事后母至孝。经理家务，井井有绪，家用以饶。自奉甚约，服食所尚率朴素，而厚于予人，凡以缓急告，未尝色拒。遇冬凛，散贫者粟，施囚者卧具。里中祈禳，每捐财为倡。故旧多西北边豪士，有官于海濒，俸薄弗能自给，贷至数百缗不问偿否。尤笃于教子，买书延师，甚费亦莫靳。迨贡上庠，勉之曰：“吾家本右列，汝能从此以文自奋，庶两全乎！”倾訾择婿。有外孙蚤孤，教之家塾，稍长当补官，悉力维持，俾世其泽。每暇日，徜徉杯酒间，道上都乐事资笑谈，坐客闻所未闻，咸喜。虽剧醉愈谨。醒庵王公相厚善，帅襄阳日，约偕行，辟幕府驻泊。凡朋从皆一时贤者。平生无喜愠，不与物竞，人亦终服其量。晚悟佛书。临逝精爽，戒儿辈，谓荐修俗观耳，毋妄费。实嘉定之辛巳十月二十九日。享年七十有一。

娶林氏，以嘉耦称，先公三年卒。男一：王休。女四：长适故武经郎浙东将领乙显，次适正议大夫孙张伯燿、进士安由，幼为承节郎前泉州兵马提辖马光祖之先室，以是年闰十二月初二日壬午，葬于大固乡蔡岭之原，祔祖茔也。□忝姻□，从王休之请，书大概纳诸圹。

从政郎新知福州长溪县丞关□。

注：①杨彦通（1051—1221），字仲和，临海人，曾为王卿月幕僚。志石高 60.5 厘米，宽 35 厘米，厚 7.5 厘米。文 20 行，满行 25 字，字径 0.8 厘米。二十世纪七十年代出土于临海市城东蔡岭，现藏临海市博物馆。

杨彦通妻林氏[①]墓志

宋故孺人林氏墓志（正书额）

孺人林氏，钱塘人，为武经郎杨立之孙彦通妻，今家于台。孺人贤淑有才智，相夫子，理内外，家日以盛。祭祀燕享，必躬必亲。室既盈止，勤俭罔替。田园之乐，冀在桑榆，寿不继富，疾不易宿，可伤也已。以嘉定十一年正月二十九日卒，享年六十有二。男一人：王休，业儒。四女：长适武经郎绍兴府将领乙显，次适进士张伯燿、安由、承信郎泉州准奋差使马光祖。将以是年四月己酉葬于临海县蔡岭之原，属奇之以志。奇之稔闻其治家为妇之道，不可辞，姑叙大略纳诸圹。

儒林郎前临安府录事参军陈奇之志。

王彬刊。

注：①林氏（1157—1218），杨彦通妻，生平不详。志石高 56 厘米，宽 51 厘米，厚 3.5 厘米。文 41 行，满行 15 字，字径 1 厘米。与杨彦通圹志同出，现藏临海市博物馆。

陈铪妻詹氏[1]圹志

先妣孺人詹氏圹记（题）

先妣姓詹氏，严州淳安县人。曾祖讳安，赠宣奉大夫。祖讳棫，故朝散郎行宗正丞，赠正议大夫。父讳议之，故中大夫、敷文阁直学士，赠正议大夫。詹在严为著姓，衣冠蝉联，世有显官。

先妣生绍兴庚午。稍长，端悋柔静，母叶硕人钟爱之。时我先祖修撰少卿与阁学偕仕于舒，道同志合，相得欢甚。先君自幼颖悟，器度开爽，阁学一见，期以远到，喜谓硕人曰："吾得婿矣，此女必归陈氏！"逮先妣既笄，卒遂前好。

先君讳铪，字伯耕，修撰季子也。性孝友，慷慨急义，上奉其重亲，色养纯至。合门数百指，婚嫁丧祭，悉身任其责。宾客过门，治酒肴无虚日。先妣竭力佐助，蚤夜服勤，弗使先君有一毫不满意。其在官所，未尝与闻阃外事。至平居燕语，则惟欲以恕及人也。庆元乙卯，大资赵公帅蜀，辟先君于制幕，声称籍甚。众谓通显可立致，天不佑诸孤，随及大故。吴蜀相去万里，先妣挈累扶护东归，险阻艰难，尝历殆遍，而区处适宜，卒获善达。既毕葬事，缮居止，撙节经费，量入以为出，嫠居垂三十年，所以训饬子女，为植立门户计者，不改先君之旧。嘉定辛巳腊月二十二日，以疾终于正寝，享年七十有二。

子男二人：渭、澥。女二人，适进士石继周、徐焯。澥先一年卒。孙男三：枢、栋、棣。女一，尚幼。渭不孝，既罹酷罚，无手足之助；及卒哭，而主祭之妇又亡。三丧在堂，五内分裂。昔先君之葬，尝得卜于临海县义诚乡白岩墺之原，阴阳家谓宅兆有偏，合稍徙旧藏而正其向。由是阅岁浸久。宝庆丙戌十二月甲申，始克奉先妣之柩祔焉，罪大莫赎，不敢求哀于立言君子，姑叙岁月始末书而纳诸圹。渭泣血谨记。

侄婿修职郎新泰州海陵县主簿吴嚞填讳。

金振刊。

注：①詹氏（1150—1221），陈铪妻，生平不详。志石高 85 厘米，宽 58 厘米，厚 6.5 厘

米。文连题19行，满行31字，字径2厘米。出土于临海市江南街道白岩塽村，原藏村民潘汝龙家，1986年9月征藏临海市博物馆。

贾涉①墓志

宋制置镇抚大使龙学光禄贾公之墓（正书题）

先公讳涉，字济川，姓贾氏，台之天台人。父讳伟，故秘书郎、朝散大夫、知汉州，累赠通议大夫；妣于氏、陆氏，并累赠淑人。大父讳嗣业，赠朝议大夫；妣于氏、于氏，并累赠令人。曾大父讳文国，妣于氏。

先公生于淳熙五年三月二十有八日。以遗泽补官，初调高邮尉，历官敷文阁直学士，中大夫、淮东西安抚制置使，知楚州，京东河北路镇抚节制大使，六年开阃。尽瘁匪躬，得疾丐闲，被旨入奏。未入修门，疾亟，乞休致。迁显谟阁学士，通奉大夫。嘉定十六年六月一日，终于临安府黄鹤山宝庆院。赠龙图阁学士、光禄大夫。享年四十有六。

渐复故疆而不遂大业，致身法从而不及侍清光，□贵而不逮中寿，可胜痛哉！若夫制阃勋业，则有国史在。

娶史氏，先先公十有三年卒，累赠淑人。子男四人：贯道，承奉郎；似道；余未名。女二人，未行。遗命三月而葬。八月甲申，葬于麒麟山之原，从先志也。

孤哀子贯道泣血书梗概而纳之幽堂。

门生曹复书讳。

注：①贾涉（1178—1223），字济川，天台人。南宋名将，曾任高邮县尉、宝应知县、大理司直、盱眙知军等职，是处置山东忠义军的中心人物。其次子贾似道后为南宋晚期权相，一女后为宋理宗贵妃。志石高108.3厘米，宽65.1厘米，厚9.5厘米。正书16行，满行21字，字径2.5厘米。墓在县石溪乡溪边村“双虹贯月”，上世纪六七十年代被拆毁，出土情况不明。1984年文物普查时发现该志，遂征藏于天台县博物馆。

王居安妻张悟真[1]圹志

硕人张氏名悟真，生于淳熙丙申三月二十□日，卒于绍定戊子二月二日，葬以己丑正月十六日。

硕人自幼立志不凡，父母为择配，多不合意。至嘉泰甲子，年二十九矣，始归于我。才三月，余守莆阳，丁卯召入，为丞、为郎，历史馆、谏省、经筵、柱史，出而为郡、为监司，以至入从出藩，硕人内助为多。辛未自江西得祠，里居十有余年，硕人一意学佛。见僧如见佛面，闻经如闻佛说，读《楞严》《圆觉》《维摩》《法华》诸经，皆有悟入。癸未，余起守永嘉。乙酉，移帅三山。在郡三年，遍历雪鼓、支提诸名山，仙佛古迹，时有感遇之异。硕人旧苦心气，常时多怔忡倦乏。遇有宾客、祭祀、节序，必力疾修容，如无病者。内外亲戚见之，不以为异，而不知其实病也。死之日，与余对食啜茶，且谓“天寒，汝添衣”而后出。相去不数步，硕人方盥而未帨，俄而倾仆，急趋视之，已不能语矣。

硕人事亲极其孝，奉先极其诚，抚儿女以慈，遇婢媵以恩，戒杀生，好施予，而得年仅五十有三。与余相处二十五年之久，相敬如一日。常谓：“汝勤劳于官事，而吾安坐而食，每不能无慊尔。”其心若此，其言若此，此余之所不能忘也。

夫华文阁直学士、中奉大夫、知福州军州事兼管内劝农使、充福建路安抚使、马步军都总管、黄岩县开国子、食邑五百户、赐紫金鱼袋王居安书。

注：①张悟真（1176—1228），王居安妻。王居安，字资道，原籍温岭，定居黄岩。原名居敬，字简卿，避讳改之。淳熙十四年进士榜探花。曾任江东提刑使、工部侍郎、温州知府、福州知府、龙图阁直学士等职。志石高 39 厘米，宽 89.5 厘米。文 24 行，行 18—19 字，字略带行，字径最大 2 厘米。出土于温岭市大溪镇小溪村，原藏西岙王福增家，后征藏温岭市文管会。

王奉世妻卢氏[①]圹志

故殡夫人卢氏，台之宁海人。曾祖葵、祖珪，皆潜德弗耀。父居敬。卢氏居县南桑州，为著姓。夫人祖父派别，以儒自厉，不广蓄资产，教其女妇道甚习。夫人生十有九年而嫁，承上抚下，和柔有宜。绍定己丑九月，州大水。十一月，夫人往归宁。越明年六月庚午，遇疾卒，年二十一。生男不育，女二。呜呼痛哉！

自夫人为余家妇，不及见余父母在时。然安愉顺好，以昌其世，日引月异矣。水决城，势匈匈，余尽室登屋以避。夫人禀最弱，立风雨间凡三日，不粒食，卒以无恙。余谓是夫人宜寿者，更数月夭死，抑有数耶！既得地于临海县义城乡白岩墺，十月以其丧归，甲申葬。

夫襄阳王奉世志。

注：①卢氏（1210—1230），王奉世妻，生平不详。绍定己丑即绍定二年，该年台州府洪水决城，死民逾二万，是台州历史上最严重的水灾之一。志石高 30 厘米，宽 58 厘米。文 16 行，行 14 字，字径 1.7 厘米。出土于临海市小溪乡（今江南街道）白岩墺村。原藏农民周选长家，1986 年征藏临海市博物馆。

王鼎臣[①]墓志

有宋王君景任墓志（题）

亡弟鼎臣，字景任。参知政事，赠太师、秦国公，谥敏肃、讳之望之曾孙；监楼店务，赠朝散郎，讳钦之孙；尚书户部郎中，赠太中大夫，讳涔之季子。生于嘉定丁丑十月八日，殁于宝祐丙辰三月十六日，卒年四十。娶贺氏，参知政事讳允中之曾孙。女三人，皆幼。开庆己未三月壬申葬台州临海县义城乡杨梅湾。

呜呼！弟之生也，未一月而先君下世，实母慈鞠育以至于成。余兄弟逐禄三纪，颠连困踣，卒无一日使之有子弟之乐，且又不得年以死，是可哀也！殁时余将佐戎淮南，仅视其殡。三年而归，始克葬之。若夫寡必有养，祀必有续，女必有归，皆其生不能自业而诿其责于今者，是重可哀已！

兄朝奉大夫新权知徽州军州兼管内劝农营田事王亚夫志。

朝奉大夫赵希悦填讳。

注：①王鼎臣（1217—1256），字景任，寓居临海的宰辅王之望曾孙，临海人，生平不详。其妻贺氏为同寓临海的宰辅贺云中曾孙女。志石高56厘米，宽11.5厘米，厚6厘米。文连题13行，满行22字，字径1.7厘米。出土于临海市小溪乡（今江南街道）白岩墺村杨梅湾，原藏村民潘雨通家，1986年征藏临海市博物馆。

王复①墓志铭

宋上蔡书院堂宾王君墓志铭（篆额）

□□□□学士□□大□杭州临安府洞霄宫通义郡开国公食邑四千二百户食实封九百户杨栋撰。

□□□□学士□□大夫杭州临安府洞霄宫会稽郡开国公食邑四千二百户食实封九百户王爚书并题盖。

余□□□之西距天台万有余里，不知其人□也。一日行至天台，王蕴文同二客来访，其一人即王子勉也。魁梧奇伟□□□□□□□□□□□□□□□□达□□，故余后居□爱子勉能相劳，问禁问俗□助之义居多间，出示杜清献□□□□□□□□□之□因得知王氏□□绍熙□□□次卿，次卿先生学者所宗，家塾甚盛，清献杜公与焉。次卿尤长《春秋》□□□□□□□□□□□□□□□□□□冠□□□次卿□之次卿子子勉甫六岁。逮长，师叶君子仪、诸葛君希曾，二君皆次卿高第也。清献丞义乌，因介之拜毅斋徐公。自是从游其门。清献入台不贺，及其以直言攻□□□□□□□□□□□□□□□□□□□□□清献升政府，招之不出，尝曰：“子勉情性与吾相似，此友岂多得哉。”王君实翁，亦素善子勉，及为郡，每事多所咨。访新亭二斗门地□□利不修。子勉捐缗募工，筑堤岸，导湮芜，制纤板，时其启闭，田赖以饶洽。每岁冬春之交，出谷减价以济，名曰润籴。又积润籴之谷创□仓以恤邻，君实嘉之给。陈氏没官田若干亩以助□□□□□□□□□□□上蔡书院，子勉□赞其谋。书院成，聘为堂宾，督杜仓诸务，其□数经岁月，君实成□□□□□□□□□□□□□□□□□□□□□□□□交游笃朋友，拯困周急不遗余力。有气骨，乡里不平事多藉以□□□□□□□□□□□□□□□□□□□□□子勉□问疾，语坐移时，别数日报死矣，咸淳己巳正月二十九日也。遗二□□□□□□□□□□□以状来请□□体支离一笔莫□念老旧，不忍辞。

按状：君讳复，字子勉，系出会稽。六世祖自新昌□□□官卒□□□□□□□□□曾祖衍，不仕。祖公显，故迪功郎。父滋，次卿也。故上舍释褐迪功郎，楚州州学教授。男子子五：□□□□□□□□□先卒；应午，登武科承节郎，淮安州淮安县尉。女子子二：长适朝奉郎、知处州金九万子起炎，先卒；次适征仕郎、武冈□司法陈同□。孙男：转孙、恢孙。孙女三人。

应午在右庠，值明堂恩，随众为亲乞。初品服，君曰：“布衣吾分，勿累我。”即死，以深衣敛，仍戒用缁□。明年十二月庚寅，葬于临海县涌泉岭之原，立庵守焉。铭曰：

□□□□古谓德润身。子勉之德，其此之谓乎。嗟予得之而不淑也，悲夫！

注：①王复（？—1269），字子勉，生平不详。堂宾为书院教职人员，宋时建于临海东湖的上蔡书院是台州有史可查的最早的官办书院。撰铭者杨栋为时任上蔡书院山长，其墓在临海涌泉镇延恩寺后山，2022年延恩寺修缮房屋时发现，出土有“宋少保观文殿学士杨公圹志”（因考古工作未完，圹志暂未录）。王复墓及出土情况不明，上文《台州金石录》有载。据载，碑高五尺七寸，广二尺四寸二分。文二十行，行四十五字，径八分。墓前旧有二碑，一为豪强谋占其山而沉于江，一即此碑，旧在临海北岸新亭（今属涌泉镇）王氏祠堂，今不明。此由编者点校。

方益[1]圹志

江南风俗，虽百世犹称兄弟□□□□□□□□□□从伯从叔，此东莱吕氏所录颜氏训也。岂□广触□□厚□世教也哉。□□□□□东塍，自大府君而下至沂十世，谱历历可考。

南□□君，沂六世祖也。有从侄三人，二比屋居，一从开石。娶冯氏，其子名允安，生府君，名益，字子谦，年七十九卒于绍定壬辰三月十三日。夫人吴氏，后二十一年卒于淳祐壬子正月二十一日，年八十八。府君生处士，名宣，子卫卿，先其母一年卒，年六十二，实淳祐辛亥十二月二十七日。处士意终养其母，坐家薄，故府君在殡未大葬，而不幸卒于母先。夫人孙氏，先处士百二十日卒，实九月二十六日。且处士有弟文子，冠而未娶，卒已久，亦未葬。于是其家积五丧。府君命立邵氏七岁子为孙，名渊，每痛念祖、父皆未葬。而沂亦坐家薄，不克厚助。景定二年十一月甲申，渊始克奉五柩葬于清化乡冯村之东山，距所居甚近。

沂先君春陵博士，曩与会稽博士项君伯仲最友善。项君名玙，字君宝，与处士伯仲，少同学，壮同志，为词赋有声，学充其行，行充其文。项君终于教授邻郡士，而处士止教授乡邑晚学。先君晚年筮仕，亦竟不获行志。处士于沂为族伯，行今想其魁然，气貌如存。二三十年间，回思先君与项君与族伯相往来，情义恍然如梦寐，惟增伤感。族伯一子三孙，自今五柩宁其藏，当昌其后，沂忝十世大宗的传，理不容辞圹志之请。

呜呼！如颜氏训，虽远犹近，不然虽近犹远，苏明允其初一人之身之语，可不念诸，后或不虞，睹斯石者，又可不闵诸。

葬前五日冬至，族孙沂谨志。

注：①方益（1154—1232），字子谦，临海人，生平不详。上文《台州金石录》有载，据载，志石高二尺四寸五分，广一尺七寸五分，文十八行，行三十一字，正书，径七分。系清同治十二年二月，东塍小能仁院整治地基时发现，出土具体情况不明。此据《台州金石录》录文，编者点校。

赵汝适[1]圹志

先君讳汝适，字伯可，太宗皇帝八世孙，而濮安懿王六世孙也。曾祖讳士说，保顺军节度使、开府仪同三司、安康郡王；妣向氏夫人。祖讳不柔，承议郎、通判潮州，赠银青光禄大夫；妣郭氏，大宁郡夫人。考讳善待，朝请大夫、知岳州，赠少保；妣季氏，卫国夫人。

先君生于乾道庚寅三月乙亥。绍熙元年，受少保遗泽，补将仕郎。二年铨，中第一，授迪功郎、临安府余杭县主簿。庆元三年锁试，赐进士及第，授修职郎。五年，循从政郎。以应办人使赏，循文林郎。六年，知潭州湘潭县丞。开禧元年，为绍兴府观察判官。五年，转奉议郎。六年，充行在点检赡军激赏酒库所主管文字。八年任满，赏转承议郎。九年，转朝奉郎。二月，通判临安府。十一年四月，丁卫国忧。十三年，转朝散郎。十五年，皇帝受宝恩，转朝请郎。十六年，知南剑州。十七年，转朝奉大夫。八月，上登极恩，转朝散大夫。九月，除提举福建路市舶。宝庆元年七月，兼权泉州。十一月，兼知南外宗正事。三年六月，除知安吉州，未上，改知饶州。绍定元年二月，转朝请大夫。三年闰二月，被旨兼权江东提刑，以疾，三上辞请。三月，依所乞，主管华州云台观。四年，寿明仁福慈睿皇太后庆寿恩，转朝议大夫。三月，召为主管官告院。七月属疾，乞致仕。丙申卒。享年六十有二。是年十月癸酉，葬于临海县重晖乡赵岙山之原。

娶陈氏，献肃詹事讳良翰之孙、宝制侍郎讳广寿之长女。封恭人。先卒一纪矣。子二人：崇缜，从事郎，严州司户参军；崇绚，从事郎，绍兴府余姚县主簿。孙必协，将仕郎。孙女尚幼。

先君端方凝重，廉洁之操，始终不渝。教子以义方，理家有法度，居官所至有声绩，而寿不百年，哀痛罔极！崇缜等忍死襄人事，未及丐铭于立言君子，敢叙世系官迁岁月，书石以藏诸幽。孤哀子崇缜泣血谨记。

忝戚朝奉郎主管建昌军仙都观陈成之填讳。

王绍祖刊。

注：①赵汝适（1170—1231），字伯可，临海人，宋太宗赵光义八世孙，庆元二年进士，南宋地理学家。曾任武义知县、福建路市舶司提举、泉州知州、饶州知州等职，在出任福建泉州市舶司提举期间，广泛接触外商，详细了解阿拉伯等国家的地理、风土、物产，整理撰写成《诸蕃志》，该书是研究宋代海上交通、对外贸易以及与各国友好交往的重要文献。志石高 99 厘米，宽 67 厘米，厚 5 厘米。文 21 行，行 36 字，字径 1.5 厘米。出土于临海市岭外乡（今大田街道）岭外村北一处西向山坡，墓已遭毁，志石系二十世纪七十年代村民钱元璋于乱石中拣得，后征藏临海市博物馆。另有墓门石一块，仍在钱家。

赵彦熙①圹志

赵氏自魏王宫广亲南宅，广陵郡王宣州位，隶属玉牒。至先君讳彦熙，字叔明，凡七世。今为台之临海县明化乡智信里人。曾大父讳叔谖，故任武经郎。大父讳诱之，故任修武郎，主管台州崇道观。父讳公进，不仕。

先君少倜傥，有大略。屡试辄不效，叹曰："吾视异姓进取最为优易，而不得奋身场屋间，岂非命与！"遂放怀诗酒，而以义方为急。诸子能粗有成立者，先君赐也。今皇帝御极，特授承信郎，监潭州南岳庙。粤三年八月十六日，以疾卒。得年五十有七。

娶同里陶氏。生三子：铫夫，叨宝庆丙戌科，授文林郎、新临安府于潜县主簿；鑯夫，将仕郎；锐夫，习进士业。三女，适进士金龟朋、陈文卿，幼未行。孙男二人：本孙、在孙。女三人。

铫夫等痛念士之可以有为而不得为，是固有制于天者。于其身之不得为，而属后人以为之，天道庶或可觊焉！先君久得卜，端平改元四月丁酉，易葬于县之保乐乡崔岙之原。而铫夫偶缩戍期，将舂粮问道，未能祈哀于立言君子，姑叙卒窆岁月内诸圹云。

孤子铫夫等泣血谨志。

契侄从事郎新广德军军学教授项玙填讳。

刊者王仲。

注：①赵彦熙，生卒年及生平均不详。志石高 64 厘米，宽 47 厘米，厚 5 厘米。文 17 行，行 24 字，字径 2 厘米。出土于临海市溪口乡马岙（今属杜桥镇），原藏村民徐传根家，1983 年征藏临海市博物馆。

赵彦熙妻陶氏①墓志

宋故国太恭人陶氏墓志（题）

母氏即台之临海陶公讳仲显者之女也，法名妙贤。未笄，归先君姓赵讳彦熙，承信郎、监潭州南岳祠。生三子，笃于义方，俾从名师游，各粗有成。先君放浪诗酒，至丁亥岁卒，不及调。母氏奉先君命，抚率诸孤，区处内外，秩然有序。鑯夫与兄铫夫等获叨寸禄，迎奉板舆，从容宦辙。得年七十有五，偶病膏肓，药不能起，天乎痛哉。实淳祐庚戌七月初二也。男铫夫，文林郎，前温州司理参军，次年亦以疾弗救；鑯夫，迪功郎，前潭州宁乡县丞；锐夫，蚤世，不仕。三女，适进士金龟朋、陈文卿、高应华。孙男：时町，国子进士；时在、时畛、时畮、时暕、时畸，俱习举子业。孙女五人。鑯夫等奉先妣柩，卜以淳祐壬子十一月壬寅从先君兆域，合葬于保乐乡崔岙之原。葬日薄，未能泣请于当世君子，姑叙卒窆岁月内诸圹云。

孤哀子鑯夫等泣血谨志。

宗侄孙朝奉郎新知南雄军州事若琚填讳。

注：①陶氏（1176—1250），赵彦熙之妻，陶仲显之女，生平不详。文中以“法名”述，陶氏应是皈依弟子。志石高 55 厘米，宽 45 厘米。文 15 行，行 22 字，字径 2 厘米。与赵彦熙志石同出，原藏村民葛岳运家，1983 年征藏临海市博物馆。

余璿妻何氏[1]圹志

宋故孺人何氏圹志（正书额）

先妻宁海何氏，乃璿外太祖讳端礼之曾女孙，外祖仙尉讳恭之女孙，舅氏讳谊之女也。性沉靖，不事浮饰，克尽妇道。奉上接下，闺门雍穆无间言。同甘分苦，浣故补敝，无纤毫惮烦见颜色。奈天丧其数，相处仅十稔，欻感微恙，有顷辄剧，剧则不救。实绍定庚寅二月十二日也。享年三十有八。仅育一女，乳名淑娘，时甫龆龀，今犹在室。后三年，始得男慎孙。又七年，得副孙、彪孙，俱幼。痛惟先妻蚤世，莫遂偕老，璿每思，泣数行下。兹卜以淳祐乙巳良月乙酉堋于后山之原，姑叙其世系与死葬岁月，纳诸圹。

夫余璿志。

王庸刊。

注：①何氏（1193—1230），余璿妻，生平不详。志石高 59 厘米，宽 48 厘米。文 11 行，行 20 字，字径 1.8 厘米。出土于临海市小芝镇虎柜头，二十世纪七十年代修水库时发现，原藏村民余匡飞家，1983 年征藏临海市博物馆。

周希祖[1]偕妻任氏[2]圹志

宋故周处士任孺人圹志（篆额）

宋淳祐丁未冬十有二月甲申，孤哀子周武孙奉考妣□□葬于临海金溪瀑布山之麓。先是，曾祖迪功葬是山。山在所居之北一里余。及先君营卜归藏之地，乃穴于迪功之东七十步，曰：“阴阳祸福非所计，死获亲于祖，且不远于家，吾愿也。”不肖孤敬奉先志而窆焉。呜呼，其尚忍言之哉！

先君讳希祖，字秀宗。父讳烨。大父讳璯，迪功也。曾大父讳□。世为此邦人。先君自幼性质凝重，动必以礼。既长而孝慈著于家，惠信著于乡。律身严敬，与物惠和，人皆知其谨厚爱人君子也。先妣任氏，生宁海而归先君，敬礼以庄，柔顺以正，其志亦先君之志，其识亦先君之识也。先君悉力于外，先妣协心于内，遂克振生理于屡空之余，而以完以美；荣居室于圮毁之后，而以崇以翌。教子若孙，娓娓乎诗书；润内及外，灿灿乎文物矣。礼贤乐善，非以为矫；敬佛喜施，非以为佞。架桥梁以济人之险，散谷粟以赒人之饥。争者平之，讼者息之，不校人之犯，不忘人之劳。凡是，皆先君所以光前人而遗后嗣者，而今不得见之矣。呜呼，其尚忍言之哉！

先君生于乾道癸巳二月丙辰，得年七十有五，而卒于今年三月己亥。先妣生于隆兴癸未正月戊申，得年八十有三，而卒于淳祐乙巳三月丁丑。子男二：文孙，先母之四年卒；武孙。女一，适进士李烨然。李亦先卒。孙男五：翼、冀、巩、洪、雷。女一，从释。曾孙男二：海士、重宁。女二。

武孙痛惟世之吉人良士，生不显于时，而死不朽于后者，必其子孙之贤且能，足以托知于鸿儒硕彦，而潜德幽光有赖焉以发扬震耀者也。武孙无似，不能慕效贤哲，以彰先人之美，姑以片石勒梗概而纳诸圹。其或世代久远，陵谷变迁，仁人君子，尚能哀而掩之云尔！呜呼，其尚忍言之哉！

孤哀子武孙泣血谨志。

从事郎特改添差充两浙西路安抚司准奋差遣不厘务谢栗伯填讳。

注：①②周希祖（1173—1247），字秀宗，临海人，生平不详。其妻任氏（1163—1245），宁海人，生平亦不详。志石高 77 厘米，宽 60 厘米。文 23 行，行 27 字，字径 2 厘米。二十世纪七十年代出土于临海市杜桥镇，原由该镇周正夏发现并收藏，后周正海拓录。拓本后有周正海跋文，介绍了志石发现和收藏情况：“此墓志系平桥周正夏同志于十年前在上蔡瀑布山麓小水电站工地上发现，当即搬回家中珍藏，现藏我家楼上房间内。1986 年 10 月 27 日周正海拓于溪口南山。”

周坚[1]周韫[2]父子合葬墓志

宋故周公墓志（题）

祖讳坚，字子固；父讳韫，字团□，世居赤城之左。祖年六十有一，死于绍熙辛亥。祖妣叶氏，年八十有九，死于嘉定癸酉。父业儒，年五十有六，死于开禧甲子。母支氏，在庆。男三人：□、喆、□。兄□，娶赵氏，先父两年卒，□娶曹氏，弟□。父同斯岁而逝。女一人，适进士曹芝。男孙二人：□□。女孙一人，将及笄。

嘉定六年癸酉岁次十月二十有三日喆扶祖父丧合葬于乌石之原。

谨志。

注：①②周坚（1131—1191），字子固，天台人，生平不详。文中周坚卒年缺“亥”字，因原石未见，据纪年查询补。周韫，周坚子，天台人。周韫卒年存疑，开禧元年为乙丑年，即公元 1205 年，干支甲子为嘉泰四年，即公元 1204 年。志石 2012 年 4 月出土于天台县赤城街道赤义村，出土情况与志石尺寸等暂未知。

陈文广[1]圹志

先君姓陈氏，讳文广，字仲友。自古灵先生宰仙居，遂分派家于临海。蚤恨世绪湮晦，务自勤俭，粗克成立。一意延师课子，至于婚嫁，皆择所宜配。处乡曲以和，御臧获不严而肃。晚年力行好事，如夷险道、葺圮梁、济囚馁、饭僧饰藏、赒艰拯急。时当雪冻，必发粟以给孤寒，人多衔恩，先君未尝有德色。端平改元，覃大庆于天下，予方以锡类恩请奏于郡，力辞曰：“此非吾志。愿子立身扬名，不忝先门足矣！”年虽衰莫，精健如壮时。预营寿穴。

生于乾道丙戌四月二十有一日，卒于淳祐乙巳十月二十四日，享龄八秩。娶唐氏。男日益。女三人，长适进士单梦叶，次从事郎、见兴国军司理参军赵汝逑，次从事郎、见瑞州高安县丞赵崇审。孙男正老，女闰娘，俱幼。

日益忍死卜以辛亥十月二十二日己酉奉柩以葬于所自营之兆，实本邑重晖乡蒋家岙之原，祔先大父茔也。日益不孝，未克酬先志，求铭于当世鸿硕，姑叙梗概纳诸圹。异日陵谷变迁，必有仁人掩而复诸者。

孤子日益泣血谨志。

从事郎特添差两浙东路安抚司干办公事不厘务谢栗伯填讳。

注：①陈文广（1166—1245），字仲友，临海人，生平不详。志石高53厘米，宽40厘米，厚4厘米。文16行，行23字，字径1.5厘米。出土于临海市岭外乡（今大田街道），1984年征藏临海市博物馆。

谢弈久妻吴氏①圹志

宋故孺人吴氏圹记（题）

亡室吴氏，上舍元龄之长女，大监荆溪之侄女，陈篔窗先生之甥也。赋性贤淑。笄年余九，嫁故右相鲁王从侄孙谢奕久，今中殿从弟妇也。生于嘉定乙亥。禀受素怯，易生疾。自归予，执妇道甚恭。累孕不育，荏苒岁月，天不能使之稍自适，竟以足气疾终。天乎命邪？实淳祐十一年七月初二日也。享年三十有七。是年闰十月十六日，葬于马铺山祖茔之侧。呜呼！孺人归予，百年可期。于何天啬，命止于斯。敛不克厚，嫁时之衣。卜其宅兆，舅姑是依。

夫谢奕久谨记。

注：①吴氏（1215—1251），谢奕久之妻，吴元龄之女，吴子良侄女，陈耆卿外甥女。生平不详。志石高39.5厘米，宽55厘米。文16行，行12字，字径1.5厘米。出土于临海市大田街道下西山，1984年征藏临海市博物馆。

谢奕进生母蔡氏①墓志

毓母安人蔡氏墓志（题）

保义郎、新监福州古田县水口镇巡捉私茶盐矾捕获盗贼谢奕进所生母、安人蔡氏五娘子，法名崇德，世居台之临海。才十有一岁，来侍先君保康节使，至于今三纪余六祀矣。安人赋德柔慧，颇善顺承，居官理家，不为无助。先君薨背之后，方以奕进服阕再调镇官为喜。奈何忧喜相仍，病起须臾，医祷弗逮，一中永诀。呜呼痛哉！安人生于壬戌十月二十三日申时，死于甲寅十二月三十日戌时，享年仅逾半百之数三。岂天命固自有定耶？卜以乙卯腊月二十有一日甲申，袝葬于浮冈先室骆氏安人坟左，即显教报慈坟寺之侧。

孤哀子奕进泣血谨志。

注：①蔡氏（1202—1254），谢奕进生母，谢奕进为谢深甫孙，谢采伯幼子。文中称蔡氏为“所生母”，蔡氏应为谢采伯妾室，法名崇德，则说明蔡氏应是皈依弟子。志石高 61 厘米，宽 44 厘米，厚 5.5 厘米。文 12 行，行 20 字，字径 1.5 厘米。出土时间与情况不明，志石原在临海市西郊溪头坊李方贤家，1985 年征藏临海市博物馆。

谢渠伯①重葬墓志

皇祖考恭简魏王、皇祖妣韩楚国夫人郭氏，是生寿和圣福太皇太后。墓在台之临海西茶院，历五十八年矣。岁丙子，郡罹兵祸，松楸之痛，有不忍言！时奉诏入觐，弗能顾其私。男光孙、侄振孙抢攘中治恭简、韩楚国遗榇，攒宝城寺昙师房。阅四年庚辰二月二十四日丙申，具棺衾衣敛，迁旧茔一步而近。呜呼！子孙弗克庇其丘坟，罪也。历岁逾时而后克遄葬，又罪也。葬而弗克躬负土之役，一恸墓下，又罪也。皇天后土，其尚鉴予衷！是役也，侄仪孙、升孙、振孙实行。若夫世系、官次、赠谥、颠末，事载史牒，故不书。

孝孙前银青光禄大夫知枢密院事谢堂等谨识。

赤城王天佑刊。

注：①谢渠伯，字元石，号南山，官至朝奉大夫通判澧州，理宗皇后谢道清之父，卒后追封太师、魏王，谥恭简。谢渠伯生卒年不详，谢道清少时即已逝，墓在城西西茶院。文中丙子兵祸，即景炎元年元军灭宋，入侵浙东南时，以台州、温州遭受劫掠最为严重。宁海舒岳祥有诗《丙子兵祸自有宇宙宁海所未见也予家二百指甗》。谢墓遭毁，四年后即元至元十七年，才由孙谢堂等重新敛葬于旧址，即今临海市永丰镇茶园岭，二十世纪六十年代被毁。志石高76厘米，宽52.5厘米，厚5厘米。文12行，满行21字，字径2厘米。又刊人小字一行。原在乡卫生院，被用作切药刀座，志文缺字处即刀架钻孔所毁，1985年征藏临海市博物馆。

章穗妻缪洞真[1]墓志

宋故孺人缪氏圹志（题）

先妣姓缪氏，讳洞真，台之临海人。曾祖椿年、祖之纯、父用，俱隐德弗耀。年二十三，归我先君。男三人：源，承信郎、新监庆元府在城都酒务；梓、桂，习进士业。女二人，长适进士姚虞卿，次适承直郎、前监庆元府苗米仓马允升。孙男四人：汉英、牛孙、梦龙、耆孙。孙女七人，韩昺甫、马遂良、陈天佑其婿也，一习黄老学，余未行。曾孙男三人：嗣孙、申老、福老。

先妣壮岁嫠居。老屋数椽，仅庇风雨，瘠田数亩，不支伏腊。垂白之姑在堂，髫龀之子女满前。先妣摩挲泪眼，承上抚下，服劳躬苦，丝积铢累，使姑得其养，子女得其所，家道得□完，视先君在时为有光焉。至若奉祀以诚，处己以约，治家以勤，接物以温，待姻族以义，遇臧获以恩，戒杀生以全物之命，好施予以赒人之急，设饮食以疗囚徒之饥，奉缁黄以充一念之善，此彰彰在人耳目者。绍定己丑之水，邻居悉藏鱼腹；庚子、戊申之火，去檐楹不盈寻丈。而合门百指，茕然一室，屹存于洪流烈焰之中，人皆谓先妣吉德所致。

暮年哭子者二，哭女者一，哭婿者二，哭孙者又一。丛忧萃棘，而精爽自若。年登期颐，掌握家务，恤孤抚幼，无异于壮岁时。是又世所难能者。所恨勤劳之日长，而安逸之日寡；报于先人者为有余，而责报于诸子者为不足。呜呼痛哉！卒于淳祐壬子七月之一日，享年九十有一。遇东朝庆寿恩，封孺人。梓等不孝忍死，卜以宝祐甲寅十二月四日壬申。奉先妣之柩合窆于兴国乡天王山之原。近日迫，未能乞铭于当世鸿笔，姑摭其大概岁月而纳诸圹云。先君姓章氏，讳穗，同里人，先五十五年卒。葬先三日。

孤哀子梓泣血谨志。

契侄朝散郎通判池州军州兼管内劝农营田事赐绯鱼袋赵崇俵填讳。

注：①缪洞真（1162—1252），临海人，章穗妻，壮年寡居。志石高 65 厘米，宽 42 厘米，厚 4 厘米。文 19 行，行 30 字，字径 1.5 厘米。1984 年初，浙江省第六地质队在临海市西郊车门桥建房时发现，出土时已裂为三块。同年征藏临海市博物馆。

郑士元①墓志

宋云林隐士郑公墓志（题）

南夫死十日，余往哭之。将反，荃与三弟拜伏杖，起泣告曰：“吾父年岁前于披云山先兆预为冢藏，且谓荃曰：‘他日我死，即葬我！’今既弃诸孤，卜以十一月初三日壬寅，奉其柩以祔，从治命也。痛念父平生行义，惟谷翁知之详。愿得翁重笔而纳诸圹！”余闻其言，不胜悲。念辱在友朋，有义焉，辞则非情！

君讳士元，南夫其字也，姓郑氏。上世自闽徙浙，家于黄岩回浦。曾祖端甫、祖振，俱有隐德；父辂，早世。母黄氏，爱君，每谓“吾家所以续书种者惟此子”，故于教事最笃。既长，俾游学京庠。遇覃恩该免试。春官不偶，且念久去亲侧，束书来归，孝养深谨，不敢违。既而母卒，居丧尽哀，葬祭尽礼。三年之外，思慕无穷，遂筑室墓上。因山名披云，扁曰“云舍”，盖取白云孤飞之义。

竹隐徐公直院与君祖姻，嘉其志尚，为书“云舍”“云庵”二扁，今犹存也。于是凡山中一泉一石，遇有坐处，辄倚树结茅，类以云名。侍郎蔡公范、陈公柏直、赵公蹲、勿庵范公筌皆有诸云之咏。余每秋必来，与君攀缘登陟，携茶具以随，烹菊泉，写蕉叶，或竟日徘徊不能下。余既与云熟，曾亦有数语在诸老后。追念昔游，逮今犹梦事也。

君有志学问，自少至老，未尝一日废书卷。考验淹贯，每欲推以及人。因念坟墓所在，力佐都长，共成义役。挈垂绝之户而置诸安全之地，革纠决之讼而还为辑睦之风。贫富上下迄于今，皆知君预有力，是岂偶然者哉！君生于淳熙戊戌正月二十二日，卒于宝祐甲寅闰月三日，享年七十有七。方君年事高，已稍绝外事，隐约山林间，野服藜杖，神怡体舒；遇客叩云关，则欢然出迎，一觞一咏，必尽其情，岂复肯为翕翕苟合者态，自号云林隐士。有诗数百篇，大率陶冶性真，自适其乐，不徙雕锼花月而已。然亦不求知于时，以故与它稿少有存者。吁，纸上之迹，岂足以尽君蕴抱哉！

君资禀浑厚，义貌端庄，无佞色，无訾言。雅志尚古，罕与俗接，人之见之者疑若不易合也。余得交谊六十年，每同□处，见其袖手延伫，凝视沉默，若有深谋秘计者；及其见诸行事，反为疏略者之不若，于是有疑其不易合者，遂亦与之不合焉。君岂为人若是哉！特人自不能深知君耳！

娶应氏，继胡氏。子男四：长，荃也；次□、学、□□。女三，赵必暹、林居智、王桧皆婿也。孙男四：谦孙、维石、寿孙、莱孙。女七。君既病，常力疾起居，服食如平时。一日，作二疏示诸子，其言旷达，预知死事。且戒以治丧宜从简素，无用缁黄，若岁时祭祀，惟循古礼。于以知君所以修于己者，及其将死之言，皆足以遗后嗣也。哀哉！

余生后君一岁，有宿疾，阅四十年间，计安妥殆无完月。每羡君晚景强健，能耐辛苦，自分死必在君前，而君竟死矣！坎中之文，岂谓属之余哉！荃等继儒业，于送死大事知所先务，皆能孝其亲者，固余所望也。余自此往来山中，当倍于昔，亦不敢以南夫为死矣。若夫墓上之铭改□巨笔以增重山林，荃等尚□之。

□年下元日，宗友谷口大惠谨志并书。

注：①郑士元（1178—1254），黄岩人，未仕，但有文名，时台州文坛戴复古、郑大惠等均与其友善，有诗词唱和。撰志者谷口大惠即为郑大惠，字柬之，号谷口。另，明初洪武朝臣有台州郑士元，为同名同姓者，系宁海人。志石高 50 厘米，宽 92 厘米。文连题 33 行，行 30 字，字径 1.8 厘米。出土于温岭市，出土情况暂不明。

郑余庆[1]墓志铭

宋迪功郎郑公墓志铭（篆额）

宋故迪功郑公墓志铭（题）

承议郎主管建宁府武夷山冲佑观张布撰。

朝奉郎新差福建路□抚司主管机宜文字谢棐伯书。

朝散大夫添差两浙□路安抚司参议官赵汝砺题盖。

予顷辞郎舍属疾于家，屏居扫轨谢事外，一□入耳。里人郑子皆书抵予曰："先君殁六年矣。家以墓，历所忌，未克襄大事。今兹得卜，将遂葬焉。楷与先生之子少游州序，交志相友，先生又吾之东家，丘愿得铭幽石以宠绥。"先世请俞力，弗获辞。

公讳余庆，字文叔，世占数黄岩。曾祖演，祖琼，父伯禧，家饶于财，虽先故未曾贵而重谊好施，人多称之。公年岁弱冠而孤，料理家事，亡巨细咸有叙。厉志乡学，延师受业俯焉。日以孳孳务强，自植立以大其门事。母孺人陈氏，左右奉养，常恐失纤介意。治圃于屋西偏列，莳名葩异卉，日奉板舆，娱乐于中，有堂曰"莱衣亭"悦亲，皆时名贤书其扁。博士蔡公嘉其行，为之赋诗，有万金不惜费，只要母颜怡之句。比岁大水，谷衔不入，民病瘥。公捐金禀粟不少靳，手齐药，疗之家。有获堕于潢，自毙。仇隙白发之，有司以文致法辞，连及公，议谳来上廷□当以诖误，弗坐冤，遂信。公语其友曰："人心虽险于山川，天理实明于日月，吾平生无毫发过，天其终右我乎。"以嘉泰改元恩霈授迪功郎。是岁八月十四日卒于正寝，享年六十。开禧丙寅十□月辛酉葬于县之繁昌乡松山里峤岭之原。娶蔡氏。子一人，楷，承信郎，新差监绍兴府诸暨□□部上皋犒赏酒库。孙男四人：然、焘、点、熟；孙女二人。曾孙男女各一人。

公性行淑均，虽浮湛□□间，雅游皆知，名士宾礼，胜流馆遇，款昵终日，商略古今，缅缅忘倦，引满举白，谈笑大噱，酒□□酣。时人篇咏与浩然，于忠甫以诗定交，间出一诗，率酬和累十数乃已，惜其不求闻达而世□□之知也。是宜为铭。铭曰：

壮志穷经，襄首修程，曾弗廾兮。省利既轻，忻戚靡撄，终康宁兮。惟德之馨，恂恂老成，载令名兮。郑乡可旌，孰持月评，订兹铭兮。

注：①郑余庆（1142—1201），黄岩人，虽未出仕，但撰铭者张布（临海人）官至刑部郎中，书者谢棐伯为谢深甫三子，题盖者赵汝砺为宗亲，前二者均为当时台州有名望者，可知郑家为当时乡绅。志石于清同治十三年出土，出土时下截左角斜断，旧在温岭下街山麓，今不详。据《台州金石录》载，碑高七尺一寸，广三尺七寸。文二十三行，行三十五字，正书，径一寸。此据《台州金石录》录文，编者点校。

刘平甫[1]墓志

有宋刘君墓志（篆额）

君名称□，字平甫，姓刘氏。其先汉裔，至嵩山为盛族，转徙于衢，别派于处，世为青田人。自曾祖讳翰以儒科起家，积官朝请郎，仕于台，遂家焉。祖讳祐，赠通议大夫。父讳允武，宣教郎，主管建昌军，迁都观[2]。母赵氏，赵氏，孙氏。余于君本同产，君最幼。余先考桐城县丞讳允迪，妣周氏，尤钟爱之，从季母孙氏意，俾君后焉。

君性和而方，行纯而庄。幼失所怙，则孝于事母；长而知学，则顺以从兄。理家应事，一以诚实。若夫笃意师友，执经问难，非止举子业而已，亲党莫不嘉重。仲父宝章监丞，讳允济，深器待之。不幸得年四十有二，与其妇相继而逝，赍志弗究，可哀也夫。君生于庆元丙辰八月甲子，卒于嘉熙丁酉正月己卯。既没，得其遗稿，目曰《言志》，皆手自笔。使天假之年，肯讫是耶！

娶赵氏，异康孝王七世孙。朝议大夫宗正少卿、赠金紫光禄大夫，讳子英，其曾祖也。朝散大夫、知建昌军、赠光禄大夫，讳伯洎，其祖也。奉议郎、知南剑州剑浦县讳师开，其父也。母周氏，盖先妣妹也，庆元己未三月己酉生先君，七十二日卒，实端平丙申十一月丙寅。子男一人，同孝女一人，未行。以嘉熙己亥十月己酉，合葬于黄岩县所居东五里方山之原，从仙都之圯。将求当世闻人为之铭，以不死君于地下。

兄坡孙姑摭其略，以志诸圹云。

从事郎新抚州军事推官周宪子书讳。

许义孙镌。

注：①刘平甫（1196—1237），黄岩人，原为刘允迪幼子，后过继刘允武为后，生平不详。志石系 2001 年方山寺玉佛殿外东南坡扩开殿基时出土，高 64 厘米，宽 46 厘米，厚 5 厘米，石质呈层叠，已开始剥蚀。篆额横书，文楷书 17 行，行 26 字，末行外附“许义孙镌”4 小字。现藏黄岩区博物馆。此据金渭迪《黄岩金石志》转录。

②此处存疑，或为“主管建昌军仙都观”，因原石未见，暂保留录文原貌。

赵与楙妻童贵静①圹志

有宋夫人童氏圹志（题）

夫人姓童氏，讳贵静。其先自岩之桐庐洲于□□上谷，越九世生奉议之郜，夫人之曾祖也。祖纲□□。孙皆隐德不仕。

夫人生长礼门，素闲姆训，二十□七而归于我，性行纯粹，言德温厚，事上敬，恤下慈，治家勤俭。相与才两载，遂以疾弗瘳。呜呼哀哉！人伦莫重伉俪，孰不期以偕老，讵意天夺之年，且无嗣以送其终，岂今缘浅薄所致耶？抑修短随化杳难测耶？呜呼哀哉！

夫人生于淳祐癸卯五月庚子，于咸淳辛未五月丁卯卒，享年二十有九。以德祐改元正月丁酉奉柩窆于善化乡道林之原，与先祖运使庆支茔相望。姑叙岁月纳诸圹云。

夫古汴赵与楙谨志。

注：①童贵静（1243—1271），赵与楙妻，生平不详。志石在今黄岩新前镇东岙里道林寺，高66厘米，宽53厘米，厚4厘米。右角缺5字。此据金渭迪《黄岩金石志》转录。

杨辉①圹志

宋肖岩居士先府君圹志（题）

先君讳辉，字明叔，姓杨氏。家台之临海。曾大父讳白，大父讳昴，父讳士衡。先君少颖出，长卓荦不群。与人交，耻苟容相取下。事无巨细，理未安，辄抗论不可挽。诸老是之。先君亦自负高世志，常欲恢展猷为，策厉流俗。扁肆业旁舍曰“肖岩”，概可见已。巾卷充室，手丹铅校雠，古今研总殆遍。学优器宏，人谓功名直寄而取，时不偶，乃韬缩铦利，订泉石交，以五、七字自娱。间语先贤济人及物处，慨然曰：“吾虽不能惠天下，独不能一乡？”蓄良剂以药有疾者，沐椁以周请具者，它随力所到，未易缕数。其尤为里闾喜道，如求粥茔域者，亟祠曰：“余犹捐地以瘗露棺，忍听而发乎！”与之直不视，与而受，俾立券世厥祀。后有告者类是，不但保其已藏，且获祔兆，先君澹不以自德也。

宝祐改元，梦炎由胶庠诸生滥巾春闱，人以为庆。先君曰：“士当明道德性命，鞭辟近里，岂为声利设？”益辟塾先祖墓下，揭名“孝义”，领诸孙讲习。尝呼梦炎辈语曰：“若知命名意乎？家昔殒盗，尔祖代父受逮，至今称纯孝；创义租以宽公役，振守望相助之风，吾奉以周旋，罔敢失队。若等睹名思训，克广前闻，庶吾从先君子于九京无愧。”乃延师儒，治庖廪，来游者第所业为养。更买田储租，授成规使世守无斁。惜此志甫□，不及竟也。

初，上有事于明堂，隶六馆者爵其亲，先君退逊未拜；续葳禋事，复爵新进士高年父母，命下而易箦。呜呼痛哉！自大父没，先君奉祖母嫠居，孤苦相吊，甘旨外仅饘粥。先君夜弦诵，日□□务□。母陈氏，冲淡克相，葺庐治产，生理裕如。梦炎等获笃志义方，皆吾父吾母勤劳赐也。不幸母年六十五，死于淳祐九年四月壬子。后梦炎始尘忝，先君抚梦炎曰：“倘尔母无恙，庶其慰而。”言讫，相乡泣下。□□□□谓可□□以奉遍亲。母死未六年而仲弟死，先君哭之恸，哀思示疾，距仲弟八旬而死。呜呼！梦炎□□□□□□□不十年□□，诸孤抱父母昆弟无涯之戚也。先君死之日，为宝祐二年十一月癸□，得年七十有四。男三：梦炎，承节郎、新绍兴府诸暨县尉；桂孙，故将仕郎；足孙。女一，适进士陈初。孙男六：希禹、希皋、希□、希□、希□、希龙。孙女二，未行。

四年十二月癸酉，梦炎等忍死奉考妣柩合葬于陶岭之原，去家可百步，从治命也。重□□先君素所树立，曾不获肤寸施。葬日薄，梦炎等又未能请铭当世大手笔，将闷德潜光，磨灭无纪，非所以不死吾亲也。况论撰其先之美，古人所许，谨叙梗概，纳诸幽。

孤哀子梦炎泣血谨志。

内侄从政郎前特忝差充江淮荆浙福建广南路都大提点坑治铸钱司准备差遣仍厘务陈元龙填讳。

郡人王庸、王信镌。

注：①杨辉（1181—1254），字明叔，临海人，生平不详。志石高 89.5 厘米，宽 51.5 厘米。文 23 行，满行 42 字。又镌刊人小字一行。1985 年 6 月发现于临海市白水洋镇双港前园后塘王克田家，同年征藏临海市博物馆。杨墓在陶岭，即前园北面黄茅山之南麓，已毁。

张皓妻何氏[①]圹志

有宋夫人何氏圹志（篆额）

夫人姓何氏，台之临海严山人。生于淳熙己亥三月二十一日己卯，卒于宝祐丙辰十一月十五日壬寅。子起宗、起潜奉柩葬于小盘谷之原，距家才二里。

维君相我以勤俭，教子有法度，乐周人急，勇行好事，人谓予有贤助也。

女适进士王时亨、陈希茂、陈乙櫺、徐振。孙男九人：璋，次瑞蚤世，玙，琦，瓘，珪，璪，璠。女适宗学进士赵必庚。世续繁滋，君之德也。

婆娑晚景，正欲相怡愉，而何遽弃去予邪？悲哉！

夫吴郡张皓志。

注：①何氏（1179—1256），临海人，张皓妻，生平不详。志石高 52 厘米，宽 39 厘米，厚 3.5 厘米。文 10 行，行 16 字。1987 年出土于椒江凤凰山南麓。现藏椒江区文物管理委员会。此由临海任林豪提供。据椒江陈方正述，志石出土时，尚伴出数件陶罐及古钱，均被民工击破或废弃。

张先之[①]窆记

宋故福州教授张君窆记（题）

今江湖间无问识不识，语及天台张君子益，则竦然曰：“卓哉丈夫！卓哉丈夫！”呜呼！兹吾兄也，讳先之。幼慧，嗜书如饴。十八游太学，才表表诸生上，名震京师。鹤山先生魏了翁官于学，一见器之。迨解褐，教授靖州，鹤山方羁旅，得兄欢甚，三年如昆弟，谭古今辄移日，至踏月雪款门，交相酬唱。且谓其同产兄著斋、高公定子曰：“子益有铁面御史风，临大事必过人。”繇是诸老折节交焉。赞淮东饷，分司山阳，有功未雠，以忧去。再长淮东漕幕，所行有未便，执不可，漕弗听弗止。朱公扬祖目为小乖崖。洎摄漕，凡真、滁等州助储械，供畚捐，费出前比所无者，悉力经纬以给，名日益起。鹤山言略验矣。上将召入，以间止，怡然。复调教官，及瓜而病。今相郑公，故人也，端平当国，尝欲峻用，□□□。及再相，讯之，则已矣。而所□□□□□□□□□□见，痛哉！

兄素履清厉，谊气□□□□□□□□□□于人，绝口弗言。当官□□□□□□□□□□□，世味□之□□□□□□□□□□□□□□□□□于调□□□□□□□□□□□□□□□□□□□（后缺）

注：①张先之，字子益，黄岩人，生卒年不详，与魏了翁、高定子等交厚。志石后部缺，高 47 厘米，残宽 51 厘米。文残存 20 行，满行 19 字，字径 2 厘米。出土于黄岩鉴湖乡（今院桥镇）梅山，与其妻余氏圹志同出，现藏黄岩区博物馆。

张先之妻余氏[①]圹志

先妣姓余氏，同贯塘岭，通直郎司户之女也。自归吾先君，相侍相善，无间语，主中馈有则，乡评称其懿。先君先先妣十二年而亡。先妣抚育儿女，厥爱惟均。先妣以庆元己未六月念六日生，以宝祐丁巳七月初三日卒于正寝，享年五十有九。男一，大成。女一，适同里罗兴祖。孙男一，绍翁。女孙一。兹卜以景定癸亥十一月甲申奉柩葬于祖居之侧、梅山之原，合父窆也。

孤哀子张大成谨泣血百拜以志诸圹。

注：①余氏（1199—1257），黄岩人，生平不详。志石高 40 厘米，宽 49 厘米。文 12 行，行 13 字。与其夫张先之志石同出，现藏黄岩区博物馆。

张次贤[①]圹志

有宋左司谏张公讳次贤，字子齐，台州仙居县人。曾祖起，祖勇，考禅，赠朝请郎，妣吴氏，赠宜人。

隆兴元年七月己酉生，绍熙四年由上庠登进士第，历徽州绩溪县尉、池州贵池县丞、房州房陵县令、知筠州上高县、干办行在诸司粮料院、赐绯鱼袋、通判衢州、临安府、监察御史、右正言兼侍讲、守左司谏、中奉大夫致仕。嘉定十五年九月乙卯卒，十七年正月壬寅葬于升平乡北山之原。

娶谢氏，赠宜人，丞相益公之女。继郑氏，封宜人。子男二人：(端之左)，先卒；克家，承公遗泽。女二人：长适修职郎、新临安府司户参军蒋昺；幼，以疾不行。

注：①张次贤（1163—1222），字子齐，仙居人，世称竹坡先生。绍熙四年进士，历任上高知县、衢州通判、监察御史、左司谏等职，其原配妻谢氏为谢深甫之女。出土情况及志石尺寸暂不详，此由仙居张岣提供。另据查叶梦鼎曾撰《张正谏墓志铭》，详文未知。

张次贤妻谢氏[①]墓志铭

宋故孺人谢氏墓志铭（题）

孺人，台之临海人。曾祖诜，赠太子少保；祖景之，赠太子少师；父深甫，今太中大夫、参知政事。母林氏，临海郡夫人。

孺人淳熙甲午十有一月己丑生，年及笄归次贤。庆元改元春，从次贤之官，今年夏六月生庆孙，秋七月甲午以病卒，后五十日庆孙夭。九月次贤以其柩还故里仙居。冬十有二月庚申葬于北山之原。庆孙祔焉。铭曰：

婉淑之姿，和柔之德，期于偕老，痛天命之叵测。

庆元二年季冬中浣，修职郎、徽州绩溪县尉张次贤志。

许伯启刊。

注：①谢氏（1174—1196），张次贤之妻，谢深甫之女，生平不详。出土情况及志石尺寸暂不详，此由仙居张峋提供。

张伯焕妻皇甫氏[①]墓志

故皇甫孺人墓志（题）

孺人姓皇甫氏，其先庆源府宁晋县人。曾大父修武郎讳卫之，大父承信郎讳伟，父成忠郎讳林。胡虏扰中原，大父携孥南徙，因家于台之郛内，为著姓。故正议大夫张公耳孙讳伯焕，亦自先世辟地卜筑□此，以孺人归焉。始郭，性严重，孺人甫笄字，能尽妇职，致其□姑，□有三女，均未行。孺人亦既得女人意，其以嫁时斋送先已出，乃首辍区录，均助三人者适名族。台是始。叹服以为难，及家政巨细皆身任，不以诿夫。□是，后得一男，生再□失所天子。孺人壮岁嫠居抚诸孤，极劬□以故生□振张氏□族，自蕃渊取益以无能调□□外，同族无间言，役藏获宽而制，皆□不敢欺。子未敛，就义方，每诲以□□孤当自历，以□宗母不勉堕吾训□女，为择所归。嘉南康石史君之令，问故相赵□简之勋，阀其子孙秀发可妻，欣然以予二氏，故闾里称之。日是非特捆，则可沌而趣，尚高迈，虽奇男予不能过也，迩者婴上气疾，荏再浸剧，竟以嘉泰改元七月二十七日不起，享年四十有八。以是年十一月辛酉附葬于临海县太平乡蟹坑岙之原。子曰士谦；女四人，长适庆长，次适石继、善业进士，次许嫁赵覃。沾遗泽，奏未士，季居室，庆长拜张门数岁，而外舅下世，辱孺人剩存，如子姓，曰知懿，行为尤详，敬书而纳诸圹云。

时良月下□，婿丘庆长谨识

注：①皇甫氏（1154—1201），临海人，张伯焕妻，生平不详。志石高42厘米，长52厘

米，厚10厘米。文21行，满行20字，字径1厘米。石质红褐色。出土于临海何地不详，此系临海文物保护所彭连生于2015年6月在路桥古玩城友人店中访得，并捶拓以存。此由彭连生提供。

□尚䌹妻李氏①圹志

皇妣李氏，朝散大夫、监察御史讳庚之元孙女。父讳辉。皇妣生于宝庆丁亥八月二十五日。年十有八，从祖徽州公讳楶以之归我皇考尚䌹先生。皇妣自幼习闻《诗》《书》之训，能通《孝经》《论语》大义。父病革，□泣祷天，愿以身赎。迨事皇考，菜田不满百亩，仰事俯育，□二百指，晓纫夜缉，粗免饥寒。宾觞祀簋必□洁。由是我皇考得以专意于学，而文得撙日用以为社仓、义冢、义田者，皆皇妣之助之力。得年止三十有七。盖先我皇考一年卒，是为景定癸亥正月二十七日也。属纩日，呼诸子来前，戒以勉力读书，向上做人，（后缺）

注：①李氏（1227—1263），生平不详。志石系1983年在临海市溪路乡（今牛头山水库位置）文岙村殿山脚发现，原藏塔湾姚芝莲家，已碎作多块，且缺后部，仅带回残石拓片。后该地因建设水库移民，残石不知去向。今据拓本移录。

郑雄飞①岁月记

先君宫庶户部侍郎赠通议大夫慥堂郑公岁月记（题）

先君讳雄飞，字景温，姓郑氏。居台之仙居漆里。其先出汉安远侯吉。高祖处士仲宣，妣李氏，继妣周氏。曾祖赠武经郎良臣，妣太令人吕氏。祖□淳熙右忠翌郎、滁州清流尉渔，妣王氏。世有义烈，纯德卓行，详见今参政平舟杨公所撰承议公墓铭。

先君天禀颖异，幼庄重如成人，博览经史，善属文。年十五，以《春秋》学魁乡英。弱冠，梅堂蒋公授以太极奥旨，因大究濂、洛渊源，心体身践，不为空言。端平乙未，擢进士乙科，调常之晋陵尉。丁应宜人艰。服阕，改调兴化军涵头盐仓兼烟火公事。淳祐三年，奉承议公就养。上台急符增盐笑，力争得免。有倚势吞并者，治其罪，正其业。仓官例银，命贮别帑。以先圣之胄占籍在焉，而寓士有著忠孝之节，得师友之传者，乃鼎创“涵江书院”，置“圣胄斋”，辟“忠孝师友祠”，又置“圣胄庄”，复“太平陂”，溉田二万余亩。却迎仙仓羡米，补纳前官积逋，余给屯寨诸卒。巨猾包亭民埕地□□，日纳虚课，即闻上台，争而复之。宪使平舟杨公檄入幕，委鞠莆田杀人狱，具得郡囚枉状。方为小官时，固已事事不苟矣。

五年，今端明修斋王公总淮西饷，辟干办公事。道由中都，丞相游清献公雅欲邀留，以佳缺相处，先君引谊辞之西。总给诸军，率先期数月，大将悦服，幕画居多。六年六月，差丰贮仓检察。十一月，差临安府府学教授。九年春，诸生陈亿子等上书，言台臣与宰相交通事，台疏请置狱鞠治，上独断不可，犹逮送诸州听读。先君投劾，尚书省不服，遂以承议公老病申府，父子即日东归。□上感悟，旨免陈亿子等听读。明年，丁承议公艰。十二年化弦更新，六月，以国史校勘召。既至，十月召试馆职策传，读者以为有争臣风。十二月，除秘书省正字。宝祐改元六月，除教书郎。二年二月，除秘书部。十月，兼资善堂直讲。三年正月，除秘书丞。四月，兼礼部郎官。四年正月，除著作郎，仍兼校勘、直讲。是岁轮对，奏疏推明乾大坤广之义。次札乞开忠贤获进之福、戒奸邪覆出之祸，贴黄。乞复京庠士籍，且乞补外。上曰：“资善正赖训迪，卿未可去。”会宰执奏辅郡乞畀儒者以苏凋瘵，四月，差知徽州。六年三月，领郡事。书《古灵谕俗文》以晓郡境，述晦庵《敬斋箴》以劝场屋士。新郡庠亭桥，革“紫阳书堂”蠹弊，建烈女坊，褒表婺源节妇。讼牒关于天理民彝者，谆诲如父兄，鞭扑未尝妄施。独绩溪黠霸迫人于死，反罗织其子而陷之圄，先君填其涅而流之，善良称快，咸以为仁者之勇。开庆改元，都省从仓司行下本郡，敷籴二万石，先君曰：“郡号万山，田如衣带，民仰蕨根芋梗以相补助，忍夺其饭碗乎！愿以身为民请命。”

屡申不置，当国者惮其正而止。他如增买楮皮、起烽燧楼、拆浮桥等事，先君皆争不奉命。制府檄遣卒三百戍九江，例止假以月帮，困窭疾厉，率不生还，先君厚给其赀而以帮券付其妻孥。暨还，共立生祠以奉先君，而邦民亦至今尸祝之。其冬，除考功郎官，十二月供职。景定改元，正月轮对，奏疏申绎公道之说。次札乞永蠲新安敷籴、买楮及严献木之戒。三月，兼国子司业。时朝野以奸憸表里误国，未正四凶之诛，六馆士举幡伏阙，不报。先君申省力辞，当国者怒，上独不为忤，迄从其志。丞相贾鲁公还朝，首奏"越为今南阳，宜遴贤牧。"上内出御笔曰："郑雄飞向在新安，甚有政声，且端重缜密，其人见为资善讲官，只得辍其一往。"五月，除直宝章阁、浙东提举，暂兼绍兴府安抚司职事。版曹奏增盐课百余万，先君抗楗争之，朝廷清明，亟从而寝。于诸郡建坊以表彰先贤，教条判笔，洞灼民隐，披剔奸宄，部内闻其风□，爱而畏之。其年九月，皇太子受册，妙简宫僚，召为尚左郎官兼太子侍读。十月，除秘书少监。二年正月，升兼太子右谕德。四月，除宗正少卿，仍兼。时以雨水转对，乞正五事。十一月，除起居舍人，旋升兼太子右庶子。三年，除权户部侍郎。会叔祖定一寿终，连有期功之惨，汗渴增剧，竟以是年正月初二日终于将作监廨之正寝。疾革，畀、昺泣曰："大人宁无欲言者乎？"先君矍然曰："吾恨不得直前以告吾君。"余无一语及家事。遗奏闻，守户部侍郎致仕，特赠四官，由朝议大夫至通议大夫。自东宫、庙堂以及庶僚无不嗟悼。

先君生于庆元丙辰十二月七日，享年六十有七。娶应氏，祖妣宜人之侄，嘉定壬午先卒；继杨氏，宝祐丁巳先卒，皆赠宜人。应宜人卒时，畀、昺未生。杨宜人勤俭肃睦，德配夫子，抚诸子女，皆如己出。子男二人：畀，国子进士；昺，将仕郎。女三人，其二先卒，婿曰进士陶元老，后先君四月卒；曰迪功郎随州应山县主簿王默，前先君一年卒；幼适承信郎待铨吴燠。孙男四人：酉、瑮、瑾，皆夭卒，璔。女二人。

先君家无二顷之田，弊庐几不庇风雨。怀新安绶，家居且二载，常命畀兄弟撷蔬拾薪以为养。为郡、为监司，例卷尽却，所得俸入，遇亲旧患难，分割恤赒，囊无留赀。每乏绝，则贷赀以给。仕虽通显，一贫如故，楮帐楮衾，旁无妾御，宛然一穷禅客也。以“慥”名堂，盖取《中庸》“胡不慥慥尔”。既疾，平舟与今参枢西涧叶公、中书兵侍实堂吴公来问，及卒来哭，视其室萧然，衣衾殆不能备。会上赐银绢，东宫、相府、王邸交致奠赙，修斋自吴门遣子吊赙，实堂为典丧事，京兆观文裕斋马公、越帅厚斋季公致榇助夫，始克以丧归。两宜人葬邑之后郑贵奥。先君治命别卜，二孤不敢违，遍走山谷，阅三年，始获吉于郡城之南，出上所赐银绢贸得之。将以景定甲子十月初五日丙午窆。已乞铭于平舟杨公，远日迫，未即寿诸石，姑先叙梗概纳之圹。呜呼痛哉！

孤畀、昞泣血谨志。

亲友弟，中奉大夫、试尚书兵部侍郎兼权中书舍人、兼同修国史实录院同修撰兼太子詹事吴坚填讳。

注：①郑雄飞（1196—1262），字景温，仙居人，南宋史学家。端平二年进士，曾任晋陵县尉、校书郎、徽州太守、户部右侍郎等职。撰著《续后汉书》，为南宋时期以区分三国正统为目的的重要史学著作。文中提及“参政平舟杨公”，即参知政事杨栋，其墓在临海涌泉，前文已述。杨栋任兴化军知军时，会同时任涵江镇官的郑雄飞，在紫璜山上建孔庙，作书院用，是当时莆田重要的文教之地，历代均有修缮，保存至今。杨栋为郑雄飞所撰墓志铭，暂未访得下落。志石高115厘米，宽83厘米，厚13厘米。文37行，行60字，字径1.5厘米。出土于临海市城南，现藏临海市博物馆。

黄之奇[1]圹记

宋故先君黄公圹记（题）

先君黄姓，讳之奇，字瑞卿，受道家箓，法名道真，世居台之临海肯溪。曾大父讳珣，承信郎。大父讳楫，父讳卫，俱不仕。先君生于熙宁[2]二年辛亥十二月五日酉时，卒于淳祐元年辛丑七月二十六日未时，享年五十有一。以淳祐十二年壬子腊月庚申葬于黄泥山之原，距家百步而近。

先君主乡曲公论，息人之争，决众所疑，义事勇往莫夺。创义学，延名师，以来学者，其间贫不自给，待以有养，人皆德之。婴心脾疾几三载即世。

先妣李氏，讳妙静，同里芬川成忠郎端礼之孙。贤淑明果，综理家务，内外适宜。崇佛老，乐施与，靡间疏戚。尤切切教子，视处恭犹己出。尝抚处恭曰："汝父一生辛勤，天不假年，赍志以殁；嗣守惟汝在，汝其勉之，门户所托，勿怠忽忘。"嫁二女，资遣正等，皆处恭姐也。先妣享年六十有六，生于庆元二年丙辰十月二十五日寅时，卒于景定二年四月二日午时。

男处恭，娶杜氏，袭世姻，盖清献公长女孙也。姐，长适进士周应权，次适进士张震，次进士林应奎。孙男一：琮，聘周氏女，姐出也。孙女三，俱幼。

处恭不孝，幼失所怙，长又未克干蛊养母；暨终天之痛，殡几十年，不时葬。今忍死卜以咸淳五年己巳八月十一日甲申，奉柩附于先君之兆。不敢求铭于当世名笔，姑叙岁月纳诸圹。

男处恭泣血谨述。甥承事郎杜渊填讳。

注：①黄之奇（1191—1241），字瑞卿，临海人，受道家箓，法名道真。未仕，曾创立义学，为乡里所敬重，其余不详。志石高72.5厘米，宽52.5厘米，厚8.5厘米。文连题19行，行25字，字径2厘米。2001年1月12日出土于临海市连盘（今桃渚镇）雉溪垦埠黄泥山头村，因村内扩建道路发现。此志及黄处恭圹志于2001年4月1日由彭连生、陈朝容协助征藏临海市博物馆。

②按卒年及年岁计算，应为"绍熙"。

黄处恭①圹志

故先君黄公圹志（篆额）

先君黄姓，讳处恭，字步敬，世居台之临海肯溪。六世祖承节。高祖承信，以儒名家，御寇有功，时朝廷宠异之。曾祖楫，祖卫，父之奇，隐德不耀。

先君生于绍定癸巳五月二十一日。幼失所怙，长能自立。事母以孝，处乡曲，主公论，旦评推服，莫不怀其德、感其仁。前丞相清献杜公[2]义笃世姻，重先君孝谨，以长女孙妻之。中年诗酒自娱，得池园之趣。一日会宗党，于樽俎间倏然而逝。时咸淳壬申九月二十一日也。享年四十。

先妣杜氏正顺，生于端平乙未三月十三日。事姑尤孝，勤俭理家，育子女将有成立。丙子之冬，值大元更化，兵过庐焚，家毁之余，兼役繁事剧，竟以积忧成疾，卒于元戊寅六月六日。享年四十有四也。呜乎痛哉，尚忍言之哉！

男一：琮孙。女二：长适李天祐，次许适表侄杜太初。孙男镇老。孙女二，俱幼。

先君初宅兆茶坑，未惬与论而迁之。今忍死卜以至元辛卯腊月二十有一日甲申，奉二柩合葬于里中黄山之原，依祖茔之西也。姑叙岁月梗概纳诸圹。

孝子琮孙泣血百拜谨述。

前儒林郎杜需孙填讳。

注：①黄处恭（1233—1272），字步敬，临海人，生平不详。志石高 67 厘米，宽 50 厘米，厚 7 厘米。文 19 行，行 20 字，字径 2.5 厘米。二十世纪七十年代与黄之奇圹记同出，曾被村民移作姜窖盖板。1995 年 3 月为彭连生发现，2001 年 4 月征藏临海市博物馆。

②即杜范。

项泰道祖母陈容[1]圹志

先祖母夫人陈氏圹志（题）

夫人陈氏，归于项，泰道祖母也。少寡，茕茕不死，有吾父耳。而吾父死矣，宝祐戊午三月二十九日也。时夫人年八十有九，躄劣短气，哭其子之哀，可哀也。虽哀痛，犹啮苦不懈，纫锲补罅，敛翼诸童稚，肃内外如平时。或境触悲来，喑唔吻欲塞。未几，夫人死矣。呜呼天乎！夫人有孙不令，以速天祸，不殒其躯，夺吾父，复夺吾父之母焉！以吾祖母之德之贤，贞节勤瘁终其身，至于老而哭子；吾父之纯孝，而抱疾永逝，勿克终养尽其志，孝思沉沦，椟憾千古；使不肖孤以斩焉酷罚之身，绵蕞成礼，以荒大事，而吾父讫不得以子而志其母焉，呜呼天乎！

夫人讳容，字道懿。世家台岩之新桥，为著姓。生于乾道庚寅十二月二十五日。殒之日，去先君才九月逾四日也。咸淳改元十一月辛酉，始克奉柩归窆于方岩乡龟屿之原，从先祖也。先君讳诜，后三姑而生。进士阮拱辰、从政郎戴昺、朝奉大夫陈说之，皆婿也。男孙泰道。女三，长适进士李直翁，次适修职郎施渭，幼未行。曾孙男四：偕寿、朋寿、祖寿、仁寿。

夫人湛慧胆决，当家事精密，节以恭俭，约以诗礼。先君力学，倾身接士，赋咏满庭户，夫人烹蔬揽糜，以觞以菹，娓娓称具无难色。辨析理趣，如发机中的；事有险截，能消弭一语，使之轻微，有奇男子所不及者。叔季姻党，皆言夫人以贤有识振吾宗，不以材称也。

方城之下，溪桃花实，草树扶疏。先君拥夫人讯步差肩，孙枝环右，僮奴翼翼两旁，游息燕居，母子相从，大略无一日不启色欢颜也。呜呼！风木悲号，孀旌惨云，吾父得无情乎！葬日薄，片石尚荒也。痛吾父之弗及，哀夫人之重不幸也，不铭曷醒，必有塞吾壤下之悲者。

承重孙泰道泣血谨志。

朝散大夫、试礼部侍郎、同修实录院陈绮填讳。

注：①陈容（1170—1259），字道懿，黄岩人，生平不详。其子项诜，为黄岩名士，据传曾在今温岭方山金鸡岩隐修，逝后皮囊不腐。志石高 56 厘米，宽 79.5 厘米。文连题 27 行，行 22 字，字径 2.3 厘米。出土于温岭市，具体情况不详。

李舜瑛妻董氏[①]墓志

□董氏墓志（正书额）

故室董氏念三娘子，法名道靖。享年五十六岁。甲戌命，十月初四日寅时受生。居台州城内皂角巷东。殁于咸淳五年己巳岁三月十八日子时。卜咸淳七年辛未岁十二月十二日巳时，葬于城东蔡岭紫岩仟之原，庵名背境。凡阳夫李舜瑛谨志。

经云：

诸苦所因，世间之乐。

出世间道，寂灭为乐。

繁语无非染尘，受持祖师言句：

兢贪生，都怕死，云艘舟行何日止？上方香积不求餐，残羹馊饭噇由喜！

注：①董氏（1214—1269），法名道靖。生平不详。志石高55.5厘米，宽约40厘米，厚4厘米。文12行，正文5行，行19字，字径2.2厘米；经语3行，“祖师言句”4行，字大小间距不一。1986年10月17日，原临海市机械厂于厂后山坡（即蔡岭）扩建厂房，在地下2米处掘得，同日征藏临海市博物馆。

章飞卿[①]圹志

宋故府君章公圹志（篆额）

先君讳飞卿，字季衎，姓章氏。裔出浦城……曾大父彦瑛，大父志，父楷，皆潜德……登第，沾庆沛，补迪功郎。先君自幼……前后四占副榜。既功名弗遂，弃所业留……莲社，清晨必端坐焚诵，终老不辍。处己……集保伍以戢寇攘，改岐路以弥争讼，闾……率之力。先妣叶氏，同里人，性婉淑，拊育……六十载，宾敬如初。先君登耋寿，娱侍称……讵谓逾月，先妣遽以老病终。诸子号恸……

天年，毋过戚，吾庐倚山而东，不为葬地，勉……壤，先君皆具见。及葬有期，婴微恙，先二……哉！靖惟考妣年皆耄耋，一岁之间，洊……抑生期同寿，死期同归耶！呜呼痛哉！

先君……生于绍熙壬子闰月十二日，卒于咸淳辛未腊月初九……年七十有九，生于癸丑三月廿六日，卒于辛未三月……中行、中和、中孚。女四，适进士宋朝彦、郭德载、赵时辉……中行等忍死，卜以壬申十月己酉奉二柩合葬……。中行等不肖，弗克乞铭于当世巨笔，姑述梗概……。

中行等泣血谨志。表侄持服……大中大夫华文阁待制提举……

注：①章飞卿（1192—1271），字季衍，生平及里籍不详。志石下截稍有断失，残高约39厘米，宽42厘米。文20行，行存14—17字不等。1985年2月从临海市大田街道双山征得，现藏临海市博物馆。

杜文甫[①]圹志

□□□□国□杜公圹志（篆额）

……襄阳，后徙河南之巩县。元宗……公衍居越州山阴，后族徙台南……功郎。先君生于绍定四年八月廿……月入对，度宗皇帝策士，亲擢第……咸淳十年正月，服阕。四月，授儒林郎。……刑，陈谨独。差提点湖州刑狱公事。……司，入卫，特改奉议郎，除国子博士。……故庐尽堕劫灰。遂与亲友杨子龙……林泉之下，殊为幽隐，可以盘旋。因……孙，里中子弟韶秀者与焉。饭蔬饮……已膏肓泉石矣。忽翰林赵方塘……存问，时逗游名山，不遇而去，……爱山偕堂谕洪子文先持以道……请，先君辞曰：“方今圣朝车书一……圣朝乎？尧舜在上，所愿自附……自负于国家聘召之恩也！”使……先君召梦发曰：“必有复我者。”即绝……孙及家人恸哭以劝，强之后食。……致，上命优渥，言辞恳切，先君□而辞曰：“某累辱国恩，……解，所欠惟一死耳，他何望焉！”人富□度终不能……

年六十有一。天下学士以先君所自……湾迪功之墓。继郑氏。子男二：元、龙，先君庚……。孙男五：福翁、平翁、延翁、寿翁、同翁。壬辰十月十……不许求铭。先君之意，盖以为名之在天下，固不假人而后传，……②则不足以尽述。不肖孤因欲求当世之大贤以铭之也，则大惧弗克负荷。谨……月纳诸幽。

孤子梦发等泣血谨志。

婿叶省孙书讳。

注：①杜文甫（1231—1291），字实翁，号南峰山民，临海人。咸淳七年辛未科榜眼，曾任瑞安军事推官、国子博士等职。其师王珏曾权知台州，元兵攻城时，与兵部侍郎陈仁玉集民坚守，城陷后投水自尽。杜文甫亦隐居，终身不仕元朝。志石高115厘米，宽77厘米，厚6厘米。文27行，行字不明，字径1.7厘米。上世纪七十年代出土于临海市大田乡（今大田街道）方家弄，出土后层层剥裂，文字仅存约三分之一，部分内容根据《台州府志》《临海县志》及史料考补，现藏临海市博物馆。

②该处一字残，仅存"金"旁。

黄超然①圹志

寿云先生黄公圹志（行书额）

先君讳超然，字立道。先世尚书公，由闽徙台之黄岩。曾祖讳□愈，武显大夫；祖讳应时，忠翊郎；父讳景龙，太学内舍生。先君，内舍公次子也。少孤，能自立卓，乡相清献公奇之，俾与□□太祝交。长从碧栖陈公游，雅相器重。平生谨践修，尚气节，敦义概，□交游，以故多为俗子所讪嫉。庚午，预乡荐；癸酉，复为荐首。□□，杜门著书，益研于《易》。至能前知死期，手书别亲知，端坐而没。属纩而身不欹，以比尹师鲁焉。

先母李，勤俭恭淑，事先君卅□载，育中玉与长妹二人。先君进之，乃与其终。卜兆何岙之原，□所居三里。将以丙申八月庚申封，而先君不及待矣，遗命中玉曰:“尔母之兆，其即以为吾兆。而尔母祔时月，谨勿易也！”遂□□□封焉。呜呼痛已！

先君生于端平丙申正月癸酉，卒于元贞丙申二月申丑，享年六十一。先母生于端平乙未三月辛酉，卒于至元丁亥正月甲戌，享年五十三。先君有《易通义》八卷、《发例》三卷、《识蒙》一卷、《或问》三卷行于世，《西清集》十卷藏于家。学者宗之，称曰寿云先生。男二：中玉、宜僧。女二在室。孙女一。奉襄事逼，无所求铭以发幽光，姑述梗概。呜呼，吾尚忍执吾笔也哉！

男中玉泣血谨志。

忝眷童应椿填讳并书盖。

常川陈端刊。

注：①黄超然（1236—1296），字立道，号寿云，黄岩柔川（今屿头乡）人。少时跟随蔡梦说等学习“濂洛之学”，青年又师从经学家王柏，学“性理”。两次参加科举不第，遂筑西清道院，以著述为己任。曾创义塾，其子黄中玉改建为“柔川书院”，是当时台州著名书院。卒后，台州地方官员为其请谥“康敏”，后世尊为“台州十大儒”之一。志石高 81 厘米，宽 130 厘米，厚 9 厘米。文 17 行，行 24 字。墓在屿头乡前礁村，上世纪六七十年代遭摧毁，志石出土后征藏黄岩区博物馆。

吴焱①墓志铭

雰山先生墓碑（篆额）

宋进士从政郎吴雰山先生墓志铭（题）

将仕佐郎台州路宁海县主簿胡长孺撰文。

中奉大夫集贤院侍讲学士赵孟頫书丹并篆额。

吴用晦卒，既禫祭。胡长孺以宁海主簿如府计事，舍上蔡书院。士人周仁荣造焉，盖用晦子婿也。以所摭用晦爵里行年与弃官将死之事，为状一通，持来拜且请曰："今兹惟夫子文辞、子昂篆楷行草书名天下，不得以铭若祖父，非良子孙。夫子幸为仁荣妇翁铭，又幸为请子昂作篆额，是尚不死！"请勿已，长孺走避不敢当，复还固让，犹不可，则应曰"诺"。其明年九月，监造舟海上成，始克阅其状，而为之铭。

状曰：焱，吴氏，字用晦。先越人。唐季年，鼻祖与族人偕来台之宁海县仙岩乡家焉，为县人十有四世。曾大父大铭，宋迪功郎；大父筹；父希尹，宋承务郎。儿时嶷然如成人。既冠，入州学，有能赋声。为曹偶见，推登咸淳元年进士第。对策语直，不得在高等。明年郊祀，始授迪功郎、池州东流县尉、巡捉私茶盐矾。丁外艰，服阕，循从政郎、监绍兴府支盐仓，弃归其家。

未第时，乡之先达叶少傅、王提邢，年秩盛高，都当世名德，折己贵尊，与为游交。尉东流时，尝权池州司户参军，以治办闻。持丧哀毁甚。既弃官，冲泊自守，于世若无闻知，独于乡里族姻加诸异日。今至元十八年，浙东造征日本舟，材铁百需，里民赋急，不忍其号呼，令子鬻田代输，家以破耗，施意犹未衰。比卒前一岁，衣冠哭拜家祠，如辞行礼。将及岁，泊然无语以卒。年八十四，实大德十一年九月癸亥。

娶黄州司法参军同郡金桂卿女。子男一人：鼎臣。女三人：其嫡归今任处州路美化书院山长，请铭者也，后为集贤待制②；长归丁寿宝，次归胡福臻。孙三人：男一，肖尼；女二，在室。

鼎臣以至大二年九月壬午葬其乡吴岙之原。得铭距葬日一年。

长孺曰：死生之际微矣！隋、唐、宋选吏由进士出儒，先生类曰："是庸利禄蛊，士心败，文体乱，铨法徒靡风俗，不足得豪俊。"尝试取古今举子程文读之，裂道反经，违礼害义，其犹侮圣人之言也。固尝排斥著论，不少置贷。乃俯仰垂千年，卓伟魁杰之士，亦类出于其间③，何可胜数！近四十年亦得六七：公其尤著者；李璀，登咸淳四年进士第，既胪传，识时相骄肆将覆宗社，即日上书阙下，挂冠去；赵昂发权池州，兵薄城，夫妇缢州治；冯骥战独松岭，不胜死；高斯得言丞相当危急时弃去，顾以同列议己，说必偾国，罢同签书枢密院事，还湖州，眠破屋中，或时不食；何应桂权发遣忠安军事，栖霞岭不守，刺血裂衣帛作书上之，缢军治；留梦炎为今吏部尚书，廷阻沙不丁平章政事，抗言贾胡司泉府，主市舶，可宰相不可，忤意曳出，复召，如初对，得释。此六七公者，视死如何！况区区得丧祸福哉！高材大器，自非畏名息影、长往不招之士。有所蕴积，必求自著见于时而施用于世，固不肯黧面皓首，终老于采薪负耒也。往往视取士途径，勉强委曲以就之，媒致其身于见庸之地，又何问贤良忠正茂才进士也耶！犹寸珠尺璧，埋薶尘坌中，其光辉发见，自有不得掩者。乃今用晦死生之际，若出入门户，与六七公炳炳烨烨，照映古今，可铭已！

铭曰：司徒俊造堕莫复，吏选庞杂道弥黩，浮文程人置科目。进士千载一干禄，已肆礼亡甚桎梏，磔经侮圣恬流俗。卓伟魁杰天所属，高材大器讵潜伏，养邃学就甘诘曲？奇节骏操接踵续，死生际此无完局，用晦洞识盍自淑。后千百年世其福，勖哉尔后步芳躅，□□□□□□□。

雍正五年丁未桂月之吉重镌。

注：①吴焱（1224—1307），字用晦，号霁山，宁海仙岩人（今属三门县）。咸淳元年进士，曾任池州东流县尉、绍兴府支盐仓管事等职，后弃官归隐。元朝廷为攻打日本，向浙东百姓苛征材料，百姓苦不堪言，吴焱散尽家财为百姓纾困。志石高 226 厘米，宽 81 厘米，厚 13 厘米。文分四栏，上三栏各 22 行，第四栏 12 行，行均 15 字，正书，字径 2 厘米。末有雍正五年重镌之语，应系据《珊瑚木难》摹刻。出土于三门县，原藏该县吴岙村吴氏宗祠，现藏三门县文物馆。该志为赵孟頫所书，实属珍贵。

②③该二处六字原刻双行并列。

林正己[1]圹志

故宋太学进士梅里林君讳正己，字晞大，余之弟也。少颖悟。才十岁，先父命为伯父后，答曰："兄弟之子犹子，焉用继？"众皆奇之。先父谕以大宗之礼，唯而从。年十八，余试中太学，别去二三年，归叩所业，进甚。余以内校，议俱行，可隶业京庠，曰："俱则重离忧。"先父勉以功名，不得已就道。洎至，俾游太学，辞曰："能自补中，乃可入。"咸淳己巳，果以京庠类申，中补参习是斋。帘覆居首选，月书多前列。续余屡除太学官，引嫌不就试。迁本斋谕，亦辞。余丐外，得倅建德，谓之曰："可不妨吾弟功名路矣！"会革命，归休田里，来学者众。匝屋莳梅，日与其徒讲论香影间，人以梅里先生称。乡邻有斗者，必释以孝弟廉让吉凶事，勉之行古礼，身亲不惮。因冒雪感疾，余问之，曰："人有礼则安，兄无虑也。"自所居兵毁，念余庐墓，卜筑为对床计，久而未完。大德乙巳三月乙酉，以余初度，来山间。越宿，中末疾而逝。若知死故来别，曾不一语，呜呼痛哉！生平尚志气，屡议姻，稍忤，辄不娶。余以次男仲洙为之后。洙将奉柩以葬，泣告曰："昔伊川状明道之行，伯父为之志可乎？"念余弟痛事亲不逮，从余惟谨，学则谦以受教，事则咨而后行，敬不违，劳不怨，丝粟不私。人称余兄弟之和，不知和气自余弟也。《书》曰："惟孝友于兄弟。"是可志也。

生于嘉熙己亥正月癸酉，年六十有七。曾祖讳泳之，祖讳迁善，父讳桂。上世由闽徙台之黄岩半岭，十有三世，今家回浦。

兄、前朝奉郎、国子监簿林克己志。

先父于叔父友爱异常，叔父既丧，先父为之志，欲营毳事，赍志而殁，可不痛诸！兹谨以延祐丙辰二月丙申，与弟仲洙奉柩合葬于叶山之原，遵先志也。所遗墓志泣血书于石之左。弟仲洙，娶叶氏，男二，曰应瑞、应珪。侄伯潜谨书。

注：①林正己（1239—1305），字晞大，黄岩人，生平不详。志石高95厘米，宽50厘米。文14行，行35字，又跋文3行，下正文5字，行30字，字径2厘米。出土于温岭，具体情况不详。

林克己①墓志

故宋国子监簿勿斋林公墓志（篆额）

故宋朝奉郎、国子监薄、建德府通判林公，讳克己，字晞复，号勿斋先生。上世自闽徙台黄岩半岭，分居回浦。曾祖讳泳之，祖讳迁善，父讳约，世守儒业，潜德弗耀。母，龙图仲房虞公之孙，一夕梦月入怀，绍定辛卯三月辛丑，公乃生。宝祐乙卯，预乡贡。明年，入太学。咸淳戊辰廷对，居黄甲第十，授儒林郎、婺州观察推官。廉明不倦，狱讼多所平反，人咸德之。秩满。监省仓。转承直郎、国子录、武学博士，转通直郎。会朝旨。再转承议郎、国子监簿，兼庄文府教授，编修国史。转朝奉郎、通判建德府。节使立斋谢公子弟多师事之。大资修斋王公、漕使深源朱公、镇抚恕斋谢公、祭酒实堂吴公、尚书厚斋王公交荐于朝，骎骎大用，而宋鼎迁矣！公乃庐墓金溪，不迹城市者三十余年。时访求遗逸。权要或招以书，或以剡荐，辄杜门谢病，惟恐山不深、林不密也。与弟太学进士梅里君友爱异常，先公五年卒，公为之志，恨生不同居，期合葬焉。大德②庚戌二月乙卯而公亦逝矣。年八十。娶□氏、李氏，继方氏、卢氏。男二：长伯潜；次仲洙，为弟正己后，梅里是也。女三，适进士戴□、王宗光、戴国宾。孙男二：应璋、应璘。女二。延祐丙辰二月丙申，伯潜将奉柩葬于太□乡叶山之原，以铭请。与堙于公生同里，长同舍，知公为稔，盖乡之善士，世之硕儒，国之循吏也，德行、文学、政事兼之矣。然公平生谨重寡言，不妄毁誉，而人自诚服焉。则此四勿之功用，所以为天下归仁与！与堙于铭不敢僭，□有大手笔为公作一佳传以备国史。若夫著述之富，其梓而传之，则伯潜、仲洙责也。

舍生奉议大夫、前平江路常熟州知州兼劝农事赵与堙志。

眷舍家生前安洲学官郑庶书。

注：①林克己（1231—1310），字晞复，号勿斋先生，黄岩人。咸淳十年进士，曾任婺州观察推官、国子监簿、建德府通判等职，宋亡后隐居不仕。志石高95厘米，宽50厘米。文18行，行31字，字径2厘米。出土于温岭，具体情况不详。

②应为"至大"。

林放[1]墓志铭

宋故林君达本墓志铭

□□郎左誉撰。

□仕郎米友仁书并题盖。

（阙）□上□□□□□太学生林君达本，以高才力学为友辈行所推许，今试于□□□宜□时人之贤者交口相庆，为得人誉。于是益信乡先生长者之言为不虚。（阙）游见其负奇（阙）之愈久，愈知其不可及。大观三年冬，誉归。自京师闻君，以其年十一月十有（阙）造其堂而哭之，吊问诸孤，询其属纩之言，凛然如平生。其孤植泣曰："不幸先人去世，今奉窀穸有期，铭先人宜（阙）已行□□属誉为铭，以□□铭。其敢辞□□惟林氏史□未□亡所考。

君讳放，达本其字也。世为（阙），皆有隐德，弗仕□□□君□君以□□过台之仙居□慕佳山水，买田筑室而家焉，始为仙居（阙）不及□□□□□□往应□□□□矣。君少敏悟，才智过人，年十有三岁，（阙）此奇童也，异时必显。比长，于书无所不观，于文无所不工，自是为贤士大夫所□推（阙）自□□□□□□□□其□吾□□□□□□今亲又逝，禄弗逮之，虽仕何为，乃谢去弗（阙）人□□□□□□□□□□□而已□□之□□□□□□□奉身之具（阙）者有求悉赴，（阙）然开讲陈书，□经千卷，自魏晋以来，（阙）继乃□□□□□□□□人无远近，敬服皆□□□□□之不以□（阙）皆君力也。君性坦易，与物无迕，□御童婢，不失声色，及士有贬□□□（阙）朝廷以三舍法贡士，君曰："吾老矣，不能用。"遣子侄就选，各□□□后有（阙）者□与称邑人无巨细□□君君（阙）不仕□□□之□□□□□□□□谌（阙）岂敢任之□□□□□□□□□□吾不□□县强之弗起□违其□□□□□□□□□□□□□□欲君之□□□出□□□知其不可（阙）敬□之□众异其言。未几，果得疾，乃草遗训百余言□□□□（阙）外□□□□□□□□□笑□□而逝，享年五十有五。配叶氏，有贤德。子男四人：长曰植[2]，□□□（阙）；次曰□□□□□□□□□□；三曰□□；四曰士□。女四人，长适进士黄□□□，次适陈□，二尚处。孙男女各十人。以政和元年葬（阙）开元乡桐林之原。有诗千首，文集二十卷，藏于家。

君天性纯美，又与道适，文无陈言[③]，诗与字有唐人风。□□□□□□□内典□□之于（阙）□可□元丰间在太学，与一时名士游。后廿年，有同舍郎致身于政府者，每以询君，君闻之，终不以为□（阙）呜呼！士失所守，实不足以配名，义不足以胜利久矣。观君所为，有其实而辞其名，厚于义而薄于利，（阙）之□□□□之日，家无长物也。其庶几古之得道者与！铭曰：

清秀之气，天地所珍。钟为异禀，世能几人。猗欤达本，得之者多。与世不偶，吁其奈何。德也宜寿，讵谓[④]啬之。嗟尔有位，莫或及之。有崭者子，百世厥祀。想君平生，又焉憾矣。莫高匪山，莫浚匪源。有幽斯铭，君封勿干。

注：①林放（1055—1109），字达本，仙居人。高才力学，为时辈所推，元佑年间将赴省试，因亲死守墓，未赴。《嘉定赤城志》《台州府志》均有传。墓志铭为与柳永齐名的临海才子左誉所撰，书者米友仁，宋时著名书画家，与父米芾并称“大小米”。志石出土于仙居县东门外山麓，具体时间与情况不明，《台州金石录》与光绪《仙居志》均有载，大相同，微有异，编者以二本互校之。据载，石高八尺，广四尺，额行楷书“宋林达本墓铭”六字横列，径六寸，文三十一行，行字因泐不计，行书，径一寸。

②文据《仙居志》，《台州金石录》“植”字载为“抗”。

③文据《仙居志》，《台州金石录》载为“君天资俊爽□□□□□□善启言”。

④文据《仙居志》，《台州金石录》载为“故或”。

韩磊[①]墓志铭

题（缺）

□□□□□□□□□□□□□□□□□□□朝散大夫主管建宁府武夷山冲佑观王齐舆撰。

□□□□□□□□□□□□□□□□□□公以疾终于所居之正寝，享年六十有七，卜以明年十二月庚申葬于临海龙谷□之原□□□□□□□□□□□□行拜且泣曰："先君窀穸有期，惟隧未铭，敢固请于下执。"齐舆以女归公仲子□同□□□□□□□□□□□□□□□□□□□子杰其字，忠献魏王之四世孙。曾祖忠彦，任观文殿大学士、宣奉大夫，赠太师。□□□□谥文定，配享□□□□□□□□□□□□赠太师。考膺胄任提点两浙刑狱，赠金紫光禄大夫。世为安阳人，靖康南渡，避□□□□再徙临海□□□□□□□□□□□植立，笃志于学，择乡之善士与游，未尝泯灭。绍兴九年以文定任宰相遗泽，补□授迪功郎监庙潭□□□□□□□□□□吕氏□免，□调浙东安抚司干办公事，循从政郎淮南茶盐司干办公事，用荐政□教郎。三十二年□□□□□□□□□□□湖州安吉县。在任，以母太恭人王氏高年迎侍非便，求侍养。

乾道四年，差提辖□思院□□承议郎，丁母忧□□□□□□□□□□陛辞陈三札，言厚民、练兵、足食之要务，□语嘉奖，且谓无忝勋臣之后，五年除广南西路转运判官□□□□□□□阅十年，主管建宁府冲佑观，累转朝奉大夫，令再任，赐三品服，主管华州云台观，积阶至朝请大夫，始公年少□□□□知者诗酒□隶帅司率多废驰，公以身任责，讲究利源，尽铲宿弊，未几皆兴复，人始服其精敏。再为幕府属帅臣刘□□□□□□语器之曰："韩氏有子。"与部使者荐于朝，改京秩。公为安吉，邑当冲要，事物繁夥，其俗嚚讼，素号难理繁剧，政无善□□□免于职，宽以拊民，严以辑吏。荒锄伏擿，赋入不加督而输，遇事明辨，决遣得毋抵谰，以故狱讼日衰，□岁嗣登，齐民向□。因诣学，慨栋宇庳隘，阒无青衿，乃加葺易，澈去弊陋，增赡田以广教养。邑士大夫相与叹嫩，刻坚珉纪其事，绘公像于学。在郡承摄守后，帑廪枵然，逋诸司岁供累数万计，檄督旁午，吏鳃鳃然，未知遣谴。公以谓郡计，固有常变，非□令其然而敢办上无政事，小吏并缘侵牟，故不足于用。有淡水盐场，岁给牢盆，率用缗钱万，事久积弊，吏没其半直，累岁额入不敷出，公抉剔奸蠹，悉与复旧，亭户乐然趣办，以时输入，岁课遂登，属邑资以供郡不乏，遂代民输，上中户十五，下户悉□□捐之门年安然。惠阳左江右湖，地势庳下，而民病于水，廛市湫隘，稍雨潦泞，人往来沮洳间。又民居以葵茅茨屋，易召火，有不□则□延害与百家。公先为增筑长堤，捍御汛溢，舁石于山，即古沟累甃，浚淤塞以泄。其停行者，得就高燥。官为置窑，陶土取其市直之半，尽易葵为屋。岭南俗薄，死则火葬，贫者櫘椟不给，骼胔暴野，公出郡帑为置局，市价给施民旅，领以幕僚黄□董之，又为茔域，建东西二丛冢，缭以周垣，为置冢舍，惠人得以养生送死无憾。岁宾兴无较艺所，遇大比则绵蕝佛刹为之，科市竹□，里胥夤缘良扰。公为度地鸠工，创建贡院，规摹甲旁群，丞相留公为纪其成。学官阙讲授之堂，旧将惮费，月诣学宛，舌不□公新之，榜曰“养源”，轮奂甚美。下至堂曰“德有邻”，斋曰“思无邪”，皆东坡公遗址，岁久榛墟。公景慕往哲，亦复鼎新。旧以豪右为之统辖受词虐□，以弓兵猛追逮为优轻，公一切禁罢，犯者置于理。惠人得之，欲报不能，祠公甚虔。会诸司访公政绩，交章最上，状有曰公□□操得于家传，明敏之资，精于吏事，持以廉介，济以勤恪，一郡之政细大毕举，皆实录也。朝廷甄别以公将漕广右，轺车欲行。

陈峒寇湖南，公急直趋境上，馈御寇之卒。继而李接犯容州，事闻有旨，遣庚牌以公专应办，宰前时调发甚众，主帅逗留不进。张颐待哺者日数万人，公悉力调飞挽以饱师，先是帅臣恃势凌轹同列，擅支漕司辛字寄椿二库缗钱五万。□李接事起□守纵贼亲属之罪，而不问夺化守保城拒贼之功而兴狱，公以为言，遂与帅忤，甫及班师，诬公不支盐本，货寇贻害乡里，公□赐罢。后，王、周二丞相秉政，知其无辜，力陈上前，特旨再漕广右，上命公赴缺，言者复援前事，命遂寝。公优繇文词，终令不复萌仕进意。

娶孙氏，京□人，故郎中左朝请大夫淮南运使苨之女，绍兴壬申归于我公，事姑以孝，接下以慈，人谓贤妇。先公二十五年卒，实乾道己丑八月二十有一日，享年四十，赠宜人。同日举殡合葬，礼也。男三人：宋卿，迪功郎，温州□□县尉；次安卿，受公遗泽；次宣卿，以伯父任补将仕郎。女三人，长适修职郎、新台州州学教授方暕；次适迪功郎、新邵州司马参军张嵩；次适文林郎、前监行在编估打套局门周忠厚。孙男三人，女一人，尚幼。

公资浑厚，识趣颖悟。奉亲孝，金紫□□□□□□言则每每泣下，至老如之。及母之丧，哀毁过礼，苟可报亲，不爱其身。莅官有守，不可干以私。故所至有声。好学，通览群书，尤嗜史。年逾耳顺，手不释卷，每召里之士友贤者，置酒终日。议论古今不倦。太守熊□□自谓知典故，既去，语僚友曰："韩公多□前言往行，有疑，请询之。"公虽再世宰辅，家不异寒素。处己俭约，至间游有假贷，则未始少辞，族人之女无力嫁者，公助遣之□。饬诸子甚严，期以不坠家声。左琴右书，恬淡竟日为终焉计。识者期公甚远，造物有欲起公为州，而讣已闻。呜呼！以公之才，倘济之以强学，使其践扬中外，至老愈有可书，不至是而已矣。惜哉！因叙其梗概，而系之以铭，铭曰：

结驷康庄，有掣其辔。陆剸水战，湛卢匪利。显允君子，厚载博施。所能者人，亦冀吾为。通敏强济，广闻多识。是训是彝，佑启罔极。煌煌元勋，奕世德昌。□公永閟，于韩有光。

孝男安卿泣血书。

注：①韩磊，生卒年不详，据妻孙氏卒年推，应生于建炎二年，卒于绍熙五年。志石高72厘米，宽68厘米，厚9厘米，方形青石质。文连题41行，行48字，题缺，字径约1厘米。上世纪六十年代出土于临海市大田街道云溪村慈云自然村慈云寺后，出土时，右上方断去一角，村民高永倌搬藏其家云溪村大青田，后由其子高贤杰保存。1977年，朱昌良在其舅父高永倌家发现韩氏墓志，曾抄录志文。2015年2月，临海文物保护所彭连生访得志石，已风化严重，此由彭连生提供。由于文字漶漫较多，墓主生卒年及具体官职等难以考证，据残存文字结合韩氏族谱，知为韩琦后裔，应是韩治之孙，韩膺胄之子。

王慧澜[1]墓志

灵宝赤帝练度五仙安灵镇神三炁天文（题）

南方三气丹天承元始符命，告下南方旡极世界土府神乡诸灵官：今有太上紫虚阳光正一女官恭人王氏慧澜三炁丹池，精光充溢，练饰形骸，骨芳气香，亿劫不灰，南岳霍山明开长夜九幽之府，出慧澜魂神，沐浴冠带，迁上南宫，供给衣食，长在光明。魔旡干犯，一切神灵侍卫安镇，悉如元始盟真旧典。女青文。

大宋绍兴二十八年太岁戊寅四月朔十七日丙午吉时告下。

上清灵宝大法领教嗣师臣杜逵真承诰奉行。

注：①王慧澜，生卒年及生平不详，道教正一派女道士。志石应是出于临海汛桥镇杨梅村。本世纪初，杨梅村民送至临海市博物馆。据述，原共三石，余二石已破裂。志石高 38 厘米，宽 32 厘米，厚 4 厘米，两面镌刻，正面首题 1 行，题“灵宝赤帝练度五仙安灵镇神三炁天文”，字径 1.5 厘米。反面首题 1 行，题“太上洞玄灵宝无量度人南方真文玉字”，字径 1.5 厘米。正文九叠篆图文 8 行，每行 8 图，计 64 图，径 2 厘米。属道教镇墓文图。此由临海彭连生提供。

宋龙图阁直学士吴公①神道碑

额阙

题阙

（阙）□□新江西□路提点刑狱公事朱熹撰。

（阙）兼管内劝农营田使□□□湖南路安抚司公事马步军都总制金华县开国男食邑三百户潘畤书并题盖。

淳熙十年夏六月□□龙图阁直学士、通奉大夫、临海郡开国公、食邑二千四百户、致仕吴公薨于台州仙居县湖山私第之正寝。讣闻，天子闵焉，诏有司以光禄大夫告其第，如故事。冬十月癸酉，嗣子津等葬公石井中奥之原。即毕，事将考，令式勒文螭首，显诵公德，传之无穷。乃相与谋，使仲子洪以公门生临川太守陈侯庸之状来即建安山中，请其文于熹。熹窃闻之，当绍兴之季年，天子愤戎敌之凭陵，痛神人之羞辱，慨然有意收用耆俊，以遂中兴之烈。其所引拔以为谏诤论议之官者，多得直谅敢言之士。而吴公者，又其伟然有闻于时者也。迨其晚岁，竟以刚鲠，不得尽行其志，退而老于湖山之下，极登临游泛之乐者十余年，天下莫不高之。而其所立之详，世犹有未悉闻者。幸今有碑以诏后世，是笔所属，可非其人，欲谢不能。则又顾念往以使事过公里门，公闻其来，野服便舆出见，邀于湖上，延坐与饮，论说平生，俯仰感慨，遂以身后之传为托。于时谓公特戏语耳，不敢承亦不敢辞。今虽极自知其不称，然昔既不及辞于公，今又安得辞于公之子耶！乃考临川之状，以次其事如左。

公讳芾，字明可，世为仙居人。上世隐德不仕，至公大父，赠武略郎，讳允昭，始教子孙为学。而公与从兄咏谦遂连取科第。及公至大官，而赠其父讳师锡至光禄大夫，母郑氏，临海郡夫人。公幼庄重嶷然如成人，读书刻苦至忘寝食，登绍兴二年进士第。始为温州乐清尉，濒海细民以负贩鱼盐为生业，属更定法，有私以盐越境者，尉皆劾免。旁县迹捕纷然，公独若不闻，曰："此贫民之失业者，吾其忍以一身之病而愈蹙之耶？"力治学宫，聚其秀民子弟教之。其后人材辈出，有以直言冠多士为名臣者。更调平江府录事参军，除详定一司敕令所删定官，迁秘书省正字。始，公与秦丞相桧有旧。至是，秦已颛政事，士夫趋附者众，公处其间，独退然如未尝相识者。公坐旅进，寒温而已，秦固已疑之。会四川宣抚使郑公刚中荐公，自代其状，谓公虽适效一官，而高远之度，常若超迈。秦见之愈不乐，一日语公曰："高自标置，是岂长者之为乎？"讽言者论罢之。差通判处州事，历佐婺州、绍兴府。桧死，乃得知处州。未行，丁外艰。服除，知常州，又改处州。始至，诸邑以例献钱，实公帑。公曰："县经赋犹不足，而欲以此自媚，得毋病吾民乎。"尽斥还之。民旧苦丁绢重，公命损之，而以新丁补其额，人以为便。逾岁，以忧去。未终丧，而谏官何溥荐公材中御史，命免丧入对，即除监察御史。时金亮将渝盟，公劝上："专务修德以服之，彼以其力，我以吾德，则虽强弱之势不侔，而胜负之形已见。顾今诚能毋以敌之进退为忧喜，毋以事之缓急为作辍。每下诏令，必务痛自悔咎；延见群臣，必使力陈阙失。隐之心而悉有合于天地，发之政而尽无愧于祖宗，则人心悦服，天亦助顺矣。"上韪其言，顾而叹曰："何溥知人哉。"未几，除殿中侍御史。会两淮战不利，人情恐惧。廷臣争陈退避之计，公独奋然请对曰："今日之事，有进无退，进为上策，退为无策。若误听此属之言，臣恐士气衰竭，人心沮丧，大事去矣。有如六飞未遽行，且以建王为元帅，先往抚师，其亦可也。"上然之。未及发而亮已被屠，中原遗民日望王师之至。公数奏请，乘此机会决策亲征，速图进取。既上至建康，公又言："金陵自古英雄，以为帝王之宅，矧今北土之人，讴吟未改。既闻大驾临江，此必延颈举踵，以望振拔，宜遂驻跸，以系其心。"上已开纳，会有密启还东者，事下侍从、台谏集议以闻。公曰："今欲控带襄汉，引输湖广，则临安不如建康之便；经理淮甸，应接梁宋，则临安不如建康之近。议者徒以一时扈从之人内顾思归，故为是说，以悦其意，岂为国计者哉？过听其言，臣恐回銮之后，西师之声援不接，北土之讴吟绝望，非细事也。"然时上下欲归者众，公言虽苦，竟不能夺天下，至今惜之。

高丽舶主诣明州，自言其国愿得遣使入贺，诏将许之。公言高丽与金人接壤，为之役属，无故有此，安知其不为间。乃诏却之。是时天子临御既久，专以文德厚下，故其末流下吏奉承，不无因循之弊。公于是抗疏力陈更化之说，欲以救时病、强国势，又言："欲求死节之士于仓卒之时，不若进刚直之士于闲暇之日。去岁两淮望风奔溃，曾无一城能拒守者，此秦桧壅塞言路，摧折士气之余毒也。能反其道则士气日振，而见危致命者亦有人矣。至于庙堂，不守诏条，以启侥幸，扈从官吏无功受赏，大将失军，长吏失守，未正刑典。戍役方还，复行拣点，以动众心。"凡事有不合于理、不便于时者，无不悉意尽言，补助为多。荐周操、陈良翰、陈良祐为御史，后皆以谏诤显。在职才半岁，用事者恶之，以公有会计名，亟白使权户部侍郎，实以解其言职。会有诏问足食足兵之策，公言："今大农岁，入视景德盛时，什加其四，而内藏激赏不与焉，则赋不可以有加。中外兵籍，略比太宗定天下时，而粮赐什九于他费，则兵不可以更募。独有节浮侈、精简阅，使官不蠹财而人皆可用，则庶乎其可耳。"俄以集英殿修撰知婺州。时今上初即位，公陛辞，首陈裴垍对唐宪宗"为治先正其心"之说，以为临御之初，出治大原，无越于此。上嘉纳焉。

未入境，先询邑宰能否，去其尤罢懦不任职者。人问其故，公曰："令于民最亲。苟非其人，太守虽有爱民之心，亦何自而达乎？"郡帑空乏，军饷不时，负上供课亦以大万计。公曰："是所谓无政事者也。"即禁掊克，减征赋，窒渗漏。官吏之侵渔假贷者，悉置之法。不一两月而公私已告足矣。常患差役不均，多致争讼，欲劝民为义役。有言金华长仙乡民十有一家，自以甲乙第其产，以次就役者，几二十年矣。公闻之喜，帅郡佐及县长吏，舆致所谓十一人者，与合宴于平政堂，而更其乡曰循理，里曰信义，以褒异之。又以乡之前辈梅公执礼、宗公泽、潘公良贵、郑公刚中，皆以名节才行闻当世，乃自为文以醊其墓。

居无何，诏以公治郡有异等之效，改知绍兴府，充两浙东路安抚使。始至，宗室子有横于市者，公致之狱。宗正司遣吏索之，相持讻讻，公即自劾以闻。诏公无罪，而以宗室子属宗正司施教刑焉。一郡竦服。会稽民贫赋重，而折色为尤甚。公以永祐菆宫在焉，为奏得视永安县故事，免支移折变，邑人便之。高丽竟遣使来，公闻其至明州，亟草奏申前议，得卒谢遣。城南镜湖，自东汉时潴以溉田，为利甚广，中废不治。南丰曾舍人佐郡时，尝为之图而序之论，其利病甚悉。公前嗣其官，读其文而有志焉。及来镇守，逢岁大饥。上亲札命公赈救，乃得奏请发常平米募饥民以就其役。既成，取凡奏请施行之语刻石湖上。所以禁防者无不备然。公去不一年，守臣不能安集流徙，反归咎复湖。奸民大姓利于为田，亦结权贵，腾谤议，而湖复废矣。论者惜之。

前敌骑渡浙江，郡守以城降。而卫士唐某，抱石狙击其酋帅，不中。死，骂不绝口。越人祠之。岁久废坏，公为改筑宫而记其实，以劝忠义。除权刑部侍郎，召对言："臣自越来，窃感勾践卧薪尝胆之意愿，陛下毋恃敌之必和，而益求所以自治，如勾践之为者，以俟时至而后图之，蔑不济矣。"又言江浙大水，乃阳不胜阴之咎。因举康澄六事为献，迁给事中。谢日，面赐金带、象简。宗室居广祈恩过制，公引前诏却之。不逾月，改吏部侍郎。

会临安守坐不能诘盗免。诏以公为敷文阁直学士，知府事，充两浙西路安抚使。命下之日，都人相贺，而吏属屏气入谢。廷中内侍省为人求荐及以他鄙事为属者，公曰："吾荐章不可以求而得，若某事则诣府自言，吾得以法决之耳。"自是人莫敢干以私。大阉高思聪家僮殴伤酒保，公命捕，论如法，以徇于市。宗戚贵人私营佛屋，错杂民廛，藏匿奸盗，吏不敢捕。公奏请尽撤之。由是权豪侧目，而执政亦不悦，托以使敌，复除吏部侍郎，且议以龙大渊为副。公曰："是可与言行事者耶？"语闻，得罢不行，而下迁礼部侍郎。公力求去，乃以旧职提举江州太平兴国宫。

始，公与今退傅陈福公，俱以刚直见忌于时宰。至是，陈公以书贺公，有“鸿鹄高翔”之语。未几，亦引去。而中书舍人阎安中，乘间为上言，二臣之去，非国之福云。居再岁，起知太平州。当涂民淳，事简旧为乐土。而连年调发，凋瘵特甚。公一意拊摩，常赋外一毫不以取民。城楼圮坏，岁调诸县葺之。民病且穷，而形制衰削。公命撤而新之，又维舟以梁姑溪，令可渡。朝命赋甓诸郡，以城两淮。公以羡财，募陶旊，又先事以集，而民皆莫之知也。历阳筑者久役溃归，声言欲趋郡境。吏民振恐，公呼至城下，厚犒遣之，而密捕倡乱者系狱以闻。有诏褒谕。

二年，进徽猷阁直学士，知隆兴府，充江南西路安抚使。江西地广多盗，而大姓武断乡曲，为良民害。公绳以法，不少贷，曰：“稂莠去然后嘉谷蕃，吾非得已也。”会岁大札，巫觋乘间惑人，禁断医药，夭横者众。公命县赏，禁绝集群，医分井治疗，贫者食之，全活不可计。城旧有豫章沟，比久湮塞，民病涂潦。公曰：“沟洫不通，气郁不泄，疫厉所由生也。”亟命疏浚，民得爽垲以居。

公凡六为郡政，各因其俗为宽猛，实惠之可以及人者为多，事有关于教化者，未尝不以为先。尝言为邦之惠，欲其有以遍于里闾。唯受两税之输，为不可以不谨。故所至，必择廉吏以司之，省其沿纳诸费，而揭其所不可已者于场门。输粟者，使得自概量。吏无所容其巧，人甚便之。自当涂及是，凡六上章乞闲，不允。三和陶公归来之章以见意。至是，遂以纳禄为请，乃复得太平祠官以归。实乾道之六年也。

公自少即以气节自负，为人夷旷无城府。早岁游太学，人已自目为豪吴矣。建炎初，宗泽留守东都，天下倚以为重。一日士女倾都南下，皆行哭失声，言宗公死矣。公时未仕，客临安，闻之呜咽流涕，终夕不寐，为诗哭之，语甚悲壮。即日传播，邮亭传舍，处处题写，读者至为感泣，识者因是益以奇之。自为小官，一时卿相名人，见者无不推重。归自册府，徊翔十有八年。僚友有先进用居庙堂者，公未尝以一言求荐引。居常慷慨，谓直道可必行，而勋业可立就。中间立朝多肮脏不偶，又不肯少贬以求合，始浩然有归志矣。故尝卜居其乡石井之西，负山临湖，杂莳花竹，筑亭馆其间，延袤数里，榜曰“湖山”，清旷窈窕，甲于里中。至是来归，遂决终焉之计，乃作“休休之堂”而赋诗焉。自谓有七宜休者，连上章告老，不得谢。及年七十有一，请愈力，乃得以龙图阁直学士致仕。于是又作“景疏”“希白”之堂，而自号曰湖山居士，日与宾客浮舟倚杖，徜徉其间，酌酒赋诗，竟日夕不倦。如是者十有四年，盖已翛然，若无意于世者，而独其爱君忧国之心，未尝一日忘也。中以太上皇帝庆寿，推恩故侍臣，加以耋老，自中大夫特迁通奉大夫。

薨时年适八十矣。娶缙云郭氏，赣州兴国县丞滉之女，累封硕人，孝谨和懿，治家有法度，先公两月卒。子男五人：津，承议郎，通判绍兴府事；洪，宣教郎，浙东提举常平司干办公事；沃，承事郎，佥书镇江军节度判官厅公事；洎，承奉郎，永康县丞；深，将仕郎。女三人：嫁承议郎王镛、将作监主簿陈扬善者，皆先卒；幼未行也。孙男女二十人。机，从事郎；朴，承务郎；余皆幼。曾孙男一人。始公葬先大夫于石井，而度其旁百许步预为寿藏。至是，津等奉公以窆而硕人附焉。

公性至孝，遭丧必庐墓侧，终制不交人事，无墨衰绖。先人赀产悉推与二兄，育其孤女，厚赍以遣之，官其兄弟之子孙二人。方为义庄、义学、义冢，以俟宗族之贫者而未克就，尤拳拳于乡邑，遇歉岁，捐己资，合公私之力以赈之。无所爱好，善如己出，嫉恶如私仇，延接后进，多所成就。平居严毅，若不可犯，然谦虚好问，而乐闻其过。不间微贱，教子弟尤力，尝语之曰：“若等从宦，视官物当如己物，视公事当如私事，必不得已，与其得罪于百姓，宁得罪于上官。吾平生无他长，惟不敢以一毫自欺耳。盖其大节之见于朝廷，达于四方者，已卓然不可掩，而其私行纤悉又如此。自少至老，手未尝释卷，属文不事雕刻，而豪健峻整，指意明白；为诗平淡，慕乐天而浑厚庄栗，又自类其为人。有表奏五卷、诗文三十卷、《和陶诗》三卷、《当涂小集》、《湖山遗老传》一卷，藏于家。呜呼！是可铭已！铭曰：

士孰不材，病气与节。方春争华，未冻先折。有伟豪吴，一世之杰。睨彼权相，弗媚而谒。始虽偃蹇，竟偶明哲。彼虤我仁，大论横发。乃赞征谋，乃轫还辙。言虽弗用，时仰壮烈。中去朝行，偃息名都。赋平役义，惠达信孚。越城之南，日活万夫。思乐偃水，有龟有鱼。天邑岩岩，贵强屏气。张旜以行，孰俾吾贰。公顾曰嘻，是足与治。于庙于藩，姑适吾意。姑溪油油，惠泽春流。钟陵有莠，则廪其秋。我湖空明，我竹修修。我倦而归，其乐休休。大耋之年，从容委蜕。循始讫终，俯仰奚愧。中奥之原，有窅其隧。我铭不刊，以笃来裔。

注：①吴公，即吴芾（1104—1183），字明可，号湖山居士，仙居人。绍兴二年进士，曾任秘书正字，因揭露秦桧卖国专权被罢官。后任监察御史、绍兴知府、吏部侍郎、临安知府等职，以龙图阁直学士致仕。卒谥"康肃"。吴墓在今仙居县官路镇后里吴村，朝廷"赐谥敕谍"碑至今仍在墓前，朱熹所撰神道碑在清中期已风化坍塌，碑文《台州金石录》《仙居志》《晦庵集》均有载。据载，清代时碑上截已失，下截又裂为三，残存高约六尺，广六尺，文五十一行，行一百一字，正书，径七分。今编者点校。

校书郎王公夷仲①墓志铭

进士试御前，考官定号名来上。所谓高第者，天子常亲擢赐之，天下以此占上意好恶，而士之遇否，治之通塞系焉。绍兴二十七年，永嘉王龟龄为第一，临海王夷仲实第四。于是高宗临政久，日新其德，思与草野奇杰士共起世务，遍阅所对策，取能伸直节、吐敢言者，无问下第，即拔置之。而夷仲至举司，前后顿挫，十数往返，傫然穷老矣。忽一日受明主不赀之恩如此，龟龄既为一时所宗，而夷仲与同时登甲科者，亦皆获重名于世。至今称策士之盛，必曰丁丑榜为然。然则岂士能自高耶？盖上好之尔。

夷仲世临海县人，曾祖安礼，祖居中，父庭筠。解褐婺州推官，满秩，待太学博士阙，召试为秘书省正字兼圣政检讨官，迁校书郎，足疾，乞玉隆观。明年乾道三年，年六十一，疾甚，以六月五日卒。四年二月九日，葬重晖乡唐奥山。夫人贾氏，先一年卒。后三十二年，长子似之卒；次曰应之，免解进士；幼曰棐。

女嫁故知池州赵善临。孙曰象祖、曰革、曰梦龙、曰丕祖、曰淡、曰字孙、曰文子。桀、梦龙中进士第，桀浙西安抚司干官，梦龙信州教官。

始夷仲在婺，孝宗立，赐军兵钱，州无见缗，未给也。守方宴宾，卒不顾，冲幕径上，杂坐妄语。夷仲闻变，步行入府门，卒望见，即招手下曰："节推来。"躬声喏如平日，且诉曰："侍郎犒赏迟，又欲折支与，健儿懑。"夷仲笑曰："汝误矣。即位例将四十年，兵火散落，我攒检方毕，何得为迟？钱已在库，何名为折？"卒稍退。夷仲白守，借于他司。俄又报，兵士殴库吏死矣。夷仲怒叱曰："汝不听名次而乱取，必斩无赦！"卒意折，皆曰："依节推说。"始散去。州人极以此多君。

括有二士人，家银见官为烹采，而吴郡王自右曹符下攫取之，士拒不听。吴谓其劫也，移数狱，至婺。夷仲讽守，守曰："吁！是力足畏也。"夷仲曰："畏理耶？毋力。"守因以委夷仲，亟至右狱，问词主安在。吏曰："官人也，随司尔。"夷仲鞭吏，急追词主，将械之，其人大惧，首服。士幸免。守并以此知君。既入参政事，故决意荐君矣。

在馆为省试点检，得诗赋卷，白于众，以为绝出也。独一参详及同知，论未合尔。明日同僚来告曰："事去矣，同知升谏长，参详亦入台矣。"夷仲曰："不然。此程文工拙也，无关台谏。"力辨之，竟放高等。四方士补试于贡院，晨门未启，俱忌日行香，至亲王不得前，取别卷过宰相街司，竞棘丛中，或传坐此罢太学矣。

夷仲论对从容，为上言。上曰："闻无赖者亦来耶？"夷仲曰："诚然万人之聚，固无不有，然异日为陛下栋梁者，皆是也。"上意解，浮语浸息。故夷仲虽不及预大议，而果决敢辩，危事坚正，能遏横流。余又闻一日，上批夷仲及张校书恪皆为察官，当笔参政使所亲贺曰："上不知君选人，明日为乞上殿改官也。"盍预计欲言者，夷仲皇恐，辞曰："某叨忝，未逾月便作御史，人不谓有径路乎？"惧，终不许。因草札若备对者，言"考第举员，而后改官，不刊之法也。近世或入谷，或献书，或父祖勋伐，或特旨上殿，皆得改秩，虽繇权道，徒启幸门，非祖宗意也。"所亲果复至，曰："上命，无庸辞也。"夷仲出其稿，知不可夺，遂两寝之。其于进退又能自重如此。居贫尤厉操，赎质而得金，价十倍，家人有喜色，夷仲趣使还之，曰："五月披羊裘而负薪，岂拾遗金也。"摄倅十月，食本俸而已。倅时摄州兼取之，有司劾其罪，倅窘，持券五百祝夷仲曰："请书纸为验。"夷仲反券与书。呜呼！夷仲不幸而不尽用，然迹其素守本末，而后知高宗之亲擢可谓知人也已。铭曰：

噫！蓄之早而售之晚。道与世异，用与好反。后五十年，记在碑板。

注：①王衜（1107—1167），字夷仲，临海人。绍兴二十七年进士，与范成大、楼钥等交厚，有诗词唱和。孙辈中王象祖、王梦龙、王棐等均为当时名望。墓及志石情况不明，此据叶适《水心集》录文，编者点校。

王太孺人唐氏①墓志铭

临海王棐之母，曰唐氏，宁海农女。初，校书郎王夷仲廉士贫甚，其室贾夫人年已晚，犹身治爨涤。舅族怜之，为致唐氏，才十二岁，粗箴细缕，釜甑盘筵，不唯诺而集蹶，是无以辱事累夫人者。

后十六年，棐生。生时难，贾夫人亲为猒胜，胞络乃得下。又三年，夷仲、贾夫人相次卒。家益衰，兄弟析，耕不数斛，父母迫以嫁。不许，曰："吾必自断其发。"然后止。凡棐幼长师友笔砚，觅举近远，虽费而给，未尝告假。人见谓孤苦有立志，交重棐，既乃知为唐氏力也。

又三十年，棐上舍及第，佐郡府，登朝出守，迎太孺人与俱，无纤粟改常度。每戒棐，禄料未易消，当谨身报国而已。又二十年，嘉定七年四月己未，殁于衢州郡舍，年七十八。七月癸酉，葬临海云溪山。又三年，棐奉使浙西，书来曰："棐也惧亲之不获于传，辜负罔极，是痛，然未知旧比应铭否？"盖古今所称，以有容无忌为贤，而美不及子。以子贵成，亲为荣，而义不在母。若夫擅宠而虐偏嬖，而骄沦覆于家，近为殷鉴，皆是也。太儒人始也劳而后食尔。暨失主单特，空手鞠孩孺，心教意饬，隐然律程，日就岁成，使夷仲之世再显，殆天启其节，以庥王氏。欤！乌用旧比也。

铭曰：江包众流，前派后别。有洌氿泉，佐江之竭。行为巨川，止为重陂。唯心之亨，是以永垂。

嘉定十年十月日。

注：①唐氏（1137？—1214），宁海人，王夷仲之妻，王棐之母。墓及志石情况不明，此据叶适《水心集》录文，编者点校。

夫人王氏[1]墓志铭

夫人临海王氏，嫁为朝奉郎、知池州赵善临妻。嘉泰四年六月二十二日卒，九月壬午，合葬余杭县景信里东。子五人，曰：汝谈、汝譡、汝訥、汝諿、汝詥，汝诂继善胜后。女四，婿曰奉议郎、龙游知县潘自牧；进士黄镇；承务郎、监隆兴府苗米仓吴弥昭；奉议郎、太社令王梦龙。孙：崇豫，成忠郎、监衢州比较务；崇陶，将仕郎；崇龚。

初，大宗正崇国公不恴，与校书郎王衜名义，相友善如兄弟，二家求永好，故夫人归池州。祖姑曹性刚严，姑郑奉事，庄栗不敢惰，夫人助郑旦暮上食饮，扶侍左右，终曹之世。崇公仕湖湘、夔蜀，川舟陆馆，淹泊累载。欲常候母动息，妇姑同一室处，嬉遨谐剧，不用常礼，其和乐又如此。而池州昼夜父侧，参论议、治文书，房舍稀闻履声，各以孝敬分职，非世俗间子妇比也。

崇公既主留务，任公族大长，赐宅供帐。池州倅輂毂下，用行能荐登朝廷门户，益伸气而节以恭俭，约以诗礼，宾师必于名士，诸子恂恂退守，诸孙惟笔砚得亲近，绝不知京洛可喜玩事。而汝谈、汝譡有异材，文藻蔚发，韩篇杜笔，高出于时，朝士咸仰重，不独夫人之产多贤良，亦其家法素修，故致此尔。赵丞相欲骤进汝谈、汝譡，风厉宗室，然崇公及曹郑夫人相次薨，池州毁不胜丧，亦早殁。韩侂胄谗逐赵丞相二子，并坐斥矣。

当是时，夫人去之余杭山中，居无庐，食无田，芟锄荒榛，经始耕稼，迎妇送女，细碎罄竭，辛苦淡薄十余年。侂胄败死，汝谈为馆职，出湖北常平，知温州。汝譡寺丞使数路。汝訥、汝諿改官知连江、泰宁县。祥委顺合如崇公在时。人固以不及夫人之养为诸子恨，而尤以不预诸子之荣为夫人惜也。盖夫人则象崇公，规矩曹郑，位夫妇男女之正而安行乎家道之常。虽丰悴不齐而中微，后显夫理必复如，霜露零落，而春阳之生发已具矣。贤者虑百世，身之预不预，何讣欣戚哉。夫人每记宣政宴安，靖康祸乱，时时为子妇道说，常曰："始吾为妇，衣食外不用钱，一室环丈许不觉隘。今汝辈不足耶。"

铭曰：父实南士，家垂范模。爰从罗甥，教始诗书。冢于赵宗，人无间言。女淑在闺，男秀盈门。云雷方屯，失匕致难。有物有常，星斗其烂。弥高极深，一缓万寻。益培后昆，尚单厥心。

注：①王氏（？—1204），王衜之女，赵善临之妻。生平不详。其家翁崇国公赵不忧（原字为恴，是忧字变体），原文作"恴"，应是誊抄之误。赵不忧为嗣濮王赵宗晖曾孙，与赵善临之女赵汝议墓志铭中所载信息相呼应。王氏墓在余杭县，与赵善临合葬，情况不明，此据叶适《水心集》录文，编者点校。

赵孺人①墓志铭

嘉定十四年九月丙午，王梦龙葬其妻于临海县重晖乡石门真如山。使来告曰："妇贵夫所倚也，夫富妇所安也，此固世俗与宗室为婚者之常也。赵氏家及中外，昔王公将相贵盛矣。然我士人义不倚为重，而又贫不能使之安。方总髻已出，远京师且千里。其室处，市僦而僧假；其衣食，斗储而尺聚。我试迭胜负，无虑数十，每时暌岁隔，彼儿字女育，突然成长。我未有及知者，然此亦士人妻之常也。赵氏忘其为贵宗室女，乐其为士人妻。见桑而求蚕，行田而学稼；巷婆里嫂，偶坐无怍色；疏翁族姆，却立无惰容。葵糈匏菹，枯羸仅足。而名人胜士邂逅集，语辄重觞累俎，殷勤劝劳，客惊喜留连不忍去也。其规虑深密，以力自致，必将成我为士人家，而今已矣。”余观近世，惟西桥宗室女有贤行，择对多士人、儒先生子弟，有挈之太学者。能敬夫，何止如宾。诸生皆自以其家不及也，麟趾信厚公子也，未见公女也。

君名汝议，字履巽，繇父池州，而上为濮国。嫁王氏，卒年三十九。于是梦龙自太常簿通判婺州。二子：毅、洪。三女，长婿监严州比较务赵崇陶。君母王氏，校书郎衜女，寺簿姑也。校书有两姓诗礼之泽，故其甥皆以文字擅名于世。寺簿幼而英发，池州独奇爱，谓似六哥，故以君归之，卒用克苦，立王氏家。余尝谓，智能兼南北之俗者，必大其门，盖收敛损约根本也，疏达朗畅枝叶也，合而成德，家道具焉。

铭曰：需险当前，震笑居后。载烝载释，靡登靡豆。曰夫奚悲，噫艰尔思。曰子奚肯，噫教之永。

嘉定十五年六月日。

注：①赵汝议，字履巽，生卒年及生平不详，宋太宗八世孙，赵善临第四女，王衜仲外甥女。其夫王梦龙，官至兵部侍郎，死后追封会稽开国伯，葬于嵊州甘霖镇石道地村王坟山。嵊州市文保中心藏有“会稽开国”和“会稽开国王府之记”两方铜印，即出土于王坟山，疑为王梦龙所有。其母家情况见赵善临妻王氏墓志铭。墓及志石情况不明，此据叶适《水心集》录文，编者点校。

太府卿王公①墓志铭

公讳卿月，字清叔，世居开封府祥符县，曾祖坏，左朝奉郎、大理评事；祖阜，和安郎；父思正，翰林医痊，累赠朝议大夫。朝议辟地，转徙寓居台州，今为台人。

公生于赣上，嫡母太恭人商氏，梦月坠于前，以裾承之，仅得其半。是夜，陆宜人实生公，故以名命焉。公颖悟不凡，未冠而失怙恃，固穷自守，必欲以学奋身。隆兴改元，试入右庠，乾道二年中其科，授承节郎、德安府复州汉阳军都巡检，非其志也。益进于学，五年遂登进士第。调温州乐清尉。到官，值海寇充斥，制司督捕甚急，诸将皇遽，公处之自若，密使人扼其境路，所出相继就擒，以授诸将，不自以为功。尔后获盗不一，公谓此曹虽有凶暴，实以失业至此，多为宽其狱。识者知其为伟器，宪使程公大昌奇其才，荐于朝。乾道七年十一月，召对称旨，改承奉郎，守宗政寺主簿。九年三月，迁太府丞。六月，为秘书郎，兼吴王、益王府教授。淳熙元年七月，除起居舍人。十一月，除起居郎，阅日兼权中书舍人。二年，兼直学士院公，起尉曹。不四年，擢用为文字官。制词温厚，真若素宦，尝草胡公铨词云："吾宁身蹈东海，独仲连不欲帝秦，至今名重泰山，微相如何以强赵？"人多称之。论事尤不避权贵，是岁为殿试编排官，宣召之日，缴奏池州守臣忤时宰之意，因以帅才荐之。五月，除直秘阁，知庐州。时方年三十八。在庐仅七旬，而陆宜人年高婴疾，请祠而归。日侍医药，衣不解带。五年春，除荆湖南路计度转运副使。八月，丁内艰。哀毁尽礼。甫终丧，起知静江府，当李接陆梁之后，专务摩抚。八年秋，阅先期有告效用，将杀将官以叛公，廷诘而叱之，曰："前帅平贼，功赏有不明，何预我事，我待此曹如子弟，汝乃诬之耶！"械以属吏，且曰："事毕当行军法。"监司遣僚佐来，欲用他日。公不为动，阴部勒以制其变，仍携家，纵观以安众心。效用谋既泄，而形格比讫，事无敢哗者，归即取告者，谓当反坐，汗喘不能言。公曰："妄人无知，不足以膏吾斧钺。"叱遣之。效用又率其众诉曰："前日诬枉已蒙辨明，而市井讹言不已，愿纳军器于库，以释疑谤。"公善谕之，罗拜而退。为出钱五十万于市，许告捕讹言者，翕然而定。其处事类此。时臣僚有谓，广西盐法不便于民，欲罢官鬻，而行钞法。诏监司、帅臣条具可否。公力言钞法之害五千余言，虽一时不能回。卒如公所料。十年七月，移帅襄阳，观览形势，极论事宜，致于元枢周公大要，谓襄阳重地，当屯三万人，乞移荆南之屯并归襄阳。仍以鄂兵万人隶荆南，分荆、鄂为二军，以襄阳为都统，荆南为副。未几，寿皇令条列边防利害。公径以此书缴进。才一年，均州报金人侵地数里。削木大书曰："移封疆过此。"均人汹汹，谓必开边衅。公知其妄，奋笔为檄，告谕边民安业。西府驰问所以，公以家族保，无他。每岁，敌骑多逼近境，公与兵帅先期围猎于郊，视旧加远，敌骑遂不至。又尝虚传有警，为之出游岘首，抵暮而归，终以无事。赴镇之初，遭岁洊饥，竭力赈济，奏陈至于五六田里，得免流徙。十一年，言者乃谓公恬不讲荒政，十二月罢归。十二年，再主管建宁府武夷山冲佑观。十五年冬，除利州路提刑。既奏事，进直显谟阁，改帅泸州。叙人与石门蛮，互市纷争，蛮被杀伤者三。公谓蜂虿有毒，不可不备，奏易守臣练兵习武。时忘战日久，士卒骄惰，分习劲弓强弩，躬自教督，军声大振。其后，石门蛮王特错果贻书邛部川，都蛮王墨崖欲借兵以侵边，又集蛮众二十部，兵事势甚急。公虽已素备，不忍戕民，于兵令蕃汉耆长王文通父子谕以祸福。蛮人坚欲得前，叙守而甘心焉。相持数月，公谍知蛮中有郭万肆者，最号桀黠，为之主谋，致此边患。以厚赏生致之。或请诛以示众，公曰："此易尔，恐复因此生事。"奏请縻以重役，迄今役于神泉监。蛮既失心腹之人，始以印状设誓，待命下吏，边徼以宁。绍熙元年，进龙图阁再任，明年召还。三年正月，始至行在所，除宗正少卿，寻兼中书门下检正诸房公事。六月，假吏部尚书，为金国生辰使。未行，除太府卿。已而疡发于背，或劝其辞行。公曰："君命不可辞也。"七月壬午，行次扬州，卒于舟中。享年五十有五。积官至朝请大夫。

娶赵氏，先公十年卒，赠宜人。子三人：好谦，迪功郎、绍兴府诸暨县尉；好问、好生，并将仕郎。女二人，在室。孙男昙将，受遗泽；孙女二人，尚幼。

诸孤以十月己酉，葬公于临海县之牛极山，合赵氏之墓。公性警敏，记诵绝人。先以武举进，既精习兵书武事，又登儒科，词章赡蔚，随事立就，议论通畅，洒洒可听。古事今事，问无不知。旁通释老之书，百家之学，游艺多能，为士林第一。医卜星历，动皆精诣。琴奕雅郑，入手辄工。仪表瑰伟，神情洒落。唱第之日，寿皇属目。良久简记，盖有自矣。从游玉津，一发中的，亟被金带之赐。在泸南教，士卒众列两旁，百矢出帐中猬，集帖上无不骇服。至于考辨鼎彝古物，游戏翰墨丹青，一一造妙。其他世故，叩之无穷。而又贯穿文法，练习吏事，恩威兼举，所在办治，心计有余，秋豪可察。而持心忠恕，事率从厚，僚吏有请，度其可用，虽忤公意，幡然从之。故人乐自尽，公亦不劳，而事集疏财容物，尤所难及。历官虽久，用度之余，随以散施亲旧，无所计惜。月给岁赋，旁及邻里之鳏寡孤独者。身后才有田六十余亩，书画图籍之外，储蓄无几。暂摄检正于谳议之际，务从宽典。亦有讥其过甚者，公不恤也。居乡恭谨无贵贱，与之均礼。闭门省事而不绝物，不以一毫之私干州县，乡人以此益加敬爱。筑圃北山之麓，取孔德璋《移文》中语，列为扁榜。泊然若与世相忘者，徜徉尽日，望之者以为仙。平日有志事功，留意世务，拥麾几遍东南，所至观山川、问风俗，历历胸次，独恨未识中原。张旜有行，欲周览洪河大山，以赞国家规恢之略，而赍志以殁。荐绅痛惜之，诸孤汇其遗稿，仅得三十卷，藏于家。

钥客授东嘉，始以同寅，相与特厚，赘倅丹丘，周旋二年，见辄倾倒。尝与之论兵，公曰："兵不易言也。"指授大略，则又曰："谨之戒之，惟忍于杀人者可以言，吾侪皆不忍也。"每叹服之。公自蜀归，一见即自言："此行他无所得。"尝从康节先生孙曾传，《易》数甚详，以兼官玉牒，时时相过，论人穷达寿夭奇验甚。众许以传授久而弗得。语其家人曰："今年我当厄会，万里之行，其能免乎？"一日，取其书细，焚之而去。未几，遂下世，岂偶然也哉！好谦兄弟来求铭，余亦痛公之不得行其志也，遂为之铭。铭曰：

穆穆王公，世家开封。寓居赤城，乃亢其宗。始以武进，旋以文显。一尉讨贼，赏谢彝典。召对明光，结知至尊。不四三年，西掖北门。于庐于桂，于襄于泸。所至称最，复归中都。司宗司府，拭圭北行。望舒感梦，卒止于卿。人皆期公，出入将相。赍志以殁，天乎不谅。六尺之躯，才兼百人。死而可赎，人百其身。我志且铭，辞无溢美。以诏后人，以慰孙子。

注：①王卿月（1138—1192），字清叔，号星斋，又号星庵，世居开封，曾祖徙居临海，遂为临海人。乾道二年先中武进士，乾道五年再中文进士。历官至太府卿，世称王经略。王卿月文武双全，涉猎百家，是一位全才，也是台州历史上唯一一位文武双科进士。王卿月墓在今临海市江南街道章家溪牛极山，王氏后人祭扫有序，至今未竭。志石未见于世，此据楼钥《攻愧集》录文，编者点校。

宣教郎夏公[1]墓志铭

夏庭简，字迪卿。曾祖咸，祖克修，父思恭。世家台州黄岩。庆元五年，登进士第。

黄岩，浙河东大邑，赋当其州大半，鱼稻之饶被邻境，喜让善施，温克多异材。然自隋唐设进士诸科，而其地寂寥湮没，无以名称者。宋兴且百年，始一见；又百年，始再见。又或始二人，或越数举积，而至于君，然后始赢十人。呜呼！何其少而难也。昔王元之、苏子由，皆病进士取人猥多，得者滥易，无益治道。余初以为笃论，然以黄岩观之，广地且百里，众民过万室，累数百余岁矣，苟有以取之，其得宜不止此。然则果欲为治，岂轻绝其人，使不得仕耶！古人各治其国，士必先自足于私朝，而后及上，势不得多且易也。今尽取于上，复分以莅，其下虽多犹少，虽易犹难尔。且隋唐贵进士号，异科尤异者，山人制策，势亦不得多且易也。今无以差等，一命为进士，审如二公意，必于取士之法大有所改。故余因黄岩进士之少，夏君获预十人之难，疑其论犹未笃也。

君初补定海尉，连遭二丧，授长溪簿。益读书，明习今古，亲仁敬士。林叔和、赵几道皆爱之。往来长溪，必过余，退然下席，随所遇，若素稔，语不妄发，问则博辨，余亦爱之。既而闻其在闽，思不出位，而以事至者，常立决是非，少所徇。诸司及士民亦爱之。调临安府都盐仓。未久，嘉定十一年某月某日，无疾卒，年四十六。八月丙申，葬灵云南麓。娶柯氏。子二人，曰绍堂、绍基。三女子。

余固悲君成于艰地而列于稀，称若将有以遇之也，不幸死则无传。

铭曰：文无害，行有耻。载六百，赢十士。慨不逢，表幽里。

嘉定十二年六月日。

注：①夏庭简（1173—1218），字迪卿，黄岩人。庆元五年进士，曾任定海县尉、长溪主簿、监临安府盐仓等职。求学于叶适。《全宋诗》收录有《夏肯父为先都仓求水心墓志未得归，社中诸友皆赋诗送其行》一诗，夏肯父即夏绍堂。墓及志石情况不明，此据叶适《水心集》

录文，编者点校。

竹洲戴君[1]墓志铭

君戴姓，名龟朋，字叔宪，台州黄岩人。祖舜钦，宣和中进士，上书危言，天子不怒，赐同出身，南康军司户。父秉中，亦有材气，补进义校尉，不仕。尝自赞其像，为时所称。

君生六十二，开禧三年五月某日卒。娶蔡氏。子，曰枞，曰周孙，皆先师，以从弟温之子大本为子；一女，嫁林珍。嘉定十三年二月某日，葬太平乡黄仙山。蔡氏侄滂请余铭，滂父镐，余友也，不得辞。

滂言戴居南塘，山易材、海易渔、田易稼，聚族数十，富乐累世，自君父祖皆知名，而君及从师秉器，尤为邑里所敬，有巨人长者之德。族人新为宅者，将立门以出，秉器故有大圃，正直门处，族人不敢谋。秉器知之，中夜毁圃，夷其地，旦而门立，则坦然无有。族人殊不自意，秉器亦不复言。盖其平生行事如此甚众。

君少苦学，取友必胜己，文记诗歌，务为奇卓清简，无俗间，鄙腐意，性介特，未尝辄以私谒人，而人急难若己痛疾，救之不暇喘，就宿者与庐，露殡者与山，然力不逮秉器，故所施亦狭，而心无不至也。殁既久，怀其恩者语则涕下不自禁。余既闻二戴事，而思天下之广，人类至多，其为善宜不绝，可传而不得传者不为少也。然则君之得传，岂偶然哉。

铭曰：象物之洁，以竹自环。洲萦渚穿，万其琅玕。昔王逸少，寄于兰亭。修竹茂林，千载犹青。竹洲在亡，视其子孙。竹耶，铭孰诏以存。

注：①戴龟朋（1146—1207），字叔宪，号竹洲，黄岩人。生平事迹不详，与族兄弟、南宋江湖诗派领袖戴复古有诗词唱和。墓及志石情况不明，此据叶适《水心集》录文，编者点校。

国子监主簿周公[1]墓志铭

临海周子及，名洎。曾祖元，恭城县丞。祖公举。父国宾。

子及少以文自名，第乾道丙戌进士，授新昌县尉，辟淮西总领所酒官。淳熙戊戌，中博学宏词，差江东宪司干官，除太学正。初，王抃起吏胥，预密议，嗜利者因缘请祝，希荐进，声连势合，附和倾朝廷，所主用其人已败，犹莫敢诘。子及见上，具论其奸，累数千万言，曰："中书舍人为抃子行词，职尔。犹借王命纳谄于抃，使天下传笑而不知愧，则其它公卿可以类推。升下欲开言路，进人材，修政事，今小人在侧，回护蔽隔，虽不拒谏，而常玩谏，愿明示斥去。且陛下盛德，岂以斯人负谤。"上问小人谁也，既知为抃则大寤，曰："朕始于卿闻此。"时贺会庆节，故事北使在，不下除目。忽中批，王抃在外宫观。群臣惊愕。子及指攻抃最急，因纵放他事，不以纪序，亦累数千言，曰："余宗子恩科，数虽裁损，此何足以救官冗耶！宜自禁掖始，次宰执侍从可也。军士食钱，主兵官销刻几尽矣。饿而思乱，得无以唐奉天事为戒。内藏诸库，储积丰衍，今流离满道，若量出赈救，此亦民财也。近奏对尤谬妄者，至令宰执、台谏子弟食祠庙禄而理考任，陛下亦遽从之，彼粱肉稚儿，岂过为地哉！本置要官，事有当否，使之豫言，人有邪正，使之先辨，所以防未形之患，戢将肆之奸也。如害已流溢而后言从之，则何及矣！陛下幸择其人，谕以严诏，自今施设未当，任用非人，皆须先事而陈，无或有讳。至于附下罔上，缄默不言，后已着明，必罚毋赦。"盖亦为抃也。语既出，闻者皆震恐失色，大臣贵近恶侵己太甚，侧目视之。子及不自安，求外补，俄以忧去。除国子监主簿。于是北再通和二十年矣。

一日复还辽左，聘使不至，中外罔测，徒窃议而未有言者。子及建言："近日中黑气阳明眊昏，当春祁寒，雰雪弥月，天象示戒甚矣。陛下宜修德警备。"因列八事，曰：选将帅、择军士、遣间谍、议城守、备战舰、储粮食、节财用、委谋臣。复累数千言，纤悉指画，如目见，无遗。上骇异，事事折难，且曰："朕密设备豫，卿岂知之。"子及对曰："设之秘密，臣不敢知。备之有无，众所见也。今陛下谓已有备，小臣以为未有。二者之间，愿陛下留意。"上叹曰："朕比见卿，更过曩日。”明日，谕枢密使：“周某知边事甚详，今士大夫不如也。”寻召试馆职，既择日，暴得疾不起，淳熙十二年五月二十九日也。

三子：朴、枱、棫，奉其丧葬于云溪。夫人王氏，经史通习，能文工诗，敬子及之孝友，奉命惟恐不至，故其父母兄弟无间言。先子及卒，母夫人痛惜曰：“吾妇贤，谁当继者？惟其兄弟为可，且临川名家也。”故复室王氏。女二人：适朱渭老、赵师繇，皆太学进士。朴后名成子，以上舍奏名，教授澧州学。按五日一轮对，本朝盛典也。监、主簿、学正，皆末僚，亦同五品，以上奏事，所以广延英豪，通下情也。

士或不脱草野，避忌疏略，此浅陋之罪也。至子及不然，宏词人世，号选定两制。其初为职事官，养岁月、熟仪度而已。议论激取，决于一对，非其责也。然子及不顾祸福，不计合否，辄透尽底里，疾如涌泉，骤如发机，岂冒妄抵突至此哉！盖忠义忧国之所积尔。余常怪马周徒步开说，是时唐业已定，欲增广大安，无幸九成，不封功臣，及省营造，教诸王，择守令，下至冬冬鼓代传呼，皆常行见事，非老谋沉策也。然太宗托寄心腹，遂与房、杜、王、魏等，独未见子及之言耶？其惊世绝俗，何止一马周也。方王抃势重，而丞相、御史相与依凭，不谓太学正力能去之，然则孝宗之圣过太宗远矣。余固哀子及前遭父忧，后死，旬朔间不得究马周万一之用也，岂不为异代君臣之遇合者重惜哉！子及又有《论地震疏》万余言，属病革不果上，观其直遂历诋，矢词四达，视岑文本所谓“切理会文，不可增减，听之靡靡忘倦”，盖其细者。余既序见其大概，且俾成子别为书以行于世，庶有志者得详焉。

铭曰：斫钣惟工，告钣惟蓍。命不永延，若先有知。甫见天子，倾倒出之。去一凶人，行父庶几。锵其谏书，鸣后是贻。

注：①周洎（？—1185），字子及，临海人。乾道二年进士，淳熙五年复中博学宏词科。曾任太学正、国子监主簿等职。建言献策颇多，涉及礼制、吏治、军事、经济、科技等多个领域，事事切中时弊，受到孝宗器重，后得暴疾卒。墓及志石情况不明，此据《水心集》录文，编者点校。

徐季节[1]先生墓志铭[2]

淳熙七年春正月，黄岩支汝续踵门，拜且泣曰："吾邦不幸，去冬十有一月六日，乡先生徐公弃世，晚学后进无所依归，诸孤将以二月十六日葬诸临海明化乡梅溪之原。会稽孙君应时季和尉黄岩，辱状其行，而幽堂之铭，愿窃有请。"

予尝与先生同场屋，识先生，望之俨然，若不可亲，即之温然，若不可舍，逮今三十七年矣。虽闻先生学日进，德日崇，而踪迹飘泊，不克承教。季和予友也，每趋郡辄为予言与先生游处状。予方将拿舟造焉，而先生亡矣。兹铭也，何敢辞！然自揆不肖，言不足以传后，彰之者晦之，重为先生累，则又不敢当。既而季和数见征，于是叙而铭之。

谨按：先生讳庭筠，字季节。曾祖议，祖爽，世居临海。父中行，笃学躬行，教授乡里，与提刑罗公适厚善。崇宁中郡举八行，不就，始徙黄岩。先生幼有高识，十四入郡庠，淳固修整，辈行敬畏，事父兄孝友天至，居丧毁甚，既免丧，犹自伤不忍娶者十余年，朋友强，四十乃娶。绍兴丁巳，预计偕后再赴举，时秦丞相颛国，有司争献谀，策问《中兴歌颂》，先生慨然条其天下大势未足以为"中兴"者五。识者韪之，然自是试辄不利，终不变所守以求合。郡延充学正，以礼法率诸生。邑大夫故提举王公然、故待制陈公橐尤爱重之，政事多所咨决。尉今龙图郑公伯熊生日，有献歌诗者，先生作《上寿论》贻之。公得论喜，尽却贺者，其罢也。求言于先生，先生曰："富贵易得，名节难保。"公敬受焉。

今上嗣位之初，诏四方上封事。先生述数千言将上之，已乃不果，即削稿不以示人。寻有旨加恩举人五到省，年及者与岳祠，先生适应格，所亲皆劝之，先生曰："吾尝草封事，其间言岳庙冗录无用，虽不达，可躬蹈之耶？"因亦不就廷试。深衣幅巾，放迹田里，不复至城府。郡侯尤公袤闻其名，特遣书致慕用意。先生年益高，齿发不衰。一日忽命驾历访旧游，徜徉几月，归感微疾，革，敕诸子送死一用司马公仪。诸子泣进药，即自力起坐，神气莹彻，目光炯然，手纳药未竟，曰："吾往矣。"瞑目而逝，享年八十有五。先生娶陈氏，子男四：弗如、弗为、弗君、弗思，弗思蚤卒。女三：适章化鹏、牟述、牟如璋。孙男女十有一。

先生天资刚正质实，不事缘饰，服食器用，专取朴素，事无细大，必诚必敬，卧必登床而后脱巾，旦则巾而后起，终日危坐不欹侧。口无戏言，不祠神佛，独严其先，祭以分至。祭之日，虽疾必扶以拜，不焚纸币，不事阴阳吉凶之说。师慕洛学，读书不治章句，务行诸身，手疏圣贤格言揭之壁，朝夕对以自警。接人和易，无贵贱之间，不轻臧否人物，与人言，依于仁义忠信，朋友有过，面责不少假借，小夫贱一善可取，称叹不容口。家甚贫，授徒为生，所入仅疗饥寒，余悉以济人之急。其于族姻尤厚，嫁兄之女及友婿之女凡六人。天寒遇人于道，意有所悯恻，辄解衣遗之，不问姓名。僦居六十年，泰然不以为忧。邑长有好事者援“洛人献地于邵康节先生”之说，欲率钱为买田庐，又录没官田宅之善者以归之，先生皆笑不愿。晚岁诸子始葺居同屿，屋才数间，而先生以为过其欲，名其房“佚我”。尝曰：“君子为善，欲无愧于心而已，非求人知也。”故平生潜德，绝口不自道，其容貌辞气，无一毫矜见于外，粥粥若无能者。临终谓诸子曰：“吾少也宁无过，晚而自觉其庶矣乎。吾惟以不欺心一语，佩之终身，汝宜念之。”季和状先生之行如此，惟先生穷居海峤，非有师承之自，薰陶渐染之助，而德性精明，学术淳正，施诸言动，举合节度，其亦可谓特立独行之君子者矣。

铭曰：天之生民，厥有常性。物欲蔽固，以失其正。先生之学，诚敬是先。视彼窗壁，无非格言。处己接人，有权有度。我躬则否，我心则豫。既寿且康，声问日隆。谓天难知，而报亦丰。梅溪之原，先生之竁。过者敛容，千载无替。

注：①徐庭筠（1095—1179），字季节，临海人，与父徐中行并称为“二徐先生”。宋代台州理学兴起即源于二徐，朱熹视为道学前辈，曾专到二徐墓前拜祭，亲书“有宋高士二徐先生之墓”，并有“道学传千古，东瓯说二徐”之句。二徐父子合葬墓在今临海市沿江镇下白岩村梅溪边，元代曾任翰林院编修兼国史院修撰、浙江儒学提举的杨敬德因敬仰二徐，举家迁居下白岩，世为二徐守墓。朱熹题碑在明代倭患中遭毁，墓亦荒废。至清乾隆年间，杨敬德十六世孙杨雅重修墓地，时任浙江巡抚阮元题“宋徐贞定先生暨子温节先生之墓”。今二徐墓仍由杨氏后人打理，志石情况不明，此录自宋林表民《赤城集》，编者点校。

②文为石墪所撰。

方山隐士杜君[1]圹志[2]

君杜氏，名知仁，字仁仲，台州黄岩人也。曾祖谊，祖舜卿，皆不仕。父春，当仕不仕，名其燕游之地曰樊川，乡人谓樊翁者是也。母商氏、徐氏，君徐出也，以锡类恩封太孺人。娶阮氏，继戴氏。四子：长曰思睿，先君一年亡；次思大、思永、思兼，皆业进士。三女：嫁从事郎绍兴府石堰庆、元府鸣鹤盐场管押袋盐林仲谦、进士徐津王宾。男孙曰石孙、野孙、田孙。女孙贺。生于绍兴庚辰，卒于嘉定庚辰，其日五月癸巳也。有诗文十五卷，订《礼》、读《易》、说《诗》，多所论述，未及裒次。以是岁十二月庚申，葬于东奥之原。樊翁有二子，皆以文行名于乡，君其季也。

君少有俊才，为举子文，操笔即惊人，措词命意必异凡子，已而曰："是不足以为能"，乃刻意于诗，雕搜锻炼，不奇不已，可以肩随古人矣，则又曰："是不足以为学"，于是即六经、《语》、《孟》之言考论，一时诸老先生风旨，至武夷之书，则拱而曰："道其在是，穷理求仁，吾知所止矣。"偕其伯氏反覆论说于朋友间，一言一字必明辨乃已。至其通洽，则凡人事之当然，与阴阳造化之所以然，无不究悉。君数试于乡，比皆不中，乃大弃科举，绝意荣进。时方壮年，人惊其决，盖将以求其志也。自是刺字不出于乡闾，足迹不至于城邑，乡大夫欲识之者，有往谢，无往见，人有结驷而至，则辞以疾，望剑佩之颙卬，则趋而辟。而让道于樵，降色言于寡弱，施钧敌之礼于后生，自号曰"方山友民"，示己志也。

予与君共学友也，知予莫若君，知君莫若予。君疾且病，予亟往救，则已属纩矣。悲夫！乃书其导柩之旌曰"有宋方山隐士"，众咸曰宜。退而为之诔，曰："君学足以有为，才足以行之。致命委顺，不竞于时。无丧无得，谓之有德。匪德其德，以居其则。故曰有宋隐士，百世以无惑。"思大等泣拜曰："子既命之矣，请勒诸圹。"

注：①杜知仁（1160—1220），字仁仲，黄岩人。与兄杜烨先受学于临海石𡼖，朱熹到台州后，杜氏兄弟又拜在朱熹门下，并礼请朱熹至黄岩翠屏山讲学，后更创立朱子理学的分支，

称南湖学派，以“讲明道学”为主旨。南宋名相杜范为其同族孙辈，曾受学于杜氏兄弟。墓及志石情况不明，此据《赤城集》录文，编者点校。

②文为赵师夏所撰。

林伯和[①]墓志铭

伯和林氏，名鼒，一字符秀，台州黄岩人。曾祖寔。祖灏。父兴祥，赠宣义郎。妣戴氏，宜人。宣义少贫，业行贾。同贾分获筹钱，竟欢饮乃去。宣义徐覆之，误多若干，追还于涂。同贾殊惘然，曰：“我愧君矣。”复欢饮而别。宜人亦重义不吝，夫妇义合。邻女将字而孤，养视如己子，择对嫁之，其人父母事终身。盖宣义年八十四、宜人年八十二而卒。

伯和以进士起，主明州奉化县簿，定海县丞，知福州侯官县。通判筠州，未行。绍熙三年七月庚午卒，年四十九。在定海，郡令受租输，伯和纵民自概量。吏争曰：“数不足，当俱坐。”伯和故行之，卒无欠。在侯官，方视印，吏言无以解板帐，请逮逋户。伯和曰：“吾未晓也。”榜尽三日，约民量自欠输十之二，过是当考实均限，民争输，不失期。因尽阅邑目，得其要，戒吏旁立待命而已，无得预理欠。迄伯和去，无以逋税受笞者。石门乡田顷五十七亩，受采二斗六升。太平兴国中，民田在外乡者，输其乡，绍兴经界，曰：“此本乡税也。”繇是比他乡倍六七，民不堪重。伯和曰帅，特兑和籴折变及余科配，乡赖以苏。侯官之俗淳，伯和静抚之，民服教令，木阴满庭，终日寂寂，无复讼者，然不以声色徇上官。奉化时，有中贵人过境上，令使摄尉以杂戏迓之百里外。伯和笑曰：“吾性不好戏，且略吾地，无以迓为也。”竟不迓。定海时，富人用本路常平使籍，傲不受役。伯和役之如令，常平檄使改役。伯和曰：“私产可公檄乎？”不许。常平捕其曹吏几尽，将为名以劾，会其罢而止。侯官时，刑狱使武吏素不相得，擒县胥移问，怒拍案，声出厅屋。伯和徐答报，不能屈滋怒。一日，突入县虑囚，值其狱空而去，既复以告帅，使加罪。帅疑之，以物色访求，民誉伯和不容口，乃已。

初，余年未冠，识伯和兄弟，勇不自抑，数为言："古人之道，或显或晦；当世之学，有是有非。"伯和喜游，日以亲。因又识宣义，质实老人，厚而不逾，披心语口，可背面察也。宜人尤淑善，听夫子所为，家事贫而理，宾友往来，门内和乐。余每叹其父母兄弟能如是，足尚矣。其后伯和出仕，行其所知，敢决不回，一家皆自戢，助伯和为善，声实充满，人谓伯和于官无不宜也。既而宜人卒，长子仲履夭。伯和与宣义仍相继卒，棺椁复萦门户。更仆起垂二十年，次子仲谦始用伯和遗恩，补迪功郎、授隆兴府司户。长女嫁修职郎、新添差吉州司户赵崇贤；次许嫁通仕郎木浩；次未嫁；幼先死。然则以伯和之行事，观林氏之盛衰，所以蹶而复正者，其诸安命而恃义之验耶！

始伯和之夫人杜氏，以绍熙四年九月甲申，葬伯和于善化乡樟槿山，而铭未立。叔和及仲谦屡以请，余病且老，念昔语伯和，今退堕几何矣。而仲谦文词奔放横逸，学进而未已，其还以余之语伯和者教戒余也。顾余老可舍也已。呜呼！可以悼余之衰，而伯和不死矣。故并叙而铭。铭曰：

既为鼎，没何所？濯缨之歌，悲复苦。不为栋，摧焉之。伐木之音，哀以思。

注：①林鼐（1144—1192），字伯和，一字元秀，黄岩人。乾道八年进士，曾任奉化县簿、定海县丞、侯官知县等职。为官廉政爱民，正直不阿。与弟林鼒同为朱熹门人。黄岩城内旧有景贤坊，即为纪念林氏兄弟。墓及志石情况不明，此据叶适《水心集》录文，编者点校。

草庐先生①墓志铭

草庐先生姓林氏，名鼒，字叔和，黄岩县人。事父母兄无违志，朋友不倍其言，妻子裕如也，邻里欢如也。其行既修矣，少而广问博请，长而探幽索微，老而愈勤，穷而益信。其学既明矣，面于方山，木或春雕，草或冬蕃，井不先汲，炊不蚤熟，踽行株坐，自若也。邑后生聚而谋曰："得无从草庐游乎？先生得无思见我乎？"邑大夫作而顾曰："某狱疑，先生决之乎？某政谬，草庐知之乎？"

年七十一，一日笔数牍缄题，竟就床，将寐者视之，已卒。其为士者无不吊而哀，如不欲生也。卒之十月丙戌，明年嘉定十年正月丁酉，葬于樟槿山。其为士无不送而号，如不欲归也。或肖其像，恍乎草庐之容也；或玩其书，泠乎先生之音也。

呜呼！世谓文华之俗薄，虽躬行朴厚不能化，曷不视此乎？自孟子为“论世尚友”之说，始轻视一乡之善。盖天下所同善者犹未足也，况一乡哉！按《周官》，乡即国也。黄岩，古伯男国也。二乡公也，公旦、君奭预焉；一乡卿也，闳、散、南宫适参焉。王国之善，即天下之善也。岂孟子未见《周礼》，而以战国近事言之乎？然则一乡之所谓君子者，固无往而不为君子矣。夫疑天下之善不足于一乡，而又以一乡之善不足于天下者，惑也。

先生之子季复、幼常，除丧，来告余，既窃有感于孟子，遂以记其墓。两夫人皆陈氏。女嫁胡惠连。铭曰：

噫昔追随五十年，近离远合交倾宣。一札不至奄重泉，矢词如忘徒泫然。

注：①林鼒（1145？—1215），字叔和，号草庐先生，黄岩人。与兄林鼐齐名，均为朱熹门生。墓及志石情况不明，此据叶适《水心集》录文，编者点校。叶适在该篇铭文中，大发宏论，表达了对孟子“论世尚友”之说的不满，这在墓志铭中较为少见，由此也足见叶适主张的事功学说的务实指善理论，是研究叶适的重要资料。

戴夫人①墓志铭

夫人戴氏，黄岩人，嫁同县丁世雄。年四十七，庆元六年二月二十五日卒，十二月二十一日葬。从其夫子木，某官复某官。

初，少云外豪华，中易直，价倾一县。客自天台雁荡者，多归之。少云必留张饮，佩兰瀹茗，穷日夜与娱乐。夫人整坐里向，杯酒瓯羹，凡赠遗之物，亲自经手。饮散，少云鼻息鼾鼾，夫人吹灯起，捡料内外，复治具如昨日矣。如是终少云之身。

少云卒，木生十五岁。夫人趣使请余为铭，意欲永其夫之传也。木遂走他郡从硕师。而夫人方翻拆旧庐，敛工斫材。比归，则高屋长梁，瓦染皆奂然矣。又不幸死早，二子未极壮长。然家事已治，遵行之自若。

十年间，木登科，佐安抚使，幕报旗、敕牒交道，同时射策，知名士络绎踵门，为士大夫家丁材未有也。夫人及少云欢喜，于墓下曰：“得吾愿哉。”余每患世之夫妇殊性，有所经营，其夫欲广，妇必日狭；肴设于外，夫欲崇侈，妇必以俭；人有求假，夫子欲与，妇辄吝固。论已定，虑已行，妇从中沮止，十事稀八九坏矣。虽然，阳疏而阴密，一于张施而无以揪聚，则家亦或不成，未可尽非也。若夫德，与夫同，趋好不异，夫有滞意，委曲以申之，夫虽开喻，斥夫反过，洗其陋，完其鄙，袭其锲，补其薄，人以是为非，妇人之常也。然而益厚其家，非禀挚之卓，安能若夫人是也。余嘉夫人与少云志合类从，终以畀其子孙也。故复为铭。

铭曰：苦种之木阴复阴，昔读之书单厥心，其墙几仞高自今。

注：①戴夫人（1154？—1200），黄岩人。生平事迹不详，戴氏一族在黄岩为大族，其夫丁世雄，温岭人，为人极其豪侠，常仗义疏财，与朱熹、戴复古等均有交往。墓及志石情况不明，此据叶适《水心集》录文，编者点校。

大田先生①墓志铭②

王德父既没，余为叙其遗文十五卷。将葬，其子励复以铭为请。嘻！叙且铭，是欧阳氏施之圣俞、子美邻几者，余何敢僭，而于义何可辞。

余二十五六闻德父之贤耳熟，盖水心叶公之高弟、乐净五公之重客、篔窗陈公之畏友也。他日会之篔窗所，朴厚严重，色正而气和，不以余晚出辱交焉。自是岁必一再诣，诣必尽日，留听其言，出入经传百家，上下古今数千载，勘订东都、南渡诸儒。精粗异同，领挈珠贯，海涌而岳立也。间出所著，一读恍不可知，再读惊喜而犹疑，三四读乃始凝焉会、豁焉通，吻膏舌腴，沦浃肌髓，盖其思也苦，故其入愈奥；其见也独，故其出愈奇。嘻！是真水心所谓苏明允之流也。

是时德父有重腿疾，一室黯黮才丈余，家具左右逼塞，若闷闷不能出气，而德父终岁处之安然，余亦尽日对之欣然也。值其疾少间，侣行田间，倚枯藜、傍流水，且笑且歌，鸡犬桑麻，俱有自得意。第舍傍耕翁樵叟，举手问学正安往，亦若喜动颜色者，德父好语劳之，恩意敌朋侪，而独以见达官为耻，以对俗子为无味，以入城市为不得已，以非义之获为泥为滓。自试礼部归，即谢举门不入。郡博士倚以纠郡庠，故里人称学正，而亦弃不就。太守、县大夫愿见之不可得，远近宿儒新俊闻风慕重，不但称学正，以其居大田，又称之曰“大田王先生”云。嘻！何必苏明允、庞德公之流耶？然德父虽闭关，每恻然有忧当世意，而慨然谈当世事。真公之在建安，借余寄声德父，德父因贻书勉以救时宜学孔子，不止学孟子。李公既相，素厚德父者也。德父疾已侵，稿数千言规正之，及公不及私。何必庞德公、鲁仲连之流耶，余不足以知之矣。

德父名象祖，家世著临海。祖冲，文学行义有名，孝宗朝为校书郎。父应之，豪迈博习，遍交乾、淳诸老，赠承议郎。妻陈氏。男勉、励、勤。女长适李宗；次先卒。孙男五。殁于嘉熙三年四月晦，年七十六，葬于淳祐元年某月某日，墓在重晖乡三坑山。

铭曰：夜光出屋，天不我匮。连城几何，人不我玉。虽不我玉，不献不哭。亦不刖我足，全而归之贲林谷。

注：①王象祖（1164？—1239），字德父，又作德甫，号大田，临海人。与陈耆卿交厚，一同受学于叶适。学问出众，受南宋名臣真德秀器重。有《大田集》，后佚。墓及志石情况不明，此据《赤城集》录文，编者点校。

②文为吴子良所撰。

竹邨居士林君[1]墓碑[2]

君名师蒧，字咏道，其先曲阜人，五世祖广之，卒天台县税官，依郡城以处。彬，曾祖也。沿江制司差使巘，祖也。修职郎信，父也。

君孝友孚达，广学而苦成，少所从多有道师儒，壮所交多有道未遇卿相，跨郡所接识多海内名胜。居家所振赡，多境外旅穷，好客如馋，耽士如醉，而尤嗜书传，抉奇剮，近购远求，家已卷数千，犹典衣抄传恐晚，丹铅勘点，蝇头蛰然。至遇古帖秘文，断刻坠简，不啻虞箫振耳，商彝夺目，积之久亦余千卷焉。篆隶尤留心，以张谦中、虞仲房为法。虞号君嫡，授简俾代己书，每扁榜荧荧，必君也。夫士剽盗渔猎，以聚书为赘疣，弗之好矣。或心好而力不能聚，诿曰穷，至字书不待达以工，而听其委落，曰浅事。浅事拙何病，然则邺侯永逝，而阳冰辈真不起矣。如君聚人所难聚，而工人所不工，非爱古博雅能然哉？金夫人行实媲君，空嫁奁助之，奉亲余则以觞客。姑久疾，舅几丧明，亲煮药，臑食以供，不解衣三载。舅姑曰："活我无以报，愿汝生好儿，长寿尔。"表民自幼即乡学，受父母督，程其爱古博雅，信好儿，而所储书益富，独赀用窘。书又以水多散亡，并失富，寥寥也故。

君死以甲戌七月十八日，金夫人死以戊子二月十七日，至乙未腊月八日始克合于浮冈祖垅之侧，盖君七十五，金又加五焉，其长寿，信夫！孙曰锡畴。

铭曰：吾观近世藏书之家，多毁于火，而君复圮于水也。或曰至宝难久聚，有是哉！虽然，其外可圮也，其中不可滓也。

注：①林师蒧（1140—1214），字咏道，号竹村居士，临海人。博学好古，喜古帖秘文，断碑残简，家藏颇多。与名流如王厚之、桑世昌等交厚。曾汇编唐代以前台州题咏，称《天台前集》，今不存。其子林表民，辑有《赤城集》，此即据《赤城集》录文，编者点校。

②文为陈耆卿所撰。

四朝布衣竹邨林君[①]墓表[②]

筼窗先生既铭咏道林君，子表民复请余表其墓。余谢曰："铭具矣，不灭矣，虽表奚加焉。"表民请弗置，曰："所以传载吾父，岂嫌乎多。"余无以答，则为摘其可表者三：

君生事薄，莱田不足支丰岁，然酷嗜书，质衣货家具，购书至几千卷，名帖亦数千卷，每一卷入手，喜津津校雠考订，忘日夜，可谓贫而富于书。君卧穷巷，声援绝，然师友皆名辈胜流，王公卿月、虞公似良、李公庚、徐公似道、钱公象祖、谢公深甫、张公布、商公飞卿、丁公可、徐公大受、林公宪、桑公世昌，君陪从于乡邦者也；陈公傅良、楼公钥、张公孝伯、万公钟、龚公颐正、王公厚之、巩公丰、真公德秀、杨公长孺，君承接于他邦者也。可谓约而广于交。君屡试屡跌以老，然不自忧而忧人忧，龙舒吴栗、长乐王作古、栝陈百朋、会稽潘方，谪台州，君馆置其家，接岁逾时，经纪之后，皆成名去。可谓困而勇于谊。然则世之非贫、非约、非困而弃书、弃交、弃谊者，曷不视君乎！是三者可表已。而又有一焉，夫身贫则子宜裕，不然书为无益矣；身约则子宜泰，不然交为无益矣；身困则子宜亨，不然谊为无益矣。君一子，表民也，其贫、其约、其困复似君，而不悔书，书益多；不悔交，交益密；不悔谊，谊益虔。然则世之能以书、以交、以谊必其身，不能以书、以交、以谊必其子者，又曷不视君乎！

君名师蒧，字咏道，临海人，自号竹邨居士。死年七十五，葬浮江，所为诗文数巨帙，藏于家。他行能若世出，若死葬月日见铭中。

注：①志主信息见前文，此亦录自《赤城集》，编者点校。

②文为吴子良所撰。

进士应雷王公[1]墓铭

公姓王氏，系出太原，却钱氏之征，自永嘉迁安州。始祖之墓碣云“后晋天福二年前进士王公之墓”。凡有九世而生刚，则公之曾祖也。祖舜愈；父士毅。世以清白相承，潜德弗耀。

公自幼颖悟过人，读书辄通大义。习举子业，下笔如源泉之发，混匕不绝。盖其蓄之深而发之溥，如是也。登宋咸淳进士第，授吏部郎中，多善政。公性刚介，有忤中贵，解组家居。平时不谄笑，望之仪容严然。左右无妾媵，不好声乐，不嗜酒，不妄与人交，躬行直道，遇事辄有机变。人之诚伪必先觉之，事之成败必预知之，有英达之才。至于存心济物，尤切匕焉如不及。每闾里岁旱，徒步祈禳，至诚感神，多能致雨。丁未岁大饥，或劝其乘时大卖田产。公曰：“乘人之危急而务富其家者，不仁之所为也。”于是尽发其家之盖藏。昼不能食，夜不能寝。家至户到，验其肥疗，察其有无。给其三日之粮为采山之资，使负薪于市售之以自给。其有甚饥不聊生者，日为糜以食之。乡里赖以全活甚众。每岁寒，闾里无食者馈之以粟，无衣者挟之以纩，产亡税在之家，代为输纳。乡邻有斗者，谕之以理，莫不悔悟改过。邑之东南有溪水浩漫，涉者病焉。公为造舟以渡之。晚年自号复斋，隐于秀溪之滨，创楼曰“环碧堂”。生有济人之德，死无自愧之心。

娶同邑李氏宋大兴宰元英之女。生男五人：铎、镕、镐、鉴、銃。长举茂材异等，累官至江浙财赋都总管府同知，未任而卒。女一：正娘，适同邑郑知监。少男讳应辰。孙男十有三人。

君年九十有四。有《拙隐集》五十卷，《训蒙录》三十卷，藏于家。以庚辰正月三日，葬于大岙西坑儒山之原。君与吾侄有婚姻之好。故其孤镐等以事状，令斌至吴中求余为铭。余乐闻吾乡党之有高贤，故为之铭，曰：

事君以忠，济人以仁。不矫匕以殊俗，不靡匕以逢人。其生也荣，其死也馨，是宜铭。

前奎章阁学士院鉴书博士文林郎柯九思撰文。

中宪大夫礼部郎中王伦书。

注：①王应雷，生卒年不详，仙居人，咸淳十年进士，曾任平湖县丞、吏部郎中等职。墓及志石情况不明，上文录自临海白水洋王氏族谱，编者点校。

敷文阁直学士陈公行状

公讳良翰，字邦彦。早孤，事母孝。游乡校，以谨厚庄重为人所称。读书务通大指，为文恢博有气。

绍兴初举进士中第，授左迪功郎，调绍兴府会稽县主簿。秩满，循从事郎、知明州慈溪县事。岁凶民饥，公谕富室发廪以粜，籍贫民授券以籴，上安下济，邑人赖之。导德门三乡之渠，溉田甚广。改宣教郎、知温州瑞安县事，转奉议郎。瑞安俗强，梗号难治。或谓公宜厉威严以弹治之，不然不济。公叹曰："县令字民之官，爱之如子，犹惧不甦，况奋其武怒以慑威之，彼亦何所恃耶！"催租不下文符，第揭逋户姓名通衢，为之期日。民乐于不扰，如期皆集。听讼多得其情，或问其术，公曰："吾何术，第公吾心，使如虚堂悬镜，而物之至者妍丑自别耳。"罹内忧去官，邑人送者皆泣涕而返。免丧，授衢州州学教授。日进诸生，教以修身厉行之意，不专器人于文字语言之间。转承议郎，用殿中侍御史吴公芾，荐为御史台检法官，擢监察御史。上即位，覃恩转朝奉郎。时金亮败盟，既毙而归，其嗣主新立，复遣使来，约以旧礼修好，而中州遗民又皆相率来归，诏问所以处之者。公上疏曰："襁负之民，皆吾赤子。去坟墓，离亲戚，捐生业，而来归我，其义不可以不纳。然若许以旧礼，而又纳其降人，则异日彼必来索。索而归之，伤向化心，纳之不便，其必定计。在我以自治为先，而和与不和，付之泛应，然后乃可纳耳。二者在陛下圣志如何，愿熟计之。"寻复有诏，问时务所宜。公复上疏："请明阶级以修军政，核兵籍以丰财用，禁折变以苏民力，省堂选以抑奔竞，内外之官皆久其任，赏罚轻重务合众心。"上嘉纳焉。

隆兴元年秋，诏以灾异求言。时上用故相张忠献公，军淮泗以规进取，而议者不一，争献防江之说。公于是上疏，极论“以为备边之要，在固藩篱、专委任而已。今欲舍淮防江，却地夺便，非计也。而朝廷过听，使督府不得专任阃外之寄，臣窃以为误矣。”上然之。除右正言，入谢首陈纳谏、修德之说，以开上意。会有飞蝗之异，公又劝上以畏天恤民为心，语益切。于是金人再移书，求复故疆，且邀岁币。朝议将许之。公入见上，极陈前日讲和之失：“使山陵隔绝，疆场无备，北方忠臣义士来归我者，反为敌用，而致怨于我，皆秦桧之罪。今不可以复蹈其失。且中原之地，皆吾祖宗二百年故土，外敌据属尔，况唐邓海泗，又金人渝盟之后，吾以兵取而得之者，安得以故疆为言，我亦何说而归之乎？”既而宰相汤思退力主和议，建遣卢仲贤、李栻持书币，赐金国大臣主兵者。公为上言：“仲贤轻儇无耻，栻自北来，其踪迹不可知，宜罢勿遣。姑报以书，徐观其变而为之所。”上乡公说，而宰相力争，竟遣二人行。公又论：“今庙堂督府，议论不同，凡边奏上闻，庙堂皆阳为唯诺，无所可否，而阴实百方沮败其计。万一爽于事机，督府安得独任其责。”上矍然称善，以公语语宰相。时杨存中为御营使，悉总殿前诸军。公言：“存中自太上皇帝时提禁旅，二十余年，权势极盛，中外忧疑。赖太上圣明威断，罢使就第。今又无故假以使名，授以兵柄，阴凝冰坚，不可以不戒。愿陛下为宗社计，亟罢存中，使以兵属三衙如故事，则天下幸甚。”疏三上，论者再，竟罢存中。会仲贤等出疆，敌迎劳如礼，朝廷上下皆喜，以谓和议决可指日而定。公独抗言，曰：“和议于金人有大利四，而在我有未可必者五。盖罢兵讲和，则彼得以中原，休养民力，威制小种，销伏群盗，此皆金之大利。而我欲与为敌国，请复山陵，又必其不求四郡，不索降人，不疑边备，此则殊未可必。愿陛下毋惑群议，先定久远之规，以应其变。”上欣然开纳。既而李栻竟不敢涉淮，公奏论夺其官。独仲贤至汴，辄许以疆土岁币。输敌而还，上大怒，下仲贤吏，欲诛之。宰相叩头恳请得免，因极言边备不足恃，和好不可不修。上不得已，复遣户部侍郎王之望、知合门事龙大渊使金。公遂与侍御史周公操请见，力言：“前遣仲贤，已辱国命。而大臣不悔前议之失，又欲肆臆决郄众谋，不谓秦桧复见于今。且彼书要我罢四郡屯兵，而以其地归之，如此是彼不折一兵而坐收数千里要害之地也。臣愚以为决不可许。若岁币则俟得陵寝而后予之，庶几犹为有名。今计议未决，而之望遽行，恐其辱不止仲贤而已。愿先驰一介，往议坚决，行未晚也。”上以公奏示宰相，宰相请召侍从台谏议之，诏可。公上议如前，一时侍从之贤者亦多附其说。上遂以胡昉、杨由义为审议官，令专议四郡事。而手诏之望、大渊使议陵寝、梓宫、降人、边备四事利害以闻。二人奏上，上烛其奸，凡语之依违转脱者，皆墨识之，以示台谏。公因复伸前论，上乃从之。时岁十二月也，除左司谏。

会长秋宫建，官其内外之属若干人。公上疏论之，且请节他冗费。始自宫掖，以奉边军。诏诸以长秋为官者，损其七人，他亦颇有所减省，如公请。既而，昉及由义与金议四郡不合，大为金所困辱而归。思退尚执前议，正言尹穑素以谄事龙大渊得进用，又本仲贤姻党，阴附思退，以撼督府。公因疏论思退奸邪误国，宜早罢黜，以靖中外。张浚精忠老谋，不宜以小人之言摇之。上曰：“思退前议诚失，然朕爱其警敏，冀可责后效。卿其置之。至魏公则今日人材物望，孰有出其右者，朕岂容有此意！正使有之，亦岂不谋卿等？此殆言路有异意者，卿为朕谕之。”公顿首谢曰：“陛下言及此，天下幸甚。然宰相之任，古难其人，正使不得全才，宁取椎顿朴实之人，缓急犹可倚赖。思退庸狡，小黠大痴，恐误陛下国计。且警敏二字，非明主所以卜相之法也。”退以上语谕同列，穑勃然变色，明日亦请对。于是以王之望为谏议大夫，罢公言职，以直敷文阁知建宁府。越两日，而有诏张公罢兵还朝。又两月，张公竟罢相印去。而和议遂定，如思退等之策矣。时隆兴二年六月也。

初公恶穑奸邪，面举韩魏公“富贵易求，名节难保”之语，以警切之。穑大愧恨，至是既得阴结近幸，以售其奸，遂连中外之力，先排公去之，然后罢督府，退张公，召还四郡戍兵，毁撤两淮守备，务以强敌势孤。上心而冀，其说之必用，不复能为宗社计也。金于是乘势大入，几不可支。上亦悔悟，而太学诸生数百人，前后伏阙再上疏，请召用公及胡铨、王十朋等，而斩思退、之望、尹穑、洪适，以谢天下，谓之四奸。思退等由是始败。然边备遂弛，不能复张，天下至今恨之。

公至建宁，一以惠爱抚其民，如为县令。时掾史以死囚狱具，至录问辄不承，请循故例，即讯而已。公不可，曰：“录囚于庭，法也。吾何容心哉！”既亦卒无称冤者。未几，就除福建路计度转运副使，听览不倦，幽隐毕达，欲行部辄先移文，所至毋得治道路，饰供张。诸州以例致馈，一不受。作《观风》七咏以示敦本厚俗之意。转朝散郎，除江东路提防刑狱公事。移浙西，转朝请郎，以宗正少卿召还。五年，权太常少卿侍立官、给事中，除兵部侍郎。

时朝廷欲调沿江数郡民兵，列屯江津以备敌。公力为宰相言：“敌未尝窥边，民兵未尝练习，无故点集，恐徒扰而无益。”语闻，事寝。以足疾求去，不许。会浙东有风水之灾，秋稼尽坏，州县不以闻。公以白上，上即遣漕臣按视，蠲租赋赈。流氓官吏蔽匿者，皆抵其罪。寻诏公同修国史，转朝奉大夫，除右谏议大夫。命下之日，中外翕然。时杭帅周淙多创摄局以私亲故，秀守徐藏遣吏持钱买灯，都下闻之恐惧，皆亟罢之。公入谢，陈四事：曰畏天、曰爱民、曰修政、曰官人。因言：“治效未易遽言，而治象可以立见。陛下诚能尽取天下贤才，寘之列位，自然壮观朝廷，而治象可见。治象见则治效因可卜矣。”上曰：“善”。

六年正月戊辰，大雨震电。庚午，大雨雪。公求对，极陈祇畏天戒、饬正庶事之说。时东宫久未建，复奏，手疏言之，上皆嘉纳。时上已深悟前日和议之失，思欲亟致富强，以为恢复之渐。而小人乘间争售其说，有王天觉者，以货结左右，陈聚敛击刺之术，皆狂妄乖刺。上未之察，以为枢密院编修官，台谏攻之不能动。公极论之，上始开寤，逐去。史正志者，素以倾巧进，至是当帅成都，惮远役，则使其党请，复置发运使，而以己为之。上然其说。公入奏曰：“祖宗本建此官，盖沿唐制，转东南以饷京师。今已居东南，而衣食其租税矣，又颇分给武昌、建康、京口诸军，应上供者，数亦无几。而虚立此官，甚无谓。况正志反覆小人，诞妄有素，不过欲假此重权，割剥州县，侵牟商贾，以自为功耳。自今以往，法之既密者，不复宽。法之未密者，日加密。臣恐数年之间，民愁盗起，有以劳圣虑也。”疏三上，且面论之益切。上亦知正志之妄，谓公曰：“吾姑试之耳。”公于是退而求去。上封还所奏，手札喻公：“若曰都俞吁咈，前圣所不免。卿岂可轻去为高耶。”公复求对，面请益力。上留公亦益至。已而发运司为公私之病，果皆如公言，正志遂以罪窜，而发运官属皆罢矣。

公尝为上言，曰：“蜀汉之兵，可以窥关陕；荆襄之众，可以趋韩魏；江淮之师，可以捣青徐。三者之势，相为犄角，不容有偏。今蜀道既委大臣开府节制，而荆淮之郊东西数千里，未有任其责者。愿择重臣，分以委之，则久远万全之计也。”上曰：“武臣为之可乎？”公曰：“文武固无异道，但必得真才宿望，足以服军民之心者，然后可以济国事耳。”上曰：“善”。公言曰：“中兴之初，诸将领兵者，皆别选精锐数百人，自为一卒。优其廪犒，以故骁勇竞劝，所向有功。韩世忠所谓‘背嵬’、张俊所谓‘亲随’、刘光世所谓‘部落’是也。今养兵虽众，而诸将未闻有能为陛下拔尤取颖以生其气势者。愿陛下之有以诏之也。”上欣然曰：“此朕意也。”即下其书诸将，寻以与修玉牒，成书，转朝散大夫。再上章求去，不许。七月，除给事中。会节将成闵冒请真俸，事觉，诏罪官吏之出纳者，而置闵不问。合门王抃招纳妄人，谢显矫称密旨，出境生事，诏抵显等罪，而亦不以及抃。公皆处驳议，乞正典刑。章上，翼日除礼部侍郎。公力辞不拜，遂除敷文阁待制、提举江州太平兴国宫以去。

七年，诏起公知婺州，辞不获命。再逾月，始就道。未至，除太子詹事。两诏趣行，仍令州郡敦遣。公遂入见，上慰藉甚厚，属以调护之意。公亦竭诚辅翼，凡所以告太子者，无非规戒之言。一日，召对东华门，赐坐从容，访以治道。公论士大夫苟且欺诞之弊，及江湖荒政甚悉。上皆纳之。因出手书唐太宗与魏郑公论德仁功利之语而书其后，俾公极陈今日所未至，公拜谢退，上疏曰：“臣闻仁德者，治之本也；功利者，治之效也。大有为之君，务其本而效自至，未有无其本而有其效者也。陛下鉴观古事，亲御神笔，深诏愚臣，以求今日所未至，此尧舜之心也。臣敢无辞以对。臣窃观陛下欲承天意，而比年以来水旱间作，数千里间流殍万计，是所以承天意者未至也；陛下欲结民心，而营造寨屋，民不聊生，死冻馁者不知其几，是所以结民心者未至也；陛下欲任贤能，而张栻一言，遽从外补，正直之气郁而不伸，是所以任贤能者未至也；陛下欲退小人，而正志方逐，张某继之，张某适罢，韩玉又进，是所以退小人者未至也。至于欲择将帅，而内外诸军朘削士卒，专事交结，不修军政；欲恤军情，而移戍江津措置失当，使其老幼，狼狈失所；欲择监司，而以祥刑之寄付之武臣；欲吏久任，而或到官旬日即行改易。凡此八者，一有未去，则于陛下深仁厚德不为无累，臣恐功利之效未易可致也！愿陛下无以仁德为难，而忘为治之本；无以功利为易，而速为治之效。钦崇奉若，以承天意；哀矜恻怛，以结民心。任君子必尽其才，去小人必绝其本。广搜智略，以司阃外之权；作成武勇，以振三军之气。罢监司之非人，申久任之良法，自然仁德昭著，功利烜赫，将与唐虞比隆，而视太宗之事有不足为者矣。”疏奏，上嘉叹再三，出以示辅臣，诏以公兼侍讲。公以足疾有加，求去甚苦。上固留之，诏听五日一参。公力辞，不许。十二月，以病剧请致其事。上始知公果病，除敷文阁直学士、提举太平宫，遣使赐以告身衣带。公还家，病间已而复作，再奏告老。遂以八年四月癸丑卒于正寝。自疾革即屏医却药，湛然无怛化之意，七日而终，享年六十有五。诏转一官致仕。讣闻，赠太中大夫。

公质实无伪，庄毅有守，而色和气温，不露节角。人有片善，称叹不已，小有不善，必面规之。自起寒素，以至通显，奉养益薄，无所嗜好，不治生产，财利禄赐，随用辄尽，不为毫发计留。自罹内艰，不复入私室。诲督子弟，接引后进，孜孜不倦。在州县勤事爱民，号为良吏。及登朝廷，直言正色，遭值圣明，开奖纳用，抑邪与正，中外倚以为重。隆兴中，协赞庙谋，经营北向之策，尤尽其力。当是时，国势几振，不幸为小人所间以去，比其复来，则事已异于前日，而公亦益老矣。然其气不少衰，因事献言，必极其意而后已。盖公尝为人言：“先儒有论为贫之仕者，曰：‘俟吾之饥饿不能出门户也，而后计之。’此孙言也，而听者不喻，则其弊将无所不至。夫饥饿而不能出门户，则死而已矣，尚何计之为哉！”公敬逊诚悫，非欲以大言夸世者，而其语如此，足以见其所存之素定，而所立之非偶然也。少时闻潘左史良贵廷叱奏事官，窃独叹曰：“潘公戆矣，曷若退而疏之之为得体乎？”族父某部侍郎公辅闻而赏之，曰：“子少年而议论及此，异日立朝，当必有可观者。愿子自爱。”至是卒如其言。所为奏议及他文若干卷，藏于家。娶朱氏，封硕人。子男四人：元寿，右迪功郎；耆寿，右承务郎；彭寿，太学生；广寿，敕赐进士出身。女二人，适右迪功郎郭戡，进士吴洎。孙男七人，女三人，皆幼。元寿等将以是年九月壬申，葬公于义城乡叠石山之原。以熹辱公知，待荐宠之厚，俾次其行事，将以求志于作者，请谥于太常，且备异时史氏采录。熹不得辞，谨第录如右，谨状。

乾道八年八月日前右迪功郎朱熹状。

注：陈良翰（1108—1172)，字邦彦，又字士楚，号塘南。临海人，南宋绍兴五年进士。历任会稽主簿、慈溪知县、瑞安知县、衢州教授、检法官、监察御史、右正言、左司谏，建宁知府、福建转运副使、提点江东刑狱、提点浙西刑狱，兵部侍郎、右谏议大夫、给事中、太子詹事兼侍讲等。宋光宗时，赐谥“献肃”。《宋史》有传。其墓在今尤溪镇叠石山，墓址已失。此据《晦庵集》转录，编者点校。

知南康军石君墓志铭

吾友石君，子重，讳𡼖。其先世为会稽新昌右族。曾大父讳某，不仕。大父讳公孺，避庚子之乱，始居台州临海县，后以遗逸，召授右迪功郎以没。父讳某，赠朝奉郎；母安人朱氏，太宜人陈氏。

君幼端悫，警悟不群。年十二即自知刻意为学，昼夜不怠。年十八擢进士第。丁外艰，服除，授左迪功郎、郴州桂阳县主簿。会故参知政事李安简公谪居郡下，性严重，不轻许可。一见君，深器重之，授馆其家，日与论说，前言往行，励以致远之业。常语人曰：“吾阅人多矣，未有石君比者。”

秩满，改从事郎，调泉州同安县丞。天旱民饥，县白府，请得蠲岁租如故事。太守怒，檄君杖主吏。君移书太守曰：“杖一吏，细事耳，然其所系则大。民今皇皇无以为命，纵不能救，忍复钳其口乎？”守怒未已，遣幕府官按验。至则希守意，以为不当蠲。君争益力。部使者闻之，因以其事诿君。君既行视，归即揭榜喻民。蠲之什九，然后言府，且亟召乡吏闭廨中，使乡为一榜，户列所蠲与其当输之数。既成立，授里胥使走揭于其所。于是上官不得变其说，乡吏无所逞其奸，邑人便之。

改宣教郎、知常州武进县事。民讼有数年不决者，君一讯立辨。虽奸民健猾者亦皆惊服，愧谢而去。它邑滞讼多请属君以决。郡守欲为寓客治第，而属役于县，其费且数十万。君不可，曰：“吾为天子牧民，岂为若人治第者耶！且浚吾民之膏血以媚人，吾不忍也。”守怒，欲中以法，掇拾亡所得，会君有亲嫌，法当两易。君不顾，求罢竟归。民数千人诣郡请留，君不可。则相与伺守出，遮道号诉，至有褫其襜帷者。守不能禁，君因更调南剑州尤溪县。待次，家食三年，虽贫不戚也。至官吏以财匮请借民租，君不答，但日治税籍。凡民逃绝而田入见户者，与鬻产而不能更其籍者，皆正之。又谨视其出内之际，要为简易以便民，而吏不得以容其奸。关市之征，亦损其数。于是官无苛扰，农商得职，租入以时，力役有序，至有争先为里正者。县故穷僻，学校久废，士寡见闻，不知所以为学。君至，即命其友古田林用中来掌教事，而选邑子愿学者充弟子员。始教之日，亲率佐史宿宾客往临之，因为陈说圣贤教学，凡以为修己治人之资，而非如今之所谓者，闻者皆动心焉。自是五日一往，伐鼓升堂，问诸生进业，次第相与，反复以求义理至当之归。员外诸生数十，或异邦之人，皆裹粮来就学。君视故学宫为不称，乃广其规模，新其栋宇，市书万卷，买田数百亩，以充入之。既成，为考古制，举乡饮酒礼以落之。于是士始知学，而民俗亦变。君又摭其旧俗之不美者数事，为文以训饬之，民皆传写诵习焉。远乡有据险自豪，不输租赋数十年，日与此乡为仇敌者，君为榜喻之，即敛手听命，输赋解仇，复与齐民齿。民王某者，有刑罪，具狱上，府吏以邀求不厌，欲致之死。君争之，不听，则请自对狱，与吏辩，代民死，民乃得免。岁大疫，多治药剂，分遣医者散之村落，自为诗以劝之，赖以活者甚众。及代去，民或画像祠之。

监察御史陈公举善闻其贤，荐之朝。而君自从吏部选授福建路安抚司干办公事以去。会丞相史公再入，荐一时名士数人，君复与焉。有旨召对，君辞不获，乃入见，首陈“君之道，与天同方，天心至公，故人君之心不可以有一毫之私。”人因历引时事以质之，言甚剀切，上皆然之。差监登闻检院。未几，除将作监主簿，寻改太常。居顷之，有所不乐，因谒告归省，请得奉祠终养，除知南康军事。将行而遭内艰，未终制，有诏举材堪刺举者，吏部尚书郑公丙以君对，然君已不及闻矣。

其卒以淳熙九年六月乙丑，享年五十有五，积官至朝散郎。君为人外和内刚，平居恂恂如不能言者，而遇事立断，毅然有不可犯之色。事继母承顺不违，兄弟之间怡怡如也。族党有贫不能自活者，买田捐金以振业之，教其子与己子。等嫁孤女，多得所归。道遇弃子，募人母之，月有给焉。其为政一主于爱民，而忧国之心又甚切，于贤材之用舍，政令之得失，一有所闻，忧喜之诚形于言色，至或累日不解。然自处甚约，自律甚严，在州县未尝屈意上官，在朝廷未尝造请当路，繇疏贱。一旦见天子，尽言竭忠，未尝少为迂回避就之计。其为学，自聘君朝奉时已传其业，后更从舅氏太子詹事陈公良翰受书焉。闻人之善，必手记而心慕之。其人可见，虽少贱僻远不惮。其与予游，相好尤笃也。晚名其燕居之室曰“克斋”，读书其间，没身不懈，后生执业就正者，皆赖君知所乡，而君未尝少自足也。此其志岂可量哉！

予前年守南康，朝廷以君与予善，除以为代，予亦日夜望君至，冀得用，疲诋学子为寄，而君不果来。当年奉使浙东，闻新、剡饥民转入台境甚众，亟以属君。君即慨然以为己任，其得免于饥冻捐瘠，而归者盖数百人。然其后予以事至台，则已不及见君而哭其殡矣。呜呼！悲夫！

君之配朱氏、刘氏、李氏，皆赠安人；姜氏，封安人。子男四人：继微、继喻、继善、继周。女五人：长适范籍；次许嫁商月卿；余尚幼。君为文明白径切，似其为人，然非有故，未尝作。今有文集十卷，藏于家。所集《周易》《大学》《中庸》解又数十卷，传学者。继微等将以十二月庚申，葬君龙谷山云溪先茔之侧，使来请铭，时予已病，归卧故山，念不得往而祖君之行也。乃叙其事而铭之，其词曰：

予悲斯人之病，而莫与瘳也。悼斯学之孤，而莫与俦也。又哀君之有志，而久不酬也。时若可俟，而君不留也。龙谷之城，云溪之宅，诏彼茫茫，不在斯刻。

注：①石𡐓(1128—1182)，字子重，临海人。𡐓，原作嶅。原籍新昌，祖父石公儒避方腊之乱，自新昌迁居临海。自幼从其祖父石公孺、舅舅陈公辅为学，聪慧颖悟，绍兴十五年中进士。绍兴二十三年，朱熹任同安主簿，时石𡐓任同安县丞，石𡐓长朱熹3岁，二人一见如

故，成为好友，常相互切磋学问。乾道七年，朱熹因舅氏祝峤入葬回到家乡福建尤溪，时石墪任尤溪知县，二人相见，殷切讲论学问与县学之事。石墪一生，读书、讲学、治学到老不废，是南宋著名的教育家。朱熹非常赞赏他的治学方法，对他在经学特别是春秋学方面的研究成果推崇备至。淳熙九年七月，朱熹赴台州巡视，石墪已在六月病故，朱熹为其作墓志铭。墓及志石情况不明，此据朱熹《晦庵集》录文，编者点校。

赵伯沄妻李氏①墓志

亡妻李氏，故朝散大夫浙东安抚司参议讳宗大之次女也。李，赵郡人，后徙濮之鄄城，自丞相文定公讳迪起家，衣冠赫奕，为世名族。参议乃其从六世孙，而中散大夫殿中少监讳佖、承事郎讳翰，则夫人之曾大父、大父也。母曰宜人郑氏，修敏公僅之孙。

夫人生以绍兴己卯九月，戊戌年二十一归于我。生三男，师迟甫冠，师耕，师宫；三女俱幼。归又十六年，合三十有七岁，岁当庆元之元，伯沄长洲官满，挈家以归，夫人道得疾，过剡，憩于外舍，乃六月朔，疾甚以卒。呜呼哀哉！惟夫人大家子，登吾门克自勤约，承上字下，举合仪法，使我进退族聚间无违言，繄夫人是赖，此而可忘，孰致其哀！是月，以其柩归台之黄岩。明年丙辰，得卜于县之靖化乡何奥之原以葬，则五月甲申也。

文林郎、前平江府长洲县丞赵伯沄谨志

注：①李氏（1159—1195），赵匡胤七世孙赵伯沄妻。志石高46厘米，宽51厘米，厚9厘米，出土于黄岩区屿头乡前礁村。2016年5月，前礁村民杨计土在平整地基时发现赵伯沄夫妻合葬双穴墓，右穴为李氏墓室，已遭盗，除墓志外，无他物。左穴为赵伯沄墓室，保存完好。赵墓出土的文物服饰形制丰富，被誉为“宋服之冠”，其墓棺是浙江目前唯一未盗且保存完好的南宋棺椁。

元代

王勋[1]墓志

墓志（正书额）

□□□□王公，讳勋，字松月，生宋宝祐乙卯六月二十八日，卒于延祐己未□□□十九日，寿六十五。曾大父宋迪功、嘉兴府教授讳滋。大父讳复，□□□□□也。父讳旼，举进士，补国子学生而卒。妣郑氏，励节自守。属丙□□□□□就毁，遂寓临海之新亭。叔父知镇愍其无以给裕蛊而典宗□□□□衣冠世族之同出于江左者为之后，先考则无怨。公，太保七世孙也，实应其选。往则克以勤谨恭俭承付托，生事死祭，动必以礼，宗族乡党无间言者。

郑氏尝命择里为菟裘营，未遂而赍志下世。先考谓："柳塘之区，吾所自出也；承先志而图之安者，莫若此。"遂定为室家计。平居澹然，不尚华靡，自沉潜理义之学，而旁及岐黄之书，盖深有意于推己及人也。至于尊师重道，所以淑诸孤者，尤拳拳焉。

先妣罗氏，和柔慈爱，乐善尚义，妇道母仪，举循轨则。故先考得以修废坠而就完美，因播构而增恢拓者，先妣与有力焉。不幸蚤逝。先考痛诸孤之失所恃也，继室以周氏而抚育之，盖欲见其成人也。孰谓天不慭遗，竟□克见男婚女嫁耶！先妣生宋咸淳丁卯五月十二日，寿三十有九，先吾考十五年而卒，实大德乙巳正月十八日也。泰定甲子十一月庚申，始克合葬于杜渎南山之原，乌乎痛哉！男四人：开远、开大、遂良、祖义。女二人：兰娘，适罗植；十八娘，适杨安道。

开远等不肖，不能求当代巨公鸿笔以贲泉壤，敬述其概，纳诸圹，庶以识潜德云。

孝子开远等谨志。

承事郎杜渎场盐司令范荣祖填讳。

注：①王勋（1255—1319），字松月，临海人。生平不详。志石高 76.5 厘米，宽约 70 厘米，厚 6 厘米。文 18 行，行 28 字，第 16 行名字较小，达 35 字，字径 1.6 厘米。1987 年夏，出土于临海市北涧乡（今桃渚镇）北涧村南山嘴头。志石右上角崩裂，首 5 行各缺 4—5 字。

由其后裔重砌于王氏墓之墓面。临海市博物馆藏有拓片。

王所[1]圹志

故浙漕贡士南峰王公圹志（题）

先君讳所，字叔喻，号南峰。初讳称，字正平，以今讳荐漕闱，乡里咸尊曰：南峰先生。曾大父懋；大父季操；父缃，迪功郎。上世自钱塘徙台岩之宁溪，聚族逾三百年。

先君赋性明敏，十岁通五经，识见□□成人。长尤潜心理学，深得要领，每诗文以工部、昌黎为师，颖出流辈，如古今□□之迹，以至阴阳度数之书，靡不研究焉。乡之名胜，曰林公玉溪、郑公谷□、车公玉峰，常有诗什赓唱。清献立斋杜公尤器之。壮年有大志，周览四方，穷极壮观，凡诸公要人，皆争欲令出其门下，殆不止文公文山、叶公西涧之知遇也。

先君修身以敬，齐家以和，处族里以义，御臧获以法，士之尚家风者，咸宗之。罹丙子难，举家百指以智获全；寻有设机阱而挤之者，率随事辄解，未尝少忤其□。盖其圆外方中之妙，又非或者可能管窥。生平为诗文，援笔即就，多散漫失帙，亲朋有以摭其一二，锓诸梓者，号曰《南峰类稿》。

先君生于庚辰九月戊戌，卒于癸未六月己酉，享年六十有四。病不旬浃而逝，易箦之次，严诏诸子，有曰：丧祭循儒礼，宜以三月而葬。不肖孤观老等谨遵遗命，以是年十一月己未，奉柩葬于黄岩溪圣堂之麓曩。

先君览兹山川奇伟，预营主窀。初娶清献公族妹，已先附焉。再娶林氏，前奉议郎监行在丰储西仓门讳申之长女，亦蚤世，葬于戴岙，与圣堂同里。男三：观老、靓老、规老。规老已出继于族。女四：长适丁坚；次适黄逢龙；又次适求仁荣；幼女未行。葬以□，未暇丐铭于当世鸿笔，姑纪岁月而内诸圹。

孤哀子观老等泣血谨志。

契友前朝奉郎戴郎戴觉民填讳。

注：①王所（1220—1283），字叔喻，号南峰，黄岩人。南宋咸淳元年进士，曾任高邮知军，与文天祥、杜范等交厚。曾建南峰书院授徒，乡里称名儒。著有《南峰集》，叶梦鼎为其作序。墓在黄岩南峰山第二峰上，2003年，黄岩宁溪王氏族人修墓时发现圹志，志石高75厘米，宽49厘米，厚4厘米。半八角额，题一行11字，文16行，行32字。右半部三分之二文字已漫漶不清。修葺后仍安置圹内，另按原文勒碑立于墓前。此据金渭迪《黄岩金石志》转录。

方珪①圹志

皇考姓方氏，讳珪，字国珍。派出严陵，家于台之仙板桥。延十有四世，曾大父讳夔，娶施氏；大父讳□，娶柯氏；父英孙，娶柯氏。先考幼失所怙，事母至孝。求师道，克自卓立，是非曲直不与人校，闾里亲故咸推善人。每感激奋，援以功名自期。志不遂，退缉农圃。德佑丙子冬，倏遭世变，扶老稚奔进山谷，险阻备尝。次年春，兵戈少息，还赤城内表柯氏家，就席未温，竟以病终。时丁丑岁三月初八日也。呜呼痛哉！

先考生于□宋丁酉正月初三日亥时，享年四十有一，今以己丑十一月十五日庚申葬于顾羲山先茔之侧。男贯道，娶同邑沈氏。女十一娘，未行。孙一人，濬。女孙，在幼。

时至元二十六年十一月望日，孝男方贯道泣血谨志。

刊石程。

注：①方珪，字国珍，仙居人。生卒年及生平不详，以“丁丑岁”推，应是卒于景炎二年，则生于嘉熙元年。志石出土于仙居埠头镇八都垟平原，后藏于仙居皤滩乡山下村方森明家。石已断为两截，高67.5厘米，宽52厘米。文13行，行20字。志文保存基本完整。此据《仙居历史文化论丛》转录。

陈孚[1]圹志

有元奉议大夫台州路总管府治中陈公，讳孚，字刚中，号勿庵先生。台州路临海县太平乡石唐里人。考讳仍，前宋进士。母沈氏。公于宋开庆元年己未七月二十六日生。至元二十二年献《大一统赋》于江淮行省，授上蔡书院山长。除翰林国史院编修官。钦奉特旨，擢奉训大夫、礼部郎中，佩金虎符，奉使安南国。使还，历建德，三衢别驾，召为翰林待制、奉直大夫，同修国史。谒告还乡，就除台州路治中。至大二年己酉六月初四日卒于官。

夫人顾氏，宋景定四年癸亥四月二十日生，至顺元年庚午十二月十七日卒于正寝。元统二年甲戌十二月十八日葬于太平乡陈义岙之原，从治命也。子遘，将仕郎，庆元路总管府知事。女八人，长适董士方、少保忠穆公之季子，次适松江府儒学教授韩敬，次适建宁路建安县黄村寨巡检杨天兴，次适郑德颐，次适张存中，次适杨城，次适韩政，次适郑瑞孙。孙三人：樜、麓、横。

元统二年十二月二十八日，男遘泣血百拜谨书。

承直郎、江浙等处儒学提举杨敬德填讳。

注：①陈孚（1259—1309），字刚中，号勿庵先生，临海人。生平不详。志石高114厘米，宽69.5厘米。文14行，行除提头外26字，字径2厘米。1985年6月发现于临海市双港乡杨岙前园王曰火家。据介绍，志石原直埋于墓室后部，系1963年开荒时发掘。墓前原有石人石兽，已被当地人凿为猪槽。

邬庚[1]墓志铭

故处士邬公墓志铭（篆额）

宣□□□书博士朝散大夫兼经筵译文官王沂撰。

□□□□□奎章阁鉴书博士柯九思书。

翰□□□□知制诰宣文阁授经郎儒林郎兼经筵译文官周伯琦撰。

处士讳庚，□□□□邬氏。其先会稽人。祖璹，当宋之际游天台，乐其土风文物之美，娶焉□□□□□其后子孙众多，分散他处，有居黄山者，有居宁川者，有之他郡而居者□□□□居五云之南则其处下渡者也。

处士生九年丧其父，十五年而丧其母。居丧□□□哀不类儿童。既长，就学益知刻苦刮历，期有所树立，以无忝其祖，恭以持□己敬以□其人勤劳约俭以理其室，而能散其有以衣食乡邻之贫者。有请□□具所求弗具，庚之责也。或劝使仕，则笑不答。扁所居斋曰“德日”，坐其中，以读书勤学为事，怡怡然若有所自得也，而以终其身。至元重建之五年，处士年八十，十一月初四日，其初度也。亲宾咸集，乃立诸子阶下而语之曰：“若知吾命，斋之意乎。吾闻人必有以遗其子孙，吾少孤勤劳艰难，以屋于此。吾无以若遗也，吾惟吾德以遗。若若其务，滋吾德乎。”未几，疾卒。实其年十二月廿六日。其子以至正十七年十二月十三日壬子葬处士南村风化里握坊奥之原。考孝祖，母陈姓。娶沈氏。子男四人：复亨、谦亨、鼎亨、元和；女二人，长适黄山茹文森，次适同里张思诚。孙男女二十人。呜呼！此其种德之报也耶！铭曰：

邬氏之先，来自会稽。未及百年，既蕃既滋。□也幼孤，涕泗号歔。克勤不怠，以植厥基。言树之德，其报维何。如其先人，子孙之多。南村之原，不远□而。□坟四尺，处士之归。

注：①邬庚（1260—1339），临海人，生平不详。据《台州金石录》载，碑高六尺，广三尺三寸，额篆书八字，径四寸。文二十行，行三十一字，正书，径一寸二分。书者柯九思，元代著名书画家，据载又有泰不华等作挽诗，皆一时名人。志石旧在临海城南梓沙隩（即紫沙岙），今不知。

董文彪[1]圹志

故宁州儒学教授董君圹志（题）

君讳文彪，字质夫。其先当五季之间，徙自衢之桐庐，以至于台黄岩之西华岩之下，聚族而居焉，今十有三世矣。诗书之泽，恺悌之风，甲于州里。曾大父讳纲，故宋□□□□□□孙，不仕。父讳应椿，庆元儒学教授。母夫人□□□□□□□应纶之姊也。君少有志操，敏达雄断，不□□□□□□□□务达其旨，慷慨当世事，频蹙长喟叹不□□□□而□□□□之游，既而任庆元儒学录，再为永嘉□□书院山长，□□□饬，有廉能声。授江西隆兴路宁州儒学教授，以疾卒□□，实至顺四年正月二十八日也。始君已倦宦游，朋旧多强之□□□不祚，命也夫。享年五十有二。其配郑氏，母之侄也。子三，曰□、曰□、曰□，女一，未行，皆谢氏出也。谢氏，汴人，先君七年卒。以元统二年十二月壬申葬君于临海义诚乡白岩之原。君之曾祖妣，吾祖姑也。故君之雅尚，吾知之。每与君谈，不觉日车之侧也。君少余一纪，曾谓遽止于此，而吾又为之志，悲夫！

临海张圣卿志。

文林郎、婺州□□□□□填讳。

注：①董文彪（1282—1333），字质夫，临海人。曾任宁州儒学教授。志石高 79 厘米，宽 55 厘米，厚 7 厘米。文 17 行，行 23 字，字径 1 厘米。出土于临海市小溪乡（今江南街道）白岩墺村，原在前洋村民王家根家砖瓦窑，因做砖掼泥磨损，文字有缺。1986 年 9 月征藏临海市博物馆。

杨同翁[1]墓志铭

晋大夫羊舌肸以邑为杨氏，子孙逃难于仙谷中，遂居华阴。十二世周右将军华山侯章，始见战国时故大宗谱。昉此又十世，汉征君宝，建武间以公车召，不至，卒谥靖节先生，太尉震父也。王爵侯封，嗣是蝉嫣。十九世唐郃阳令隐朝，居长安靖恭坊。有曾孙四人，列门树戟。再世为刑部员外郎承休，以天祐元年使浙，册钱镠为王，道梗，子岩为吴越相，是为靖恭浙院。第七子鄰，其后迁台之宁海松坛，又徙石唐，遂占籍为临海人。

公讳同翁，字师善，上距刑部府君凡十有八世。曾祖嗣浩。祖澄，赠奉训大夫、浙省郎中，追封临海县男。父祐，隐德弗耀。妣安人陈氏，故宋仪真太守绍大女也。

公敏悟，笃学敦行。游于乡校翁先生森之门，秀出侪流，遗老儒先多器重。后至元，江南行台李御史齐以处士举公，且言宋宝谟学士慈湖先生文元公简族孙，能世其学，宜主祀事浙省，即授饶州路"慈湖书院"山长。丁内艰去职。吏部选为漳州路儒学教授，世路日棘，不赴。号东皐，以隐居卒。春秋六十四，至正乙未八月己巳也。

娶同里程氏女，讳道思。世姻也。柔嘉淑慎，无违礼。后公六年，以辛丑夏五月丁巳卒，寿七十一。今合祔焉。以至正壬寅冬十有一月甲寅葬于盟扦祖茔之侧。男四：长植孙，台州仙居县儒学教谕；次桢孙，庆元鄞县尉；次楫孙、根孙，咸能不坠先业。女四，适同郡士族程晟、顾海、洪达观、陈景瑞。孙男六：烈、煦、恁、悠、焦、焄，女五人。

公少也，为良子弟；其老也，为贤父兄。侃循和易以直。宗党间询事诹礼，必尽心焉以告之。其文章，尤工于诗，骈俪清新，不谐俗语。及长慈湖讲席，凡校官所宜为及所未备，悉具充然。遇岁大比，倡集英文会。其秋进士，乐平为多。会府尤加敬爱，僚友叹服。所最著者，书院始创时，宋相马廷鸾以贡士庄田入其租，给舍菜礼，春秋行事，至元入版图，有司仍征其入，庙庑废不理；公言于郡，达省宪，田得复畀供祀。其援例有得复者。今中书危参政素，时以检讨采摭史实至郡，喜为劖记于石。乐平隶饶州路，其总府尝檄权州事，公应机立辩，讼无留难。会疑狱，力言于行部祁佥宪君，辟囚得以减死论。人诵公遇事处心，有慈湖遗风焉。乌乎！人患材不具于躬，有必见诸事，虽小试亦不苟焉已。凡今人士，职于学者，愦焉以岁月迁；甚窃其入私于己，以贷遗后人，矧曰其为长久计。观公之心，不旷焉以食人禄，可知已！摄郡遇狱，犹谳核以请于上，其心存于仁民，又可知已！乌乎，惜不用以死也。铭曰：

猗杨氏，远有序；谱不泯，尚于此；郁相望，趾儒美。公蕴孔多，有施不那，维不赢其守，以克昌于后！

将仕佐郎、常州路总管府提控案牍兼照磨承发架阁、从父弟孝原撰。

注：①杨同翁（1292—1355），字师善，号东阜，临海人。曾求学于宋末元初著名教育家、仙居人翁森，后出任江西饶州慈湖书院山长。此志文录自杨德生抄本。原件夹在项士元《东湖日记》1958 年 3 月 19 日条内。《东湖日记》载："德生来，录其远祖师善（讳同翁）教授墓志铭见示。"其出土情况，则《东湖日记》同年 2 月 22 日载："黄昏，叶子用方来，谓春节次日（即当年 2 月 19 日），立本乡老婆岙地方因做水库，在该地掘得元人杨某墓志一块，墓内空无一物，墓志当时吩咐乡干小鉴负责保管。"立本乡原在今临海市括苍镇，老婆岙属该镇旺人灯村，志石经查无下落。

赵琬妻李氏[1]权厝记

有元故天水郡夫人李氏之墓（志盖正书）

有元天水郡夫人李氏权厝记（题）

天水郡夫人姓李氏，讳□□[2]，世居汴梁许州，湖北廉访司经历讳茂字荣甫之女。夫人生而聪慧，淑静孝慈，动止有礼，母夫人钟爱之，年既笄，许归于我。我先府君礼部尚书公与经历公为同里，雅相友善；及夫人来归，二公友义弥笃。夫人外事先府君，内承顺大夫人，肃恭诚孝，格守妇道。至于大暑祁寒，必礼服侍左右，有疾，汤药必亲尝，居丧尽礼，乡里称曰贤德夫人。虽姻族、妯娌善守礼法者，皆自以为弗及也。

夫人生于大德六年二月十日，卒于至正二十四年六月九日，享年六十有三。男三人：长曰铉，将仕郎，庆元路定海县尹；次曰镛；次曰铣。女二人：长适陈留李贞，次在室。男孙二人，曰千里驹，曰真童。女孙四人。

琬以至正二十三年自庆元移守于台，夫人以恩致封天水郡。越明年，夫人卒。遭世多故，未克奉柩归附于先茔，今以至正二十六年正月十五日权厝于郡城东隅临海县休祥里陈府后山之原，谨志岁月于石以纳诸幽壤。

朝列大夫台州路总管赵琬志。

注：①李氏（1302—1364），赵琬妻。赵琬，字仲德，颍川人，官至台州路总管，元末被反元势力方国瑛挟持绝食而死。志石高 49 厘米，宽 70 厘米，厚 7 厘米。文连题 24 行，行 15 字，字径 2 厘米。1989 年 5 月出土于临海市东郊山宫晒网山西南麓。为临海市电机厂在平整地基炸山时发现。尚有志盖一块，石稍薄，大小相若，文 4 行，每行 3 字。盖志相合处四角各垫放一枚铜钱，二枚为端平通宝，一枚为崇宁通宝，另一枚已失。墓已炸毁，未见其它遗物。志石出土次日征藏临海市博物馆。志盖已被民工搬走，铜钱亦散入民工手中，未征得。

②此处原文留空未刻。

张公留①圹志

元故处士张公之墓（篆额）

先府君圹志（题）

先君姓张氏，讳公留，字景存。宋南渡时，九世祖讳埏，由□□□台，因家焉。高祖讳伯辉，宋朝奉郎。曾大父讳塾，宋进士，补□□，授检阅。大父讳与孙。父讳衍。父入皇朝，隐德弗耀。母郭氏，继黄氏。

先君出庶母朱氏。自幼习礼度，敦厚简默。事亲至孝，服忧恒致哀毁，报本则极其诚敬。处宗族乡党，所施恩爱礼让，各适其宜，与人交，推诚相与，虽久不衰，故当时咸以善人称之。后值时艰，室庐屡毁，繇役无常，资产殆致罄然，先君夙夜苦心劳形，铢积寸累，家以苟完。自伏腊所给外，有余则以赒族人之匮乏者。此其大较然也。

呜呼痛哉！先君生于至元庚寅十月三日，卒于至正乙巳闰十月二十一日，享年七十有七[2]。娶陈氏。男二人：长可正；次可继，江浙等处行枢密院管勾。女二：长适临海杨伏生，次未行。孙男象德。女二。

不肖孤忍死以至正丙午十二月八日，奉柩葬于临海义城乡峰山之原。葬日薄，未能丐铭当代巨笔，姑以世系岁月纳诸幽。

孤子可正、可继叩头沥血百拜谨志。

江浙等处儒学副提举陶文昭填讳。

注：①张公留（1290—1365），字景存，临海人。生平不详。志石高65厘米，宽40.5厘米，厚5厘米。文连题17行，满行24字，字径1.8厘米。1990年11月13日征于临海市城南峰山头马飞家。现藏临海市博物馆。

②按生卒年计算，应为七十六岁。

柯醽妻毛氏[1]圹志

孺人毛氏，台之临海人。适国学辅文斋进士柯醽，懿行纯备，善侍舅姑。男宗□、宗柄。孺人生于宋淳祐十年庚戌四月二十有六日酉时，卒于至元二十六年己丑三月三日巳时，享年四十岁。以壬辰十一月十日壬申，葬于承恩乡蟠石里芝山之原。

夫柯醽志。

注：①毛氏（1250—1289），柯醽妻，生平不详。志石信息在《台州府志》及《台临小芝何氏宗谱》均有载：“石高三尺三寸五分，广二尺七寸，墓盖楷书，行曰‘宋孺人毛氏巽一娘子墓志’十一字，字径三寸。志文楷书，十行，行十字，径二寸五分，两石相合，在真如寺侧小芝山之麓。”据临海彭连生记载，今志石高82厘米，宽65厘米，厚6厘米。文10行，满行10字，字径5厘米。1965年志石流出，铺设田埂间，后归藏小芝街芝溪边何彩儒旧宅堂前，再后因拆旧建新，志石分给谢氏，移至小芝村府前路谢先龙家，其母当作洗衣石。2014年8

月桐峙中学余剑斌、余将建、金旭东等老师路过发现，同年10月彭连生与何邦爵访得，据石本录文。此由彭连生提供。

戴公[1]墓志

公生平赋性正直，律己端壮，事亲以孝，□族以和，待乡里以敦厚，教子孙以诗书，□世业以勤俭。适逢更革，一家老幼均得□全，日享安靖，竟以寿终。此亦平昔修为□所由致。已于生前曾造睦川之坟，先□□先妣近因感萝公指示：地在□□□□□阴阳者相视，谓此地接陇脉之正，合□□之时，用是再造石墩。于甲寅十一月□□丙辰安厝，虽不得与先妣同穴，幸喜先祖先妣二坟并皆密迩。仇万□□暇求鸿笔，以诏后人，始刻石以纳诸圹。

延佑元年十一月初六日，孤哀子戴仇万□泣血谨志。

□眷、前文□□□天□□□□。

按：①戴公，名不详，生卒年及生平均不详，仙居人。志石高53厘米，宽44厘米。文13行，行16字。二十世纪八十年代出土于仙居县皤滩古镇北面古墓群，仙居县文物管理办公室收藏，此据《仙居历史文化论丛》转录。

陶德生[1]墓碑

元处士陶德生墓碑（额）

元故处士陶君墓表（题）

翰林侍讲学士中奉大夫知制诰同修国史同知经筵事黄溍撰。

前赐同进士出身征事郎江浙等处儒学副提举刘基书并篆额。

有笃行之士曰陶君，讳德生，字文立。其子铨谒予金华山中，拜且泣曰：“先君有学行文章，尝有志于当世，不幸年三十有四岁而卒。越三十有一年，不孝孤始卜葬于所居东程岭之原。非敢缓也，盖其势然也。铨生二岁而孤，母包氏，守义不移，以长以教，比于成人，知先君之丧在浅土，未有葬地，日夜哀感，以求之初买山小岭，欲以治葬而龟筮不从，遂弗果。复买山留贤而龟筮又不从。未几，先祖考即世，先祖妣亦相继而殁，以连遭家难，岁且荐饥，兵革并起，不克奉先君襄事，常衔哀茹毒，颠连困苦，乃至食不甘味，卧不安席。人或见而怜之，一日遇善相地者指示，程岭卜之协吉，乃买田□□二亩以易其地，明年春奉先祖及先祖妣之柩合葬于斯，而以先君附葬焉。先生以文鸣当时，其文必传世，敢以先生之文以表见于后。”

予以老疾辞。铨又泣而言曰：“铨母氏亦读书，通大旨，知先君之事甚悉。铨幼奉母氏侍侧，尝闻母氏告之曰‘汝父性资温厚，气貌丰腴，又美须髯，且欣然长，大人望而知爱之。从学于乡先生翁秀卿，治《尚书》应进士举，于六艺之事亦兼通之，书习唐诗仿六朝，为文辞有理趣，尝辟郡文学不就，人咸期以远大之业。平居事大父母及父母至孝，待兄弟笃于友爱，处宗族恂恂愿恭，而对宾客善谈论，尚气节，与人交重信义，尤倜傥好施。与当其时，困于徭役，家道不振，日久候父母颜色，喜愠视家所有无，尽出吾私帑给费。虽筲莶之物亦所不吝也。故汝父殁时，吾匮乏几不能存，零丁孤苦，经营旦夕，养老慈幼，居二十余年，始得治产业，自树立。于是嫁女娶妇，使有家室。人皆知吾之不易也。昔汝父病笃时，吾治汤药，抱汝立于旁，汝父因指汝顾谓吾曰：‘我殆不起此疾，宗祊之计以此为托。我以诗书自淑，未尝敢为不义，此尔所知，我不及见儿之有成，后当以我语告之。’吾知汝父孝友忠信，其德宜享有禄食，乃不使大其施。吾将有待于汝也。汝其毋忘乃父之志，宜修身慎行，以扶持而封植之，汝父斯无憾矣。汝勉之哉。’铨泣而识之不敢忘，今母老矣，先君之葬有月日，幸先生惠念先君，哀母氏及不孝孤艰苦植门户，幸得尽人子大事，愿先生赐之文，不惟先君之泽有永弗坠，抑亦使后之人知今所以。葬先君者其难如此，庶有以惕励而保守于无穷焉。此不孝孤之大愿也，敢因以请。”

予辞让不获。按陶氏系出晋八州都督，侃五季之乱，由九江徙居台郡临海县之长潭。君曾祖讳绍老，宋赠朝奉郎。祖榕，世称长者。父熠，亦隐德不耀。人皆谓君祖宗之德泽，宜大发于君，而又不得寿以死，岂其出于天者不可得而信耶。虽然君生能尽孝，动必求合于礼度，死得贤妻守节，自誓以不坠其家声，又得铨为之子，生二孙湜、涛，幼已岐嶷，是为善无不报，其出于天者，盖又可必也。乌乎！人之为道，莫大于孝弟而莫重于节义，始于一乡，推之四海，用能感天地动鬼神，致详召和，受福于身，流庆于人，又奚必子言之示劝而亦岂独能庇赖其子孙也哉。

至正十八年岁在戊戌（空）月（空）日，男铨立石，阮茂林镌。

注：①陶德生，字文立，临海人，生卒年及生平不详。该文书并纂额者刘基，即刘伯温。按刘基生平，其任江浙儒学副提举为至正三年（1343），任期约一年。至正十二年（1352），刘基出任江浙省元帅府都事。据此推断，则其子陶铨求铭应在至正四年到十二年之间，其时陶德生卒已二十余年。《两浙金石志》及《台州金石录》均有载，《两浙金石志》载为“陶德玉”，据他史互考，载“陶德生”居多。又载“碑高三尺九寸，广二尺四寸，额篆书八字，径三寸三分。文三十行，行四十字，正书，径六分。”旧在临海城西程岭下，后移至西园陶氏家庙。今由编者点校。

方国璋①神道碑铭

大元赠银青荣禄大夫江浙等处行中书省平章政事上柱国追封越国公谥荣愍方公神道碑铭（有序）（篆额）

大元赠银青荣禄大夫江浙等处行中书省平章政事上柱国追封越国公谥荣愍方公神道碑铭有序（题）

翰林学士承旨荣禄大夫知制诰兼修国史张翥撰。

通奉大夫中书参知政事同知经筵事提调四方献言详定司事危素书。

集贤大学士光禄大夫滕国公张瑧篆额。

至正二十二年二月二十一日，荣禄大夫、江浙等处行中书省右丞方公殁于师。其年六月，江浙行省以事闻于朝，赠银青荣禄大夫、江浙等处行中书省平章政事、上柱国，追封越国公，谥“荣愍”。其幕僚萧德吉状公行事越海来请，为碑表于神道。

惟方氏其先家台之仙居，后徒黄岩灵山乡塘下里。曾祖天成，赠资善大夫、江浙等处行中书省左丞上护军，追封河南郡。公祖宙，赠荣禄大夫、江西等处行中书省平章政事柱国，追封越国公。考伯奇，赠银青荣禄大夫、福建等处行中书省平章政事、上柱国，追封越国公。越公通阴阳历数之说，乐善好施。家隶尝以小斗出米以予人，公闻立剖而谴之。人以贫投者，必周之。尝道遇群龟蹒跚秽坎中，延颈仰望，公亟以版度之出，是夕梦玄衣人来谢。其潜德多类此。有五子，公其次也，讳国璋[②]，字国璋。生颖而异，越国每拊之语人曰：“是儿必兴吾宗。”既长，状貌魁伟，力学强记，有才识。时公上征须繁且急，越公春秋高不能任劳事。黄岩为望州，有司饕沓苟弗及，苛责不旋踵，公酬应趣办，未尝使越公闻也。家素约，乃致力著逐，生业日厚。中外族党济其乏、存其孤，岁饥振其乡里，而媢公者多嗛之。有王复，因逻卒夜帅其徒斧闼入，尽掠公赀而入海。适海运舟遇复，掠之，千户德流于实见执。公之弟，今浙江行省平章国珍，乃合族人乡丁数百人，敛兵治械，遂而击之，王就擒，奉德流于实归。参政朵儿只班以闻，授公仙居丞，人赏各有差。公夙负其才，又官乡邑，民间利病所素习，剖牒谳狱听决精审，民悦吏服。里有赀家失物，疑其宗人，诬告之，公廉得其情，抵告者罪。俗多讼讦，或杀其子指仇家，累岁不能结其案，公博以耳目，得佐谋者一二人，痛治之，严示教条，风以衰息。部使者岁再至，诿公录囚，援律评事，咸适厥宜，人莫敢谒以私。公既官守，诸弟得服田里，业益富，仇公者憾益深。公躬往谕抚之，比至，则谋者势益逼，度不容居，举宗入海避之。仇者得计，遂挤公益力。有司来逐公，公得其逐者，辄礼而归之，因以状吁冤。朝廷遣左丞帖里铁木尔慰安公，公帅诸弟谢罪，自陈愿毕力海漕报朝廷，乃为立巡防千户所，即授公兄弟千户，赐五品服。

至正十五年，公护漕抵直沽。号令严明，粮舶悉集，有旨升千户所为万户府，授亚中大夫，上万户，佩金符，赐金系带一，宴劳以遣之，仍下诏禁止人无得造衅豢漕事。十六年，平江陷，丞相达识帖睦尔檄公总舟师往讨之，届昆山，接战数十，杀获甚众，既而平江来归款，乃罢兵。还录其功，升万户府为防御运粮义兵都元帅府，即进公通奉大夫，为都元帅。

十七年，有旨，锡公袭衣、宝刀、御马。公倍感激，乃分兵扼温、台、庆元三郡，以保障海隅。明年，江东畔兵陷建德，瞰绍兴，势殊鸱张。时南台移置绍兴，内外振动，省台驰檄旁午，公捍御多方，寇莫能犯。中原道闭，使臣之往来，海以为陆，公每具资粮送迎无阙，凡海舟唯公号是视。前此海道中断，公遣官从浙省计未决，而户部尚书伯颜贴木儿来，命公帅诸弟发船装粮于平江，公罄力董其役。朝廷赏公，升福建行省参知政事。十八年，升资善大夫，同知行枢密院事。明年，升荣禄大夫、江浙行省右丞。朱玄璋侵衢、婺，公计可使招来之，二年始得其情。于是朝廷遣尚书张昶等来与公会议。至台，将由婺以趋集庆。时苗军据婺州，其将王保等杀渠帅出奔，过仙居，所□纵剽，昶急与公谋，公曰："今招安之事垂成，而苗军忽变，必入吾境，则吾民必见害，而彼闻之，将疑我怀去就，我请往谕保等，庶乱可弭。"乃引百余骑至仙居，遣属僚馈保等酒牢金币。保阳诺请约束，其军□纵剽自如，公重遣人往戒之，是夜二月二十一日也。迨四鼓，保军围公营数匝，矢石雨注，公不意其变，帅麾下起力斗，手杀十数人，而矛中折，遂遇害，同死者若干人。公子明巩、明敏闻难起兵来，未至而保等间道出新昌，竟遁免，我军追弗及。事闻，赠谥褒崇优于常典。卜以至正二十三年十月二十一日葬公涌泉之原。娶同邑于氏，封越国夫人。子三人：长明巩，今资善大夫、江浙等处行中书省参知政事，好读书、通兵法，恭以下士；次明敏，今奉政大夫、江浙等处行枢密院判官，知学，有勇力，善骑射；次明伟，今奉议大夫、浙东道宣慰副使签都元帅。女三人。庶男二人：德忠、德庆。庶女三人。孙男二人：麟、凤。

公性□□，而虑事缜密，拊士卒皆得其欢心。每论议必俟群言毕，乃择可否从之。虽贵登三事，于乡闾谦抑无矜志。仇者有悔罪来谢，待之如初。此功名之士所以为公惜也。乃志以铭曰：

方古受氏，爰自姬周。辄宣中兴，方叔壮猷。叔也流泽，覃及后裔。代为名人，□美厥世。章安之胤，旷坠罔究。肇自越公，实大以茂。笃生荣愍，恢弘英发。鲸拔山耸，鹏搏风烈。大舰千艘，公董漕输。声威奋扬，扫迹天吴。皇嘉锡之，重圭叠爵。暨于诸弟，犀联玉错。新定陷逆，公护海邦。诏使协谋，致其来降。妖氛忽惊，变作于婺。公仁弗揃，往以善谕。畴谓狡谖，□□我师。仓猝搏战，身以殉之。功虽不卒，名则不没。公有令子，克继其伐。涌泉之原，灵归孔安。岿若坠碑，过者轼旃。

至正二十四年岁在甲辰（空）月（空）日建。

注：①方国璋（？—1362），黄岩人。佃农出身，兼贩私盐，元末浙东反元起义军领袖之一，与弟方国珍多次反元、降元、复反。降元期间曾任仙居县丞、防御运粮都元帅、衢州路总管等职。至正二十一年，方国璋于仙居设宴款待杀帅反叛的苗将王保等人，劝其约束苗兵，后遭王保袭营，力战而亡。元朝廷追封为越国公，谥“荣愍”。据《台州金石录》载，碑高一丈三尺，广四尺，厚二尺。额篆书三十六字，径三寸四分。文共三十六行，行八十字，正书，径一寸。碑在明朝政权建立后，其子孙因碑文中有“朱元璋侵衢婺”等语而埋之，后于清同治十三年秋在临海涌泉寺东半里出土。刚出土时尚完好，后断为两截，再后剩不足四分之三。现藏临海东湖公园碑林内。

②名与字同，疑有误。参考其弟方国珍，名珍（后避讳改真），字国珍（后改谷贞），方国璋或名璋，字国璋。

方国珍①神道碑铭

故资善大夫广西等处行中书省左丞方公神道碑铭

洪武七年三月某日，资善大夫广西等处行中书省左丞方公，殁于京师钟山里之私第。既已襄事，而墓门之石，未有刻文。九年冬十一月，其子礼恐公群行堙没无传，请于大都督府，移交中书，中书下礼部，于是尚书臣筹以其事闻，制曰可，遂敕翰林学士承旨臣濂为之铭。

臣谨按留守都卫经历天台詹鼎状公之行曰：公讳珍，避庙讳更名真，因字谷贞，姓方氏。其系分自莆田，再迁台之仙居，三迁于黄岩，遂占籍焉。公长七尺，状貌魁梧，而身白如瓠，有伟丈夫量，未尝宿怨，识者已知其为贵人。

至正初，李大翁啸众倡乱，出入海岛，劫敚漕运舟，杀使者。时承平日久，有司皆惊愕相视，捕索久不获，因从而绥辑之。剧盗蔡乱头闻其事，谓国家不足畏，复效尤为乱，势鸮张甚。滨海子女玉帛，为其所掠殆尽，民患苦之。中书参知政事朵儿只班发郡县兵讨蔡寇。公之怨家诬构与其通，逮系甚急。公大恐，屡倾赀贿吏，寻捕如初，公度不能继，且无以自白，谋于家曰："朝廷失政统兵者玩寇，区区小丑不能平，天下乱自此始，今酷吏借之为奸，媒蘖及良民。吾若束手就毙，一家枉作泉下鬼，不若入海为得计耳。"咸欣然从之。郡县无以塞命，妄械齐民以为公。民亡公所者，旬日得数千，久屯不解。朝臣察其非罪，奏为庆元定海尉，使散众各安其居。

自时厥后，汝颍兵大起，海内鼎沸。齐国忠襄王李察罕保厘河洛晋冀；李思齐、张思道号令关陕；陈友谅、明玉真分有江汉荆益；张士诚据淮浙；公亦有庆元、台、温三郡之地。同县章子善者，好从横之术，走说公曰："夷狄无百年之运，元数将极。不待知者而后知，今豪杰并起，有分裂之势。足下奋襼一呼，千百之舟，数十万之众，可立而待。溯江而上，则南北中绝。擅馈运之粟，舟师四出，则青徐、辽海、闽广、瓯越，可传檄而定。审能行此，人心有所属，而伯业可成也。"公曰："君言诚是。然智谋之士，不为祸始，不为福先。朝廷虽无道，犹可以延岁月。豪杰虽并起，智均力敌，然且莫若为主，保境安民，以俟真人之出，斯吾志也。愿君勿复言。"子善谢去。公自是其官累迁至江浙行中书参知政事。会有诏征兵讨张士诚，公遂出师。士诚知公且至，遣其将史文炳、吕真统十将军兵七万御公于昆山。昆山去姑苏七十里，士诚之伪都在焉。文炳、真陈兵城中，仍以步骑夹岸为阵。士诚命游兵往来，旌旗数十里不绝，气势甚盛。公曰：滨海之地，非四达之衢。乃复参用步骑兵。虽众不足畏也，公舟师仅五万，身率壮士数百趋奣子桥。文炳、真使十将军薄水战，矢石如雨，公戒其众持苇席，借涂泥，冒矢石急奋。夹岸之军以火箭乱射，公燎及须鬓，横刀大呼而入，杀两将军及十余人。军大溃，若禽鸟散去。公与壮士追击，趋其中坚。文炳、真接战。公出入阵中，所向辄披靡，桥左右水骑讫不得成列，而岸上军又散北。文炳、真弃马走，亡七将军，溺死者万计。公乃次兵于岸，明日又战，七战七捷，直至城下。士诚得报，遣使者送款，请奉元正朔。公还。遂以节钺镇浙东，开治于鄞。元之君臣多公之勋，复数加爵赏，俄至太尉江浙行省左丞相，赐衢国公印章。昆弟子姓宾客，皆至大官。

当是时，今上皇帝龙兴临濠，定鼎金陵，天戈所指，无不箪食壶浆，以迎王师。上亲取婺州，而衢处相继降。公曰："吾闻顺天者昌，逆天者亡。今临濠兵精甚，所至无坚城，此殆天命之所在也。逆天不祥。"即遣子完入侍。上喜曰："自古英雄以义气相许，当如青天白日，事成同享富贵，何以质子为。"遂使完归。公复遣使者，愿守城邑，如钱镠故事，岁贡白金，以给军赀。上许之。然犹自海道输粟元都。时群雄方争，上方励志中原。公独屏蔽江海，使者交于二境上，唯求庇民而已。苗军刘震、蒋英等叛婺州，杀首帅胡大海，持其首来曰："愿隶麾下。"众皆贺，独公不许，曰："吾昔遣使效钱镠，言犹在耳，今纳其叛人，是见小利而忘大信也。且人叛主而归我，即他日叛我，又安可必耶。"遂帅师击之。仲兄中流矢而没，上遣使临祭，且慰抚其遗孤。越数载，上诏大将军徐魏公平姑苏，缚士诚献京师。公以久疾不视事，又幕府宾客无所陈说，失朝贺礼。上怒。大军且压鄞。公忧惧不知所为，乃封府库，具民数，使城守者出迎，躬挈妻孥，避去海上，使完奉表谢曰："臣闻天无所不覆，地无所不载，王者体天法地，于人无所不容。臣荷陛下覆载生成之德久矣，安敢自外于天地。敢一陈愚衷，惟陛下裁幸。臣本庸才，处乎季世，保境安民，非有黄屋左纛之念。曩者，陛下霆击雷掣之师，至于婺州。臣愚以为天命有在，遣子入侍，于时固已知陛下有今日矣。所谓依日月之末光，望雨露之余泽者也。而陛下开诚布公，赐手书，归质子，俾守郡县，如钱镠故事。十年之间，与中吴角立，皆陛下之赐戢也。逮天兵下临吴会，臣尝上书，谓朝定杭越，则暮归田里。不意今年以来，老病交攻，顿成昏昧，而弟兄子侄志虑不齐，致烦陛下兴问罪之师。方怀忧惧，未能自明，而大军已至台温，令臣计无所出，虽遣使再三，而承诏之师，势不容已，是以封府库，开城郭，以候王师之至。然犹未免为浮海之计者，昔有孝子于其亲也，遇小杖则受，大杖则走。臣之事适与相类。虽然，臣一介草莽，亦安敢自绝于天地，故每自思，欲面缚待罪阙庭，复恐陛下万一震雷霆之怒，天下后世议者，不谓臣得罪之深，将谓陛下不能容臣。岂不累天地之大德哉？谨昧死奉表以闻，俯伏候命。"

上览表，趣公入觐。公至京师，上且喜且让曰："若来何晚也。"公即叩首谢罪，上以公诚悫，遇之特厚，每赐宴飨，皆与功臣列坐。未几，有广西左丞之命，俾奉朝请。一日侍上燕，坐不能兴，舆至第，则成末疾矣。上数遣中使赐问，官其二子。礼，宣武将军佥广洋卫亲军指挥使司事；完，忠显校尉虎贲卫千户所镇抚。令公得亲见之。已而公疾革，上遣中使问所欲言。公指使者中坐，良久曰："臣荷陛下厚恩，无尺寸之功。而子孙庸鲁，绝不知人间事，臣所忧者独此耳。幸陛下以臣故，曲加保全，则臣感恩九泉，为犬马报陛下矣。"言毕而逝，寿五十有六。上闻，哀悯之，亲御翰墨为文，命官致祭。皇太子暨亲王亦如之。中书省大都督府御史台亦皆奉上旨临祭，成礼而去。

先是，公病时，尝属诸子曰："我即死，毋归葬海滨。主上遇我过厚，可求皇城外之地埋焉。且使后人习于理义。"及是卜城东二十里玉山之原，惟右礼部为奏请。上欣然可之。于是以某年某月某日葬。礼也。公世为善人，而其父尤柔良，人弱之，屡致侵蚀。父笑曰："吾诸子当有兴者。毋久苦我。"其后五子果贵显。元季以公之贵，得屡赠三代。曾祖天成，荣禄大夫湖广等处行中书省平章政事；祖宙，光禄大夫福建等处行中书省平章政事。勋皆柱国，爵皆封越国公。父伯奇，银青荣禄大夫淮南等处行中书省左丞相上柱国，仍追封越国公。曾祖妣陶氏，祖妣潘氏，妣周氏，妻两董氏，皆封越国夫人。子男五人，其二即礼与完，其三曰本、曰则、曰安；女五，二适士族，余在室。孙男六。

隋大业末，海内纷纭。汪华聚众保民，据有歙、宣、杭、睦、婺、饶六州之境。虽屡受隋爵，及唐高祖有天下，遂封府库，籍民数，以归职方，擢为歙州刺史，殁于长安。其事与公似无大相远者，盖公以豪杰之姿，庇安三路六州十一县之民。天兵压境，避而去之。曾无一夫被乎血刃。其有功于生民甚大。然而天宠所被，赐官丞辖，享有禄食。而二子皆列崇阶，赫奕光著。视唐则有加焉。于是历序其故，著为铭诗，以宣朗国家之鸿烈，而及公保民之伟绩云尔。铭曰：

元季纷纭，群雄相吞。公据海滨，志欲靖民。黄屋左纛，我非敢觊。绥定一隅，以候真主。曦驭煌煌，出自东方。天威奋张，孰敢不来。王乃籍土地，乃封府库，大开城门，委之而去。皇帝诏还，喜动龙颜。卿能庇民，朕数嘉叹。卿居海邦，倚水为强。旌旗扬扬，武夫洸洸。舳舻数千，横行海中。诸蕃畏威，莫越其封。炳乎几先，能顺天命。卒全黎元，兵不血刃。何哉暴强，驱民锋镝。酣战弗禁，身乃就殛。以此较彼，卿实为能。爵之崇阶，禄给子孙。天语褒嘉，金宣玉奏。公拜稽首，天子万寿。惟公挺生，人中之豪。功在三府，其惠孔昭。华之保歙，事与公类。至今庙食，春秋不废。公虽殁矣，德曷忘矣。太史铭矣，发幽光矣。

注：①方国珍（1319—1374），名珍，字国珍，后因避讳改名真，改字谷贞，一作谷真，黄岩人，元末浙东反元起义军主要领袖。初与兄弟等人以佃农及贩私盐为生，因仇家冤告，遭官府追捕，遂逃往海上，劫夺海运漕粮。后聚众数千，成为第一支反元起义军，引爆反元运动。曾于黄岩杀临海籍状元、浙东道都元帅泰不华。在元朝廷镇压与招安中反复，官至江浙行省左丞相，封衢国公。朱元璋建立政权后，归顺明朝，领广西行省左丞职，留居南京。方国珍占据浙东期间，曾于临海建立政权，今临海城内尚有望天坛、红牌门等旧迹。洪武七年（1374），方国珍因病去世，葬于南京城东玉山之源。朱元璋亲自设祭，并命翰林学士宋濂作《神道碑铭》为祭，即上文。此据宋濂《宋学士文集》录文，编者点校。

明代

马汝珦[1]墓志铭

故元封忠翊校尉庆元路同知昌国州事马公之墓志铭（题）

先君讳汝珦，幼讳公准，字纯仁，号北沼，姓马氏。台黄岩东山人。曾祖讳采孙，祖讳景昭，宋太学上舍生。父讳绳翁，元仙居县儒教谕，母戴氏。

先君生于元大德己亥正月二十五日巳时，初在母妊，而父教谕公殁，殁四十五日先君始生。自幼能好学立身，事母尽孝，奉先尽敬。凡姻族之贫者周之，死无归者葬之，里中盐贾酒课之征不能办者，代与输，官人咸德之。至正戊戌，江浙行省以宪府举其文，榭[2]为台州上蔡书院山长，不赴。后以子宗邉官敕封忠翊校尉庆元路同知昌国州事。大明洪武壬子二月二十四日以疾卒于寝，享年七十有四。孤宗邉等卜以是年八月十六日庚寅，奉柩葬于黄岩县飞凫乡北山，合先妣宜人之兆。宜人车氏，同里、清逸先生讳琮老之女，先四年卒。男四人，长宗迪，庶也；宗邉、宗榭、宗选。女四人，适杨文会、牟锡、车世传、余太和。孙男九人，仲照、仲鱼、仲羔、仲熬、仲煦、仲爊、仲燕、仲黑、仲熙。孙女七人，适胡祖斌、于华，余未行。曾祖孙男七人，士仰、士佐、士位、士佳、士任、士□、士□。曾孙女一人。

乌乎！先君幼丁孤苦，长能继沫，以振家声，其所以诒子孙者益裕，年逾七十，有孙、有曾，政宜优游□享期颐而天者夺之，子欲养而亲待矣，可胜痛哉！□有日前秘书揭公汝为铭，以著先德。孤宗邉等粗述卒□岁月纳诸圹。

孤哀子宗邉等泣而谨识。

前翰林国史院编修官同邑赵友蔺填讳。

注：①马汝珦（1299—1372），曾名公准，字纯仁，号北沼。黄岩人。有文名，曾被荐任台州第一家官办书院——上蔡书院山长，未就任。志石在椒江洪家西山妙言宫东路廊，同墓碑一起被农民作阶石。石高66厘米，宽49厘米。无额，文18行，行25字。出土情况不详。

②文意不通，疑为“檄”误。

方克勤行状

先府君行状（题）

呜呼！惟我先府君之卒，不肖孤既以十年二月二十四日，奉柩与先妣林夫人合葬于深湾童施山之原。复惧盛德未纪，无以明示来世，疾首痛心，以日以夜。然斯事至大，非托之立言君子莫能传。而当今天下所师所宗，言而传世者，惟夫子为然，况不肖无状，又获出入门下，玷弟子之籍，是用不避诛责，衔哀叩诚，顿颡上请，伏惟怜察焉。

呜呼！先君讳克勤，字去矜，姓方氏，其先出于桐庐，玄英处士于宋初十五世祖，二十四府君始迁宁海侯城里。世敦儒术，为邑礼义家曾。大父讳重桂，乡贡进士，有学行，学者尊之曰“介轩先生”。大父讳子野。父讳炯元，鄞县教谕，皆以长者称；夫人叶氏，宋丞相西涧公，从曾祖也。

先君生而端重殊常，五岁能读书，自辩章句，年十余，暗记五经，为文有奇语。里中老生啧啧赏异，呼为神童。稍长，阅关闽遗书，叹曰：“为学当如是矣。”遂刮去浮藻，竭心推性命之秘，闭门讲习，不知饥渴寒暑。年十八九，充然成德为名儒，受业质疑者继乎门。先君口举手画，横分竖贯，曲折明备，各称其所欲。初，邑人自宋季以骈俪雕刻为学，莫有谈周公、仲尼之道者，至先君始以《易》教授，开陈其说，士俗为之大变。至正甲申，江浙当大比，先君就之试。时有司以讳忌去取士。先君言时务，历数往昔治乱之由，以为如是则治，否必败。见者相顾出舌，曰：“奇才！奇才！贾谊弗过也。”竟不敢第先君名。

先君纵观南宋故都，为文贯酒，酹岳武穆王墓，歌《黍离》之诗，慷慨泣数行下。望者以为异人。会番易董彝先生为庆元路儒学正，先君从之游。董先生素以通《易》自名，先君与之辨质羲文大旨。先生不觉自失，曰：“子信不可及。”愧其门人者久之。先君自是道益明，志益坚，知元之将乱，弥自韬晦，穷理致知，以尽其变，至于阴阳消长之度，礼乐名物之数，井田封建之制，躔次疆理之说，咸求折中。授业者日益多。

会海东盗起，江浙行中书檄吴江同知金刚奴，以白金募民为水兵。先君曰：

“此关利害，吾其可不言！”乃诣金刚奴曰：“民之为盗者，或迫于饥寒，或祛于徭役，今斯民固无赖矣，奈何使其去妻子而为兵？几何不首为盗耶！是所谓致盗，非御盗也。”金刚奴怒而去。已而水兵果中道杀护吏，逃去从盗。金刚奴逾垣走，折一足，始悔曰：“吾不从方先生言，以至于此。”未几，侍御左答纳失里至郡，议招谕刘中丞基为副。先君上书陈剿捕之略，不宜姑息。刘君奇先君言而不能用，遂至郡县陷没，民受其害。先君发愤称疾，决意不出，行入山谷，采松柏啖之，或辟谷绝食，累日不返。然益务开淑后学，讲说君臣父子大义以动之，闻者心解，或至洒泣。是时他乡民多着鹖冠，操戈剑，从权贵剽劫，独所居乡无一人附乱者。乡邻有讼，或相率就先君取平，先君教以礼让，多致感悔，或来馈谢，则却不受。当路以幕府事屈先君议，先君谢不肯，曰：“我辟谷久矣，弗足与人间事也。”闵民忧世之志，每于文辞见之，君子谓先君制行廉正如陶潜，策时事善中如贾谊，造诣深、天资和毅无愧程伯子，识者以为然。

丁未冬，大明兵定郡县。先君著国家所以兴亡之故为书，欲诣行在献之，其目曰“举贤才”“安人心”“黜豪强”“除暴敛”“明教化”，其略以为：“人心者，国家之元气，教化所以变，养元气之具也。不任贤才，则教化不行。不去苛敛，则人心不安。失人心而得天下，蔑教化而求治平，非所敢知也。”如是者累数千言。

洪武三年，郡辟为邑庠师。先君日以师道磨砻学者，昼夜辨析，谆谆不懈，四方后进负笈求听者百余人，人人有所闻，学者私称不敢以姓，因所自号称愚庵。先君既以太夫人春秋高，自罢归，从而归者踵相接，一庠为空，远至稍稍散去，至今称师道之盛，必以先君为言。四年，行部使者袁君宏以书币来征，先君亡逸他邑，郡吏诣门请，杂逮姻连督索之，先君不得已乃出，时年四十有六矣。之京师，诣御史执政，两以母老辞。执政询以政治，乃惊曰：“今列郡阙守长，而先生适至，朝廷之幸，吾安敢蔽贤。”即下铨曹，以《易》试，中第二，遂锡冠带，授济宁知府，阶朝列大夫。在官周三年，省宪考绩，为六府最。八年春，入朝天子，以为善治民，锡燕仪曹，遣践旧职。濒行，奖谕有加，且曰：“政成，当显用汝。”先君拜谢而退。三月重至官。越五月，知曹县事。程贡尝以不职被笞，恨先君，上封事言状，诏御史杨某按核。杨适程故人，恐程坐诬罪，易民服，潜索先君过事，逾两月无所得，乃捕府中吏卒系之，考掠无完肤，无一可问者。杨惧，与其吏谋诬先君私用仓中炭苇二百斤。时十月，未尝附火，而苇则盖公宇垣，实无私用者。强卒以此诬先君，先君不与辨，遂得罪，谪江浦。终岁，将释归，会印章事起，吏又诬及。九年十月二十四日，遂卒于京师，享年仅五十有一。

呜呼痛哉！初先君受济宁之命，以为非常之恩，不可不尽力。到部为书，悬之通衢，谕以朝廷养民之意，孝悌忠信之道，俾民有所不平，诣府自言，禁吏不得叱呵之。日引耆耋之士坐语，问以得失。郡学官阙、先圣庙颓坏，先君聘前进士为师，弟子未备者选充之。役浮屠，葺庙堂，凿庙前地为泮池；撤佛庐，增廊庑，度庙后地为射圃；造弓矢，置旌鹄，日视学，率诸生习业。始郡兵后，人未知学，先君以身为师，为之立章句、谨节文，讲内圣外王之道，不逾时皆化，儒服者斑斑间出。郡邑之内，学舍数百区，在弟子籍者二千人。始有诏民辟芜田者，后三岁乃税，吏邀近功，不俟至期征之，复以田定其繇，民滋惰，田不增辟。先君知其故，下令申前诏与民约，俾以丁男定繇，著册书，列民之丁产为上、中、下等，下等析之三则。每有征发，自上定之，吏无所措其奸。岁时躬出郊劝督，见长老勉以教子弟，令子弟以力田，欣欣焉如戴父母。初至大歉，民仰给它郡，先君竭诚抚辑，不敢劳之。岁暮转戎衣于燕。时有令，役民舟者有诛。旁郡俾民以牛车从事，天雨雪，牛僵死相枕，济宁民请以舟就役，僚佐畏令难更，先君曰："吾知从民便，抵法非所辞。"即以舟载，具白于山东行中书省，省义不问。后他郡车输者雨雪沾毁过半，民卖车牛以偿，且弗能足，破产者十八九，而郡民以舟得无害，指天泣曰："活民者，方使君也。"郡仓粮绝，省檄民七百里转粟青州，民苦不便，漕军者自淮安输济南，正道郡境，先君以为便，就输郡仓，而俾济南转青州粟，道且便，告于省，省不从，即以闻户部，户部奏可，省臣大愧。

郡城圮，旧以兵筑，指挥挟贵人势，当五六月，役民万余筑之。民不得穑，哀号即工，声闻数里，旦暮不休。先君忧愤不食，曰："民病不救，焉用我为。"密闻中书，众以为且得罪，不敢署名，先君独署之。胡丞相以闻，即日诏罢。先时不雨，先君袒跣遍祷群祠，涕泣卧祠下，誓不雨不止。至是诏至，民欢呼而散。

大雨如注，是岁五谷俱熟，民歌曰："孰罢我役，使君之力。孰成我黍，使君之惠。使君勿去，我民父母。"自是连三岁三祷，皆有年。

五年夏，邻邑蝗，先君忧之，移书社神，变食省过，夜焚香吁天。俄闻空中薨薨声，烛之皆飞蝗。是秋，四境外皆饥，独一郡完熟，人以为异。先君于去民害如饥渴，或无已劳之事，辄却酒肉不御。凡诉讼者，随事裁决，大者笞辱，小者谕遣之，不留状牍。尤慎于狱，月录日省，不俾淹滞。或事未具不决者，时为糜以食之。夏秋之税，旧以斛卒持概，高下出其手，或累旬不收，民至谓仓为阱。先君令民自持概，斛卒敛手，不敢出声。遇将获敛，预以书与民期，民争来输税，群集时夜到仓下，不敢就寝，民信且悦，不遣一吏，而税常先足于他郡。江西、浙西二省，有诏输粮百余万于济宁。水陆三千里，先君视之如己民，不使有丝毫怨抑。常制每斛别增四升，以补腐耗。先君怜其道远可念，言于朝蠲之，二省民感泣。及朝京师，民之在京者数十辈，拥拜马前，曰："此我输粮时老父也。"

旧征州县吏皆以隶卒，往往求索无厌，先君下信符，置邮而召，莫敢不至者。信符之籍，以印识而中分之，或属之吏，则托日月稽违，图贿利。先君自箴之，缓急之期，一自己出，由是吏弊诞息，复下其制于州县，断吏卒毋渎民。有故皆以信符召集，以故民得一力耕桑，而襁负来者相属。四年，户仅三万，税万余石。八年，税以石计者，增至十四万四千七百，户增至六万有奇。二州十县，狱无滞囚，郡狱几空。民有积粟，野无饥殍，鸡犬牛羊，散被草野，富庶充实，俨如承平之世。

先君奉神事上尽礼，社稷山川诸祀，在境内修饰坛埠，置祭器、祭服、湢浣之类，躬亲为之。周垣之外，树以名木，将事之际，一如仪则，无或怠惰。水驿始在西门之内，卑陋污湿，居者弗康。先君料材木，俟农之隙，更作于南城之阳，庭堂室房，弘敞幽严，百需之具，举无阙者。冬寒河冻，驿船不行，则伐木为炭，穿土穴藏冰，因其余力，以集事功，计精虑密，出人意表。泗水经郡城，南通淮、江，北引河、济，地势高泻，故构石为闸，而时畜泄之。鲁桥、枣林二闸岁坏，石填河中，舟道难之，役闸丁緪坏石，治砖灰，杂土筑成之。故以苇囷蓄粮，火屡为灾，先君教民为陶，作瓦屋百余间，严饬火令，编民居为曹，互相救恤，火患为息。

先君在官，未尝一时闲，虽无事，终日冠带坐堂上，召诸吏授以诗书法律，盛暑严寒不废。公牍堆几，群辨哗然，片言折之。大将军魏国徐公、曹国李公等，率士马百万之燕，驻郡颇久，要官势吏，征索粮刍，争欲先得，相索授喧错于前。先君从容酬决，无不如意，一军称能。永嘉侯朱亮祖，将舟师数百艘北征，会河水涸，舟胶不能动，大怒，召先君曰："即具五千人浚河，不者以军法论。"时日且暮，先君不忍烦民，退而祷于天，夜三鼓大雨，黎明河水涨数尺，舟竟去，莫敢言者。先君为政，以教化为先，能以德胜，佐贰始或倨慢，先君愈诚待之，卒愧服，愿为弟子。武夫悍将，或不为礼，久乃化戢信爱。凡任吏，取质讷少文者，必躬先之，俾入于善。不喜近名，常称曰："务名者必树威，树威者必害人，害人以利己，吾不忍为也。"府庭之前，不陈杖械，皮鞭挂楹，示不妄罚，有过者告以道理，使之自愧。始而疑，已而服，已而信，为不可及。至以吏议南还，民号呼填道，如失亲戚，随而行百余里者数百人。郡之子弟，员登成均者，闻先君卒，奔走合门外，恸哭失声。

呜呼哀哉！先君孝爱切至，事教谕府君卑声婉色，惟恐弗至。及海寇乱，劫村落，焚庐舍，府君躬负太夫人入山中逃，不暂顾妻子，两踵血流不恤。及出官外，遇太夫人与己初度，南向望拜，竟日不乐，稍遇奇味，辄涕泣曰："太夫人不食，吾何食为。"悬弃之，至败臭乃已。遇二弟，师训父育，终身未尝变。待朋友有恩，好赒急难。居济宁，南冠过者，必以酒米馈之，同郡者加厚焉，同邑者又加厚焉。告寒与衣，告饥与食，不能行者，僦舟以送之。同郡士为莱芜丞，欲迎其母而告无赀，先君以一月俸金与之。同僚以事夺，无所衣食，先君岁买布帛以遗之，日召之对食，遇夜邀至家饮，终三年如一日。所入俸禄，月二十石，尽以散朋友，不少吝惜，自奉甚薄，不服纨绮，不帛襦裤，一如布衣时。或陋先君，先君曰："吾道当尔。"日不再肉。或日无事，辄却去，曰："禄不可徒食也。"每夜则拜而陈其所为事于天。始至，斛米可易白金三两，先君日食之余，尽留之官，以纾军食。或请先君为家计，先君曰："先国可也，敢射利乎？"所居室坏，吏请葺，不许，曰："毋以我故劳民。"出俸赀买苇席障之，令蔽风而已。床榻左右，杂置图书，入其室者，若无人然。居官五年，惟一子及一童，时人谓先君不堪，而先君安之。兖州守因童进二水瓜，先君笞童数十，而召州吏还之。乡人为他郡县令，以一焨雁侑书，先君却去，与绝交。或以为大甚，先君曰："吾非市名性，不喜分外耳。"至于薪刍之微，皆易以粟，一芥不取于人。每行县，以物自随，杯汤不肯受。去官贫甚，鬻所乘马以行，行李萧然，观者叹息。

呜呼哀哉！先君面白如玉，须眉秀丽，不妄笑语，不旁观视，动容周旋，必以礼法，率真任质，不事表襮。与人交好，不以久近冷热，一立谈顷，洞见肺腑。发言持论，一本于正，性命之道，晚益精熟，荣辱利害，视之若一。临终之际，知非自致，超然委命，颜色不改。

呜呼痛哉！先君之学，明白纯正，以绍述考亭为己责，所志益深且远，逢时得位，亦欲推以淑斯人，否则退隐邱园，传其业于书，以诏后世，皆未能究，而天夺其年。天耶！天耶！曷可信耶！诸孤之痛，曷有极，而罪曷可量耶！先君所为文辞，多不留稿，有《汗漫集》若干卷，藏于家。

林夫人讳姬，妇道冠九族，先十五年于元至正癸卯九月十四日卒。生子男二人：孝闻、孝孺；女一人。再娶夫人王氏，讳在，生女一人，未弥月而夫人卒，庶母董氏育之。董氏生男一人，曰孝友。

呜呼！先君之道，盖法时乎《易》，取政乎《书》，主敬乎《礼》，体和乎《乐》，雅言以《诗》，制事以《春秋》，其深高博大者，虽不可测，而知然而，家焉，而有善俗之化；官焉，而致富庶之治，发之乎政事，著之乎文辞，比于古之贤人循吏，未之或加也。然古之人，有若此而传者矣，亦有不传者矣。其传者，必其居高位者也，必其有后人者也，必其得立言者传之也。其否者，或位卑而人弗知，或其后不足以彰之与无传之者耳。今先君之位不显以殁，殁未数年，而知者寡矣。后之十年，知者不尤寡乎？又后之百年，其复有知之者乎？虽有不肖之孤存，然年稚身贱，言未信乎天下，行未出乎四方，孰从而传之乎？纵有所待，安知其能必至乎？此所以不得不悲且惧，而汲汲图之于夫子也。夫子哀亡悯存，而赐之铭，不惟诸孤不敢忘，先君亦且感德于地下不朽矣。谨状。

注：方克勤（1326—1376），字去矜，号愚庵，宁海人（时属台州）。明初名臣方孝孺之父。因曾任山东济宁知府，又称方济宁。早年参加元末科举，因针砭时弊，未被录取。明朝建立后，先被征辟为县学训导，后在吏部考试中列第二，授济宁知府，为官清廉，注重教化，兴利除弊，令济宁大治。后遭诬陷，被去职，即将释归之际，因“空印案”牵连，卒于京。方克勤墓在今象山县西周镇万金山村童施山七星岩下，该村原属宁海，解放后划归象山。此行状（叙述死者世系、生平、生卒年月、籍贯、事迹的文章，作为撰写墓志或史官提供立传的依据）系方孝孺请宋濂为父作墓志铭时所撰，《逊志斋集》中有载。宋濂《文宪集》中有《故愚庵先生方公墓铭》。因墓志铭与行状内容大体相似，故择方孝孺亲撰以录，编者点校。

叶见泰[1]墓志铭

明故刑部主事叶见泰先生墓志铭（题）

先生讳见泰，字夷仲，姓叶氏。族出宋丞相梦鼎。祖某，父某，皆不仕。当前朝时，学尚科试，弃去学剑焉。读古今兵法，悉知用兵之道，环视守土臣皆暗庸，不足与为成事。遂航海至中原见总兵、河南王阔扩帖木儿，连三上书论天下形势。不报。先生笑曰：“竖子之事可知矣。”去。依中书左丞李彦文。彦文曰：“吾在中书久，试阅天下士，无如子奇。”荐诸朝，授翰林典籍，不乐居也。归。会天兵取台州。先生衣褐衣，造军门，谒其师，师促见，语三日夜不休。署部从事，下永嘉，取福建、两广矣。

朝廷遣使至安南，帅选先生介其行，卒能以礼居长。偕其使致贡阙下，皇上愉悦，授高唐判官，迁睢宁令，升桂林府贰，寻以家居。久之起为刑部主事。先生历四官，惟在睢宁之政，民至今乐道之，而在刑部也，事出于其不能已然，亦棘棘不挠附。

年四十有九，卒于官。先取王氏，继室方氏。生子男四人，女二人。长子昂，年少而又先卒。於乎！人谁不学，学而能如古今治乱兴亡者鲜矣。知足以及之，而才不足以用之，犹如无知也。才足以用之，而不遇乎其世，与无才者同也。譬如舟楫既具，不遇臣风，则不能纵漫海中。世何以见其舟楫之能若先生者，岂非命也。夫先生善古文，词意完洁，不侈之以为豊，不刻之以为瘠，曲畅中理度，世以此推服。要先生自视之不为贵重也。右少与昂游，事先生以师礼。先生爱右殊甚涸，半酣抵掌历论，已而叹曰："吾将老矣！能无望诸子乎？"及今不十年，而先生父子俱殁。俯仰身世，抑可悲矣！

铭曰：台山之侧，有气如虹。播为五彩，飞结太空。望者以为至宝之钟，岂知其下为先生之幽宫。盖其精英蟠聚放，郁达而葱葱。吾知世有知者，当曰此人中之雄。惜乎其命之穷，竟抱才以终。

注：①叶见泰（1341—1390），字夷仲，临海人。曾奉朱元璋之命出使越南，归后历任高唐判官、睢宁县令、桂林同知、刑部主事等职。与其弟叶见恭为明初名士，与方孝孺之父方克勤为挚友。墓及墓志均未见，以上出自《天台林公辅先生文集》，编者点校。

方孝孺[1]事状

正学先生事状（题）

先生名孝孺，字希直，姓方氏。裔出桐庐玄英处士，宋初徙居宁海缑城里。曾祖子野。祖炯元，鄞县儒学教谕。父克勤，母林氏。以至正丁酉生先生，癸卯母没时方六岁，哀慕如成人。洪武辛亥，随父知济宁，谒曹国李文忠公，公礼貌之，期为国士。乙卯，父被诬下狱，上书丞相府，愿以身为军赎父罪。丙辰，以文谒金华宋太史公于翰林，公视其凝重不迁于物，颖锐洞释诸理，有"喧啾百鸟中见此孤凤凰"之喜。馆置左右，谭经历三时。会父坐空印事，草疏将诣阙伸理。值父没，扶榇归葬。丁巳，太史公谢事还浦阳，先生复执经往侍。凡理学渊源之统，人物绝续之纪，盛衰几微之载，名物度数之变，无不言之。析于一丝，会归大通。每粗发其端，即能逆推而底于极。见于论著，文义森蔚，辞濯然常新，未始有竭，进修之功，日有异而月不同，仅越四寒暑而已。庚申之秋，归省祖母。公惜别，因叙其素有之善，勖以远大之业，且曰："予所许者，不独在文。后二十余年，当信其为知言。"辛酉，公徙蜀，先生往省不获，为文吁天，愿以己之寿年输委，乞延师命。壬戌秋，在郡城会叶、林、张、陈四君子，登巾山绝顶，纵谈千古，竟夕不寐。先生自以此乐乃苏子瞻死后三百年所无也。癸亥，召至京，以疾还。壬申，复召，除汉中府学教授，有令许至家与妻偕往。癸酉闰四月到任，时京府启储君。四川遵蜀王命，俱以乡试考文见征，先生辞四川赴京府。甲戌春，朝蜀献王。道经夔，得谒宋太史公墓而恤其家。王好善忘势，召对不名，赐号其读书之室曰"正学"，学者称为正学先生。自是，书启往复无虚时，其赐教有曰："阖门忠义，为百世光华。"先生谢云："惟当克己慎行，益励夙心，体国忠君，不负所学。"丙子，考文京府。戊寅，高皇帝宾天，皇孙嗣位，召为翰林博士。己卯，升侍讲，命考文京府。庚辰，复司会试。一时君臣道合，有大制作，若《省躬殿铭》《凝命神宝颂》《御史府记》《东瓯王神道碑铭》，皆出先生手。

是时，海宇谧靖，幽州兵起。先生忧国，追惟刘中丞基，为之泪下。未几，天命有归，先生以死殉君，至于夷灭不变。上距宋太史公惜别时，适二十余年矣。知德之深，知言之至，至是信哉。

为文雄迈醇深，所著述有仅存者，然当时有禁。又五十年，乡之儒绅始搜辑成帙，锓梓以传。南安守华亭张弼题其卷后，曰"笃信好学，守死善道。宇宙之间，仅见此老。"九原有知，亦足以少慰也。夫予小子，景仰先哲，直以甲子书其所信者，以示不忘。

弘治己酉五月朔。

注：①方孝孺（1357—1402），字希直，一字希古，号逊志，因其故里旧属缑城里，又称"缑城先生"；又因在汉中府任教授时，蜀献王赐名其读书处为"正学"，亦称"正学先生"，明代台州宁海人（今属宁波）。为宋濂得意门生，后为建文帝之师，曾修撰《太祖实录》及《类要》等史籍，被姚广孝称为"天下读书种子"。燕王朱棣发动"靖难之役"，方孝孺因拒绝为其草拟即位诏书，被杀于南京聚宝门外。其兄孝闻先死，弟孝友与孝孺同赴刑场，妻郑氏及二子中宪、中愈自缢死，二女投秦淮河死，宗族亲友前后连诛者八百四十七人。南明弘光帝时追谥"文正"。方孝孺墓在今江苏省南京市雨花台区雨花台东北山麓。明万历年间，神

宗下诏褒录建文帝时期忠臣，方孝孺得以平反，时任南京官职的戏剧家汤显祖，在聚宝山木末亭下找到方孝孺墓，重新为其修墓、建祠。此后历代均有修葺，现存墓碑是清两江总督李鸿章所立，碑右书“同治五年八月重修”，左书“署两江总督李鸿章敬题”，中刻“明方正学先生之墓”。因方孝孺受刑而死，遭灭“十族”，初始墓葬情况不明，也未有墓志信息，该事状系明代临海陈纪于弘治二年（1489）所撰，时距方孝孺死已八十余年，收录在《逊志斋集》中，编者点校。

徐善述①墓志铭

故左春坊左赞善徐公墓志铭（题）

永乐甲申春，诏简东宫官属，时詹事、春坊司经其长贰，以廷臣兼之，次简六科、中书及太学、郡县学官，升而用之。自太学升者两人，博士天台徐善述好古升左司直郎助教，郓城晁铸景范升右司直郎。其学问之正，操履之笃，温厚而简静，皆为缙绅君子所重，以为辅臣之良也。后十年，景范年八十，奉命致事归，好古升左赞善。永乐己亥九月，景范卒于家。十月己亥，好古亦卒于官。盖缙绅君子又皆嗟咨悼，伤老成之丧也。

好古一志儒者之学，尤邃《书经》，其讲说及作为，经义皆精确，非众所及。少为郡学生，已有声誉。洪武中，初行岁贡法，首充贡入太学，六馆之士皆推之。祭酒宋讷严不可近，独礼接好古。岁余，诏选太学生为州县教官。好古为首，授桂阳州学正，赐敕符。后丁父忧，服阕，改和州学正。用荐升国子博士，经其教者率有成。尝预纂修翰林者累年，考乡试者一，考会试者二，士服其公。其在春坊，一用所学，进对之际，简明质直，必据正理，故尤见礼遇。而卒之日，皇太子亲为文祭之，极褒惜之意。好古平居寡言，其中所执确然，未尝枉己徇外。性澹泊寡交，处家贫于自足，手一卷虽老不释，可谓贞而绝俗者矣。年六十有七而卒。

徐世家天台，宋之亡，其幼主趋庆元南奔，元兵追之。徐氏有为进义副尉者，率乡兵扼关岭之险，元兵不能度，宋主得浮海去。元兵既入天台，徐氏无少长皆被害，独乳媪负所乳儿脱走得全，好古高祖也。自高祖至其父，皆业儒。好古娶朱氏，邑名家，有妇德，先卒。子男二：行、衎。女四：长适翰林庶吉士、永嘉王道；次适同邑朱夔；二未行。孙男三：光孝、光奇、光茂，女一。既卒，之明年，行、衎奉柩归，卜某月某日，启其妣之窆而合葬焉。先事以庶吉士叶颖所述行状请铭，士奇初被征，与好古同事翰林，及其擢春坊，又同寮，相与二十年，知之深矣。为之铭曰：

忠信以为车兮，廉洁以为旃兮，道乎平直之衢兮，确乎不可以渝兮，展乎君子之儒兮。

注：①徐善述（1353—1419），字好古，天台螺溪人。永乐时期，徐善述为太子朱高炽之师，被尊为“先生”。徐患病，太子亲往探视。徐病逝，太子亲撰祭文。朱高炽即位后，追赠徐善述为“太子少保”，赐谥“文肃”，并敕有司在其墓前造享堂，立“帝王之师”匾额。村亦因此更名为“享堂”。清康熙年间，堂宇有损，康熙帝敕赐重修。徐善述墓在天台县东小径山，为县重点文物保护单位。墓志铭系明初重臣、著名学者杨士奇所撰，此据《东里集》录文，编者点校。

余昳①墓志铭

耕趣处士余君墓志铭（篆额）

赐进士出身南京国子祭酒前翰林侍讲谢铎字鸣治号方石谥文肃撰文。

赐进士及第通议大夫南京工部右侍郎署尚书黄曜字孔昭一字世显号定轩篆额。

赐进士出身员外郎福建按察佥事前刑部主事林克贤字一中号抑斋书丹。

台之黄岩有耕趣处士余君，以景泰壬申三年二月十三日卒于家，将以明年十二月丙午葬于里黄岭之原，其冢子英翰讳从贺，字振觚，又字英翰，邑庠，名挥锦，号高轩，惧泯其先德，乃奉台州府儒学训导应君志和状，不远二千余里来南京国子太学求铭刻于墓石以葬之。

处士名畎，字廷信，耕趣其号也。第十八世夏房一支、祖讳纬介，字钟野，邑庠生，又字廷信。为宋孝子元卿公即始祖之裔，以儒起家，代有闻人。曾大父思贤公讳宜羽，字雅修，又字思贤，邑庠，名奏钧，号舞庭，从昌国判官盛象翁先生游，道学源委，乡人咸师之。大父国琛，讳化浃，字儒林，郡庠，名国琛，号子优。父承隐，讳制孟，字鼎夏，邑庠，名承隐，号用堂。母沈氏。处士生十岁而父殁，即端重如老成人，时暴横某某，侵其先业，几不能自存。处士励志勤苦，卒能树立，事母孺人尽其敬养，以孝称于乡里。抚弟妹尤笃友爱。弟夏房二支，祖讳纬仪，字钟灵，又字廷美。长亦能助以勤俭，平居惟农是务，课僮仆耕耨与凡治生之述，莫不有条，由是处无不秋，而家日以裕，人有以田园售者，不利其产，必倍值与之，故产业多归焉，而人无怨恶。既而内外食指日夥，仲欲折居，遂权其家业中分之。女弟及笄，归士族杨则逊，奁具甚备，后杨家计中落，处士周给不倦，不数年而杨夫妇继亡，遂鞠其二女于家，迨长为具资装以嫁。其族弟有少孤在外者，收育之，复割舍与居，为娶妇焉。邻里有丧不能葬，及窘衣食、困徭役者，为之安厝，赒恤扶持之。友人有罪当戍于边，贫弱不能全，处士为佣人代往焉。邻境巨姓有以事逮系于官，馈处士白金五十两求援，处士还其金，为画策脱之。每处饥必发所藏粟以赈贫乏，少则远籴以继之，人赖其惠，全活甚众。有所贷勿能酬，辄焚其券不问，乡人多称为长者。有不平诉于处士，得其剖理，皆心服无间言。尝创一祠祀其先祖，其制度悉遵《朱子家礼》，又建庵墓所，处时省祭，以致其哀慕之情。处士居室规制宏壮，宾馆门塾各中其度，处延名师教子孙谆谆，以无忝所生为箴。从子昶讳从明，字振叟，天顺七年贡士，名昶，号春晓。冀好学，伊游泮庠将第仕焉。处士性质直，不妄言笑，内外肃如，及接人则和气蔼然，延宾客虽不嗜饮而荐酬尽欢。其自号耕趣者，念托迹荒村，颇得田园之趣，且并欲示子孙以勤俭也。故其中表考功员外郎李公茂宏记之详焉。至是而卒，远近哀之。洪武甲子时十六年[②]九月十七生之处也，享寿六十有九。配鲍氏，有淑行。子三人，长英翰见前；次英朗讳从旭，字振明，又字英朗，早卒；三英岐讳从豳，字振凤，又字英岐，邑庠，名雍，号西鸣，俱读书，能世其家。女一，适里人程显高。孙七人，宏德字丕溢，贡士，名臻，号秋崖，系东江祖；宏准字丕行，迁绍兴；宏亨字丕遇，迁北岸西凤；宏伦字丕超，系东涧下梁祖；宏昇字丕梁，出继二支山下祖；宏恕字丕墟，后迁罗家汇；宏贞字丕宇，出继二支，系西徐邵岙祖。孙女一，适周氏。

呜呼！陶朱猗顿之富，世有及也；金张许史之贵，世有能也。惟孝友仁义备于厥躬，如处士者为难焉。处士之行傅之足为世法，则铭奚宜辞。铭曰：

惟古有士，孝弟力田。于今求之，处士则然。施之于家，行无弗俩。服勤畎亩，爰适其趣。德积厥躬，善及乎人。宜膺福祉，无愧天民。有宁其宫，黄岭之阳。山川郁盘，允嗣其昌。

明成化五年岁次己丑中秋立。

注：①余畎（1384—1452），字廷信，号耕趣。黄岩人，生平不详。志石在黄岩螺洋馒头山黄狗盘窝，已残。石高185厘米、残宽73厘米、厚15厘米，白石质。篆额周饰云草纹，文16行，铭2行，纪年1行。原石四分之一被截，今剩四分之三，中间被凿4孔，作为抽水机座，后被余氏后裔搬回，立于墓前。上文据《余氏宗谱》载录，小字部分应为后人补注。

②洪武甲子为洪武十七年，原文有误。

林鹗墓志铭

刑部右侍郎林公鹗墓志铭（题）

成化十二年十二月丁丑，刑部右侍郎林公卒于位。皇上震悼，命翰林院撰文，礼部官谕祭，工部营葬事，其谕祭之文有曰："存心正大，操履端方，有守有为，贤声日著。"士大夫凡与公厚者，方以公不幸不极其用而遽尔陨逝为憾，及得谕祭之文，莫不感叹称诵，咸以谓皇言虽简，而公平生大概，尽见于此，死且不朽矣。

公讳鹗，字一鹗，其上世自闽之长溪徙台之黄岩，近析邑之太平乡为县，故今为太平县人。曾大父讳养民，号石林；大父讳从参，俱不仕。父讳纯，仕为湖口县训导；母赵氏，生母程氏。公登辛未进士第，明年拜江西道监察御史，阶承事郎。三年考称，给敕进阶文林郎，赠父如己官，封嫡母太孺人。丁丑，擢镇江知府。壬午，当道者以镇江事简，而公才长于治剧，请与苏州知府姚堂两易其地，诏如其请。公在苏州仅一年，超拜江西按察使。又三年，即迁右布政使，寻转左。庚寅，拜南京刑部右侍郎，阶嘉议大夫。未几，丁太孺人忧。服除，召为刑部右侍，通前。任满考，锡诰进阶通议大夫，赠祖及父皆刑部右侍郎，母赵加赠淑人，生母程始封大淑人。

公始终历六官，再守大郡，二刑曹于两京，出入中外，率称官守。其为御史时，适朝廷方重台谏，一时言事之臣捃摭过实，公独持大体，略细故，有所不言，言必当其实，与山阴沈性齐名，而简静过之。时举以总三法司奏案，士论推重。尝监京府试，大臣子有不预荐者，意考试官故黜落之，以沽强直名，诬其取士不公。公邑人林挺适入试，在中列，疑公有私，逮挺考讯，将中公以法，及吊所试卷考验，皆如格，事遂得白。英庙复辟，凡前日言事臣过讦者，率左迁其官，特召大臣擢其得大体者知大郡。公得镇江，陛辞，召见，谕以擢用之意，赐食大官，兼给钞为道里费。公感上知遇，至郡，举偏补弊，凡前政之废弛者，次第兴举之，未尝一言暴前人非。其调苏郡，俗喜夸诈，好兴作，公一切镇之以静。其所建革，必详审至再，然后施行。苏人以公有雅望，责旦夕效，于是颇有后言，久而见公所处置事，一一各有深意，然后帖然大服。镇江曹河经孟渎颇险，言者请凿河，自七里港引金山上流通丹阳以避之。巡抚主其议，公以其迂远而多石，且坏民田庐墓甚多，言于大臣，请按京口闸、甘露坝故迹，因而浚之，以通舟楫，春夏以闸，秋冬以坝，则道里近而功力省。从其言，果便。至今过者必指曰："此林太守之功也。"苏学庙像岁久多剥落，或欲因其旧而修饰之，公奋然曰："塑像非古，我太祖于太学易以木主，百年夷俗乃革，彼未坏者，犹当毁之，幸遇其坏，易以木主，有何不可？"或以坏圣贤像为疑，公曰："此泥土耳，岂圣贤！孔子生于佛教未入中国之前，乌识所谓泥像哉？况古人席地而坐，政不如此"。闻者皆服。廉宪江西，一时僚贰分巡各道者，人异其见，往往用己意出入于法。公一正之以律，多所平反。广信民妄传天神夏尚书等，远近惊疑，公榜谕之，且戮其魁，其怪遂息。又尝以岁饥奏减恒赋十五万石，禁乐户买良为娼，遏岭南峒寇，不使入境，江西士大夫至今称良，方面者必归焉。在刑部三年，罪无大小，必加研审，其或未当，必从容请于大司寇，务得其情，合于法而后已。故狱经公者，咸称无冤云。

公事之暇，辄危坐，阅书史，临古帖，作楷书，夜分乃止，五鼓辄起，率以为常。闻人有异书，必求之，既得，手自校雠，有未安者，访善本是正。奉身俭薄，甚简言语，少嗜好，待下过严，而于交游不苟合。事母程淑人，尤极其孝敬。母性严，终日侍立，未尝少暇以辞色，有所不惬意，则跪请移时，虽终夜不敢离左右。家事大小，必以咨决焉。

於乎！若公者，岂古所谓笃行君子者欤！

注：①林鹗（1423—1476），温岭人，景泰二年进士。先后任镇江、苏州知府，江西按察使，左、右布政使，南京刑部右侍郎，刑部右侍郎等职。成化十二年因病卒。嘉靖中，御史赵大佑上奏其节行，朝廷赠刑部尚书，谥"恭肃"。据地方志载，林鹗墓在太平县（即今温岭）治东芝岙，出土情况不明，此据《国朝献征录》录文，编者点校。书中并有明代名臣吴宽所撰《通议大夫刑部右侍郎太平林公神道碑》。

余公①志铭

瞻西余公志铭（篆额）

公姓余氏，讳□，字□□□，号□□□□□□□，自宋时邑西秀溪迁罗川郡，有闻，人为儒族，公为恒轩公□□之孙，为义□灵石公□纶之子，□□□□孝子亲友乎兄弟仁子姻故□□□□□□□予同□□□继抱病归遇□□□读复厥□□□□□□□□□□□□□□□□德□□性不苟于□□传不沦□□□□□□□□□□□□□□□□以□吾志□□以享素□郡□评事□□□夏候尝□君□曰□□不□退而婶□解冠□□□□□□□短□霞□长□□□□城□□□□□□□□□□□□□□其谓谁意公之名表□乡行征乎像

□□□□□□□□□雍门之丧，即以嘉靖癸巳八月初□日□□□□□□成化癸巳年正月十三日寅时□年有六十，有□□□□□□生，配柏山张□义士思□女内□□□有□□□子男二：长屿□聪颖英发，有青云器，游□不年□□□□□□斋，女□□□□次兴□□甫四岁□□□□□□□□□□□□□□□□□□出其□称其□□□□□□□公后□□女□□□□□生□□□□□□训子□□□乡巨□□□□□□□□又次□聘邑□□□适继□在室公□□友□□克至□□□□以□□冬□□贰日举窆于居里□□□□□遂铭以□永□坊□□□□以辞□序而铭□曰：

怀□□□□厥躬□不可行□□□□德振□□□物□□□谖□簪绥我最□□世□□山容永□□幽光既固既安利□嗣胤祚□□□孙□□□□□□□□

嘉靖甲午岁腊月吉旦□□□□□□□□□□□□□□

赐进士出身承德郎尚宝司司丞姻友王坊□□□□志□□

注：①志主姓名及生卒年、生平均不详，志石在黄岩螺洋余氏宗祠内。白石质，高61厘米，宽59厘米、厚55厘米。文22行，行23字。大部分文字已漫漶不清，难以点校。此据《黄岩金石志》录文。

张震[①]圹志

明故处士省庵张君圹志（题）

君姓张氏，讳震，字用省，别字省庵。曾祖讳烈，元季始自邑南之清阳徙居柏山。祖仁弘，父国政，母王氏。君性聪敏，喜亲贤师友，日以读书赋诗为事。且通于书□，□善鼓琴。尝作山堂于□居之南以教子侄。其所居有八景，因命曰《书堂八咏》，一时能诗书者咸为之赋咏焉。俄而□疾。既革，嘱其子侄曰："我不幸遭此，治不起矣。汝等能求哀□之章于贤士大夫，则我不与草木同腐矣。"语毕而逝，得年三十有七。配赵氏，同邑横屿□□之女也，有贤行。子男三：长照、次炅、次冕。女二，皆幼。

君生于洪武丙子三月十又一日，殁于宣德壬子十月又六日。殁之后二年甲寅十二月十又一日，葬于里之夏□山之原。初，君生未晬而丧其乳母，长兄嫂孙氏鞠育之。既长，事其嫂如事母。至是垂殁，谓其嫂曰：“吾少育于嫂，他日拟取韩退之故事以报，不意之至于此也。吾负嫂恩矣！”呜呼！若君者，未可以死而□死之，不亦可悲也夫！予与君甚相好，姑述其概于□纳诸圹。若其善行之足以传不朽者，尚图乞铭于当世立言君子以揭诸墓上之石云。

岁次甲寅十二月十一，太常博士李匡□。

注：①张震（1396—1432），字用省，别字省庵。黄岩人，生平不详。志石高36厘米，宽46厘米，厚5厘米。文连题20行，行20字。出土于黄岩区，现藏黄岩区博物馆，此据该馆录文。

钱茂律妻卢桂[1]墓志

明故钱宜人卢氏墓志（题）

陕西等处承宣布政使司右参政前礼部左侍郎兼翰林学士知制诰东鲁许彬道中撰文。

奉训大夫吏部文选司员外冯翊董鼐篆盖。

奉训大夫山西蒲州知州同郡徐孚书丹。

陕西同州知州钱茂律之妻宜人卢氏，以天顺二年正月二十七日卒。其生则永乐己丑八月八日巳时也，得寿五十。将以仲秋之吉，遣庶子絨扶榇归葬重晖乡西山之原，乃状其始末，以予旧官翰林，有游从之雅，求予为铭以纳诸幽。

按状：宜人讳桂，姓卢氏，世家台之黄岩，玉川先生之裔也。南宋时，有知鄞县事者，与陈了翁相友善，至为亲序其行。又有举进士第者，尝上疏赈饥，乡人德之。事载黄少保淮所撰其父墓铭。曾大父孟容，大父仲集，皆隐德弗耀。父贵服，安恬履素，乐善好义，尝出粟助官以赈贫乏。母萧氏，严而有教。生五男，一女，即宜人也。

宜人在家庭克孝，父母爱之厚。且善女红，有机见。母尝以家事委之，宜人综理周密，闺门雍睦，讫无间言。母见甚爱重之。为择所归，奇君端重简穆，器宇不凡，且领乡荐书，遂以归焉。其资装之厚，倍于他族。君时遭家不造，日给澹泊，宜人尽出所有，以资日用。事夫孝谨，得其欢心。相夫有道，平居未尝有亵慢语。事无巨细，必咨禀而后行。他若厚宗党，睦姻戚，奉祀延宾，使众之道，一由于礼。性好施，遇贫病者，则赒恤之。事佛老者，则斥远之。君家食时，宜人每夕为张灯烛、陈简册，请君肄业，而己治纺绩之事不辍。如是者夜以继日。及举进士，连不得志于有司，退而悲愤，几不聊生。宜人宛转慰喻，使自宽释，或召亲族以相娱乐。既官同州，宜人常以姑老，违离左右，每念念不忘。尝具衣服衾褥以至袜履中裙之类，遣入驰献，岁以为常。君尝以事被诬，系长安，既得白，犹愤怨得疾。宜人在宦所，每餐稽颡北辰，求以身代。闻疾剧，复匍匐诣长安，躬视汤药，衣不解带，目不交睫者十余日，疾赖以痊。平居俭均，履荣宠而不骄，安贫贱而不戚。不厚他人之富，不疏骨肉之贫，自奉薄而逮下宽。男女非己出者，恩爱均一，人莫知其非己出也。而助益于君为多。君或为人所牴牾，彼不能反己自责，宜人必劝喻之，使引躬自咎，以释怨尤。或公退有不怿然者，曰："事求无愧耳。成败祸福听之命，何用不泰然哉！"宜人于君随事相规多类此。子男五人：长绮，聪颖过人，年十四而卒；次缯、繻、皆不育；次绒、次绛，侧室所出也。女一，幼，在室。

呜呼！先王盛时，德化流行，诸侯卿大夫妻皆秉德执义，称君子之行。当时形诸歌咏，传播后来，若《樛木》《螽斯》《葛覃》《采蘋》诸诗是已。则今之世有德善若宜人者，其可使之无传哉！书其事，刻之贞石，用志诸墓。

铭曰：礼著内则，诗咏宜家，维家之本，而德之华。良人为州，民之父母，猗欤宜人，徽音孔茂。隆尊惠□，咸和戚疏，外内以辨，礼节不逾。潜德幽光，始终不替，我作铭诗，传于永□。

天顺二年十二月初六日，孝男緎、绛，孝女岳云泣血立石

注：①卢桂（1409—1458），钱茂律妻，黄岩人，生平不详。志石高、宽均51.5厘米。文31行，行33字。1985年3月自临海市大田镇双山村征藏于临海市博物馆。

曹升妻应氏①墓志铭

（题泐）

赐进士……

赐进士都察院右副都御史……

赐进士南京工部右侍郎同郡范理书丹。

太孺人应氏，故泉郡教授赠吏科给事中曹公升之配，给事右参议曹君衡之母。成化元年三月间，参议闻孺人丧东还，归葬有期，过金陵，含哀诣予，请志其墓。予与参议先同官于朝，有气诣斯文之好，于义曷辞，谨按状为之书：

孺人黄岩宦族。高祖号平泉，任义乌教谕，学行著闻。曾祖师尧，祖邦民，父廷滋，俱读书尚义。母于氏，铜屿世家。孺人生长名门，素闻姆说，孝友出于天性。及归教授公，事姑克孝，理家克勤。后从官四方，内助益虔。教授公没，教男若女俱有成立。参议在景泰间任吏科给事中，克举厥官，蒙恩例赐敕曰："国家于任职之臣，必褒奖及其亲者，所以重源本也。□应氏，乃吏科给事中曹衡之母，有子效用，历年于今，皆其善德所致，兹特封为太孺人。"

教授公先娶三山官家贺氏，早世，继娶孺人。孺人生于洪武甲子，没于天顺甲申□月二十四日，春秋八十有一。子四人：岚、岩、山、崈。岚、岩贺氏所出，山、崈，孺人所出，山即衡也。□□人。孙男十八人，孙女四人，曾孙八人，曾孙女三人。□孺人成化元年十二月二十九日合葬于凤凰山金刚肚教授公之墓。呜呼！在家为淑女，及笄为善配，教子为贤母，若孺人者，其宜铭。铭曰：

生有善行，眠弗知名，惟由嗣者，以掩厥声。美哉孺人，有子贤能，克承诲

教，扬矛播馨。坤仪虽逝，厚德堪型，千祀之下，子孙绳绳。

注：①应氏（1384—1464），曹公升妻，黄岩人，生平不详。原石出土情况及下落不详。清代黄瑞藏有拓片，现藏临海市博物馆。折边破损。黄瑞有题记："明曹夫人应氏墓志铭，侍郎戚存心撰。光绪四年岁在戊寅二月十四日，同王耀卿游栅浦东曹曹氏祠堂访得之，今移置祠后院堂左佛座上，经火不完。子珍是日客葭沚水卡志。"又有题签注"天顺甲申"等字。据拓片，石高约44厘米，宽约40厘米，周有蔓草纹，文连题21行，行字抬头不计25字。

苏允熙①墓志

大明故苏君允熙之墓（志盖篆书）

考绍二俊士墓志（题）

考讳枯，字允熙，别号桂轩。先世出于眉山，讳迟者宦游台之临海，遂家焉。传高祖贵英府君，曾祖廷谏府君，祖守芳府君，俱隐不仕。

考性明敏，勤问学。祖守芳府君爱考才美，遣补邑庠弟子员。事师取友，诚而不伪。岁时归省，虽少遐，常惕然儆励。遇族姻财不丰者，为出资本而不收其利；长无室者，为之聘而成其家。追宴宾奉祭，以礼不苟。祖守芳府君溘焉长往，考事祖母柯孝心纯笃。兄弟八人，和气津津，未尝发一语为不弟不友事。

坦斋伯父不幸先二月卒，考亦不幸继殁，享年二十有九。呜呼哀哉！生于戊午九月初一日，卒于丙戌七月十六日。娶黄岩大溪叶氏，生燧与妹大奴，皆在髫龀。母之遗腹得一妹，名小奴。是岁冬十二月初九日，与伯父偕葬蔡奥之原。考在祖守芳府君坟右，伯父在祖守芳府君坟左，坟皆北向也。窆之日，燧持请述大概，以纳诸幽，为后日陵谷变迁有所考云。

成化二年十二月□日，孤子宗燧泣血谨志。

郡人章仲常填讳。

注：①苏枯（1438—1466），字允熙，别号桂轩。临海人，生平不详。出土共二石，均高36厘米，宽41厘米，第一石为盖，篆书“大明故苏君允熙之墓”，第二石为志文。1990年5月出于椒江区栅浦乡富强村，后藏椒江区文物管理委员会。

王球①墓志

公姓王氏，讳球，字克厚，行贤四，号憩斋。其先江夏人，十世祖志，宋镇东将军，始居临海□□□□□□□□如事，祖祚□居靖越门□□□□□□□□□□□□□□□生三子，公其长□□□□□□□□□□□以至百氏，靡不究其大义。为□□□□□□□□□致里人违行，若天水者必之公取直□以□□秋毫□人意，人□高之，必自审乃进。奉母以孝，□□弟御子孙、莅童使以友以慈。年六十四，以成化八年□□月二十三日考终于正寝。明年十二月壬申□□□□□□□□山之原，礼也。□人义慈赵氏，宋□□□□□□□□□□□□□□□□君子，奉姑□□□□□□□□□□□□□□□月，年六十□□□，遂合葬□□□□□□钅（按：缺右边），鋕，铮，鑶，錧，钺、郡庠□□□□掾；钭，侧室张出。□□□十二，女五，曾孙男……

大明成化九年岁次癸巳十二月六日……

注：①王球（1409—1472），字克厚，号憩斋。临海人，生平不详。志石高49.5厘米，宽37.5厘米，厚4厘米。文15行，行21字，楷书，字径1.5厘米。1993年2月5日，临海江南小溪村村民黄友善送交临海市博物馆。据述，系1992年在村附近后洋田水沟中发现，发现时已断裂为二，左下角有残损，文字磨灭甚多，系做砖瓦者掼泥断裂弃置于此，出土时间及情况不明。志主王球，民国《临海县志稿》有传，名误作球，所载事迹较志为多，其子王錧为桃源训导；王钺登进士，为鄱阳知县。陈瑊为其撰行状。

谢省妻王氏[①]圹志

亡妻谢安人王氏圹志（题）

安人石库王氏，故族廷辉之女。与予生同永乐庚子。年二十四，嫔于我谢氏之室。每劝予笃学成亲志，无昵情欲废业，遇祈寒之夕，率以膏一杯燃灯床帏中，相予拥裘坐诵，必尽膏而寝。后予登进士，任京官、郡守，安人寓宦舍，虽受恩封之贵，不自骄盈。居常食斥鱼肉，衣绝罗绮。有病其俭者，乃曰："君子苦志秉节，妾茹素衣布，分也，何病焉？"久得嗽疾，累作，药进即愈。今又作，药而不愈，以今岁十一月二十四日卒于家。享年五十四。子男三：长振声；次振彩，为吾季氏世懋后；次振郰，庶出。孙男二，孙女一。

呜呼！予不德，上天无佑，幼年失怙，景泰甲戌，严君弃养，明年仲氏继丧，成化辛卯，季氏亦逝，是月十六日，继母太宜人陈氏死，末旬日，而安人又告终。毒痛无类，天可问乎？予尝与季氏约同冢，前月已为五圹于所居后之东山，以一葬之矣。今又于十二月十七日开一圹以葬安人。余俟予与季氏妻、振郰之母合葬焉。

明成化癸巳十二月十六日谢省志。

注：①王氏（1420—1473），谢省妻，温岭人，生平不详。谢省，字世修，号愚得，温岭人。文中提及"季氏世懋"，即其弟谢绩。志石高36厘米，宽59厘米。文连题22行，行16字，字径2厘米。出土于温岭市，具体情况不明。

宝庆府知府谢公[①]墓表

吾友谢方石鸣治，书报其叔父宝庆公之丧，以墓表属予。予拉泪溺曰："嗟乎！公不可作矣。予小子夙奉知遇，联舟比席，书牍相往复，意勤勤不厌，诚不意其遽至此，敢有所孙，不为公身后役哉！"

其文曰：

公姓谢氏，讳省，字世修，世居台州黄岩县，今分隶太平县。为宋康乐公灵运之裔，国朝孝子温良之曾孙。祖讳立，考讳全，赠南京兵部员外郎。公以县学生举乡贡士，登进士。历官南京兵部车驾主事、武选员外郎，至湖广宝庆府知府，阶承德郎、奉直大夫，至中顺天夫。在车驾，领马、快舡及太仆孳牧马以百千计，谓为奸利所萃，禄奉外不私一钱。在武选，尝市一奴，后知为武官子，亟还之，仍俾从优给例袭父职。在宝庆，推堂食钱月数缗为公用，条民隐十四事上于朝。以春秋再行郊野，给民牛种多至数百。会府藏所积可支五年，乃简诸生少俊者教之，教于社而公食之者倍其数。又撮《朱子家礼》，并作《十勿》诗，俾民诵习，督民婚丧以拘忌勿举者数家。黜知县二人，籍其赃以代民赋。湖南北称良吏第一。公顾有所掣，谓不尽用，乞为教官，不许，连乞养疾，亦不许。既三年考绩，至中途，上疏径归。当道者交章荐之，而公竟不至吏部。盖公自景泰五年入官，至是为成化九年，年仅五十四而已。民相与刻石记德，越二十年思之不衰。

公归，无厚积，割私田若干亩，创为祠堂，岁一率宗人祭始祖之墓。既又与从兄、封翰林编修世衍筑“会缌庵”，作敦彝十二会以合族。又立乡约数事，开义学以教乡之子弟若干人。从子鸣治，以翰林侍讲、国子祭酒，两归其乡。公与作望海、仰高、采藻三亭，日夕游眺，大夫士相传为东南名声地。以公号台南逸老，称为逸老先生，鸣治为方石先生。两先生文学论议相上下，名节相激历，自谢氏有孝子、节妇以来，至是乃益显。公所著有《行礼或问》《杜诗注解》及诸诗文稿藏于家，而其诗尤清炼脱俗，为识者所重云。

公寿七十四，以弘治六年十二月七日卒，七年二月朔日窆于桃溪东山之寿藏。鸣治既铭公，又暨其乡士陈儒珍、郭端朝辈，议用吴渊颖故事，私谥曰“贞肃”。

呜呼！古者官人必言载采采，中世乡评或行核而月更之，贵实也。公践履施措，有古君子之风，顾进难退易，寡施而多敛，后之人或未能悉也。予故核行指事藉数而书之，以与铭并传焉。

公配宜人王氏。子四：声，先公卒；次彩、业、休。孙四：孝、闾、俭、祐。声、彩、孝皆县学生，彩出为公弟王城山人世懋后，公命也。

①谢省（1420—1493），字世修，别号愚得，晚号逸老。温岭人。明景泰五年进士，曾任宝庆知府。早有诗名，博通群书，著有《行礼或问》《杜诗注解》《逸老堂净稿》等，其侄谢铎为明代文学家，官至南京礼部右侍郎兼国子祭酒。谢墓情况不明，此据《赤城后集》录文，编者点校。

叶玄[1]墓志铭

明旌异散官叶公墓志铭（楷额）

明旌异散官将仕郎叶公墓志铭（题）

赐进士出身试刑部政范纲撰。

邑庠生王环书。

公讳玄，字孟洋，姓叶氏。实宋丞相梦鼎公之后。始家潢水，为台著姓。公之祖讳安，字伯静，徙胡窦。父讳汪，字世信；母沈氏。勤俭立家，赀甲于一邑。公生于洪武[2]己卯七月癸巳。为人宽厚长者，无物我间，赒恤匮乏，未尝有德色。弟妹之孤者，抚之如己出，长复家室之。乡姻旧婚葬不克举者，必捐赀以助之。蒙其惠而德之者众。成化甲午，应劝济，诏授阶将仕郎散官。士夫喜而颜其堂曰“义荣”，复为诗章以颂。是岁二月二十四日不疾而卒于正寝，年七十六。配邑名士赵公鹰之长女。安人生于洪武庚辰十二月丁酉。年及笄，归叶氏。孝敬宜家，克勤内事。邻戚有急，匍匐往恤，无亲疏间。先公一年卒，实成化癸巳四月八日也。享年七十四。越三年乙未十二月廿七日，合葬于上黄山之原。子男五：长邦昕，次邦明，邦显，邦鲁，邦恒。女三：长适乌冈曹建，仲适务后徐宽，季适玉泉胡阜，皆世族。孙男五：永纮、永绍、永纹、永细、永绎。孙女五。

呜呼！当国运灵长之日，为太平无怀之民，富寿康宁，子姓蕃衍，生同德，葬同吉，如公之夫妇者，几何人哉？葬之前月，其长子昕泣请予铭其墓。予素辱爱厚，知公之出处惟稔，故不辞而为之铭。

铭曰：既富而臧，既寿而康，维公夫妇，德音孔彰。上黄之原，玉泉之里，望冢思人，垂泣而已。

注：①叶玄（1399—1474），字孟洋，天台人。曾以德行获授将仕郎，为九品散官。余生平不详。志石高 46.5 厘米，宽 48 厘米。文连题 24 行，行字抬头不计 23 字，字径 1.5 厘米。出土于天台县，出土情况不详。

②以志主享年结合干支算，己卯年为建文元年。

叶朝恩妻赵仁恒[1]圹志

明故叶安人赵氏圹志（篆额）

明故叶安人赵氏圹志（题）

安人姓赵氏，讳仁恒。其先台之黄岩人，世家东浦。邑人称右族者，咸曰东浦赵氏。曾大父讳蕴川。大父讳仲金。父讳贵岳，别号两崖，刚毅磊落，为时杰魁，累举弗偶，卒劳邑庠。娶坊里应氏。应氏母早世，安人性笃孝，哀毁成疾，几至丧心，父崖翁逆知其病原，调治而愈。年二十七，归于我，尚悠悠切如存之感。遇四仲讳日，必洁水土物助祀事。益致养于崖翁不衰，既而卒，哀慕有加。又能以姊道宜其弟，以姑道兹其侄适。事舅姑如其所以事父母者，勉予以正。教子以义方，视蘖若己出，视妇若己女，处妯娌咸得其欢心。御臧获曲尽其恩惠，姻戚朋旧至，佐予宾礼之，毋若费。夙夜执女工，虽盛暑祁寒不少废。在中馈无巨细，悉寄董之，随所馈遗，由上及下，一味必分，自奉宁甘淡泊。晚当垂老之年力疾，事其姑徐安人靡顷刻怠，丧则致其哀。病转剧，朔望必识其期，凡荐豆所需，犹躬整治。此其大者，皆可述而志也。

嘉靖四十五年丙寅五月十七日卒，距生弘治甲寅二月十九日，享年七十有三。男二：长德潜，为邑庠生，娶畲川牟氏；次德温，侧出，娶安人女侄。孙男四：惟楷、惟植、惟梃、惟栈；孙女四：思敬、思媚、思齐、思训。卜在明年隆庆改元丁卯十一月二十七日，窆于三童乡高岙之原，距家南去五六里许。前一日，长男德潜雪涕，以其母葬期请予志，跪而言曰："母氏劬劳，昊天罔极。潜也不孝，既往背义方之训，不能善养，又不及禄养，以至于斯，罪不容死。兹于其葬，将丐诸贵显能文者以阐扬之，恐未免名位之重，而非所以尽自致之情也，愿大人志之，以垂不朽，他何忍言。"予曰："此吾志也。"遂泣而书之，因刻诸石。

大明隆庆元年岁次丁卯十一月二十七日，邑庠生、夫叶朝恩志。

资政大夫，南京刑部尚书，前都察院右都御史掌院事，眷生赵大佑篆额。

注：赵仁恒（1494—1566），叶朝恩妻，黄岩人，生平不详。志石高77厘米，宽60厘米。文19行，行30字。出土情况不详，旧在黄岩高桥三童岙下坦，被当作洗衣石用。

吴通①墓志铭

明怀远将军指挥同知吴公墓志铭（题）

奉议大夫宁府长史司右长史临海应镳撰。

中奉大夫广西庆远府知府临海周一清书丹。

中顺大夫福建建宁府知府临海贺浤篆盖。

诰封怀远将军指挥同知吴公通，以成化乙未七月十二日卒于正寝，享年八十有八。其长子台州卫指挥同知杰，卜于戊戌十一月初九日葬于台城东北塔山之原，具状闯门拜□请铭其墓。

□按状：吴贯直隶扬州之高邮。祖澄，前元时任张氏万户，迨我皇明洪武丙子从戎，征剿宣州、庆阳、庐州，俱有功。父性，调山东兖州护卫，功升府军后卫百户，征剿□五关等处，没于金华间。公时尚幼，蒙恩授锦衣卫优给。后调浙江台州卫。贞忠义勇，出诸天性。以生长太平，效劳无路，闲居无□自□，因取孙吴兵法，蚤夜习读。尝引长子杰至床前□□□明□，乃诏之曰："我藉先人之功，食禄天朝，已更二世，恨无汗马之劳以答涓埃，扪心汗愧。汝年渐长，宜不耽逸乐，倘烽燧有警，则竭力致忠。古语云大丈夫当效雄飞，焉能学雌伏耶！"

杰领教服膺，朝夕惕励。公遂以老辞于朝而授职于杰。正统间闽寇煽虐，势焰炽天。杰从总戎征讨，捣其巢穴，歼厥渠魁，而闽患始平，以功升本卫指挥同知。后以廉明正直，训练有方，推总卫事，士卒莫不惮其威，服其德。此皆公家训之严所致也。朝廷录其忠，诰封公如子职。今公寿逾八十，考终于家，讣闻，远近□□，□□□□为之流□。□公其可谓生荣而死哀者矣。

配陶氏，封太淑人，先公九年卒。四子：长即杰，娶指挥汤公女；仲介、叔□、季奇。四女，指挥同知刘原，千户徐福、王寿，闽县尹李公次子□□，其婿也。孙男六，长久本袭荫指挥，次□、正、□、□、銮。孙女七，一妻郡庠生徐品，一适刑部主事杨泽，一许郡庠生余颙，余在室。

铭曰：勇略蟠胸，□□□唐，干戈载戢，抚髀自伤。有子承之，奋发鹰扬，靖平闽难，功绩昭彰。升阶三级，节钺一方，恩赢紫诰，荣及高堂。平生忠义，白首斯偿，年逾八十，既寿而康。考终正寝，五福全当，事定盖棺，目断黄肠。佳城郁郁，塔山之阳，我铭弗妄，用表幽光。

成化十四年戊戌十一月九日立。

注：①吴通（1388—1475），临海人，行伍出身，曾任台州卫指挥同知、总卫事等职。志石高 60 厘米，宽 45.5 厘米，厚 9 厘米。文连题 27 行，每行抬头不计 36 字，字径 1.5 厘米。文字多有剥落，刻字较浅，有所不辨。1986 年 10 月发现于临海市东郊山宫后山村农民卢大友家，遂征藏临海市博物馆。

尹珹[1]墓志铭

明处士古愚尹公墓铭（篆额）

赐进士岁□□□八广心议姓生江正济书额（题）

古愚先生作俞岁于陈川南跳山之原，亡年是为正德庚辰。一日遇予言曰生六十有□，卷饫矣前去归途甫迩，古人多自□墓志，子和我者也，宜□□子墓曰先生其生矣乎，傳称视死如归。先生有之叙曰：先生名珹，字永目，姓尹氏，元杜□六使镇之七世孙，□□士耕乐君天锡子君此堆子乡而□不能□严孺人女丈夫也，教□□□□，先生少从德端范，公□□□□□公皆深受器之，形诸诗歌，学成□□事父母有养思实禄处弟有睦扁既复□籍诬戮之□家声并振，作宗谱而再修之□□□存庵，祀守名立之田，果乐从甯师在位□□□门礼遇□。

注：①尹珹，字永目，生平不详。墓志在二十世纪九十年代出土于前所（今属椒江）陈岙村，具体情况不详。据民国丙戌重修《陈川尹氏宗谱》，尹珹生于景泰甲戌十月二五日，卒嘉靖癸未十月十五日，享年七十有二，与铭文所记“正德庚辰”有出入。

□斌[1]墓志铭

……讳斌，字荣集，行……后有为南闽郡守凯公之……氏，遂家焉，迨处士四世也。处……恭，端方谨饬，为乡推重，而……我独以守拙为逸，性嗜澹……安，亦效庞德公之遗意也。……斗争者，公道以释之，是以善……二月九日卒于正寝，享年四……之从女也，有淑德。子男四，长……适西岙潘巨。孙男坳、堪。维岁……孤晖举其柩葬于本乡……铭，用垂永远。予虽衰迈，因其……

猗欤处士，谨饬条理，……人亡，德馨在耳。九……遗泽不已。

大明成化十九年岁次癸卯……

注：①□斌，字荣集，生平及生卒年均不详。志石发现时已残，出土情况不详，原藏临海市尤溪镇叶岙村叶功华家，后据拓本著录。

谢焌[1]墓志铭

九江郡守谢公墓志铭（篆盖）（题同）

尝闻崧岳降神，申甫挺特生之秀；星辰垂象，伊傅成不世之贤。调芳玉铉，致我后于三王；流泽阴崖，昭元勋于百代。随武既殁，赵文怀其余风；子产云亡，宣尼泣其遗爱。嗟乎谢公，斯之谓与！

公讳焌，字世华，台郡临海人也。申伯以王舅摄国，安石以公辅相晋，爰及有宋，奕世重辉。后主正宫，赞周南之化；生封鲁采，翊天祚之长。自时厥后，轩冕传荣。曾祖□□□□厚。祖子温，上饶教谕。父惟敦，赠御史。

公生而性德仁厚，处事和平，韵宇宏深，涯涘莫测。邓林□□，□□干宵之标；玉树联芳，烨矣颍阳之质。由是养高浙上，声满闽中。翠虬骧雾，必先阶乎尺木；紫燕还□，□□从乎步武。乃膺明经之辟，出为青襟之仪。吴兴先生，坐列四斋之品；关西夫子，堂有三台之占。风□□□，未展雄飞。寻以父艰去职，恫过乎哀，几致灭毁。服阕迁乔，尹邑寿宁，新造百责，仰资上供下字，□□□□绰如也。未几，再集于蓼。内忧创巨，因心卒至。释制，改尹奉新。期年之间，薄俗成大化，东风复枯条，□□□□□仞墙，辟巷陌于康道，库廒坛社，百坠一新，悉给乎公，无知也。不五载间，声敷物听，……以有为归之，乃有九江之委。莅任之□□□以□先，政以礼成。视合境如帐闱之内，抚编人有父母之恩。习其俗而均安之，识其惨舒而导……而蜀楚之咽喉，闽浙之控带，卫兵镇于南，畿州隶于□，□舟楫所至，货泉所由，豪商势贾……以洁毅御之，咸归节制。推厥被为，移于大治，则范□之……矣，夫何大圭……一碧，倏罩片云之阴。……秉德而处，万物不能害其贞，虚己以游，当世不能扰其度。均贵……荣辱于彼我。弃屣不辨，归来故园。对松菊以盘桓，继香山之初诞。侯伯周公，重藩李献也。台也……自若也。丁未莫春，遽□遐弃。有识知感，行道兴嗟。享年七十有五。生于永乐癸巳二月十八日巳时，卒于成化丁未正月二十三日寅时。将以次年戊申十一月一日葬于城南童家山之原。洪托在姻籍，感逝川之无舍，哀清晖之眇默，方高山之仰止，刊玄石以扬芬。

公之长兄熙为内江令，三弟煓领石楼教，四弟颎作惠州牧，五弟熑参广东政，六弟炳义官。夫人，西吴镇抚公女也；次室彭。男五人：坦、奎先公卒，壁亦义官，坚未仕，坊太学生。女适黄岩宪副应侄辅。孙人铎为郡庠生，表等皆龆龀。夫公之茂躅，宦几三十年，不服大寮，止于郡守；其所贮蓄郁而未舒，不若伊傅申甫之在商周，炳炳琅琅也。其命也夫！福善之报，有必在其子孙者。故序而铭之。

铭曰：山有乔松，郁若潜龙。斫而为桷，不栋闳宫。亦有良骥，千里跬步。困于盐车，不驾大辂。呜呼噫嘻，公其如之！去思睹颂，来暮闻诗。所遇时者，未竟所施。天意犹存，公多子孙。有子有孙，将大厥门。苟无先德，孰裕后昆！城南之墟，哲人蜕斯。蓝田美玉，荔浦明珠。百岁千秋，山川同辉。

弘治元年岁次戊申十月望前，姻人赵洪敬撰。

注：①谢焌（1413—1487），字世华，临海人。因文字漫漶有缺，生平欠详。据文中“九江之委”，查《江西通志》等，谢焌曾任奉新知县、任九江知府等职。志石高 83 厘米，宽 47 厘米，厚 5.5 厘米；志盖高 85 厘米，宽 54 厘米，厚 7 厘米。文 27 行，满行 40 字。1980 年出土于临海市城南乡（今江南街道）童家山，同年征藏临海市博物馆。

周一清①墓志铭

明故致仕庆远府知府周公墓志铭（题）

弘治庚戌十二月二十五日，致仕庆远府知府周公卒。距生永乐壬寅四月十二日，享年六十有九。孤宜阳将以公卒之明年辛亥十二月十八日，葬公于其邑之古塘门。先事，其舅致仕国子监丞陈公旅为致书于予，奉少参董公韬所撰公行状以请铭。

按状：公姓周氏，讳一清，字廉夫，别号退庵。其先洛人。晋中兴名将访渡江，家于闽之长溪，宋进士越自闽守台，卒于官，子孙因家于台之临海，至于今。

衣冠科第，代不乏人。其曾祖叔佐，元季累以博学宏词征，不起；从伯祖宗传，官中书；祖宗溥，拜芜湖令；父震，以栽授承事郎。

公生甫三晬，母高氏卒，父命庶母郑子之。髫龀，善记诵。成童，从内翰逸庵陈先生学，援笔成章，先生奇之，妻以女。正统丁卯入郡庠。景泰庚午领浙闱乡荐。辛未试春官，得乙榜，不就。甲戌登孙贤榜进士，观政刑部，拜贵州道监察御史。英宗复辟，首劾大学士江渊、陈循，尚书俞士悦等，皆落职远窜。寻劾都御史蒋林，处以重典。时内臣〔曹〕吉祥、武臣石亨等皆怙势鸱张，公奏请宜加裁损。未几，奉命按江西。先是巡抚都御史韩雍以言宁王不法事被谴，王益骄恣，公至，廉其下尤横者置诸法，且条列其骫法十事，朝廷命官覆核，解其护卫兵为南昌左卫，民资以安。每按部，激惕惟允，风裁凛然。

比还，以言事忤旨，出知临桂县事。县附广藩治，且有王府在，政繁民困，素号难治。公既领县政，廉勤明慎，上嘉下顺。民有诈盗至负逋者，匿其金数十镒于所私孀妇家，久讼未白。公阳怒解民衣，阴令黠卒诣孀妇收金，以衣为信，遂携其金来。事传声震，凡诸司有疑狱，皆檄公谳判，多得其情。会总戎提兵出田州，吕赵洞贼乘虚逼城下，守臣仓皇无策，檄公御寇。公籍城民为三：首攻击，次守城，次供饷。乡民则编部伍，立千百夫长以率之。夫长蒋彦僖鼓众不用命，公使彦僖得以功授巡检，遂人皆效力，而寇以退。时浙江佥事吴璘上疏举天下贤能，独荐侍郎周公忱及公二人为可用。

既而邻郡庆远僮贼韦福强作，杀同知叶祯，屠劘兵民无算。广西总镇大臣荐公守以弭贼，命下，公已丁继母倪忧还台。驰使抵台，夺情起之。公至庆远，躬召贼酋数十人，谕以恩信，皆欣跃愿归业农间。有不悛者，立斩以徇。郡境遂宁。值岁大侵，民将相食，公发官廪粟赈之。犹不给，乃悉出公帑金币远籴溥赈，全活不可计。所属三州六邑多土官，每输岁赋，以陆路艰险，为势家揽纳，石收白金三两。公下令只征半价，委官自纳，且有羡余。岁积至数万斛，贮于义仓，足济凶年。尝以城郭为保障大计，乃立重楼三檐于城门，俾高以视远，环城立串楼千余间，以蔽风雨，关外立十二堡，扼贼要冲，以护耕作。复鼎新庙学，公暇辄戾学，躬课诸生所业，造就者众。时广西八郡，独庆远寇不入疆。事闻，总镇而下皆贬秩，独公秩从三品□□贤能随……师至湖南，驿召公至帐前问计，公□□□□如指掌，韩益奇之。□□[②]……寅，公慈母郑讣□，将行……鉴成□众万余…………各持炮给其令曰：“公在郡无他故，贼何敢尔！少俟诸处兵集举炮，汝宜遍谕寨……尽歼之。”贼闻，方疑惧，适夜阴雨，炮发，贼惊走，寨民鼓噪逐北，贼自相刃，半投崖水……民千余人诣上司乞奏夺情，起公如临桂故事。公以父老恳辞，民皆泣别去。抵家……欲行，叹曰：“古人不以一日之养换三公，吾其可舍老亲而远仕乎？”遂赋《四宜退诗》……奉亲，扁曰“朱采”，祭酒周先生洪谟为之序。

居五载，铨曹劾公违例，奏令致仕。公……奉膝下。无何父卒。既卜吉以葬，复身作寿藏附之傍，树二碑，覆以亭，前列石……为之铭。台城东濠，多旷地，宋台守钱暄尝凿湖于兹，城中诸河水皆道……马公岱率耆民募公重浚。公曰：“此义举也。”遂捐赀垦浚，且作坝闸以……卒，台人皆怀而伤之。公子男一，即宜阳，侧室吴氏出，领丙午乡荐，……即逸庵之孙、监丞之子也。孙男七：銮、鋆、铿、镗、锵、镐、铎，皆岐嶷不群……官所至，绰有勋业，而自处进退，不失其宜。既没而葬，墓宜铭。…………也，夙夜寅恭。政平讼理，剪除群凶。擢守邻郡，谕盗归农。……寇穴以空。……心图养，不换三公。二十余年，昼锦雍容。有…………同修国史、莆田陈音撰。

注：①周一清（1422—1490），字廉夫，别号退庵，临海人。景泰五年进士，曾任贵州道监察御史、庆远知府等职。志石高53.5厘米，残宽78厘米，厚10厘米。原石已被纵横凿碎，并缺后截上部一小块，现存文字连题47行，每行除抬头不计40字，字径1厘米。志石系利用一宋人诗碑背面倒刻。1985年发现于临海市小溪乡（今江南街道）小溪村黄友善家，同年征藏临海市博物馆。周墓在小溪村北之伏龙山，土名花茶亭，二十世纪六七十年代被拆毁。

②志石自此行被凿断，中缺估约二行，文字不全。

陈选[1]墓表

大明广东左布政使陈公墓表（篆额）

大明广东左布政使陈公墓表（题）

赐进士出身南京翰林院侍讲学士奉直大夫前左春坊左赞善兼修国史充经筵讲官南昌张元祯撰。

赐进士出身亚中大夫浙江等处承宣布政使司左参政前兵部郎中分宁周季麟书。

赐进士出身亚中大夫浙江等处承宣布政使司左参政前户部郎中清漳林同篆。

呜呼！此吾友陈公士贤之墓。公有天下不可夺之大节，有足以济天下之大才，有不可遏于天下之大勇。国家承平日久，士夫多厌厌无气节，间有之，而检身之功或歉焉，故其发之也不耀，而其持之也不恒。如吾士贤，则何可议哉！何可议哉！

公讳选，士贤其字，别号克庵，世家临海。由乡荐同吾第庚辰进士，试礼闱时为第一人。筮仕监察御史，巡江西，理河南、山西、湖广、福建四道及三法司事，出督学政于南畿。升河南按察司副使，初治军政，继仍命督学。未几转按察使。太夫人卒，服除，升广东右布政使。亦未几，转左布政使。

公为御史，正色直言，不知权贵。尤严于君子小人之进退。时有二儒臣，将援幸阉以柄用者，公击之，得不进。修儒罗伦，以论时宰夺情谪官，公抗章留之，不报。其督学也，正己以范物，日与诸生讲明圣贤正学，丁宁以务实近理、毋徒辞章口耳之事，两地士风率为之变。长宪命下，立辨释死狱数百，贪酷吏为当道所亲知者百余辈，悉斥去。不两月，众弊一清。阉有广东人，势薰灼甚，在京尝来谒，不与见。其弟豪占孀妇之居，甫下车，亟夺还之。市舶之阉肆虐岭表，诸司素无敢如何，公独不少徇。阉因诬公数事，诏使临复之，无一可以缁公者。在广敷德意，恤民隐，更张弊政，惟日不足。冤抑之平返者亡虑数百。苏门答喇国入贡，供费当巨万；撒马儿罕使臣欲航满刺加市狮子以献之，具疏："民贫不可扰。"且谓"玩野兽，恐贻笑外番"，俱请却之。

公，福建右布政使讳员韬先生之仲子。自幼沉毅，寡言笑。尝从游检讨陈先生璲之门。其学粹然一出于正，其操履恪然一出于诚。其居此官，即欲尽此职；其行此事，即欲尽此心。其视去就升沉甚轻，心一在于生灵国家，余不恤也。官辙所至，无不感动响应者。巡江西，江西人到今万口一词，称颂为名御史。南畿、河南继公提学者屡矣，然切切感慕者惟公。以忧去，河南士民遮道泣送者万计。复相率立生祠及去思碑。

被阉诬时，兵民数万填溢衢巷，号诉于诏使，多涕泣者。阉复以赂嗾公所黜吏张纲者证公，吏死不从。公名满天下，天下士夫无问识不识，论一时正人，必佥曰“陈某！陈某！”睹风纪者或乏其人，必佥曰“此非陈某不可。”典铨衡者或非其人，必佥曰“此无逾陈某者。”公历官垂三十年，俸余悉以置思远庄，祀其祖及赒其族人，家更无赢赀。寄死于吾南昌，无以殓，吾与闵都宪珪、侯方伯英及其乡人王国宾永寿、应玉相璧共赙之。柩归复无以葬，浙宪使戴君珊更檄其郡邑资焉。卒成化丙午之五月廿一日，距生宣德己酉十一月二十八日，卒年五十有八。葬卒之明年正月一日，地曰八叠山。

母金，赠夫人；继母沈，封太夫人。配王，封孺人，继配张。子三：藩、翼、戴。女二。孙男二：属、协。孙女一。

公之卒吾南昌也，将易箦，气丝丝语余曰：“死能遗我以不随世磨灭者惟子。子，吾至友中惟知我也久且深。”呜呼！公之卒，识者恸哭，闻者痛心。公之风声气概足以振动乎一世。盖深乎其植，焕乎其发，非彼不本诸其躬者。世习得公而人以端，士气得公而人以振。积益久，将所渐者益深；陟益峻，将所被者益溥。顾位仅如是而寿仅如是，悲夫！兹岂公之不幸，实吾人之不幸，世道之不幸也。谨抆泪而表诸墓上之石。

弘治五年壬子冬十月吉旦立。

注：①陈选（1429—1486），字士贤，号克庵，临海人。天顺四年会试第一，曾任江西巡按御史、河南按察使、广东左布政使等职。其父为福建右布政使陈员韬，父子二人皆以清廉闻名。陈选在广东任上，遭市舶太监韦眷诬陷，被押解至京，途至南昌，发病而卒。弘治初年，主事林沂上疏为陈选雪冤，下诏复官礼葬。正德年间，追赠光禄卿，谥“忠愍”。陈墓原在临海永丰镇八叠，墓已下沉。墓表原立于墓前数十步处，后被拆倒，1985 年征藏临海市博

物馆。石高161厘米，宽77厘米，厚21厘米。文28行，抬头不计满行54字。字迹稍有磨损，部分处据《临海石屏陈氏宗谱》校补。

陈璲[1]墓志铭

明故江西提学宪佥致仕朝列大夫陈先生墓志铭（篆盖）

赐进士及第中顺大夫太常寺卿经筵官国使副总裁永新刘定之撰。

赐进士出身嘉议大夫资治尹吏部左侍郎广宗崔恭书丹。

赐进士出身奉议大夫协正庶尹通政使司左参议会稽陈嘉猷篆盖。

昔者圣人作经垂世，使后之士明其所载之道，以笃诸行，以达于政，而又永其传于徒类。是以有天下者，惟以经取士，岂不赖其属用若是哉！然而能焉者罕矣。夫惟临海陈先生，其有以与于兹乎！

先生讳璲，字廷嘉，弱冠以《诗经》连魁浙江。礼部试，入翰林庶吉士、检讨，与修《五经四书性理大全》，盖时之习经者专攻偏曲，捃摭浮冗以成篇章，甚至剽诵陈言，莫能自吐辞也。先生虽主诗，而他经基籍出入贯该，故发闻于艺场辞馆甚蚤，而杰出伦类，其于道岂不明乎！见之于行，尤以孝友属先。戏除日，闻父在任有疾，即奔驰数千里以往。母疾，晨夜视汤剂，以禄养者数十年，而侍庭开之日多，在宦途之时少。母终年逾九十，而先生亦年过七十矣，而孺慕整礼，已属长兄，以率七弟。其一人从殁于京寓，既归葬其柩，复迁空于己所营墓侧，以己子焕属之后；其三人先逝，属之抚孤毕婚嫁；其三人与先生怡怡终老于林泉。先生之行岂不篤乎！自检讨归里，复赴召赞文衡，任宪佥，愿典广西、江右学政，督励士习，惩抑吏响，询察民，其心力者三年，以报政于朝，而复致事以归。于是时去古礼大夫告老之期尚先十稔也，有难进易退之风焉。乡俗葬尚浮屠，婚较货财，正论以变之；孤贫不能养，疫疾不敢视，推仁以济之；朝士尝欲建言：征海匠诣京输作，谕以远民宜恤。台郡守治务严察，境懔栗，以政宜循良。皆重先生，从其言。先生之政堂不达乎！其所发造就，如先生本族有搏常聪、稠、豫相继任台察，教王府，师侯洋。他族有侯通政润与方伯臣兄弟也；陈方伯员韬与御史选父子也；林郎中贵璧与葱使一鹦叔侄也；莫不执贽挟册，前趋后侍，数其珠玉，骈者若此。他虽贤且愿，不可悉败。先生之经所传又岂不永乎！其官终佥宪，而以恩例进阶朝列大夫，其寿八十有二，所著有《逸庵集》若干卷。

其先自永嘉以宦来徙临海，曾大父贵实，大父志静，父福清教谕兴助，皆有德善。母虞安人。配蒋氏，继室叶氏，内范世承。子男四人：旅、赍、涣、暌。旅，翰林孔目；涣，乡贡进士，未第而卒。女三人：徐夔、洪尧、周一清其婿也。一清今属庆远知府。子与婿皆受教于先生者也。孙男十四人：宪、宁、密、察、寅、宠、寓、寋、守、宙、寂、完、穹、宥；女三人：其婿阮说、程白、王璠。旅闻讣，将归葬先生于其乡梅浦蟹坑山之原，以先生门人翰林检讨侯丕所述状来请铭。铭曰：

鲁叟教人，必兴于诗。庭训厥子，首先以兹。圣远儒陋，肤浅鲜知。惟陈先生，深造遐追。亦笃于行，不但浮辞。白华之孝，乐养期颐。棠棣之爱，脊令鸣飞。死也我求，生也我依。考槃之歌，隐处孔宜。洋水之教，浙埂江湄。海北岭南，万徒千师。陶英铸俊，受我成规。先生归矣，其教不衰。今其没矣，文冢归巍。金绯在幽，遗经在笥。嗟尔后觉，尚系尔思。岂惟子孙，克念绍之。

注：①陈璲（1385—1466），字廷嘉，号逸庵，临海人。永乐六年，乡试第一。次年，会试第一。九年，参加殿试，直斥朱棣杀侄篡位和诛戮方孝孺，被列为二甲，授翰林院庶吉士，后出任广西按察司佥事，广西、江右学政等职。辞官后，在北固山创办白云书院，培养了陈员韬、陈选父子进士等一批人才。因其连中“二元”，故居处即称“二元巷”，留存至今。陈璲墓在临海梅浦村，2009年遭盗掘，墓志被弃于墓前，村干部陈宗领发现后搬回保存。2014年5月，临海文物保护所彭连生访见并拓文。志石长、宽均46.5厘米，厚7厘米。文32行，满行34字，字径1厘米。出土时盖与志字面相合，因墓室潮湿水渗，志石四周已风化。《赤城后集》有载，今编者点校，与彭连生录文互校。

赵鉴[1]墓志

明赵豫轩墓志（篆额）

先君讳鉴，字存器，号豫轩。世居越之蛟井，自后周银青光禄大夫府君仁辉徙台之黄岩洪洋，至十二世孙遂卿登宝庆丙戌进士第，仕至藤州太守。子桂孙仕至提干。又再传东庵翁德明，以方氏乱，迁居方岩乡之关屿。东庵翁子用中，先君高大父也。曾大父讳潭，字舜清。大父讳岩，字于石，号耕趣。考讳诜，字希盛。俱隐德弗耀。母横山任氏从怡之女。先妣娶旧邑澧水徐氏，礼科给事中简之仲妹。

先君生于明永乐壬寅十月十三日丑时，卒于弘治乙卯五月初三日亥时，享年七十有四。先妣徐氏生于永乐庚子六月廿五日亥时，先先君一年三月十二日午时卒，享年七十有五，是年冬葬于关屿头之飞凤山。明年十二月十七日先君合葬于本〔山〕之原。子男四，女一，皆徐氏出：崇溥，娶旧邑柏山张文我女；崇涛，娶同邑沈山张乘端女；崇澈，娶同邑松城周洪远女，先先君卒，再娶木屿李氏；崇滔，娶旧邑毛畲牟上之女；女适旧邑洋岙杨绾。孙男十二：纯梗、纯桂、纯案、纯杲、纯楞、纯干、纯椌、纯□、纯□、纯乐、纯校、纯休。曾孙四：大焬、大熿、大烨、大焯。孤哀……铭，阐扬先德，姑述生卒世裔，朱书玄石纳诸……

赐进士出身北京工部员外郎，同邑陈绮书丹填讳……

赐进士、内侄徐鹗……

弘治乙卯十一月十七日……

注：①赵鉴（1422—1495），字存器，号豫轩，黄岩人。生平不详。志石高 65 厘米，宽 52 厘米，左下角残缺。文 21 行，满行 23 字，字径 2 厘米。正文与书丹者署衔之间间隔较大。出土于温岭市，出土情况不详。

陈斐[1]圹志

明故百可陈公圹志（楷额）

大明故处士百可先生，讳斐，字茂彩，姓陈氏。先世八闽人也。其十二世祖独游台郡，遂家焉。后迁于黄岩□屏山之西。曾祖讳宗，字伯正，始居邑之□南。君考羽北公，讳昭，字存显，为时闻人。母黎氏，有贤行。君昆季三人，伯兄字茂光，仲兄字茂洪。君生于景泰七年五月□日。自幼至壮，克肖父祖，著孝悌于家□，隆行谊于乡曲。享年五十，卒于弘治乙丑七月十二日。兹以正德二年天王正月卜葬于永宁山五瓣莲之原，即君皇考之墓西是也。君娶东乡徐山王君思济序拱之女，克称善配。生子二人：长景乔，字万木，娶谢氏；次景铎，未娶。孙一人，曰惠。

正德二年丁卯正月壬寅朔越七日戊申日，□仁县教谕、邑人姻友黄章谨志。

注：①陈斐（1456—1505），字茂彩，黄岩人。生平不详。志石高 49 厘米，宽 38 厘米，厚 7 厘米。文 16 行，行 15 字，字径 2 厘米。出土于黄岩区，此据黄岩区博物馆拓本录文。

郑世选[1]圹志

先君讳世选，字廷献，别号怡集，姓郑氏。其先世直隶平江人。至祖伯熊，宋绍兴中，又自永嘉来仕黄岩县尉暨录事参军，耆地胜概，始家于邑之西桥。传至太祖循四府君，生继一。继一生乾一、乾二。乾二讳道安，析居泮南。泮南始祖实自乾二也。曾祖震五。祖巽三复衍，配戴氏，生先君昆弟七人。先君居次。

先君性和气直，量宏色温，知经义，识大体。节嗜欲以保躬，修礼法以齐家，事虽忙迫，闻大善娓娓乐道，弥时不倦。处家庭伯叔兄弟，无间亲疏，怡怡如也。睦邻里而得宜，待群下而无怨，视兄弟之子鞠爱周于所生。中岁以所居泮南窄隘，筑室南阳，光大门户。是故士大夫以“怡集”二字昭揭于堂。

先妣西街徐氏，勤俭理家，生孤不肖，不幸早卒。续娶南门葛氏，尤勤综理，生弟俨、佐、妹婕三人，亦先先君卒。再续城东桥里刘氏，始逾一周，无所出。正德甲戌正月初五日，先君以疾卒于正寝，享年五十有五。呜呼！天崩地坼，荼毒洊遭。揆先君之生于天顺庚辰八月卅一日。与□先妣徐氏、葛氏俱于是岁十一月一日己未合葬于方山五瓣莲之原。

婕配城东松所何克定男秀。

不肖孤侃泣血谨志。

正德九年甲戌十一月朔日，弟世通填讳。

注：①郑世选（1460—1514），字廷献，号怡集，黄岩人。生平不详。志石高 59 厘米，宽 43 厘米，厚 6.5 厘米。文 25 行，行 16 字。出土于黄岩鼓屿乡方山下，现藏黄岩区博物馆，此据该馆录文。

李模[1]墓志铭

墓志铭（篆额）

畏庵李先生墓志铭（题）

正德壬申八月三十日，予友畏庵先生终，是岁将卜藏于凤山之阳，□子夔杖斩泣告予曰："夔深愧不才，未能显扬先德，幸先生与先君交游，敢求言以志圹！"予谨按状已详家牒，今此姑述其概。

先生姓李氏，讳模，字希文，族行第四，畏庵则别号也。先世开七公自赤山迁居严屿。至高祖纪善任临海县丞，曾祖讳完璧，祖讳仕昙，考讳拳，俱隐德弗耀。母黄山任氏。先生昆季五人：长标、次楷、先生居三、四柞、五桯，具早先生亡。先生赋性聪警，姿仪秀伟。年十三，习壁经，十八充邑庠生，又十年补增食廪。从初九度文场，皆于命拘。弘治丙辰起贡，援例授福建连江儒学训导。丁巳之任，营创文庙有功，推署具事，清慎誉多。增广生员，陶熔仕进百有余辈。

正德改元，秩满献绩，将行，因留还家。日与鸿儒显宦交咏诗章，雅歌投壶，寻乐天年。一旦以疾终于正寝。

先生生于景泰[②]辛酉正月二十九日，至是岁卒，享年七十有二。配海城金氏，先二十五年卒；继配尘山陈氏，复先三岁亡。子男六人：长即燮也，补邑庠增广生，娶枧头王氏；次赫，娶白路洋叶氏；次焯，充府掾，娶新桥周氏；俱母金氏出。次烇，充卫掾，娶思洋杨氏；次爌，娶海城孙氏；次熬，未聘；悉陈氏出。孙男其人，孙女二人。今卜是岁十二月初二日葬于凤山之阳，与宜人金氏、陈氏合葬焉。予忝知契，姑述先生之概，俾刻诸石，用纳于圹云。

铭曰：呜呼先生，气豪才雄，穷经博史，曲畅旁通。历官司教，士类陶熔，天不憖遗，哲人其凶。雉皋在南，枫巅位东，凤山之阳，先生封茔。

时正德壬申仲冬之吉。

赐进士第、国子祭酒、同邑周玉撰。

注：①李模（1441—1512），字希文，号畏庵，临海人。曾任福建连江儒学训导。志石高59厘米，宽47.5厘米。文连题24行，满行27字，字径1.7厘米。出土于椒江严屿，时属临海。撰志之周玉亦临海人，故称同邑。此据椒江区文物管理委员会拓本录文。

②以志主享年及干支纪念算，应为“正统”。“泰”原文作“太”。

侯溪[①]墓志铭

明故中宪大夫江西饶州府知府侯公墓志铭（题）

乡进士登仕佐郎台州府儒学教授德兴董俸撰文。

赐进士出身朝列大夫国子监祭酒前翰林编修同修会典致仕邑人周玉书丹。

台临海侯公知饶郡时，俸虽宦他方，而亲属咸归所治，德公惠政，仰公风裁有日矣。暨邂逅京师，始聆謦咳。□□□滥竽台教，公已谢郡事归台矣，幸而复接。逾一载，公疾作，竟不起。公之子□□哀请铭，俸知公之生，又知□□□，可无言为公铭耶！

公讳溪，字守正，姓侯氏，别号用拙。先世祖为汴人。历七叶，值宋建炎，扈从高宗南渡，徙杭临安。□临安徙台临海，又八叶矣。世居城东北陬。族大且蕃，以儒业相砥砺，科第□□。祖讳仲宽，潜德弗售，为乡硕望。考讳简，由乡进士总福建光溪□，以公贵，赠刑部山西清吏司主事。妣黄氏，赠安人。

公资性谨重，脱去浮浇，随所接无疾言暴色。生五岁，尊考即世，遂违所怙，独与仲氏泓鞠于安人怀以成立。公事安人，孝养极至，洊念尊考，□吁奏而□。时已崭然露头角，众皆谓侯氏有子矣。长为邑庠生，□书□文，屡试居优，□髦皆自谓弗如。领成化丙午乡荐。明年第乙榜，拘例署武进教□。□率徒耻言利，不苟于取，其训迪有方，虽极寒热无所倦，□人材懋滃，甲于他邑，赖公所致。越癸丑，赝例会试，登毛澄榜。擢刑部山西清吏司主事。佳誉勃起，升四川清吏司员外郎。奉敕按四川狱，悉心推鞫，多所平反，而全活者众。南人至今德之。寻转贵州清吏司郎中。

时吾饶都宪戴公珊在当道。以饶六邑地广民稠，政务繁剧，匪公遏克主之？乃□剡上荐，迁知饶耶。公曰："都宪公岂私我者哉！敢不勉力以付所荐乎！"律身以廉，一芥不收，惟□泽是施，宿弊是革。饬学校，正礼俗，平讼徭，劝树畜，恤穷振□，□奸招逋，不期年，政声肆彰。饶之士民，皆□戴公之知人，而美公不负所荐也。

治饶之三年，考绩于朝，天官卿书以上考，欲□之重任，奈何公以疾乞休于家。日惟著述吟咏，足迹不入公门，厚宗族，教子姓，睦姻戚。甫及六载，终以□□，正德癸酉八月□日也。距生景泰甲戌十二月十八日，享寿六十。娶沈氏，赠安人，先公十有九年卒，且葬矣。继室□氏，封安人。□□□□□沈氏。长曰椽，授淮府纪善；□□□□□俱读书。□□□□□□□□□□□□公正德乙亥正月八日安厝城东马铺头山之原，合沈氏葬焉。呜呼，公之生也，□□□□□□□德颂，历仕中外二十余年，在在以善政善教称，则生有余馨而殁何遗恨耶！故次其事而为之铭曰：……（后缺）

注：①侯溪（1454—1513），字守正，号用拙，临海人。弘治六年进士，曾任山西清吏司主事、四川清吏司员外郎、贵州清吏司郎中等职。志石高74.5厘米，残宽45厘米。文连题23行，行44字。1985年在临海市大田双山村发现，发现时石已被凿残用作茅坑盖，部分文字难以辨清，中间亦有残泐，后征藏临海市博物馆。

侯序①墓志铭

文林郎□□凤阳县知县……（题）

赐进士资政大夫南京参赞机□□□□书致仕前吏部尚书国子祭酒春坊左谕德兼经筵讲官同修国史闽人林翰撰文。

赐进士文林郎湖南道监察御史同邑戴乾篆盖。

文林郎福建宁化县知县同邑叶时贤书丹。

予在铨曹时，司寇叶公贽、司徒侯公□谓君才行可喜，予窃慕之。迨君试事予曹，廉君所为，不异于所闻者，由是知君日深。今年己卯夏五月，君孤持状乞予铭君。於乎！予与君别者十年于兹，无复与君聚首以吐平生，而徒尔哭君死，尚忍铭哉！虽然，义不可孙也。叙曰：

君姓侯氏，名序，字邦秩，号节斋。汉尚书令霸之后，世为汴人。传九叶祖盛魁，从南渡。自杭而徙临海，则大亨也。大亨生均安，均安生文瑞，文瑞生伯渊，伯渊生臣，实君父也。由进士为给事中，□广西参议，赠父皆如其官，终河南左布政使；先娶蒋氏，又室王氏，生三子，君其次也。色夷气清，处事有通变才，好学问文章，治诗。游郡庠，敦尚操检，司空郑公纪奖于行台。弘治戊午领乡荐，春闱不第。正德甲戌，授直隶凤阳知县。

凤阳□圣祖龙兴地，近年来，民力凋敝。君至，一以节财省刑为务。如发粟以给饥民，仁也；完龙妇之节，捐俸以赡其子，义也；家常语子弟曰：“居官服食，能如做秀才时，何所不可？”又曰：“血气就衰，戒之在得几。”于此理独明，非其有不取，廉也；致部民周用等复户三百，吴□□□□出匿马四十匹，知也。戊寅冬，以考绩便，归乡展墓。临淮，父老亦遮道泣留，又□□□□□□□当道□君者曰：邑□□□而心劳于抚字，又有以政通人和，至诚动物赞……君良吏也。……至姑苏，舆疾抵家，遂卒。三月二十五日也。距生于天顺丁丑□月十三日，得年六十有三。

配赵氏，太学光永女，聪慧贞淑，与君合德。生于……舍人；锪，……胄监□；铚，邑庠学生。女适陈恕。……八：希曾、□曾、师□、……。女四尚幼。赵氏先君四年卒，墓在郡东二十里上王之原，孤□奉君柩合葬……十二月二十四日乃其期也。所著有《北行集》。

铭曰：学基其仕，□华其身。既嗣家烈，亦直于民。幽宫宁止，百千秋春。我言不爽，以诏后人。

正德十四年岁次己卯六月吉日。

注：①侯序（1457—1519），字邦秩，号节斋，临海人。曾任凤阳知县，余不详。志石高59.3厘米，宽49厘米，厚6厘米。文25行，行33字，字径1.5厘米。出土于临海市大田镇（今大田街道）柞溪头，1983年征藏于临海市博物馆。字多漫漶，文缺不全。文中侯氏生年，据《临海夏馆侯氏宗谱》所载年表补。

侯黔①墓志铭

竹岩侯先生墓志（篆额）

竹岩侯先生墓志铭（题）

奉政大夫梧州府同知致仕姻生胡士恂撰文。

奉议大夫广西全州知州姻侄林元秩书丹。

赐进士江西提邢按察司按察使前贵州左布政侄缄篆额。

竹岩侯先生讳黔，字守黎，别号竹岩。卒将十月，予痛之未忘。其子堰持其族兄九峰唫所为状来求余铭。先生少从予先君子游，又有表甥男之情，予亦少蒙先生爱，安敢辞！

按状：其先河南密人，汉尚书令侯公霸之裔。宋南渡，徙于台之临安[②]。再徙于郡城，为巨族，科第相仍。曾大父讳玄贞，大父讳仲阳，父讳铎，皆有隐德。父娶许氏，生伯兄司训一兰公，次先生。其讳杰者，庶兄也。

先生少聪颖。先君子见其学文，辄奇之。年十六，主司吴公亦与之，即进为增广生员。屡困于场屋，命也，非学也。

吾台大族浮靡者多，独侯氏忠厚传家，而先生昆仲尤其至者。一兰先生没，其族贤者曰："犹有竹岩可为一门之宗也。"今亦已矣，人咸哀之。其为人之善，概可知矣。

先生弱冠，居父丧，成礼，事长兄如父，爱犹子世登如子。此固难能也，然亦人之情也。至于见世登之子思古夙有文学，则辄叹羡曰："吾门更有人矣！"思古有疾，跪而请医，汤药必亲，不脱衣者十余日。孙愈而己病，情亦畅焉。次兄虽非同母，而敬之亦如一兰公。三峰、九峰、笔山，皆侄也，彼知其贤，降分而敬之友之，不以势分之殊而易其心。先君子没，犹执子第之礼，哀恸接丧，沿门谢客，至死犹若心丧然。此皆人所不能及也，得非为忠厚之至者乎！

先生娶卢氏，生一女，适庠生虞薇。其从归娣杨氏，生二子：长坚，娶陈氏；次堰，娶卢氏，嫡母之侄女也。始杨孕堰，方六月，而得罪于卢，出之，归涌泉冯氏，四月而生堰。一兰公知堰已长，力劝其弟取归宗。五年，坚与陈俱早世，台人咸羡一兰公不绝弟之后而利其赀，有古人风度。先生没而庶兄子欲争为之后，良有司不韪之，而堰之父子定。

予近梦一兰公与竹岩见予若有求焉者。予觉曰："嗣事公论已定，又何求？"次日堰来泣铭。是先生昆仲素有重于予，予不得不详之。堰虽少，能立，宛有竹岩之风。

竹岩生成化戊戌十月十五，卒于嘉靖乙巳三月二十八日，享年六十有八。堰卜丙午正月三日龙潭五里之原，是先生原定宅兆也。

铭曰：嗟嗟竹岩，侯门之良。卜其宅兆，戏龙之阳。人与龙会，子孙共昌。

大明嘉靖二十四年冬吉旦。

注：①侯黔（1478—1545），字守黎，号竹岩，临海人。生平不详。志石高 62.5 厘米，宽 55.8 厘米，厚 8 厘米。文连题 26 行，满行 33 字，字径 1.5 厘米。原藏临海市西郊龙潭岙一农民家，1987 年 10 月征藏临海市博物馆。据原藏者述，此志石系二十世纪六十年代翻地时，在龙潭岙口发现。

②原文为临安，疑误，应为临海。

侯壂[1]墓志铭

明故太学生石门侯君墓志铭（题）

侯君者，讳壂，字世登，别号石门，以明经为郡学生，久之，会例升太学生云。君生弘治己酉十二月九日，卒嘉靖庚戌九月五日，葬嘉靖辛亥十月七日，墓在浮冈山原厥考全椒训导一兰公之左。先葬之三月，君震器乡进士思古，衔哀撰状，累然衰绖乞铭于秦子。秦子谢不得，乃为之览状，次第其言。

秦子曰：呜呼！予于侯君之卒也，未尝不欷嘘抆涕，伤时之益偷已。夫惑赝成真，溺华忘实，圹金璞玉，非良工孰识也！今世之钦耆慕效，亟称其贤者，非艺材辨博豪纵赫霍者耶？至遇悃愊无华，好修饬行之士，则目为迂钝，相与背憎而窃笑之。吁！斯所由来者渐矣！乃予幸知侯君，若侯君者，世以为何如人耶？

君颖脱负志。自为诸生，已能以名检自饰砺。为文必尚理道，不遄遄求合于时。其在太学，甫三月，会一兰翁诞辰且届，则以诚恳司成伦公；同舍生或止之曰："夫历有正杂，固他日资荣迟速地也。曷少需以得正历，何遄归为！"君闻叹曰："吾父耄矣。得及时称觞膝下，遑恤其他。"乃竟以杂历归。一兰公之在椒也，君侍朝夕，顾数数称林泉之乐。时翁虽老，号矍铄，官未满考，感其言，辄致事去，人两难之。翁殁，一恸几绝。至墓木且拱，展拜孺泣，不异初丧。奉母夫人金，竭力瀡瀡，不得其欢不止。盖其性孝，又持重不为物迁，故终其身笃慕如此。君尝训于家曰："儒者莫要治生。治生之要莫先节用。是故出入量，则费耗有经矣；取与慎，则廉耻有养矣。夫廉耻著，名节厉，伦理笃，礼乐兴，家之肥也。而皆本于俭，可弗务乎？”以故日用服食，率示朴素，为家人先。然止用以束其家，至于宾宴享祀，周贫恤匮，则又务极丰给，必满其意乃止，初未尝有所计吝爱惜也。君讷言寡笑，貌如其心。然狷介，好面折人过。其有善，又未尝不啧啧嘉叹之。所亲某，系冒不韪，毅然直于有司。不济，则幡然置之曰：“吾何以深究为哉！吾诚得藉口以白于先人足矣。”盖平生不泛交一人，人亦以严见惮，少所亲与云。於戏！若侯君者，世以为何如人耶？

按侯氏，先河南人，东汉尚书令霸之后。宋建炎中，有讳盛者充高宗扈从官南渡，居临安。元中统间，有太亨居士自临安徙临海，生子均安，为象山令，则君之七世祖也。曾祖讳七、祖讳铎，俱隐不仕。父讳鳌，即一兰翁，仕终全椒训导。配金氏，生君。君尝谓进士君曰：“予先世代有显闻。自尔祖以上，晦累世矣。尔祖暨予种学绩文，以冀一第，而竟止于斯，命矣夫！命矣夫！成先志以亢厥宗，固非异人任也，小子勉之矣！”进士君发名成业，获隽省闱，所就邈未可量，君子谓其取诸庭训为多。君得年六十有二。配戴氏。子男三：长即进士君，戴出；次好古，次崇古，俱侧室出。女一，适陈铿。孙男三：可久、可大、可贤；女二。

铭曰：道丧文敝，民淳以漓，脂韦俯仰，以速清誉。人利我钝，人泰我约，孝弟直方，蹈真守朴。谁怀具美，世不见是，先民有言，天之君子。盖棺论定，吾识其贤，考德论世，视此新阡。

嘉靖辛亥季秋吉日。

赐进士出身，右春坊太子右中允兼翰林院修撰、经筵国史官、同邑秦鸣夏撰文。

注：①侯壂（1489—1550），字世登，号石门，临海人。生平不详。撰文者秦鸣夏，为明代临海状元秦鸣雷之兄。志石高 51.5 厘米，宽 56 厘米，厚 7.3 厘米。文连题 29 行，行 36 字。原在临海市城西松山四甲沈良镯家，1985 年 10 月征藏临海市博物馆。

丘文奕[1]墓志

庆善坊丘氏墓志（篆额）

乐善丘公墓志（题）

公讳文奕，字尚礼，号乐善，姓丘氏。世居临海之伏龙。八世祖讳中美，袭封威烈侯，赘居黄岩路桥太守于公之女，生子讳成，迁于邑市之庆善坊，遂家焉。

乐善公曾祖讳寿民，祖讳本浩，父讳倍祖，俱隐德不仕。公生于永乐辛丑二月初十日申时，卒于成化乙未八月初二日亥时，享年五十有五。赋性敦厚，凡事审处教诲，诚一家之巨擘。配葛村诸葛氏，生于永乐庚戌九月十六日戌时，卒于成化乙未八月十六日亥时。男三人：永训、永识、永谅。孙男六人：廷銮、廷锷、廷鋑、廷铎、廷锦、廷钱。孙女一人，遣塔山江文会。曾孙男三人：宗浚、宗涛、宗滢，俱幼。曾孙女二人，亦幼。

公第三子永谅亦故。长、次二子因贫，久停公之丧柩。后次子稍有成立，与长兄论曰："永识愿克己资，买地造坟葬父母若何？"兄曰："汝所愿也！"而后用价二十两，买得山地一片，计叁亩，坐五瓣莲侧。卜于正德丙子十一年十一月二十五日捐己造坟葬公。又谓长兄曰："兄之寿藏亦可就附，但弗以地为吝，得同在父母之侧，他日地下亦可相聚。"兄曰："尔孝友之至，无不感激！"因命男廷銮克就版灰工价，亦于是日附造生坟。所凭族戚议立公据与永识收执，除坟禁共栽荫□，余悉永识子孙承管，以杜他日不明之患。姑述大概，于百世之下知公之墓，尚图不朽云尔！

明正德十一年岁次丙子十一月吉日立。

中顺大夫、太平府知府、邑人双砚陈勉□□□□。

注：①丘文奕（1421—1475），字尚礼，号乐善，黄岩人。生平不详。志石高 41 厘米，宽 53 厘米，厚 6 厘米。文 22 行，行 24 字。出土于黄岩，具体情况不详。现藏黄岩区博物馆，此据馆藏录文。

丘文尧[1]墓志

大明丘氏墓志（楷额）

公讳文尧，字世治，行二，号羽冈。其先祖心泉翁入太平乡贤，乃丘□街旧族也。至高祖方崖翁迁居黄岩五代。公配西乡郑氏。五男：兴传、兴儒、兴侯、兴桥、兴侩。冢妇西街蔡，续寺后童；次妇路桥蔡；余聘未婚。二孙良经、良纶。女妻路桥蔡兹。

公二十游庠序，在学四十余年，科未得志，尤勤于学。今年六十有六，余劝营寿宅，公曰："余百事未成，何以及此？"予曰："达者藏器以待，何妨？"公笑曰："斯言亦有理。"遂乐成之。因为之祝铭曰：

天下二洞刘仙灵，山青青兮水泠泠，有福人兮宜福地，有余岁兮□佳城。子孙多贤泮水馨，家学千年期有成，阴德阳之相结盟，天长地久同安宁。

乡进士、中顺大夫、大理府知府、邑人姻生蔡绍科书。

嘉靖四十年岁次辛酉正月上旬丙寅镌石。

注：①丘文尧，字世治，号羽冈，黄岩人。生平不详。据文，该墓志写成时，丘文尧尚在世，故未载卒年。志石高 38 厘米，宽 58 厘米，厚 5.5 厘米。文 14 行，行 20 字。出土于黄岩，具体情况不详。现藏黄岩区博物馆，此据馆藏录文。

林庆骢[1]圹志

先考讳庆骢，字希敏，行六，姓林氏，号怡静。其先杭州西湖人，宋和靖公逋之裔。始祖提举公迁居台之黄岩。方山屿头大路，其始基也。太祖佥判，高祖教谕公乃迁邑西司前，早故，妣诸葛氏，抚曾祖彦质，妣朱氏生祖存器，敦孝，又隐而不仕。娶祖妣戴氏，生先考与姑二人，姑适柏山张永涉。

先考幼而公恕仁政。蚤失怙恃，克自成立。□孝以思亲，敬以奉祀，睦族信友，赒贫恤匮。且善经家政，日以充裕。铨等今日俯仰有赖，皆先考之赐也。夫何才弗配寿，一疾而终。呜呼，尚忍言哉！

先父生于成化己丑四月二十八日子时，距卒正德丁卯四月初三日卯时，享寿三十有九。娶妣同邑五十二都新桥周氏，妇道夙著。子男二人，长即不肖孤，娶二十四都下浦胡氏；次镈，幼聘五十四都长浦朱氏。先考易箦之日，铨方十岁，赖母抚育至今，以故未克举葬，负罪深重。卜今正德丁丑闰十二月十三日奉柩葬于六十五都壕头之原。潜德懿行，弗克悉知，姑述所闻梗概以纳诸幽。后之仁人君子，倘陵谷变迁之日，幸指之曰："此林铨之父，林存器之子也。"怜而掩之，诚所望焉。

赐进士出身中奉大夫江西布政同邑王启填讳。

注：①林庆骢（1469—1507），字希敏，号怡静，黄岩人。生平不详。志石高45厘米，宽61厘米，厚8厘米。文18行，行22字。出土于黄岩县鼓屿乡方山下，具体情况不详。现藏黄岩区博物馆，此据该馆录文。

庞泮①墓志铭

明故通奉大夫正治卿广西左布政使庞公墓志铭（题）

公讳泮，字元化，别号芹斋。由县学生中成化丁酉乡试，既而连丁外内艰，服解，登甲辰二甲进士第，简授工科给事中，稍迁刑科都给事中。公在谏司久，而又事无不言，扶理善类五，沮格幸进一，斥贱异教妄术三，灾伤二，节罢好玩二，戚里一，出身与中官为敌怨二，凡十有六疏可考，悉有首②尾。每一疏入，众遨遨危公是外，虽长二皆以为可不必言者，公自不能止，若责独在我。又如论驳反活及一事联名为副从，尚多未计。所幸遭遇圣君③仁明，间多报可。即有未合，亦不过诏狱一旨。戊午升福建右参政。近年卿寺④之二以待科道之久次者。公两拟大理丞于两京，皆无成，福建亦再上，乃得。公在闽分守漳泉兴福。

先是，福安县库被掠，县官利在得盗，杀捕平民二十，日趣毙之。公至，及活者三人，权其罪，尽绌知县丞簿。既而以才力总督粮事。辛酉议入觐，李布政适病死，公次当行。检李箧中，得银一千四百两，辞不取，曰："朝觐人事，书一部足矣！"[⑤]壬戌补河南右布政使，首革镇守太监[⑥]及马尚书家私役钱银，以两计，日省三四十。[⑦]甲子转左广西。未几[⑧]土官有为叛谋者，调发旁午，及其成绩，实公一书谕止之。于是近省夷獠以空城为意，亦恃公得无事。乙丑用病归。御史何道亨[⑨]等交章留公，公实不愿也。既归，诗酒亲旧，十有二年卒，则丙子十二月十九日也。得年六十有七。

其先襄阳德公之裔。至隋有讳玉者，仕唐为总管。十三世曰正己，宋大中祥符间为天台尉，遂家焉。高祖伯静，号石湖居士。曾祖叔圭，有士行，洪武中辟不起。祖讳瑞。父讳继。父以公贵，赠工科给事中。母乌冈曹氏，赠太孺人。娶泉井蒋氏，有淑行，先卒葬，赠孺人。继李氏。子男一，曰栎，县学生[⑩]；女三：长适乌冈曹哲，次东林曹泾，俱外家也，幼侧出。孙男一，曰荪。[⑪]

公平居坦易，遇事振发斩绝，不为左右顾视。分所当行，贪若嗜欲，挈利害而趋之，不可扼挽否者。公宁讵不足为大理丞？又其才但可为布政而止？虽然，吾为公不愿易也。公，镡从祖祖母之侄，自小就师于外，岁卒客食姑母家。以此之故，予两人益狎焉。予年十七八，然亦少知趋向，口不为常儿语。尝为公举前人之言曰："秦桧秉政三十年，只成就得一个胡邦衡！"言意诡好，公于是滋领味曰："吾辈耳中不可无此等论议！"夫言必先有之，不然，安望其相入如此也。乃今日益验。

公卒之明年，栎卜以闰十二月一日合葬公于县西芝山之原，手录公历官行实请铭墓中，予不得辞。公尝评吾文曰："如我所见，子之文比于韩柳氏，更若理到。"虽属推许过实，要为不薄吾文也。况栎又以为言，铭固吾责也。公在官，手不离卷帙，发为诗文，视其为人。有《谏垣》《薇垣》《归田》三稿，《宠嘉录》《名臣论略》共若干卷，藏于家。或曰："前所举要十六疏者，若又出其姓名，指列某事，以为后信可乎？"予曰："得。"畅御史亨与浙江镇守张太监讦奏一；山东副使杨茂元言触时忌几死二；刑部郎中丁哲断事，横下于诏狱三；武冈知州刘逊见构藩府四；中官何文鼎言家法忤旨五；威宁伯王越营求再入六；戒璇乘轿七；滥度八；烧丹禁中九；京师大水十；陕西旱干十一；内监请备元宵灯料十二；传奉取铜鼓匠十三；侯伯周彧、张鹤龄纵奴害人十四；论置蒋琮于法十五；数李广十罪十六。当畅张构讦时，适有知名已殁大臣视事两浙反，若有助张者，并出之。非止以见公之难，亦使居位者知谨于未死之前。於乎！世⑫有如公者，诚不敢不表而益著之。

铭曰：志则难有，举世嘻嘻。蹇蹇匪躬，臣实以之。若锢臣心，山石可移。虎豹食牛，视其儿时。所乏矫矫，亦有自恃。公一不少，气隘殿墀。惴惴小夫，便汗弗支。石不能言，我为之词。百世而下，铭公者谁？

赐进士、南京大理寺左评事、在告邑人夏鍭撰。

注：①庞泮（1450—1516），字元化，号芹斋，一号石壁，天台人。成化二十年进士，曾任工科给事中、刑科都给事中、福建右参政、河南右布政使等职。著有《庞石壁谏垣稿》《薇垣稿》《归田稿》《名臣论略》等。志石高52厘米，宽76厘米。文连题42行，每行抬头不计32字，字径1.5厘米。出土于天台县，具体出土情况不详。原志多漫漶，今据《夏赤城先生文集》补录，间有异同，亦予校出。

②《夏赤城先生文集》作“头”。

③《夏赤城先生文集》作“先帝”。

④《夏赤城先生文集》作“大理”。

⑤《夏赤城先生文集》此处尚有如下文字：“宋儒黄勉斋故宅为中贵香火院，公访得毁之，改弥陀堂为弥高，祀勉斋，士论快之。”

⑥《夏赤城先生文集》此处多“刘瑯”二字。

⑦《夏赤城先生文集》此处尚有如下文字：“驾帖取洛阳牡丹，疏请罢之。司礼太监季荣索取古铜镜器物，公曰：‘物非土产，官取之民，民无以应，则累及家墓’。卒不与。”

⑧《夏赤城先生文集》此处多“思恩”二字。

⑨《夏赤城先生文集》此处多“给事中戴宝之”等字。

⑩《夏赤城先生文集》此处多“克承其家”四字。

⑪ 自“女三”起，《夏赤城先生文集》作“女二，俱适外家。孙男二，曰荪、曰护。”

⑫《夏赤城先生文集》无“世”字。

吴珏[1]墓志铭

明赣州知府临海吴公墓志铭（题）

公姓吴，名珏，字孟璋，别号夔门。其先有讳锐者，出临江草芦先生支孙，元末通判台州路总管府，卒于官，长子伯庵遂占籍焉，实公曾大父也。大父讳庆，妣郑氏。考讳敏澜，以公贵，赠奉政大夫。母卢氏，赠宜人。

公幼挺奇质，从乡先进陈先生璲、同知包先生廷嘉游，即能属文赋诗。弱冠入郡庠。二十有四，以诗领成化戊子乡荐。登乙未谢迁榜进士，授绩溪令。谕其民曰："来！吾利乎兴，害乎除，凡为若等耳。听，吾赏；不听，吾其罚无赦！"民莫不趋以从。有疑狱数十，悉剖无冤。田粮混淆，丈量均一，邻邑皆取则焉。巡抚王公恕考以"持己无一毫之玷，量田有万世之功。"寻擢广东道御史。以言出知梁山。时盗贼蜂起，歼厥渠魁，协从罔治。邑近湖广，施州蛮数侵害，乃筑石城十里备之。又积预备仓粟数万，值弘治戊寅大侵，发以赈济，且糜粥以活就食之民，民失业者给牛、种有差。凡学校废坠，无不修举。复以贤，更知巴邑。去之日，老稚遮留不得，树石去思，而学士江公朝宗为之记，有曰："吴其蜀令第一者哉。"至巴，首举孝节，奏请旌励。其孤贫亲丧不能举，或旌年未及而矢心坚节者，则赙之周之不置焉。忽公廪灾，急取廒扁投于火拜祷，遂息，民谓有德格天。吏弊肃清，民无科扰。巡抚丘公鼐、巡按俞公俊以贤能累荐于朝。民欲借留不遂，因貌像以祀。寻升成都府同知。成都辖六州二十六邑，积年逋税百余万，巡抚梁公璟命兼理之，数月，完者大半。各县沟浍，被诸王府权要家置水碾万余，民怨莫敢言，公咸申奏除之，民利无算。坝州城毁于蛮，当道委官修筑，莫不缩首，公毅然请行。至则复被围困，乃登雉冒矢石，曲示祸福，蛮退，城赖以完。一考间，清理逃亡军三千有奇。贤能之声益著。巡抚张公鸾荐擢夔州府知府。道经梁山回，所活民扶携迎拜，欢声如雷。郡庠素乏科第，则新学校，选俊秀以益之，由是文风丕振，登甲科如黄翱、吴英十数人。按察使吴公伯通作文以纪其盛。民妇王氏，其夫为巨石所杀，官不能断。公祷于神，夜梦三女拥一男，子拜舞于庭。爰鞠其幼子，备述其母与人谋父之状，遂决。乙卯大旱，乃刻责吁天，于是一雨三日，民争称颂。丙辰，因向以同知考职，进阶奉议大夫。未几丁外艰，服阙补赣州知府。赣乃广货所经，每岁水面钱无虑万余两，例却不取，商贾至今受惠。两广流贼肆害，募死士剿之，余党悉平。巡抚张公本以功上之。有富商势附逆瑾，杀人，公不少贷。瑾欲摈斥以全其生，公论难之，乃调寻甸军民府。遂谢病。还旋，承恩典进阶三品。由是杜门不出，日以纂述为事。所著有《劝学》《表忠图说》《续牧民心鉴》诸书，会纂《夔门杂录》《怡泉集》，较刊《临海志》，凡若干卷。

公德性温厚，度量宏深。历数任，以父衰老，迎之莫至，咸分俸以养。其祖遗田庐，悉让诸昆，孝友出于天成。素鲜疾，忽中痰，逾月而卒，乃正德庚辰九月二十六日子时也。距生正统乙丑八月十三日辰时，享年七十有六。宜人张氏，相之五十余年。子男四：绅、缥、绹、縑。女二，李耀、余莹，其婿也。孙男八：文魁、文盛、文德、文衡、文惠、文元、文亨、文贵。文魁、文盛皆庠生。孙女四人。于今年十二月十有二日葬于府后岭西山之原。仲子缥持其姻戚竹江赵君弘道所撰行状，以铭为请。赵素以道学名，其言必有征，故不揣而为之铭。

铭曰：裔临川，世泽绵也。奋科第，学有传也。历花封，凫雁翩也。登柏府，秋月悬也。两作郡，政可镌也。三进阶，庆自天也。急流退，操独坚也。扁夔门，乐无边也。裕子孙，多且贤也。寿几八，福何全也。贲幽宫，永万年也。

正德十六年辛巳十一月望。

赐进士出身、朝列大夫国子祭酒、前经筵官翰林国史编修致仕、同邑东湖周玉撰。

注：①吴珏（1445—1520），字孟璋，号夔门，临海人。成化十一年进士，曾任绩溪县令、广东道御史、梁山知军、巴县知县、成都府同知、夔州府知府、赣州知府等职。志石高 75 厘米，宽 65 厘米，厚 11 厘米。文 35 行，行 42 字，字径 1.5 厘米。出土于临海市城北车门桥，1984 年征藏于临海市博物馆。

何伯纶妻夏氏[①]妾应氏[②]圹前志

明何崇经阃正夏氏侧室应氏圹前志（篆盖）

邑居士姓何氏，字崇经，世居庆善坊。先乃汴人，始祖思颜，从高宗南来居此。至明正德间，历一十四代。配夏氏，早亡，无子。妾应氏，生男操、简、策。操庠生，配周氏，生孙统，继娶张氏，生孙缜、纯、缝、緟、练，女一。简娶屠氏，生孙绎、细，女二。策早亡。夏氏生正统己巳正月十八午时，卒成化己亥闰十一日子时，享年三十二[③]。先葬在乌岩下。应氏正德十五年四月初十卒，享年六十六。次年冬因造寿藏，夏复迁此，应亦左祔焉。於乎！生同衾，死同穴，离也。复恐陵谷变迁，堇志此。

大明正德十六年丑月吉日何崇经书。

注：①②夏氏（1449—1479），何伯纶妻，生平不详。应氏（1455—1520），何伯纶妾，生平不详。何伯纶，字崇经，黄岩人。志石高 32 厘米，宽 22 厘米。文 12 行，行 16 字，字径 1.7 厘米。盖高 30.8 厘米，宽 13.7 厘米，盖篆书三行，行 5 字。出土于黄岩城区九峰山，出土情况不详。现藏黄岩区博物馆，此据该馆录文。

③按生卒年算，则应是享年三十一。

何伯纶[①]墓志

大宾兰翁何公墓志铭（楷额）

先君姓何氏，讳伯纶，字崇经，别号佩兰。先世汴人也。始祖思颜，授温州州判，宋建炎间避乱徙台之黄岩，择居庆善坊，人称东何氏。传考一十二世祖讳允坡，字叔向，号梗轩，娶高氏，生伯讳仑；庶祖母陈氏，生考，叔轮、轨；继娶王氏，生叔武、阔六人，各成家业。偕伯祖味清翁并葬六十四都戴家岙，附太、高、曾祖坟山右傍。

考娶仓头夏氏，早世。庶母应氏，生不肖简兄弟三人。兄操，娶山下周氏，生世统，继娶泉井张氏，生缜、纯、缝、纁、练、綵。统娶高洋林氏，生兴吕；缜娶方屿陈氏，女配夏浦庠生胡良桥。简娶华屿屠氏，生世绎、绸。绎娶双楠包氏，生兴建；绸娶坝头项氏，生兴肇，女配仓头张允平。弟策蚤世。

考性聪敏，好读书，尚诗文，通古今，善吟咏。不事浮靡，日以诗酒自娱，乡族钦仰。邑大夫延请作邑乡饮大宾。所著有《佩兰拙稿》存焉。享年八十有五。考生于景泰二年四月十七日，卒于嘉靖十四年八月十八日，构疾正寝，呜呼哀哉。是岁十二月十一日奉厝窆于九峰山铁筛古井之南。呜呼，生我鞠我，恩莫大焉！欲报之德，昊天罔极。窃虑世远年湮，陵迁谷变，志圹前以昭永远。

时大明嘉靖十四年十二月之吉，孤哀子阳简泣血谨志。

赐进士第、嘉议大夫、江西左参政应大猷填讳。

注：①何伯纶（1451—1535），字崇经，号佩兰，黄岩人。生平不详。志石高 69 厘米，宽 64.5 厘米，厚 7.5 厘米。文 19 行，行 23 字。填讳者应大猷，系仙居人，官至刑部尚书。出土于黄岩城区九峰山，出土情况不详。现藏黄岩区博物馆，此据该馆录文。

王弼妻丁氏[①]墓志

明兴化郡守王公恭人丁氏墓志（题）

恭人姓丁氏，讳□，黄岩仓头街名族。高祖讳元灵，曾祖讳于邦，咸有隐德。祖讳义光，以气义闻于乡。考讳克让，妣李氏。

恭人年二十归我先郡守府君，初封安人，后进今号。恭人仁厚靖端，由于天成，视人如伤，喜怒勿形。事先大父母、相先君，与理内政，有孝敬勤俭之实。先君宦辙二十余年，无内顾累，不幸大故而家用罔坠，皆恭人力也。处妯娌以和，教子孙以正，兄弟族姻曲殚恩义，赈其贫乏，虽数勿厌，内外大小皆宜之。至于治下，绝无嫉妒，尤为众所击节。兹惟大较，他未能屡数，盖有待于名笔也。

生景泰庚午夏六月三十日，卒正德辛巳秋七月二十七日。享年七十有二。子男七：培、增、坊、墀、玺、垌、台。玺，侧室出，视如己子，早卒。坊，尚宝司丞。女二，适太学生施悌、邑庠生黄新。孙男十二：铨、銮、镮、锦、钦、钺、镗、镐、鋆、锜、纲、纪。女五。曾孙男二。卜以卒之明年正月二十二日奉厝于方山壕头，与先君合兆。呜呼痛哉！世降风漓，女教尤弛，恭人不溺流俗，曼为表仪，虽内行不出闺门，而乡评翕然归之。安荣寿考，委□后人，为善之报，固造物者所勿靳也！顾培等不肖，无以述承休德，以大将来。吁号殒绝，无所逮及，昊天罔极，呜呼痛哉！

大明嘉靖改元壬午春正月既望，男培等泣血谨志。

注：①丁氏（1450—1521），王弼妻，黄岩人。生平不详。王弼，黄岩人，曾任兴化知府，兴化即今莆田。《莆田县交通志》有载，明弘治年间，莆田郡守王弼所建（修）的桥有十三座。石高58厘米，宽49厘米，厚7厘米。文19行，满行24字。出土于黄岩鼓屿方山下，现藏黄岩区博物馆，此据该馆录文。

王启次女王氏①祔葬铭

柏山王氏志（楷额）

二妹祔葬铭（题）

二妹，刑部侍郎府君②之次女也。嘉靖壬午五月十六日午时生于云南巡抚官舍。仪容温雅，赋性沉默，诚得女贞之吉。弘治乙丑，先妣淑人杨氏生大妹，甫九龄而卒。以故府君得二妹喜，偕慈母乔颇钟爱之。壬辰岁，与妹同母四弟序炎，年十三不幸仙逝。痛炎之殁，故视妹又加爱焉。甲午仲春，讵料惊犬感疾，至三月三日子时殒绝，亦年十三矣。府君追思炎弟与妹相继而逝，痛伤过情，时于梦寐见之。府君缘是寝疾。是岁十一月初五日遽尔捐弃，若吾妹为之先导者。躄踊崩裂，昊天罔极。呜呼！往年吾长兄青林亡，家声已敝；今而弟妹继亡，先君失怙，门祚衰薄。鳌等蚤夜忧惶，罔知所措。尚冀府君默佑，俾家声振而弗坠，幸也！今以嘉靖乙未十二月二十八日葬吾妹于太夫人墓侧横山之原。三兄鳌为之铭曰：

佳城郁郁袝英魂兮，纵退体魄归藏，悲风萧瑟。生与炎弟参差，殁当相依而弗失。夭寿若不相侔，孰知乾坤大化，齐彭殇于一律！

嘉靖十四年岁次乙未十二月谷旦，三兄庠生鳌谨识。

注：①王氏（1522—1534），王启次女，王鳌二妹，未成年而夭。志石高 3.6 厘米，宽 42 厘米。文 22 行，行 17 字，字径 1.8 厘米。出土于黄岩区秀岭乡秀岭脚，现藏黄岩区博物馆，此据该馆录文。

②据“刑部侍郎”“嘉靖壬午”“生于云南巡抚官舍”等信息，查知其父为王启，成化二十三年进士，正德十六年至嘉靖三年，以右副都御史巡抚云南。

王镗继妻施氏①墓志铭

明故王孺人施氏墓志铭（题）

孺人，余从兄子击之继配也，姓施氏，邑大寺巷望族。祖讳禹琪，父讳玑，母百步沙陈氏。孺人生而端淑，年二十一归吾宗。事舅姑孝敬惟笃，姑性严，孺人终其身无忤容。相夫顺而敬，门内以礼法自将。经纪出纳，以致饶裕。处妯娌不闻间言。子涵，初配李氏出也，视之如己出；深，李之媵出也，视之如视涵。下逮臧获，罕捶楚叱咤声。不喜浮屠言，或劝施财祈福，辄拒不应。至邻里贫困者，往往赒给无难色。今年五月十三日以疾卒，族之内外咸痛切之，谓我王氏丧良妇焉。距生正德乙亥七月十三日，得年甫二十有八。子男一：济。女一：八奴，俱幼。卜以卒之年十一月二十六日，偕李氏合厝方山壕头，从兆于姑彭氏之次。先期，兄以状速铭。兄名镗，余伯父梅山翁之又次子，叔祖父太守南郭先生之孙也。

铭曰：呜呼孺人！孰丰其德？孰啬其年？婉娩淑女，乃责斯阡！岂遗厥子，福禄载延？玄丘累累，我铭斯镌；以妥于泉，以俟于天。

嘉靖二十一年岁次壬寅十一月吉日王铃。

注：①施氏（1515—1542），王镗妻，黄岩人。生平不详。志石高51厘米，宽48厘米，厚7.5厘米。文19行，行19字。出土于黄岩区，具体情况不详。现藏黄岩区博物馆，此据该馆录文。

王环妻陈氏①墓志

明故王孺人陈氏墓志（篆额）

亡室王孺人陈氏墓志（题）

孺人姓陈氏，黄岩四厅名族。年二十来归，顺而克敬，善理家政。余得良配，无内顾忧。生男二，俱夭，深以继嗣为念，旦夕仰祈冥佑。得妾金莲，生男游悦，甫三岁。孺人生女二，长适庠生施如金，次许聘朱崇校。孺人不幸以疾卒于嘉靖丙午年六月二十五日。距生弘治壬戌年十二月三十日，享年四十有四而已，卜以丁未年正月朔日窆于方山壕头，附先考妣墓侧。呜呼！非惟惜孺人之贤能，抑且痛孺人之不寿。哀戚不能尽词，略书以俟诸石。

嘉靖二十六年正月朔旦，庠生瞻峰王环识。

注：①陈氏（1502—1546），黄岩人，王环妻，生平不详。志石高54厘米，宽46厘米，厚10厘米。文11行，行20字。出土于黄岩区，具体情况不详。现藏黄岩区博物馆，此据该馆录文。

王堂[1]墓志铭

明赠南京工部署郎中石斋王公墓志铭（题）

石斋王公者，讳堂，字崇治。先世李唐时大理少卿王从德，避五季乱，由钱塘徙台黄岩之宁溪，十六传公高祖全禄再徙邑南门。曾祖阜，累赠资政大夫都察院右都御史。祖秬，和州州判，封刑部主事。父烜。皆长厚有笃行，见李文正公、谢文肃公、甘泉湛公铭、表。

公少孤，折节读书，私治春秋。弱冠应弘治甲子省试，已第，会夺于有力，不果第。声称藉甚，诸生多执经踵门。自是累试辄高等，凡七登省闱，竟不第。及仲子铃为诸生，辄自引退。为榜所居楼曰“宾贤楼”，岁延邑中良子弟与居，公时时登楼，引帙剖击疑义，听者往往倾耳而靡。故铃得肆力于学，以明《春秋经》登丁未进士第，拜宜兴令。告行，公曰：“吾愿汝不愧吾家清白吏耳。”及调将乐，复戒之曰：“汝终为清白吏，吾愿足矣。”铃受教，不敢携家累。凡三为令，民咸去思焉。

公有至性，常年烜府君既背，母张安人茕茕相依二十年，竟不能以禄养母，忌辰必沾泣尽哀。为宗子，主罾务劼毖。创先祖祠，立世阡门，经理群祖墓庵，益置祭田。从父都宪南渠公谓公有成劳，诸在家谱。伯氏早世，抚遗孤迄有成立，敦睦之行，孚于群众。宁川族远，尤加意联属。中岁失偶，不再娶，不蓄婢妾。行年六十，即断弃家事，授诸子，约供月馔。构灵峰书院于邑西官岙，时荡舟哦诗其间。从尚宝司丞诸兄为六老会，杖履遍历台南山水间。

公居常不务干名为豪举，而急病乐施，则其性然。尝斥常稔田若干亩为义田，三党及邻里故旧贫者，随缓急、量物田丰约时给之。不足，则益以私囊。母族鬻及祖居，公谓：“无鬻”，厚遗之值，俾仍居之。又鬻墓地，公复遗之值，更给田俾供其岁事。嘉靖辛丑、乙巳，属岁大侵，公首创助赈，风诸大姓。有司多公行义，将表其庐，谢不受。岁举乡饮，及就见，辄称病，人以是役高之。性刚，多威严，人有过辄面折之。朔望会计事，不婞婀，然实无他肠，闻者皆内愧心服。公所著有《颐贞轩稿》，读之犹想见其磊落之怀，劲直之气。人识不识，咸称石斋先生云。

生成化庚子二月十九日，卒嘉靖壬子十一月初十日。享年七十有三。配安人胡氏，以勤俭佐公，先卒。子男三：长锺，太学生；次即铃，历今官为南京工部营缮司郎中；次镆。女一，适孙玘。孙男：湛、洽、涞、澌、演、涤、沔、湫。女五。葬以卒之明年，启胡氏窆于方山壕头祖墓之次而合焉。距今八年矣。仲子以予同年同官且厚也，以状来谒。杨守曾曰：夫天地之运，其大数常一消而一息，此虚则彼盈。石斋公以彼其学若行，独靳靳一第，何哉？今有子绍厥家学，出为良有司，入为名卿，声实并茂，蒸蒸方未艾，得非不于其身，必于其子孙之谓哉！

铭曰：天作台山，之屏大东。盘结宁川，爰宅巨宗。硕人代生，颀颀王公。独究麟编，秉文自躬。栖筮伏枥，数奇不逢。施于有政，刚克用中。惠遍三族，志苏疲癃。清游遁世，豪吟荡胸。鹤鸣东皋，子和镐宫。帝命不僭，追锡厚终。庆流未央，永笃斯螽。壕头之阳，望之郁葱。下有硕人，其气如虹。

赐进士第、奉训大夫、南京吏部文选清吏司郎中、长沙杨守曾撰。

注：①王堂（1480—1552），字崇治，号石斋，黄岩人。屡试不第后在家乡创办灵峰书院，并与尚宝司丞王坊等成立灵峰六老会，闻名乡里。志石高 53.5 厘米，宽 60 厘米，厚 7 厘米。文 27 行，行 40 字。出土于黄岩鼓屿方山下，具体情况不详。现藏黄岩区博物馆，此据该馆录文。

王瑛①墓志

明处士俯翠王公墓志（篆额）

中宪大夫广东南雄府知府族侄宏撰文。

公殁之明年为嘉靖辛酉，卜以冬十二月葬于五马山之原，男世衍辈捧其侄雪岩子□状请铭于其族侄宏。呜呼，嘉靖壬子，余承乏岭表，倭毁吾邑，余父携族西奔，沿村巨族恐致寇问，舍莫敢受，公独虚“成志楼”以俟，旦夕惊危，周旋不舍。或谓曰：“吾为汝惧。”公不然，谓“室家成毁有数，兄难不恤，非吾所能。”薪粟器皿以资之，男女宾客以扰之，皆非所计也。寇退，余父留寓。及期率族创始祖祠，核祭田，修家乘，公实相之，余父每加叹赏。今余继志以终事，尚有赖于公，公安在哉？语及痛心，忍铭公乎！

按状，公颖敏不群，甫八岁，为七字诗有句法，人窃期之。比长，父已衰迈，养而能敬，没则葬祭以礼，罔不殚厥情。勤树艺，量出入，居积致裕。制事有方，外应公务，内干家蛊，绰有余休。晚岁优游泉石，赋诗言怀，悠然自得。其性黜浮崇朴，不尚繁华，深藏自晦，不自袯襫。故早岁鲜或知之，久则乃著，籍籍有能声，论者佥谓亢宗之器。其父慨省公刚毅慷慨，为族之杰然者，公继之可谓不忝所生。

公讳瑛，字存碧，号俯翠。其先钱塘人。仕唐为少卿讳从德者，徙居黄岩宁川，世称为宁川王氏。十三传为宋进士讳所号南峰者，由诗书起家，其后益衍以大。祖讳章。父讳迁，号慨省，母谢氏。生四男子，公其少也。公生弘治丙辰四月十五日，卒嘉靖庚申十二月十五日，享年六十有五。配杨氏，有内德。子男二：世衍、世御。孙男四：士贤、士贵、士贯、士实。其所营乐丘，筑室数十楹，山东佥事族孙铃扁其堂曰“含晚”，行将撰文，以阐公志。余之所未逮者尚有俟焉。

铭曰：惟实则胜兮家以昌，惟略则章兮声以扬，筑丘以永奠兮云山苍苍。

嘉靖辛酉岁冬十二月望日立。

注：①王瑛（1496—1560），字存碧，号俯翠，黄岩人。生平不详。志石高 69 厘米，宽 65 厘米。文 24 行，行 26 字。出土于黄岩幸福乡蒋家岸，具体情况不详。现藏黄岩区博物馆，此据该馆录文。

王慕白妻柯氏[1]墓志铭

明故王安人柯氏墓志铭（篆额）（题同）

安人，予再从父慕白先生[2]之配。其先为羽山柯氏。祖讳文益，始徙邑横街。父讳奎，母周氏。

安人以从父阳江尹于予从祖兴化太守南郭公里闬、儒宦世谊，故安人归我王氏。予少小及见安人事我从父娓娓惟谨。我王氏居南门者，族大赋繁，众推我从父为主计，性复豪饮，故门多杂宾。安人中馈靖办，率奄日夕，无难色。从父没，客散用匮，室悬罄矣。安人怀冰矢志，茹荼立业，严督诸子亲师取友，毋习阛阓。安人子三：长文瀚、次文泮，己出；次文汉，邑庠生，妾陈氏出，视之如一。居常言不出口，身不胜衣，而情联姒娣，爱洽诸妇。蓄一婢，恩信相结，老而弥笃。我王氏诸母，圣善如安人殆指不多屈。生于成化辛丑十二月七日，考终于嘉靖甲子七月八日，享年八十有四。孙男四：应龙、应凤、应豸、应弧。女二，一适横街柯士俐，一适鼓屿张朝品。曾孙男一，女一。卜明年丙寅正月四日合窆于从父方山壕头祖墓之南。先期，文汉撰状来乞铭。铭曰：

翳我王母，展也圣善。言不出相，中馈惟腆。□□樛木，作我闺范。有楚玄堂，我铭弗忝。

大明嘉靖四十四年岁次乙丑长至月。

赐进士第、奉政大夫、山东提邢按察司佥事、前南京营缮司郎中在告、从子王铃拜撰。

注：①柯氏（1481—1564），黄岩人，王慕白妻。生平不详。志石高48厘米，宽55厘米，厚8厘米。文16行，行28字。出土于黄岩区，具体情况不详。现藏黄岩区博物馆，此据该馆录文。

②按古人称呼习惯，“慕白先生”应是号，“再从父”即父亲的堂兄弟，撰文者王铃为王堂次子，参考王堂墓志，则“慕白先生”应是王秬之孙，王烜之侄，具体人物待考。

王铃妻赵氏[1]墓志

明敕封王安人赵氏墓志（题）

呜呼！安人姓赵，太平关屿名族也。祖讳崇贤，广德知州，赠尚书；父讳相，累封南京刑部尚书，母王夫人；兄讳大佑，历官南京兵部尚书。王夫人，吾王考从女弟也，有淑德，相攸先君，未垂髫，以安人字之。将归，而先大母胡氏安人卒，年二十三归我先考佥事讳铃府君。

敕封夫人性端庄静一，宽厚仁慈。王考石翁府君晚岁，先君与伯叔供食，且时有宾客之需，安人主中馈，娓娓惟谨。虽以王考之严，无不悦其孝敬。待先君相敬如宾，每燕见必相揖。先君岁延宾友于"宾贤楼"肄业，馈食之烦，供给之费，久而不懈。以至庚子领乡荐，丁未登进士第，安人顺敬之助，不可诬云。居常动止有常，喜恬静，务俭朴，虽隆冬盛暑，而组纴不废。洽尝谏止之，曰："家颇足自给，何乃自苦如此？"安人笑曰："吾少习而老安焉，舍之无以自适，殊不觉为劳苦也。"其饮食衣服，嗜蔬粝而厌膏粱，却文绮而甘荆布。先君初令宜兴，及升南都，尝同安人之任，先君以清节自持，官署中淡泊，安人安之。及归，箧笥萧然，亦无愠色，人以为难。处妯娌以和，无疾言遽色。其待人也，谦抑出于自然，不惟御臧获以恩，虽疏贱少小，一接见间，亦必曲加温问，其无富贵态如此。先君致山东臬事，处林下十五年，不惟洽宾朋，而悯穷周给之义，日不暇给，安人虽时有窘乏，惟将顺美意，始终无间言。近岁尝绘封安人像，先君援笔赞之曰："安人名族，来嫔于王。富亦何慕，贵亦能忘。衣裳在笥，缫手徨徨。步不逾阈，言不越床。地道无成，代有终也。安人庶几，不失吾常欤！"呜呼，可谓不诬其实矣。

去秋，洽将会试，临别戒之曰："汝第往图进取，毋以我念。"至会城，闻病剧奔回，中途即遇讣。仅四越月，先考相继沦没。呜呼，痛何忍言哉！安人生于正德壬申九月初三日，卒于万历丙子八月廿八日，享年六十有五。生男二：长即不肖，领浙江丁卯乡荐，娶大寺巷汪氏，继娶西桥徐氏；次涤，病弱未婚。女二：长纯姬，适北邑庠生何子安；次信姬，适东浦邑庠生谢天永，早卒。孙男三：汝楠、汝楣、汝槐。孙女二：娩玉、从玉。卜以今岁十二月二十四日从先君葬于壕头祖墓之左。

呜呼，以我母氏之德，不获跻上寿，享遐福，洽为人子，病不及药，没不及殓，讵非终天之恨哉！谨抆泪述其梗概，斫珉纳诸幽。若安人之纯德懿行，尚有俟于名笔云。

万历五年岁次丁丑十一月长至节，不肖男洽泣血谨志。

注：①赵氏（1512—1576），黄岩人，王钤妻。生平不详。王钤，号九难，嘉靖二十六年进士，官至山东按察佥事。志石高、宽均49厘米，厚3厘米。文27行，行32字。出土于黄岩区鼓屿乡方山下，具体情况不详。现藏黄岩区博物馆，此据该馆录文。

王纪①墓志铭

明故征仕郎寿州节判初泉王公墓志铭

赐同进士出身文林郎礼科给事中侍经筵临海王士性撰……

赐进士第文林郎江西永丰知县眷晚生林国林……

赐进士第中宪大夫广□提刑按察使东嘉族兄叔泉……

初泉王公以万历癸未夏五月廿五日卒于正寝。于是，其子浓以荐禫之辰，抱自所状来乞铭曰："先君之居窀穸也有期，不佞盖以是徼惠于蔡克勤氏。"克勤，余友而君之外兄弟也，余从克勤知君之懿行旧矣。

君讳纪，字子陈，初泉其别号也。君之先世有文章行业。迨其父与伯兄司丞并起，名益著。及司丞举进士去，公遂以诗显。生二子，君其季也。二子同业儒，同为众所推。雅志尤倜傥，读其父《竹楼丛稿》而悦之，乃亦匠心诗道。所习举子业离合各半之，且又非其好也，乃枘凿不入于校大夫，辄奋袂起曰："古人勋业自黄次公、文学自司马长卿以下，何必尽由大夫耶？"□□乃入赀为成均弟子。大司成松溪陈公见所业艺，辄深重之，诸成均子弟亦咸啧啧退舍避。然君肆力皆古学，竟亦弗与时偶。

属伯氏早逝，竹楼公复弃养，子侄各议析居。君念伯氏逝，诸孤弗任劳费，乃以身任析。卜筑于城西南偏，面委羽洞天，构一楼焉，日徜徉其中，高吟以见志。诗声遂殷殷动台雁间，君益以此为终老焉。久之，舅大理寺蔡公强之出，始谒选人，判寿州。寿岩邑，其俗鸷悍，常捍文网，又多惰民；地芜秽数十里，逋租不入合龠，又最苦牧马弊；独正阳一镇，通荆梁淮安之冲，舟车辏而商贾集，榷关者每每有赢金焉。君抵任，承其守乏，大吏廉君才而试以篆。君洁己爱民，旦夕拮据，而抚字之下，斤斤以三尺来束湿。于是官无逋赋，邑无流氓，诸□□称不便者咸为兴利翳害焉，政以兴。独属之榷商，君辞不赴也。以故持斧之使益重君，檄奖交驰，骎骎乎人谓君定跻通显矣。君则不忘隐志，欲投牒归，寿父老奔□□道，旋檄晋之，君竟固请，乃□。囊中无长物，惟笼二白鹤南还。遂楼西竹亭居之，曰“栖鹤”；背楼为池，养鱼数万头，□□一，曰“知鱼”。莳竹为园，聚石为山。花边杖屦，天无虚日，月无虚时。乡先辈龙石陈公复檄君为真率会，日逍遥于南山阜空□□□门石龙之间，觞辄分酌而吟，奚奴日负诗囊，空出而实反。同郡叶郎中海峰，东瓯侯方伯二谷二先生能诗，每读□□，为君屈一指，其相赏如此。

君坦夷任真，推分不事表□。又笃于友爱，视兄子如己出。以匮乏告者，众寡着应其求。十一世祖茔为他姓阴谋，讼于官，君在病中，犹强起力持之。一切义举之事，慨然如若不及，天性然也。

君之先自李唐大理寺少卿讳从德者避五季乱，由钱塘徙黄岩邑西之宁川，是为君黄岩王氏从出之祖。十六传讳全禄者再徙邑南门，是为君南门之初祖。实生南耕翁，以□□字行，累赠资政大夫南京都察院右都御史，是为君之高祖。复生秬，判和州，封刑部主事，是为君之曾祖。复生弼，称南郭翁，举弘治进士，终兴化守，祀名宦乡贤，是为君之祖。复生炯，则君父竹楼公，娶郑氏，生伯氏子常与君。君娶蔡公龟崖之季女，生三子：长浓，副兵马，娶杨氏；次滢，早卒；俱侧室董氏出。女一，贞秀，适施鸿胪孙庠生梦能。孙男二：思诤、思正。女二：思淑、思静。君距生正德丁丑五月十六日，享年六十有七。以万历乙酉岁十二月初七日葬于邑西稠山竹楼翁墓侧。有诗若干卷，名《初泉摘稿》。尹黄岩袁君应祺为梓而序之。袁亦工古文辞。

王子曰：余读《初泉摘稿》而有慨于中矣。古之为诗者阐性灵，总物理，后世鞶帨而膏沐之以兢时巧，舛也。故三百篇以下惟汉乐府古，次魏晋，次六朝，波靡沉淫极矣。说者谓诗以唐盛，□□□□□色泽尽衰者，情理离也。王君之诗，其粹然者，诸君悉之亡论，余独喜其一本之性灵，不失作者之意云尔！

铭曰：尔官不显于位而泽存。而文不售于时而诗存。稠山之阡，草夭木蕃，留兹不尽以君之子孙。

万历十三年岁次乙酉季冬吉旦，不肖孤浓泣血纳石。

太平陈应娄镌。

注：①王纪（1517—1583），字子陈，号初泉，黄岩人。曾以荐任寿州通判，后辞官归里。撰文者王士性，为明代临海籍人文地理学家，后世认为王士性与徐霞客为地理学界“双子星”，二人在“伯仲之间”。志石出土于黄岩区，具体情况不详，现藏黄岩区博物馆，此据该馆录文。

王廷询①圹志

呜呼痛哉！儿子叠丧，裂断肝肠，忍言耶？余曾大父尚书公，大父太守公，父鸿胪公，生余兄弟四人、娣二人，而余居次。娶太平冠屿赵氏，卒于万历丙午年四月，葬于广化之阳。生三子。一女居长，适石岭庠生叶良樟。长子廷论，娶北门符大尹女孙，续娶同屿金氏。次子廷谔，年十五入泮，亦娶母家赵氏，无嗣而亡。长儿尚未有孙，廷谔祀姑悬以待继。三子廷询，娶连博士女孙，青年夫妻，相继云亡，止庶出一女，方在怀抱。余深痛其能友能孝，善亲善邻，不忍其无后也。余大娣适东浦赵氏，长甥邦琦，为邑廪生，余幼器识之，取彼子名骥者承绍其嗣，盖亦余父之血脉焉。呜呼，肝肠寸裂，尚忍言耶！余于天启四年十月初二日之吉，卜葬廷询夫妇于始祖之墓侧。余副室黄氏乃廷询养母也，恩力勤劬，不当与之终隔，百岁后亦将于此合葬焉。余不文，正无取于文，执笔涕绝，亲为之志若此。父赓唐书。

大明天启四年岁次甲子孟冬初二日吉立石。

注：①王廷询，生卒年及生平均不详，王赓唐三子，黄岩人。志石高 38.8 厘米，宽 42 厘米，周饰云纹花框。文 18 行，行 18 字，字径 1.8 米。出土于黄岩区鼓屿乡方山下，具体情况不详。现藏黄岩区博物馆，此据该馆录文。

王渊妻童氏①墓志铭

亡室孺人童氏墓志铭（题）

孺人姓童氏，台之黄岩人。祖讳悦，为王府引礼舍人，善书与诗，好义乐赈，郡侯许公表其门曰“一乡善士”。父讳守恂，克世其业；母彭氏，予祖母之侄女也。孺人年十八而归予，凡三年而谢世，呜呼痛哉！

孺人性端淑，事舅姑以孝，相予以敬。然事识大体，接人以礼，凡酬酢家□□□用命而事集。归予越月，即勉之业书山间，尝曰：“古有杂佩以赠之者，吾志也。”予不能尊贤取友，因其言而加勉焉。予承父业，孺人处之益俭勤。然亦喜施。特注意于桥梁道路，不吝捐赀，而缁黄之徒假名媒利者，顾弗屑焉。尝曰：“积贵能散，散贵能择。”孺人其善用财矣。孺人不幸病剧，予彷徨迎医，而家人昕夕祈禳弗效，孺人溘焉舍予而去耶！呜呼哀哉！实嘉靖壬寅秋八月三十日也，距生嘉靖壬午冬十月初九日，年仅二十有一耳。生女一，曰大奴，三龄。男梯，妾卜氏出也。卜以卒之明年春正月三日，窆于方山壕头祖茔之麓祖母兆侧，困述其梗概，以志于墓。

铭曰：呜呼孺人，貌庄德淑。天胡弗佑，弃予奄惚。有女有男，以似以续。厝之吉地，庶慰痛哭。

大明嘉靖二十三年春正月三日，夫太学生王渊撰。

注：①童氏（1522—1542），王渊妻，黄岩人。生平不详。志石高 50 厘米，宽 42 厘米。文 17 行，行 24 字，字径 1.7 厘米。出土于黄岩鼓屿乡方山下，具体情况不详。现藏黄岩区博物馆，此据该馆录文。

王廷谕[1]墓志铭

墓志铭（篆额）

先妣□□墓志铭（题）

府君之在乡里也，其□心□□□不仰而敬之，爱而慕之，所谓忠厚长者，其古之君子乎？□□□嗣□，不能及万一焉。□举其生□履历，求当代名流以□□福□乎其不有得也。重于感而怆于心，因稽乎古人中曾有以子而述先人之行不烦详者，□敢以鄙陋□不强勉以记之也！

府君讳廷谕，字兴迪，别号见中。其先钱塘人，李唐时有为大理少卿讳从德，避五季乱徙居黄岩之宁溪，是为府君之始祖。十六传[2]至高祖讳全禄字伯永者，徙邑南门，遂为南门王氏。由是生南耕翁□□，累赠资政大夫南京右[3]都御史。南耕翁生确庵翁讳秬，□□贡判和州，封刑部主事。确庵翁生南郭翁讳弼，由进士官兴[4]化郡守。南郭翁生梅山翁讳增，少习举子业，声满□□，是为府君之曾祖。梅山翁生爱日翁讳铨，田置万顷，富冠于乡，后封光禄寺署丞，是为府君之祖。爱日翁生槐溪翁讳渊，席殷处厚，善于吟咏，有《槐溪存稿》，载□□□□□中；由太学授光禄寺署丞，是为府君之父。母童氏，继施氏、叶氏，生母□氏。

府君之生也，□大父官光禄时，育于北畿之官舍。禀性敦厚，事父母极孝，处兄弟极友。府君少时慷慨期许，为大夫所钟爱；府君之事大父也，亦无所不至。年三十时，大父病危，府君哀痛之极，以文祷城隍中，愿以身代。□□祖母语福母冯氏得之。兄弟四人，府君行居其二。伯父、叔父俱早世，府君抚其幼侄，视如己子。处孤寡之间，无半点自□□心，真天日可表者也。处宗庙则朔望必至，虽老不衰。处宗族亲戚伦序间，一以至诚恻怛，宁损己，无利人家之□无不计也。生平不事产业，不谋钱谷，惟笃志向学。幼与第三叔父同入国学。府君十上金陵，八战棘闱，守场屋凡三十年，而志不少怠焉。每□以读书上进督□□福不能如府君之愿焉。竟赍志以没也。孝友之性，本于天□□念先大父诗稿不及付之梓人为怅，临终感激流涕，切切语福，此外无遗言也。府君之行不能尽述，谨志其大概云尔。

府君生于嘉靖壬戌年五月初一日，卒于弘光乙酉年正月初四日，享年八十有四。配冯氏，系临海涌泉□□冯公讳学易女。继聘金陵南康长公主一十二代孙女□氏，即福之生母也。府君男一：福，县庠生，妇徐氏、彭氏。女四：长适□海知县应公彦卿之子；次适太平序班赵公讳芳□之子；三适教谕林公讳士□之子，庠生；四适同知彭公讳汝贤之子，庠生。所恨者俱早世不禄。孙男三：维馨、继馨、□馨。长孙妇彭氏，即府君第四女之女也；次孙□于氏；三孙聘陈氏。孙女四：长适北门符氏讳□□；次配路桥于氏讳□□；三奴、四奴俱幼，未许配。曾孙一：欢。曾孙女：喜。卜弘光元年十一月三十日葬六都缯山，开冯氏之兆而合焉。谨志梗概以纳诸幽，呜呼哀哉！

铭曰：人趋不趋，人竞不竞，守志含贞，惟其德性。府君之德兮可慕，府君之行兮可师，府君既谢兮谁其嗣？

大明弘光元年岁在乙酉十一月吉旦。

不肖男福泣血谨志。

注：①王廷谕（1562—1645），字兴迪，号见中，黄岩人。生平不详。志石高55厘米，宽56厘米，厚5.9厘米。文29行，行36字。出土于黄岩区，具体情况不详。现藏黄岩区博物馆，此据该馆录文。

②③④据《王纪墓志铭》补录。

王绪[1]墓志铭

明故处士王承国墓志铭（题）

赐进士第奉政大夫山东按察司佥事前工部屯田司主事族祖钤撰文。

赐进士工部中顺大夫黄州府知府前工部武选司郎中郡人应明德篆额。

赐进士第大中大夫大仆寺卿吏工二科右给事中郡人邓栋书丹。

隆庆辛未夏六月十有二日，余宗孙承国以疾终于家，其子梦祥卜以又明年壬申春正月三日庚申举□事，乃抚素履泣拜恳余为志墓间，石以谓志以垂远。兹嫌□松则例以韩旁□事既而曰滂□十九昌黎志其墓。余视承国亦滂也贤且者，其奚□因为之□笔云。

按谱，我王氏蜀产始祖讳从德，李唐□仕大理少卿，避五季乱，由浙西钱塘徙台黄岩宁溪。十传讳缁者，于临海涂下嵩山，再传大亨，拜永嘉令，延于名，以万伐兵改名南册卫，籍乃八世祖也。承国讳绪，别号憩松。祖讳培，父讳□，俱以隐德者于乡。承国生六月，□孤节母□氏甫二子，以米粮初育。弱冠兴举子善□□志荐创执役己年□谨或□之□袂郎官可得也，慨□曰名剩非予素心，顾□以律今然是，即乃输粟挂一卸于家，辰力奉节修随燠寒，历三十年如一日构祠，祀先遇时祭、忌辰，以尽哀敬，谓淳海湫溢卜居郡城以问师课子。迁墓城南以便祭拜。抚□□孤叔以抚成以家，仅中目有余乐于周急，嘉靖丙午大侵，赈疏咸有□，壬子岁冠首，倡输赀设备以夙诸大姓。有司两旌其贤，谢不受行。大友言侃宗党□□宜咸服其义。有故文徐尽峰者，兼病莫不厚给医药，其敦睦不忘，久要类如此。仅□敏辖每兴□或触景哦诗，或对月抚琴，或延嘉宾能□□□□夕，又绰有古德□遗盛焉。生[2]于弘治甲子二月十一日申时，享年六十有七，其葬地则杜祁郑师岙。德配□□杨□灵之□女，有淑德，勤俭内相。子四：长梦祥、梦□、梦祺、梦祉。梦祥□□□□□□□□郡□袖增广生试场屋大宗伯秦华峰□以□□石□赐秋子妻□□回纶可傅□夫□人以为承国孝思之报云。

铭因子躯端尔守善如□遗千里驹或尔庐傍尔墓车以永尔孝思。

明隆庆六年岁次壬申十月吉旦。

注：①王绪（1504—1571），字承国，号憩松，临海人。生平不详。志石高67厘米，宽52厘米，厚11.5厘米，白石质。文25行，行32字。二十世纪六十年代出土于涌泉镇杜岐村郑师岙。村民曾作洗衣石多年，字迹磨沥。2013年春，杜桥镇横楼村前张村民张文军购得，后临海彭连生访得，拓印一张，石字模糊，据石本录文。此由彭连生提供。

②原文为“卒”，应为“生”。

王景①墓志

明故东野王公墓志铭（篆额）

明故东野王翁墓志铭（题）

赐进士出身右春坊右中允兼翰林院修撰姻家秦鸣夏撰文。

赐进士出身通奉大夫广东布政使司左布政使蔡云程篆额。

赐进士第奉训大夫工部都水司员外郎前行人司行人姻家陈光哲书丹。

东野王翁者，台之隐君子也，讳景，字逸卿，以嘉靖辛亥三月四日得疾卒，享年八十有四。翁有孙曰宗沐，举进士，方为广西督学佥事，奉翁讣，盖后四月，始为位哭之恸已，乃拉涕撰状，授书币使者，还走万里，丐一言撩诸幽。予既与为礼，发状读之，其情哀，其意恳，其言直，其事核。已而叹曰：“嗟嗟，沐生得翁而名始成，翁得沐生而行益显。予何言，予何言。”

按：王氏远代叙自周王子乔，后世居越之会稽。宋绍兴间，徙台之仙居，辄复徙临海。临海之王其称盖久，再传为衢州学教授公，学有源本，世共推为真儒。由教授公又三传为江西南康太守，讳稳，则翁之大父也。稳生缵，是为厥考慨云翁。翁生而举止器度异凡儿，侍御余公钀一见奇之，许妻以女。比长业举子弗就。敦行本实，笃尚伦理，一以真性出之，不复知人间便儇巧利之事。

初概云公三娶，六子，而马氏实生翁，公最怜之，非五人敢望。公家世故饶，娶马氏，马氏家又大饶，两家积聚，财产日充裕。公且死，怜翁不置，则命悉以与翁，不及诸子。翁衔命，毕丧事，乃召诸昆弟，尽出而均分，人人自以为出望外。久之，家毁于火，无余资，比三毁，财益落，人或以谓翁，翁谢之，绝口不言，而五人者始喻翁志，安然与其子。由是里人咸相谓曰：善东野之处人父子兄弟间也。翁既娶余氏，生三子，皆壮有室，而余氏卒，翁竟以家事传诸子，不复议娶，亦不问产业盈缩。又性喜施所蓄积，人有请谒，虽极所爱，推以与之，如弃敝帚。其所识穷乏，遂待我以济，至解衣裘，减常膳，相问遗，不以频数而有难色。自奉俭朴，而于孝先务极意满。凡关茔陇与时享祀，必为丰腆坚经，曰令后人毋以加。故翁晚年所以遗诸子者不啻甚薄，然诸子雅承翁志，不以薄故忧，兄弟怡怡，旦暮聚膝下，菽水为欢，自有室至白首如一日。由是里人复相谓曰：“善东野之化，行于家人父子也。”

嘉靖己丑，年逾六十矣，时佥事生七年，岐嶷可念，翁目异之，乃召诸子谓曰：“王氏先卓有显闻，自南康公以下，晦几世矣。吾与尔曹奉先人之业，无能有所张大，幸有孙不及是，揉而成之，俾有树立，人谓我何？”则为择塾师，使肄习焉。稍长知乡往，游学于姚，翁实匍匐与俱，日徒行可百里。二年提归，卒业永庆山舍。每夜漏下二鼓，篝灯侧听，察其勤惰，以示耸动，即以下上山谷间，不以为劳。佥事卒赖之，未弱冠，志业日起，有声籍籍。盖岁丙申，予以使事取道归，始有丝萝之议矣。当是时，独翁闻之喜，心虑无成，既成，则数数戒勉之曰：“无负尔舅，无负尔舅。”又六年，佥事领乡荐，与计吏偕，连举进士，用释褐日，奠雁予馆。明年奉使，遂省觐，携新妇，拜跪膝前，乃翁复大喜曰：“儿成吾志，然不意吾及见之也。”由是台之人无远近贵贱，辄复称叹，以为教子孙无如翁贤云。

翁襟宇夷旷，体貌颙重，平生无欠心事。为人谋，披肝沥胆，不少隐复。善善恶恶，有所闻，即俨然具衣冠请谒，陈说劝戒，不啻以身任之。其与乡人处，或言犯翁，必怒有顷，复见，则又欢然如初。每出户，里巷小儿，狎近之，牵裾嬉邀，竞呼为：“长者，长者。”

佥事官刑曹与今督学，贻书谕：“重民命，惜人才，惟忠惟孝，言足为有位法式。”郡守先后至，举乡饮礼，必首礼翁，翁第一就，余谢却唯谨。晚岁闭关益严，结屋里东门外，逍遥待尽，峨巾博袖，随意所适，寄傲于泉石间，因自号东野老人，盖熙熙然不自知其身之老矣。

子诰、训、说。训以佥事贵，封刑部主事。孙宗渊、宗沐、宗沛、宗汜、宗浃、宗洛。宗渊、宗沛皆诸生。

墓在大田之原，葬年月日则嘉靖壬子元日也。秦子曰："人亦有言，良贾藏虚。盛德若愚。东野翁厌事占毕，乃其行事，则蒸蒸合理道，岂逸民柳下展禽少连之流亚欤？不然，何其和而介洁可亲，爝然自振于流俗也。古所称笃行君子，至于东野近之矣。

铭曰：造物委和，道斯为贵。不流以随，斯称养粹。性由习染，民鲜用中。逸民高蹈，隘与不恭。惟翁熙熙，与物无兑。直躬而行，一出于正。贵以吾义，富以吾仁。亦既寿只，是曰完人。式哉斯邱，百世之下。九泉可作，吾归长者。

嘉靖三十一年正月初一日立石。

注：①王景（1468—1551），字逸卿，号东野，临海人。万历刑部左侍郎王宗沐祖父。王氏自王宗沐前，家世不显，至王宗沐与其子，则有"一门四进士，父子三巡抚"的佳话，流传至今。志石系青石，长 66 厘米，宽 56 厘米，厚 8 厘米，行 49，满行 33 字，字径 1 厘米。出土于临海市大田街道大田刘村"骑尉第"后门小山。据捐献者孙如法、刘端芬夫妇述，墓志系 1965 年在屋后中央爿山东麓出土，当地人称为"王都堂坟"。墓朝东，墓系石板构筑，原墓志有盖，但无文字，今失。出土后志石被作洗衣石用，磨泐缺损处以《章安王氏宗谱》校补。2006 年 7 月临海市沈建中、郑瑛中、彭连生等人征得，现存临海市郑广文纪念馆。此据临海陈开北点校转录。

王觐生①墓碑铭

大明琼山王四郎之墓（篆额）

故男王四郎墓碑铭（题）

四郎乳名觐生，父东旸王重，广之琼山人也，世居东岸罗旸里，年四十有口，犹未冢嗣。嘉靖辛丑始□□知山东曹州处曹甫三年，而生四子，长曰南伯，曰曹叔，次曰曹季，觐生其少者也。窃幸生之既晚而养之易成，在理薮□□且吾□无负于神明，或者天其默相之乎！甲辰秋，转官浙东贰台守，携四子俱，觐生时在孩提耳。□□秀股体傀然可爱，尝自谓曰："身在万里外，捂四子亦足易自解。"

越明年，乙巳正月十六日，觐生遽以疾卒，自其□□□□□正月二十八日，计为三岁，而实则周年也。理之微，数不齐，恶得而揣摩耶！是冬下葬，未获葬地，临海隐士潘慷闻之口而言曰："慷有山在县之十九都野猪岙，山势盘结，草木郁茂，葬于是，慷将之，使之永□不替。"因归其山之直。□□四之受，重义之以为诚，可□是坟也。有闻其父子兄弟贤声之著久矣，遂以二月十有三日葬焉。时同觐生殁于一月向者，一为王陆父祖□，祖事先人葬于官山山宫溪之原，殁年一十有一，为王通兄弟，俱事我，葬于墓下之有侧是也，殁年三十有三。越明年，丙年正月十三日，冢子南伯始六岁，又以□内致而卒。呜呼痛哉！在曹□□□而生四子，在台则周年□而殁二子，岂理数之真不可晓如是夫？吾行有负于神蔽，天使夭折二子□□□□□□之未终而悲工□穷也呼。汝父自是无复有意于人世矣！遂含泪刻石而为之□□□□□□□见□□□□□□棘□其上筑不为井圆为路之所侵，其或有赖于是乎？

铭曰：先店之堂，山岙之阳，骨肉于此乎藏。东岸之湄，罗旸之居，魂气于依。呜呼……天而□□乎，附于先世之□踹息呼吸，父子一气，地有远迩，莫之或二男子县……潘氏之贤，克昌其后，卜无一年之仁，登此荒原，不抚景而垂怜可异汝坟千……

嘉靖二十五年春月之吉父重撰。

注：①王觐生（1542—1545），王重第四子，原籍琼山（原海南琼山县），因父任职，遂居临海。因疾早夭。墓表长 158 厘米，宽 56 厘米，厚 9 厘米，字径 2 厘米，白石质，石已被村民凿为三截。第三截遇火烤，石崩，缺字甚多。1958 年被发现后，曾搬置临海城郊下东山村开家峙自然村大队长周小囡家。2013 年 10 月临海市文物保护所彭连生于其子周瑜家访得，据石录文。此由彭连生提供。

王训[1]墓志铭

明故联峰府君墓铭（篆额）

明故敕封刑部主事联峰府君墓铭（题）

赐同进士出身文林郎知山东滋阳县事前中书舍人侄子淑篆额书丹。

皇明隆庆元年，岁在丁卯，十二月十有六日，先府君卒于正寝。越二年正月十日，不肖孤沐奉柩窆于延丰山之原，从生所自卜也。掩诸幽，宜有铭。窃念沐上之不能抱道负德、师表一世以光扬令名，次之不能戡乱略、工藻丽，收文武奇世之声，下之不能脂韦取大官，华侈享养，而猥烦名笔点染，其何以信后？乃强起拭泪含悲吮墨而为之铭曰：

府君姓王氏，讳训，字子诲。其先出太原，徙山阴，有讳燠者，宋绍熙间尉仙居，因留家焉。已而又徙临海，卜两峰之秀世居之。府君因号联峰居士。十世生汀州守稳，稳生缵，缵生逸卿，号东野翁，娶侍御余公玑女，实生府君。少聪慧不群凡儿，侍御公尝曰："吾典籍以与吾甥。"时同里学博郑石泉先生良璧有文章名，没，嘱其家人曰："吾女不与凡子。"卒以安人归府君。以此自淬励，日夜期成大业，而东野翁家中落，力不能竟。府君罢书，缩精神治生理作业。郑安人从中孝敬慈顺以相，用能谐唑兄弟，有□不私焉，内外斩斩，顿忘其贫。嘉靖癸未，遭余安人丧，独经营葬具，□□孝思。而不肖孤沐是岁适生。府君以《焦易》得□之六，其繇曰："文山紫芝，雍梁朱草，生长和气，福禄来处。"因喟然曰："汀州后无显者，而侍御、学博二公往而望我，倘在此子乎！"长授之经，甲辰举进士，明年授刑部主事。会天子以新庙恩，敕封府君如其官。而东野翁尚无恙，人曰："寿有及子贵，无及子封者。"又明年迎养京师。是时荆州张相公居正、蒲州王兵侍崇古、丰城杜中丞拯、余姚翁大参时器皆迎其父来，太平郎曹无事，诸老皆庞皓，衣冠甚伟，日治酒食相过从，而府君尚鬓独玄也。后归五年而东野翁丧，家再毁于火，倥偬不赡；往事，封官多跌宕不自约，交有司、谒请求，问田舍不妨，而府君顾引绳墨，自律甚严，一不妄干，闭门茹俭，欢庆曰："此吾家世风也。"郡守雅敬重，竞以乡饮大宾延致，府君第一就。癸亥春，忽一疾甚剧困，愦愦中若到蓬壶帝居者谒，主者披籍呼曰："汝何来？汝素为善，吾迟汝十年。"麾之出，觉而道所见，半目顷，果良愈。沐时守广右藩使，闻而即日弃去就道，疏奏，天子怜之，许归扶侍。数岁来，目益强，善饭，花间杖履，水边杯盘，虽菽水无增，而府君时为解颜。卒之日，晨起尚观棋酌酒，夕而月出，复索饮数，行次，忽放杯而瞑，沐急从后抱持，但一顾而绝，粗若羽化者。距生弘治丁巳六月十六，享年七十有一。呜呼痛哉！已矣，复何言哉！

府君性孝友天笃，睦以敦族，慈以御下。人以贫告，则恻然若痛，赈恤恐后。以善告，则欣然顾喜若己出，即有诈，终不相亿也。有犯者，初未尝不怒，少顷解霁，旷若无有。就与计事，顷间不语，俄而断利害成败，后日验，不爽若持券。善饮，醉益恭。见人之狂废礼者，疾之如仇。以故受封居二十年，无睚眦忤人。卒之日，在门、在堂、在室，哭者皆尽哀。

长子宗渊，庠生，先卒，娶彭氏，再娶陈氏。次沐，娶翰林中允秦公女。孙男五：士徽，例授儒官，渊出；士崧、士琦，庠生；士昌、士业。孙女一，风娥，聘金大参公子锡韩，沐出。

呜呼，沐尚忍为铭哉！庸劣不自立，无以显亲，不孝罪，死不足赎。然犹抑心割痛，铨次大都，勒石附圹，以示孙子焉，惟不敢废礼也。铭曰：

病剧不殊，身游帝居；锡之数龄，曰普是畀；惟有格天，颠危可纾。无病而殊，杯酒笑嬉；不仙不释，羽化乘虚；惟能完天，来去自如。嗟嗟乎，延丰之阡，东来蜿蜒；江流在膝，木灌草蔫；藏且北向，曰吾君在焉；妥灵荫后，于万斯年。

皇明隆庆三年岁次己巳正月十日不肖男宗沐泣血稽颡谨述。

注：①王训（1497—1567），字子诲，号联峰，临海人。王宗沐父亲。志石高 70 厘米、宽 55 厘米、厚 8 厘米。文连题 29 行，满行抬头不计 46 字，字径 1 厘米。出土于临海市汛桥镇寺前村延丰山。2005 年 2 月 28 日由该镇东山村村民周海彬送交临海市博物馆。此由临海彭连生提供。

王宗沐[1]墓志铭

明通议大夫刑部左侍郎撄宁王公墓志铭（题）

赐进士出身通议大夫吏部左侍郎东阁大学士知制经筵日讲玉牒总裁门人张位顿撰。

赐进士第资政大夫南京参赞机务兵部尚书门人袁贞吉书丹。

赐进士第通议大夫南京工部右侍郎门人张口篆额。

万历十九年辛卯，西虏渝约犯塞，时以边务久驰，诏举海内耆旧大臣、宏达负才略者，备九边节钺用，于是公卿大夫咸以前司寇天台王公应诏。是时，公废且十余年。既已得请，海内士人无论识不识，无不望公再出，建立社稷旂常之烈，而公则以岁之腊殂矣。讣闻，天子下礼官议祭、司空议葬，既备礼矣。越明年秋，公嗣工部员外郎崧等始奉状来请志铭。

嗟乎！不肖方期与公有为于世，顾何忍铭公！忆嘉靖丙辰，公奉命督江右学政，初下车即试南昌郡，拔位诸生中第二。次年居首，遂侥幸中科。公于文学外，有知人鉴，一时所简拔皆名士，今衮衮公卿间魁垒耆艾，皆公三十年培植桃李也，世咸艳之。位最不肖，而最为公所知。每相期以千古学术、经世事业，愧位孱庸偃蹇，无足以承之。位自山中召入政府，公闻之，喜而不寐。方驰文公堂为寿，讵意庆吊歌哭变于斯须，恸哉！公有盖世之才、超世之识、冠世之学，而天下不尽知之矣，而未尽其用，奚翅及门之士所为咨嗟叹恨者！位昔年以病归，公书邀于路曰："次日不见，未卜他生！"每诵言，中心如割！天下知己孰逾公！公之知己又孰逾不肖者！非不肖铭公而谁！

按状：公讳宗沐，字新甫，敬所其别号也。晚更号撄宁，学者称为撄宁先生云。本周王子乔之后，盖出太原，世居会稽。有燠者为宋仙居县尉，因家焉。生子贵，再迁临海。数传而生蒙，元至正为衢州路教授。又三传为公高祖稳，两为南康汀州守，以清白称。曾祖缵，祖景，隐居勿仕。以公贵，赠都察院右副都御史。父讳训，封刑部主事，累赠都察院右副都御史。母郑，封夫人。郑夫人娠公，邻人梦黄龙从公宅中蜿蜒而起，觉而生公。幼异质，七岁，大父授以《大学传注》，过目不忘。有术者相之，曰："是子神骨清秀，齿外露，相类邱尼。他日身显，门生满天下。"稍长，从大父负笈姚江，游学举子业，返而居龙阳山中，愈刻励，日取古今书而读之，当几处扪其骨肉陷寸许。下笔为文，洒洒千言。然就其高者，骎骎先秦、西京矣！逾冠，举于乡，连举进士，秦宫允白崖公馆甥焉。寻以进士奉使拜大父、若父于家，还授刑部主事。未几，以九庙恩封父母。

时霸州有巨盗七人屠劫富室，一人逃之京师，觉逮锦衣狱。六人者亦败露，逮治霸州狱。情已具，彼此固不相闻也。逮锦衣狱成，送刑部，部并逮六人者，鞫之且至。先一人忽亡去，六人各辗转不肯输服。事闻，上诘责具狱甚急。司寇郎计无所出，遂称病，以其狱属公。公潜索敝衣，屏左右，令皂役衣之伏墀左。召六人者，叱之曰："某逃者已获，若曹顾冤死邪！"贼皆惊服，狱始定。其儆敏如此。

稍迁员外郎，出为西粤督学使，公年才二十八耳。粤士故多慧，苦未知学问，相语曰："夫师也，颖且少，得无操我急乎？"公至，则谆谆诲谕，若家人然。又择其秀者，治书院，廪饩其中，檄聘经师教之，于是科贡人材始彬彬辈出。又请复田州学校，倡宗学议。转岭南参议，寻转副使，督学江西。故事使比者始至，皆先试傍郡，以次及首郡，远郡则比岁仅一试。公至，则试南昌首郡，然后及他傍远郡咸再试。当始按部时，人人无不错愕；及进追诸生，则人人又无不叹服也。

公既精于品骘，而又捷若有神，以故廷无留政。间以余闲，携诸生登临佳山水，挥毫理咏，居然有春风沂水致焉。豫章创正学书院，信州建怀玉书院，廪饩不斥而具，四方之士负笈者如归，江右督学至今为称首。

久之，迁本省参政，省多繁赋，漫不可稽。公曰："民不堪命矣！不核之，吏缘为奸！"乃作《赋书》《均书》《藩书》《实书》《险书》《陶书》《溉书》，类凡七篇，事详文丽，通省常赋，指掌可按，迄今奉为不刊之典。

一年，又迁本省廉使。持宪廉平，能决疑狱。会景藩之国道豫章，一二巨珰诘责舟夫不备，意乘此要挟。公遣人与之语："南风方竞，帆可饱张，即办多夫何为？曷若折金以赍，此两利也。"公潜令卫卒数百人挽王舟，江流势驶，从舟不能久待，郡邑恬然不扰，省费不下数千金，咸击节叹服公应变智略。已，转藩右。辖属贼流薄永丰城，杀臬使，又拘执一佥宪。两台强公讨贼，公慨然登车往。贼酋故惮公威名，遂解围宵遁，公促吏士卷甲趋之。俄报转山西左辖，公惧吏士懈，不可击，乃全师归。吉之士人道哭曰："天乎！胡不假我王公半阅月也。"为之具壶浆焉。罗太史念庵公有文纪其事。

明年，以山西左辖入觐。晋地大饥，百姓流徙，死亡者相望。公曰："是乌可不令上闻也！"乃为具疏，凡数千言，殊剀切。会有尼之者，疏不得上，反坐是论调广右矣。寻因父联峰公病，乞终养。疏再上，不待报，竟投劾归。既归，侍两尊人膝下，晨昏奉菽水，欣如也。比丁聊峰公忧，服除，庚午，荐起山东左布政使。公至山东，首计通省役作经会录，以齐劳逸、便征输，民用苏息。先是，河水傍溢，粮艘漂流者以千计，庙堂遂有胶河议。公策胶河必不可以漕，徒劳民伤财耳。当事者竟用公言，罢其议。公复历考古今运道，作《海运议》以奏。巡抚梁公览之，曰："此国家大计也！"稍匕试行之。于是庙堂知公才，漕河非倚公办不可。是年秋，晋公总督漕运都御史，盖超拜也。公既受命，乃晨夜拮据，立"蚤运法"以避河水涨流之患，然犹惧迁决靡常也。明年，遂疏行海运，大都疏有三：

其一曰：天下大势，如唐人都秦，右据岷、凉，左通陕、渭，是有险可依而无水通利也。有险则天宝、兴元乘其便，无水则会昌、大中受其贫。宋人都梁，背负大河而面接淮、汴，是有水会利而无险可依也。有水则景德、元祐享其全，而无险则重和、宣和受其病。若国家都燕，北有居庸、巫闾以为城，而南通大海以为池，万全之利也。而乃塞不通焉，非太平之遗虑乎！此所谓天下大势也；

二曰：都燕专势夫三门之险，天下之所谓峻绝也。然唐人裴耀卿、刘宴辈百计为之经营者，以彼都关中也。若夫都燕，则面受河与海矣。主于河而协以海，自可万万无虑。故都燕之受海，犹凭左掖下取物也。元人用之百余年矣，梁秦之所不得望也。此所谓都燕专势也；

三曰：目前急势，河流为患。以汉武之雄才，尚自临决塞；王安石之精博，且开局讲求，讵直今日然哉！且如去年漂流大臣之与国同休，小臣之有志于世者，闻之有不变色者乎？夫既不能不变色于河之梗，而又不能无难色于海之通，则计将安出？故富人之造宅，则旁启门焉，防中堂有客而肴核自旁入也。此所谓目前急势。

三疏既上，庙议俞允造艘设官。海运正粮十二万石，以三百艘分六总，用“平定”“宁静”“安全”为号。自三月开洋，六月抵天津。识者叹公开千百世无穷利，功固不在陈平江下。顾当是时，忌者与识者半行之。逾年，寻亦议罢。公曰：“成大功者不和于俗，吾何忍于一罢！自完之为得计也！”乃复撰《海运详考》并《漕运指掌图》以进，盖公之壮猷远矣！

秩满，封父母如己官，荫一子。乙亥，晋南京工部侍郎，又晋刑部左侍郎。上命阅边，公奉玺书周行宣、大、山西诸镇。凡数阅月，悉得边臣所以修守、练兵、利器、积粮、屯田、高下差等实状之，又画三镇战守机宜附上。大都谓“抚以战而后可久，守以战而后可恃。抚久而不用，则将与士若钝而不锐；守多而力竭，则将与士皆困而日敝。在宣府守七而战三、大同守一而战九、山西抚三而守七，而要之皆不可忘战也。”语详《三镇阅视录》中。疏上，优诏行之。事竣，欲晋公本兵，乃以奔郑夫人讣归矣。

朝廷推恩予帑金佐葬，夫人已先治葬地，公乃出所赐金建王氏祠，盖曰“不敢隐君之赐也”。公既守制家食，台省逢时宰意遂摭他事中公。盖公雅负当世名才，时宰以不附己病之，遂甘心于公。邸报至，公方在天台山中，怡然曰：“吾自结发登朝，妄意自立，绝不能褰裳径窦以阶尊抚！幸备位九卿，还老一邱足矣，恨不少树尺寸，惭负主上耳。”乃构“畸园”以自适焉。间从一二苍头，乘板舆徜徉山水间，还既杜门谢客，经岁未尝一捉刺。公门造者，往返终岁，亦不一见也。居常慕黄山、白岳、婺州三洞之胜，乃结伴买舟，诛茅结石，以谐夙好，盖淡然忘世焉。台使者岁荐公无虚日，公叹曰：“老臣耄矣，何堪再涂抹乎！”其襟度如此。公晚习养性术，年逾六十而精神益旺。上方欲大用公，公且逝矣。距其生癸未年正月十九日，年六十有九。配秦夫人，有子四人：长士崧，举进士，现为工部员外；次士琦，举进士，现守福州；次士昌，举进士，现尹龙溪；次士业，以公荫，现任詹府主簿。女二：长凤娥，适太学生金锡韩；次幼娥，适庠生秦廷嫌。孙十一人：立宸，崧出。立鼎，庠生；立程，登浙江辛卯科乡试；立准，庠生，俱琦出。立隆、立弼，俱昌出。立基、立象、立垣、立墀，立皋，俱业出。孙女四人。曾孙四。所著有《敬所先生文集》若干卷，《山居随笔》《讲学语录》《宋元资治通鉴》等书行于世。

公生平负经世之才，自筮仕以至少司寇，所至著声绩甚茂。凡所规画，俱可为后世法。公于学无所不窥，而尤研精性命，善谭名理。少从欧阳宗伯、南野先生讲余姚“良知”学，晚年多所自得，脱然门户蹊径，不堕世儒言诠。盖公天资高朗，识意融彻，与世之执意见而谈玄虚者，不可同日语矣。公既以春秋魁乡，而三子皆传经魁选，甲第蝉聊，近代罕俪。至其行谊、经术、文章、政事，父子、兄弟卓为清明冠冕！海内名阀，莫与比也！位不类，曾以馆下谬执笔之役序公集，记公祠堂，纪公畸园，再寿公祝祠。兹厕纶扉，方拟代命宣辞，述公巍勋茂烈，而公已矣！乃遂为铭，铭曰：

孰而生公？天挺之豪！海蓄台储，浩瀚岧峣！洽古镕今，有用实学。缙绅望公，北斗乔岳！渊含镜朗，真才盘错。如龙腾云，随处霖雨。如凤翱霄，灿烂华翥。公岂不遇，勋庸懋彰。公岂竟遇，林皋韬藏。西粤西江，士诱士掖。载齐载晋，帝省其泽。载起于家，载钺于漕。一时之议，百世之劳。奉命于边，矢慎以将。抚守必战，公谋则长。四郊多垒，无才不拙。公既殁矣，式思其说。湛卢宵炼，靡试不良。敛匣自珍，斗牛垂芒。惟天锡公，允矣笃厚。惟公成天，积而逾茂。珂鸣耀里，笏列盈床。舒公未罄，家宝国香。蹇蹇老臣，天子悼之！翼翼新阡，司空营之。精英勃勃，终腾照土。光有不忘，磅礴千古！有司寇冠，有书璧焉，聚灵发祥，永勿迁！

万历二十一年岁次癸巳二月吉旦。

注：①王宗沐（1523—1591），字新甫，号敬所，晚更号撄宁，临海人。嘉靖二十三年进士，曾任刑部主事、广西按察佥事、广东参议、江西按察使、山西右布政使、山东左布政使、右副都御史，总督漕运兼抚凤阳、刑部左侍郎等职。任内先后修宣成书院、王阳明祠、怀玉书院等，并亲于白鹿洞讲学，著有《宋元资治通鉴》《十八史略》《敬所文集》《海运志》《海运详考》《巡视三边纪略》等书。其中《海运详考》是研究古代特别是明代海运的重要史籍。王宗沐本人也是明代践行海运的重要人物。王宗沐与其子士崧、士琦、士昌被赞为“一门四

进士，父子三巡抚”，王氏父子为官清正，累收百姓所赠万民伞十顶，今临海城内王氏故居前后，仍有三抚基、十伞巷等街巷，均为纪念王氏父子而命名。王宗沐墓在临海汛桥寺前村延峰山，1951 年出土志石，后下落不明，至 2004 年被寺前村村民徐招明在墓附近沟中发现，志石已残，面石部分被剜凿，后被王氏后裔王卫斌搬去保存。志石残高 64 厘米，宽 77.5 厘米，厚 12 厘米。文 55 行，满行 93 字，字径 1 厘米。下部残缺，缺 25 字，计商 95 厘米。临海文物保护所彭连生据光绪戊申重修《章安王氏宗谱》抄录，与石本互补。此由彭连生提供。

王宗沐妻秦氏①墓志铭

明诰封王母秦淑人墓志铭（题）

赐进士出身朝议大夫南京国子监祭酒前掌南京翰林院记注起居东宫讲官通家眷晚生南昌刘曰宁撰文。

赐进士出身光禄大夫太子太保南京吏部尚书门人吉水曾同亨篆额。

赐进士出身资善大夫都察院右都御史兼工部左侍郎门人南昌徐作书丹。

秦淑人者，故王司寇敬所先生配也。自余先祭酒公为诸生受学司寇，余于淑人且不得齿犹子。已而得交淑人之二子，曰方伯公、谏议公者，闻淑人行盖甚具云。淑人卒葬且有日，而二子以手状来嘱铭曰：“为吾子之习之也！”刘子曰：“余固习之矣，其何辞！”《礼》曰：“妇闻无章，在夫与后。”淑人夫则司寇公，当嘉靖、隆庆之际，以才业闻望为名臣。淑人能佐助之，孝敬勤俭，中外完好。公所拔置异等之士，其后皆出为大官，至今传说焉。司寇自为省郎，历牧长、督抚淮漕，家徒四壁，然多友天下之士。方其倡道东南，户履常满。淑人能以石田子粒百斛佐，食指数百无匮乏。又能曲奉太淑人郑，从子于官，得其欢。其后太淑人以赠公嗜家，故不欲行。又能留事赠公、太淑人。赠公病，能勤奉药物，护之竟愈！至使赠公、太淑人交曰“祝淑人有后”。而其子竟皆贵显：伯子士崧，即水部；仲即左佐使士琦；叔即谏议士昌；皆先以经术、科名高等。季士业，主簿詹事府，与伯先卒。左使以文武材提兵朝鲜，蹈万里不测之险，人皆惊忧。谏议又上书请册立青宫，语切直，几触雷霆，危矣！淑人颜色自若，曰："臣职固尔！"比谏议受谪，左使又自度辽归，淑人乃又曰："余今乃幸有余子也！"盖其晓畅大义如此。

刘子曰：予读《诗》，见周公侯士大夫之家，谨修内则，扶助其君子，辅成王教。致于亲浣污洁，锜釜朝夕，敬养其二人。君子出则陟岨以行，望子行役则陟屺以慎旃，和气薰蒸而福祥集。噫，何其至也！闻之《颂鲁》曰"昌炽冈陵，受多祉而福国家"，斯已俊矣！卒之曰"令妻寿母"，然则王道之本，福祥之源，不在斯乎？自教废俗薄，阃政难言矣！淑人独若此，可不谓贤耶？

左使又言："淑人幼有奇征，父太子中允白崖公鸣夏奇爱之，篮女家几及一郡，无可者。后见司寇试文，异之，遂许以淑人。司寇果以弱冠魁浙中，成进士，见白崖于京师，遂就其家婚焉。于是一榜之人皆来贺，时传以为荣。淑人顾独语司寇'吾为女子，食吾父易，食夫难；以夫食君之禄抑又难！'司寇惊叹其言。"噫！此其识岂凡女等哉！古今称女子贵显、极氏族人才之盛者，无如张宏靖母。盖自其父若翁，与其夫子、子若婿皆身都将相，载籍罕俪！然未闻有一言之奇传于后世。由此以谈，则淑人之贤，不独征之子与夫矣！

淑人生于嘉靖丙戌二月廿一日，卒于万历乙巳十月二十日，得年八十。以丁未二月十四日合司寇先生赐葬延丰阡，丙壬向。子四：长士崧，癸未进士，工部员外郎，娶郡宾苏公贡女，封宜人；次士琦，同崧举进士，江南左布政，娶太仆卿邓公栋女，封安人；次士昌，丙戌进士，礼科给事中，娶工部尚书新建吴公桂芳女，赠淑人；次士业，詹事府主簿，娶廪生林公果女，继娶庠生乐清吴公希韩女。女二：长适工部右侍郎金公立敬子、国子生锡韩；次侧出，适淑人母弟训导茂敬子、庠生廷燫。孙九：立鼎，国子生；立程，举人，继崧嗣；立准，廪生；俱琦出。立隆，南昌庠生；立弼，新建庠生；立召；立就；俱昌出。立墀、立皋，俱业出。孙女四：一适庠生金公锡山子、举人以谏，崧出。一适太仆少卿南昌余公杰子绍秋；一许配参政应公朝卿子昌建，俱昌出。一适淑人侄国子生廷铨子、庠生洪纶，业出。曾孙八人：长宜穀，庠生。曾孙女六人。

淑人晚岁修净业。一日，召诸子妇，命取《华严经》置几上，慨然告之曰：

“吾为宫允女者十九年，为司寇妇者五十年，为省郎、为方伯、给谏母者又三十年，福何所不得？于世所未了知者，西方圣人生死轮回之说。吾将下见先司寇证此理，庶几解脱尔！”于是日持经一卷。尽而淑人卒。

铭曰：奉顺者夫，奉教者子。观淑人，征女史。贵均度德，德均如造。观淑人，征天道。延丰之阡，上有清莲。彼淑人者，一念万年！

江右堪舆周希用。

注：①秦氏（1526—1605），临海人，秦鸣夏之女，王宗沐之妻。秦鸣夏为嘉靖二十三年状元秦鸣雷之兄。志石系白石，高68厘米，两头截割，残宽39厘米，字径1厘米，分行二栏，仅存22行，满行21字。1993年6月，临海市博物馆马欣征于汛桥寺前村。此由临海彭连生提供。

王应宸①偕妻阮氏②墓志铭

明故府掾练江王君偕配贞节孺人阮氏志铭（篆额）

明故练江王君偕配阮氏孺人墓志铭（题）

君讳应宸，字子宇，练江其别号也。先世家连山，宋绍兴中，十六世祖名次琰者，徙岩版桥。迨元致和则转徙县之澄浒焉，称著姓也。太父愚率，父石峰，娶陈氏，首举君，淇仲、季二弟侧室于氏、林氏出也。

君少而挠颖，不类凡儿，壮习学士家言，籍籍蜚秝林声。希徒有司之荐，以数奇弗售而幡然曰：“建功之踞不言夫，宁能悦首句读间也。”用是悉屏去，遂受事府掾，敛之乎捡括之中，曰：“唯舞文为谨禀也”，则寔式于乃父石峰公训。先时石峰公持家秉一吕，勤俭为别，攻苦茹淡，罔敢稍即于□，故米没晏岁而赀埒陶倚，且富好行其德，里人啧啧称长厚。君藉其余，庥婆娑纨绮时□，以囊中物应人缓急，屃柏秉礼，自牧于宾客，尤多盘旋之容，即飞觞竟日夕不体。其于昆玉爱敬，因心初不以嫡庶故稍自□异，故人称孝友云。君方以掾事报绩行，指日赴京师，再奏樊郭诸君业，亡何归，一疾竟以不起。时石峰公尚康壮无恙也。其孺人阮氏妙季水蘗自知，无它适心，遂□仲子省祭应宾男汝砺为继其祀。而孺人及侧室碧桃者，皆将以终完其操，清霜白壁，至今喻《柏舟》之篇，可以兴矣。君亦奚撼于九京乎！且其嗣子善述绳垒之外，不踖寸趾，则所以衍君之泽者固自不朽也。

君距生嘉靖甲辰九月初十日，卒于隆庆戊辰七月初四日。孺人生嘉靖丁未正月初九日，卒于万历丁丑二月二十二日。继男汝砺，娶阮承洲公女，即先孺人女侄也。汝砺将以万历壬寅十月念六日葬君于东山之阳，而孺人以合。余儿辈与君季弟为龙俱为诸生，而以其事来请，余于君之生平涉历尤素所睹记，义无所辞役，亦以见石峰公之诒谋远而燕翼滨也，是为铭。

铭曰：

高山盘迴，佳气郁葱。合窆明德，祐及无穷。

曰卜兹丘，君来至止。浚兹发祥，更千百祀。

万历三十年壬寅岁孟冬吉旦。

赐进士奉直大夫湖广归州知州前国子监学录眷侍生叶承槓顿首拜撰。

孤哀子汝砺立石。

注：①②王应宸（1544—1568），字子宇，号练江，黄岩人。生平不详。阮氏（1547—1577），生平不详。志石在黄岩新前镇东香里村道林寺内。高66厘米，宽50厘米，厚11厘米，青石质。题15字1行；文19行，行30字；铭2行，行16字。出土情况不详。

陈三槐[1]墓志铭

明故南康府同知前广州府推官名贤晋堂陈公墓志铭（篆额）

赐进士第□□大夫□□□左都御史前兵刑二部左侍郎□□□□□□□监察御史通家眷侍生唐世济篆额（题）

赐进士及第□□京行□□左□□前翰林院修纂通家侍生韩敬撰（题）

赐进士及第资德大夫礼部尚书纂修两朝实录侍经筵日讲官门生黄士俊书丹（题）

汉代公卿每有策进，辄以陈太丘，大位未登，愧于先之□即其子姓之间，公惭卿，卿惭长，抑何名德卓□□若不可尚也。夷考其生平宦迹郷行，宽弘谦□□自免于浊世，至其周旋侯宽、张让之事，纯用委□□□男子至今疑之，则何不观于我晋堂陈公，□公之□以推择理广州府，时税使四出，在左广□□□□□少年传虎翼□□肉五羊三水□……

名者立毙杖下，万□称快，又珰与贡□市……不可胜计皆匿弗入贡篋，公察知薄所畀直指，按额□□□□□朝，是珰恨彻骨间，露章劾公阻挠，欲援吴太守宝秀、冯宪使应京例，请急逮公。赖皇祖神圣弗罪也。一日有缇骑入省城，众归省与家人别。公曰：“死生祻福，天也，且丈夫死当马革裹，而生与儿女子对泣乎！”李公壮之为再□□已知珰挟行香使假桁具，欲以威怖公，如宋时□使挂剑鞍前所以胁刘安世者，公无几微动□，亦莫能害也。是时与公同志者为令黄公琰、穆公天颜，皆有强□□覆□穷□领海赖以安堵。

迁丞南康。南康即前太守吴公宝秀殉节地。公曰：“我之不逐公□□□□也，其可口末路愧我友。”于是，茹蔬饮水，清节益厉。吴公大人亦以烈死府署中，朱衣□□□□□□公建祠合祀之，其冤遂妥。公又勤心职□严关防，明组练，诸啸□者，闻使君清，皆散去。当公之在粤日，摄邑者三，摄郡者再，兼摄郡及两邑者一，皆先□□□□羡数千金，凡宦粤土者，类以番舶为□□及之月俸所入，修黉补□兴利□□台察□□目操官评至慎风采。狱□□吏多□□□□□自奉俭苦，或累月不知肉味，自解官归，囊无一金，歿后无以为敛也。公□孤洁□□□□弘宽，□□最乐施予。兄弟□□皆□□□□□□海时值□□□数日时值人公举钱一百赠之，陈君曰：“公贫甚，奈何以黔娄□□□”□公曰：“曩购此，亦欲代骕骦脱身□贪泉之歃，则九已盟心矣。”

当公秉铎清溪，所周恤贫生无算，教思蔼然。在粤日进诸生问业，提奖□释，皆曲有恩礼，至今以人镜称之。

公性至孝，侍太孺人林寝疾，奉药裹衣不解带者累月，吁天愿以身代。既以封，公丧解官，时年逾五十，犹作孺子慕，结垩室为冢人，以死孝依亲。公之志节□矣。

公名三槐，字用庆，学者称晋堂先生，为台之临海人，先世自宋，代有达人，质兼善、慕间，宾于乡者。五世公王父少诚公、坚乐公隐德愈著。公生有异征，四岁读孝经，解其义。稍长就童子试，受知县令麻城周公，拔置第一，每试辄冠军。壬午举乡荐闱中牍盛传于时。癸未乙未，南宫牍□拟元，楚王蟠、袁太史爱公文，戒勿就选人，公以亲老随牒。一官非其志也。然所至砥濯声实，不畏强御，辄以身试危机险栈之间，虽遭逢圣明，钟玉耐焚，赵璧不碎，然甘心卧道之□，耻作处□之钝，当奋然破壁，□之顷，七尺已□度外矣。□守秉铨者，岂不悉鹰鹯之志，乃不假以凤凰之音，俾手板丞郎，邅回壮烈，即建集凭态，公比□□遇之士，而欲以廉啬一节概公出处，其孰能尽公载！公子木叔，高才绝学，以管乐自许，只身读书苕上数年，与余为世外交，尝诵公拜于忠肃墓诗曰："热血三年碧，寒灰七窍丹。"又诵公吊方正学诗曰："万死□□留是字，九原十族聚忠魂。"生气飒飒□□硕儒。他所著述，如《台岭人文志》，有《易》《诗经》诸解，精解醇雅，类其为人。文苑循吏、独行节侠，任取一焉。以位置公，公无怍色矣。

公没之二十一年，学使者樊公致虚采郡邑，佥议祀公贤人之间，而粤督学张公平符亦以舆人评，俎豆公于名宦，比陶士行、吴隐之。其秋，木叔适报焉，清白锡类，人皆额手陈氏之天颖川星□，尚非比拟。木叔初炜，后成南宫，改名函辉。其兄诸生，名烨，试则居首，亦笃行君子。烨子泰徽为青衿，早夭。有孙三人，次子复征，炜子长臣谦，次巽之，皆以髫龄食饩于庠。元配潘氏，继配应氏，以高节相夫，称为谦吏妻、名士母。应守志三十余年，教子与诸孙，彬彬有声文苑，□□使为闻于朝，例旌表其门，别有传。公藏枫山，即大王父爱间公之墓侧也。余仰止公久，因应木叔之情，按黄宗伯玉仑、唐总宪存忆两先生传为之铭曰：

草旌按佞，角取触邪。翘翘招弓，不及兔置。□虎虽□，鸿雁弗嗟。安□之苑，屏耶翰耶。炎方水柱，庐岳瀑花。万□□□，口舒朱霞。载石归宦，剖枕藏家。白华玄足，孝笋忠芽。嗣续绳绳，清源弗遐。

崇祯陆年岁在癸酉桂月吉旦。

男烨、炜百拜谨勒□。

注：①陈三槐，生卒年不详，字用庆，号晋堂，临海人。万历十年举人，曾任广州同知、江西南康府丞等职。其子陈函辉，即铭文中陈炜，为明末抗清重要人物，也是明代地理学家徐霞客的挚友，曾为徐霞客撰墓志铭。志石高 109 厘米，宽 61 厘米，厚 7.5 厘米，白石板，分四栏双线分界，第一列 20 行，二、三、四列 25 行，每行 4 至 20 字不等。篆额在首列，4 行，每行 6 字，直径 2 至 3 厘米。1958 年出土，原藏临海城郊下东山村开家峙自然村大队长周小囡家，今存其子周瑜家。2013 年临海市文物保护所彭连生访碑捶拓，据石录文。此由彭连生提供。

陈仲轩妻吴氏[①]墓铭

墓志（篆额）

明锦屏陈引礼安人吴氏墓铭（题）

安人萧村吴先生捡之女。归锦屏陈仲轩，即今江西淮府引礼。三十余年，内外皆以贤德称。且识大体，善主中馈。男四：川，娶温山戴府推之女；佑，娶扁山义官钟世则之女；拔，娶桃溪谢秀才兴孝之女，太守公之曾孙女也；案，聘泉溪丘监生直之女。女一，未字。孙男四：世聘、世□、世魁、世廷。孙女二，俱幼。夫以安人闺淑，宜享遐福，乃甫越五十一而卒，嘉靖四年乙酉三月初一日也。追今七年戊子腊月十一日附葬于祖茔。予宾安人之家有年，具知安人之美，敢述其略以志诸圹，而以其详俟诸名公另列于他石。铭曰：

孰谓安人德可拟？内外少长咸称美。

孰谓安人子债欠？代之有人何足怨。

孰谓安人寿算少？逾五望六亦非夭。

我作铭词志诸石，后世见之重叹息。

嘉靖七年十二月□日，峤山纳夫牟巨州志。

注：①吴氏（1475—1525），温岭人，生平不详。志石高64.5厘米，宽49厘米。文连题19行，行20字，字径2厘米。行字间加界栏，等边2.5厘米。出土于温岭市，具体情况不详。

王宗①墓志

明翠屏王公墓志（楷额）

公讳宗，字从本，尝好植柏于庭，因号翠屏。公始祖讳曰康者，盖自六十一都上逢桥赘于此地□□二丘家楼杨氏家焉。逮公已七世矣。祖讳朗，字怡清，号耕隐，妣陈氏。考讳汀，字汝汶，号豫轩，配陶氏，有信行。生公三人，公居孟，仲棱、季鏖，未娶而丧。

公之姿仪丰伟，其面赭如，其背盎如，其言确如，其家人嗃嗃、其筵宾戚欵欵如也。尝读书史，知义理，取予不苟，人亦不敢干以私。族兄佥宪从鼎加重，亲爱尤笃，百凡之中，惟公所指。公初娶邑中项氏，生一子曰御，娶方屿陈省轩之女，次娶八都卢氏，生二子：曰彦，娶邑中寺后童望南之女；曰绚，娶邑中副使应钦之女孙。男孙二，女一，皆在襁褓之中。公生于天顺戊寅八月二十四日丑时，卒于正德戊寅十一月二十四日巳时，得寿六十有一。卜于今月十一日葬于虾蟆头回龙之麓，附考坟茔之东。岳居宾馆，获炙公行，而纳诸之圹前云。

嘉靖七年十二月十一日，邑庠生陈岳谨志。

注：①王宗（1458—1518），字从本，号翠屏。生平不详。志石高58厘米，宽49厘米。文17行，满行19字，字径2厘米。出土于椒江区，具体情况不详。

李顺妻罗翠玉[1]墓志铭

故李太淑人罗氏墓志铭（题）

赐同进士出身中奉大夫河南布政司左参政致事临海秦文撰文。

赐同进士出身承德郎刑部山东司主事临海陈器书丹。

南畿戊子解元临海许仁卿篆盖。

浙江都指挥佥事李君节一之，初闻视篆之命，值祖母太淑人罗氏以疾卒于家，恸哭颠陨，即日奔讣，捧其乡友徐商所为淑人状，来余请铭，余与一之有世讲之好，铭乌可辞？

按状：淑人姓罗氏，讳翠玉，封淑人，锦衣千户罗公镇之女。自幼以女德闻。喜读书，尤爱毛氏《诗》。及笄，父为择配，配骁骑卫指挥使义轩公顺，为节祖父。成化庚子，公以例调台卫，淑人奉姑胡从焉。惟时草次建家，胡性且严，淑人综理家政，唯命是承，善能得其欢心。胡病在床，淑人忧形于色，每咨公以延医师，亲视汤药，必竭赀为之，竟得以天年终。公俸资凉薄，淑人脱簪珥以助棺衾之费。前守马公岱亲为阅地，得临海三峰庵之阳，公语淑人，以要赎之葬焉。公爱读史，遇士大夫必谈史，或忘寝食，淑人身任家蛊，弗以一毫累公。公尝手自抄录《学》《庸》《语》《孟》，端楷严谨，淑人受而藏之，后遣长子端、仲子庄为郡诸生，乃出以授之，且示之曰：“是汝父之所录也，其意远矣，其念之哉！”二子由是从师讲究，先后食廪，屡战场屋。弘治乙卯，公奉敕巡捕浙江，署都指挥。明年以疾卒，淑人哭踊失声。每入夜辍哭，识者谓淑人知礼。命端弃儒业，袭公职，视篆督漕，所至有声。庄以战艺屡北，贡于春官，就含山司训。俱先淑人卒。端卒之明年，节袭父职，视篆台卫。□以□严，军士衔恩，乡荐绅咸嘉予之，诸大夫来巡台者必加褒奖。嘉靖改元，以巡按监察御史保荐，为浙江都指挥佥事，□改福建，淑人率端妇吴氏缝衣袜以寄书曰：“吾非为汝无是也，欲汝知吾二老之辛勤而益修我耳。”会复以御史荐，总督沿海诸卫，报至，淑人书遗节，必以军民俱困为言。今年秋，闻节有视篆之命，谓吴氏曰：“孙领新命，而吾与汝俱亲见之，岂不亦可乐哉。然吾于是有二惧焉：门第崇高，则易以招尤，一惧也；爵位盛大，或难于称职，二惧也。戒哉慎哉，俾无荒怠，以忝我先人，吾即瞑矣。”言迄乃逝。时嘉靖戊子十月之二日也。

距生景泰[2]丁卯十一月十六日，享年八十有二。子男二，长即端，次即庄。端娶吴指挥杰侄女；庄娶吴氏，继娶赵氏。女曰定姐，适千户张瑞，阵亡。孙男五：长即节，娶卢氏，继娶牛都督桓女。次符、篪、范、箴。符娶许氏，篪娶王氏，俱郡庠生；范娶陈氏，箴尚幼。孙女四：长德芳，适施指挥忠；次德茂，适刘指挥祚；次德华，适百户方忠；次德英，适刘指挥鼎之侄。玄孙男二：曰悦、曰忱。女六：曰汝琯，适庠生叶应魁，大理丞忠之子；曰汝瑢、汝珊、汝玳、汝珍、汝琇、皆幼。淑人是年闰十月二十八日合葬焉。

铭曰：奉姑以来宅，笃孝诚兮！穷搜于古籍，赞夫卿兮！训严于震索，漕务清兮！仲频战于棘，振铎声兮！孙篆自天锡，喜惧[3]并兮！我铭勒诸石，镇佳城兮！

注：①罗翠玉（1447—1528），罗镇之女，李顺之妻。罗镇为锦衣卫千户，李顺为骁骑将军，历任台州卫指挥使、巡捕浙江，署都指挥。其外孙张铁为嘉靖二十三年武科探花，后为抗倭名将。志石高 76 厘米，宽 59.5 厘米。文 26 行，抬头不计行 44 字，字径 1.4 厘米。1985 年发现于临海市城东三峰村，后征藏临海市博物馆。

②按享年推算，结合干支纪年，应为“正统”。

③原刻作“婴”，疑误。喜惧之年，指高龄。

李朝绅[1]偕妻章氏[2]合葬墓志铭

明故锦衣户侯小峰李公偕配孺人章氏合葬墓志铭（题）

特进荣禄大夫太子太保钦差提督漕运镇守淮安地方总兵柱国新建伯侍生王承勋撰文。

赐进士出身前礼部仪制清吏司郎中表侄蔡宗明篆盖。

奉训大夫寿州知州晚生彭汝贤书丹。

黄岩小峰李公，讳朝绅，字可书，小峰其别号也。幼性敦敏，通经史，志量高雅。比长，事亲极其恭顺，能诗，尤工于画。

外祖大宗伯久庵黄公，与公旧通家也，雅器重焉。相与游于翠屏山中者十有余岁，每得古今名人诗画，辄与公赏鉴之。由是精绝，声名藉甚，不特乡人推尚，即郡邑大夫，造请殆无虚日。公居天台、雁荡间，深得此中烟霞、泉石之趣。遂为台、雁胜境传神四方，珍迹及游吴越，而会稽禹穴、镜湖、兰亭、天竺、西湖诸胜又收诸笔端矣。公以长兄久客南海，遂往南海，道径□岁，因访甘泉□生，先生留之不忍舍，岁余始迎兄归。又思遨游帝都，以观声名文物之盛。迨万历甲戌往焉，至则名公巨卿争相倒屣，一时名震京师，入闻内廷。

皇上召见于□武英殿□写，公上《止辇受谏图》，上嘉悦，授儒士。岁□赐冠带，直文华、武英、仁和□三殿事史。三岁授锦衣百户。一日，上御文华殿，召公写御容，赐赉甚厚。又尝命图白描于扇，且命赋诗题其上，后先凡七面。

皇上时赐肴品、珍玩。特诣命光禄，于常禄外，日□赐饩一席，夫以□萃而入朝堂。且获此隆宠，鸿名复满于世，遇亦奇矣。间尝与□名公结社、赋诗，神思翌然也。所著有《小峰稿》《□游集》。

岁丙戌[③]秋遘疾，至阳月十有二日戌时谢世。当事者奏闻，上痛惜久之，赐五十金，为丧葬费。此不唯恩庇于生，而且泽被于死，公之荣至矣！距生嘉靖甲申十月初一日未时，享年六十有三。配儒人章氏，埭头章竹崖女，备女德。庚辰岁偕两季子之宦邸，居数岁，先公卒，时丙戌二月二十二日巳时也。距生嘉靖辛卯九月十二日时，享年五十有六。□丁亥，其子杨□抵京扶榇南还。于今万历庚戌岁□月二十有九日午时，合厝于邑西道林里之东。子男四：曰挺之，天；曰杨之，甚克肖，能继父业，今授儒士直武英殿事进锦衣百户衔；曰挥之，先公卒于京；曰拱之。一女琰之，适西街蔡□□。孙男二：邦达、邦选。其始祖讳宾，浙□唐杭州刺史，远之子当，光启间避地居邑西半山。赵宋时有儒者曰景文、景傅，登贤书，入元不仕，世称二李先生即其祖也。十九世祖一鳄，迁居东济。至二十三世为曾祖嗣□，迁居也。前祖□□，岁贡终鲁府教授。父铉，号春谷；母松门赵氏，皆能世其德云。

铭曰：行兮古直，心兮坦夷。林泉是游，□汉是期，起□韦布，终衣锦衣，悼世不足，美君有余。

太平陈匡印刻。

注：①②李朝绅（1534—1596），字可书，号小峰，黄岩人。章氏（1531—1586），李朝绅妻，黄岩人。生平不详。李朝绅以诗画闻名，后诏入宫廷任画师。得万历帝赏识，授儒士，赐冠带和三殿事史，后授锦衣百户。李病故后，万里帝赐金五十以为丧葬。志石在黄岩新前东岙里村道林寺，高 70 厘米，宽 53.5 厘米，厚 9 厘米。文 21 行，行 44 字。据了解，另有《明故锦衣户侯小峰李公墓志》，暂未得。此据《黄岩金石志》录文。

③据生年及享年推算，应是“丙申”。

柯蕃妾翁绿云①墓志

明太君翁氏墓志（题）

翁氏讳绿云，其先直隶凤阳人。黄岩天长施文峰太翁先生守厥府，买与孙女侍执巾栉，既长，随嫡归于委羽柯氏，蕃其主也。谨慎自持，女视之如伯仲状。侍上待下，恩义具称，有吾母陈氏之风。上下亦礼待之。年五十有五，忽遘疾而卒于嘉靖癸巳二月望日也。生男载之，习举子业，为邑庠生。居嫡母丧，蔬食寝苫，哀毁逾礼，服除而羸瘠以死，后翁氏月余也。孙女曰雍，尚幼。男四俨，亦随而夭。越明年甲午十月丁酉，葬于委羽西山之原，祔女君墓右，相去六七步。是可悲也夫！

注：①翁绿云（1479—1533），祖籍凤阳，被卖与施家为侍女，后陪嫁与柯蕃为妾。志石高 44 厘米，宽 46 厘米，厚 9 厘米。文 11 行，行 18 字。出土于黄岩委羽山，具体情况不详。现藏黄岩区博物馆，此据该馆录文。

柯士俩[①]圹志

余委羽柯氏，家世业儒。曾大父因就学迁今横街。大夫发科，尹阳江。先君十举场屋，下第。余因病废学。三弟载之、四弟仰之，幼龄入泮，俱以笃志劳瘁早丧。三弟娶黄氏，无子。先君命余正室南门王氏所生第三子士俩奉祀之。俩亦以继志，困于举业，疾终。妇南门王氏过伤，逾月续殒。其妾金菊，遗腹生一子，庶几衍其后也。呜呼痛哉，莫此为甚！尝谓有志者事竟成，苦心者天不负。余弟若子，三世力学于兹矣，而今若此，意者，天其未尽知也。其将有以昌余后乎？未敢必也！卜今嘉靖三十七年十二月十之八日，命长男为其营葬、附世，迁壕头山之原，去余墓仅十余步。哀哉！俩卒于今年，二十有七岁；妇卒于今年，二十有一岁。少年室穴之同，非幸也。

父洞山居士讳理涕泪援笔以志其概于圹云。

注：①柯士俩（1532—1558），黄岩人，生平不详。志石高 34.8 厘米，宽 40 厘米。文 16 行，行 17 字。出土于黄岩鼓屿方山下，具体情况不详。现藏黄岩区博物馆，此据该馆录文。

陈迎峰[①]墓志铭

陈公墓志铭（篆额）

明郡宾迎峰陈公墓志铭（题）

迎峰陈公卒之三月，其子锦钿踵门稽颡再拜且泣，持两峰李子所为状进以请铭。予念周、陈世讲也，乃弗让而业为之。

按状：……号迎峰。其先永嘉人。十五世祖宋进士讳谨中，通判台州，遂世籍为台人。曾大父逸庵公讳璲，翰林检讨，出以宪臣提江西学……赍，嘉遁不仕。父勉斋公讳密，克世家学，为郡庠生，才伟而制于命以终。母洪氏，下塘名族，生公一人。继母吴氏，台卫千兵之女，……生，早卒；次纺，以邑学生，宾兴司教事；次缊，不寿。

公孝友义让，坦直任真。居家庭，事尊人，夔夔以栗，既即世，抱戚没身。念母氏不……尽子道，故太安人享暮年之乐不遗。司教君以两地忧，逮终而丧葬如礼。抚弟綖之侄犹己子，室庐田产必均。以谦处宗族尽……乡党间，追崇先志，作小宗祠堂，祀逸庵而配养德，以不□捐己赀益祭田，属从弟解元三石君为记。待业师李克盛甚至，馈……厚其终，择贤士教其子，而意气之合，垂久而愈隆。赈饥必先于困，称贷不责偿。哀杨正三人之死于疫，悉买棺举瘗之下塘……母，公闻，为谷饲邻妪，乳而活焉。齿德乡评所重，郡伯数具书礼聘为乡饮宾，公多辞不赴。雅交搢绅文学士，每宴会，四座尽东……与竹麦呈瑞，远近聚观，赋颂咏赞。方拟来天休之未艾，既而一疾弥旬，犹坐起谈笑，日临棋局，未尝淹卧枕褥间，谢医，遣巫祝……八月十有九日也。呜呼，公其止于是耶！讵其生天顺甲申十二月四日，享年七十有三。

配沈氏，隔溪大族，有贤行。子男三：长锦……杨氏，继娶王氏；次钿，善干蛊，娶董节推女，继娶沈氏；次铨，为太学生，娶滩头柳氏。女一，适草巷杨清。孙男四人：曰承善，娶广信……女；曰承怡，聘王侍御竹渠君之女；曰承台、曰承诰，尚幼。女一，最幼。

今于岁十二月庚申日，将卜葬于梅浦蟹山之原，以铭……曰：

屹乎迎峰，实亢厥宗。学识其大，礼酌古风。作祠祀先，自我养德。逸庵兹歆，养德斯食。内以正家，外而聚贤。乐在一门，咏……，天瑞亦会。一枰甲子，泊然世外。

嘉靖十五年冬十月既望。

赐进士第朝列大夫国子祭酒东湖周玉撰②。

注：①陈迎峰（1464—1536），名不详，据《台郡识小录》及陈绒墓志，应字德孺，号迎峰。曾祖为陈璲，结合陈璲墓志，其祖父为陈贲。志石下截断失，残高 83 厘米，宽 38 厘米，厚 10.5 厘米，周饰云纹。文连题 17 行，每行存 48 字，约缺 7 字。原藏临海市西郊梅浦农民

陈学长家，1987年10月征藏于临海市博物馆。据原藏者述，志原有盖，素面，已被击碎。

②文后镌有“朝进”篆文印。

陈绒[1]墓志铭

慕云陈公墓志铭（篆额）（题同）

赐进士第通议大夫吏部左侍郎前巡抚副都御史容庵应大猷撰。

赐进士及第翰林院修撰华峰秦鸣雷书丹。

赐进士第承德郎刑部山东司主事在告从弟三石器篆额。

嘉靖庚戌十二月十一日，慕云陈公卒，越明年辛亥，将以十二月二十日卜葬梅浦诏阶之原。先事，嗣子濂走书币持余弟河东运使大桂所撰状，来京乞铭于余。公从弟三石与余同登进士，余弟大桂与公子濂情同笔砚，义属通家，分不容辞。

按状：公讳绒，字德继，别号慕云。其先永嘉人。十五世祖治平进士讳谨中者，以朝请大夫判台，因家焉。高祖讳兴祚，终福清学谕。曾祖琳，以兄璲两魁多士，入翰林，乃曰：“兄当竭忠，吾当竭孝。”遂屡征不就。祖咸。父崇，母周氏，俱早世。祖母仇氏抚公成立。

公性峭直，不能容人之过；己有小过，未尝不知，知之未尝或贰。嘉言善行，琐琐不论。若夫捐妇首饰，为弟级娶妇；违众议，创立祀田，其见义勇为类如此。尝谓诸子云：“尔濂！尔沼！尔濩！知吾家所以昌且久乎？惟读与耕耳！”于是，课濂补郡庠增广员，器学足以克绍先世，沼、濩事家人产业勤励，望以垂裕后昆。

配王氏，有内德。事祖姑惟孝，处妯娌惟和。子濩，侧出，惟一。女一，适里人章大。孙男三：栻、森、杰，濂出。女孙一，沼出。生于成化己亥十一月二十八日戌时，享年七十有二。铭曰：

干蛊用举，七十古稀。水木敦本，大开尔基。后先相照，公德之贻。诏阶安体，人或快斯。

注：①陈绒（1479—1550），字德继，号慕云。生平不详。曾祖陈琳为陈璲弟。志石高 60 厘米，宽 51 厘米，厚 10 厘米。文连题 21 行，行 26 字，字径 1.6 厘米。出土于临海市城郊梅浦村将军山，原藏村民陈宗君处，1987 年 9 月征藏临海市博物馆。

陈承宗妻侯氏[1]墓志铭

明故陈家妇侯氏墓志铭（篆额）

陈孺人侯氏墓志铭（题）

孺人姓侯氏，南京国子监监丞公汾之孙，礼闱进士槩之女。其父族之贵如此。及笄适予姻家陈子承宗，实维江西提学佥宪公嫡裔，大父周府引礼舍人双塘公，父则益府良医柏山氏。其夫族之贵如此。

盖妇道有四，勤俭孝敬是也。吾闻孺人事舅姑，殚诚悉礼，相夫子以顺弗拂，虽居富室，浣衣疏食是安，而织纴女红，不以寒暑或间，岂亦闻后妃之风而默契者乎？若夫琴奕书数之雅，姿容饰妆之丽，又其余事而弗之尚矣。其贞淑之大过人也又如此。夫何天夺之速，于归不数年，以产难弗治，倏尔云亡，夫人莫不伤之。是固夙缘不齐，而亦陈氏内助之分薄矣！呜呼痛哉！

所是赖者，遗息名梦兰，头角峻嶷，他日必为伟器，母乃钟若英秀，而发其所未尽者乎？

今择吉卜葬，予特阐其幽德，以垂诸不朽尔。得年二十有二，生于正德乙亥九月十六日亥时，卒于嘉靖丙申六月十七日戌时。葬则越明年十二月十六日酉时也。铭曰：

天畀尔德，不永尔生。□□其美，莫赎其良。梦梦天道，信哉无常。窀穸梅浦，孔安且长。

嘉靖十六年丁酉冬十二月吉。

通奉大夫河南布政使司右布政致仕霞山蔡潮撰。

注：①侯氏（1515—1536），陈承宗妻，生平不详。撰文者蔡潮，官至河南右布政使，为明中期临海名人。志石上部及左上角略残，残高 72 厘米，宽 42 厘米，厚 8 厘米。文连题 15 行，行 30 字。出土于临海市江南梅浦村，1987 年 11 月征藏临海市博物馆。

陈纪[1]墓志铭

宁国通判陈公墓铭（篆额）

赐进士通议大夫礼部右侍郎掌国子祭酒事太平谢铎撰文。

赐进士通议大夫文华殿学士兼礼部左侍郎南宫白钺篆额。

赐进士中顺大夫赞治尹江西广信知府同邑王瑭书丹。

正德丙寅冬十一月二十九日，宁国通判陈公卒于家，于是公退休二十有一年矣，予为□哭，亟驰书以吊，嗟乎，天何夺吾同年之亟耶！初，予天顺己卯同年以升于乡者，若戴盐城孚、胡吉安铉、潘提学桢，皆先后即世，惟予与宁国亟退以俟，今宁国又□□以殁，岂不重可痛哉！

宁国讳纪，字德廉，别号樗散。台之临海人也。其先徙自闽。始祖寿甫，祖原昔，父叔英，皆有隐德。德廉由举人擢宁国通判，清介绝俗，律身严而守法公。皂隶例得多取，公却之，一毫无所利。满考，例得叙进，公视之漠然，无所□。初丁外艰，妻施已早世，一妾侍巾栉，年方少，即黜之，夜则孑然苫块间。既释且禅，犹蔬食水饮。邑佐张信子持卮酒跪以进见，公□□而下，遂辍不敢。既而丁内艰，有甘露降于庭，凝缀柏木之上，观者异之，仙居王佥事纯以为孝感所致。公所从游有白学士钺、张宪副镇、叶大尹贤、侯举人序，皆杰然游科第间，而□□发解京闱，进士及第，以文章著名者也。公在宁国，以名节自持，□激励□下□□□民生原采之，忠义皆表章之不暇。三原王公称其事非俗吏所可及，且用均而节义名□中人也。归途道经安吉，贼有图之者，公语之曰："吾宁国陈通判也。"贼知廉吏不可犯，遂麾其徒以去。既归，杜门却扫，埋头点勘，矻矻不少置。所著有《通鉴测义》五十九卷、《朱子感兴诗广义》一卷、《武夷九曲棹歌注》一卷、《考订颜子始末》一卷、《樗散拙稿》数十卷，旁及天文地理，靡不通究。呜呼博哉，陈子之学也。

子男一：淑，为府庠生。孙男三，年□□。今年冬十二月癸酉日，淑将奉公之柩以葬，而以继母林氏祔焉。先期乞铭于予，予与公友也，知公之深者莫如予，予安敢以不铭，乃摭其大者以铭。铭曰：

闭门著述，其书满家。搜奇抉秘，吾道之华。上有千古，下有来今。屹屹不已，先生此心。嗟哉遗草，其存有几。九原可归，先生不死。

明正德丁卯冬十二月吉日刊石。

注：①陈纪（？—1506），字德廉，号樗散，临海人。曾任宁国通判。2012 年 9 月，临海市邵家渡街道溪边村村民在该村菱塘后山西麓迁移陈氏祖墓时，出土陈纪父子墓志两通。志石红砂石质，长 74 厘米、宽 51 厘米、厚 9 厘米。两侧镂刻云纹。文连题 25 行，行 31 字，字径 1 厘米，文字略有腐蚀，经墨拓，志文基本可辨读。另有“明通判陈宁国之墓”墓表，出土时已碎裂成三块。现藏临海市博物馆。

陈淑[1]墓志铭

明后山陈先生墓铭（篆额）

明后山陈先生墓志铭（题）

后山陈先生既终，卜地诹日将葬，其子辩印生延文乞铭于予。予忝姻家，闻先生旧矣。积学有待，终弗获试，遂高尚焉。性质直，慈祥廉介，嫉恶好善，尤其素志。自少以孝友闻。母施氏蚤丧，事继母林氏曲尽子道。连遭内外丧，蔬素尽制，人以为难。赒恤宗族，冠婚丧葬，衣食不给者皆为处之，如恩及三从手足，曰瑗、曰琉、曰玑、曰凤者可考也，施及亲识邻里犹然，则先生之为人大概可识矣。平居，或告之曰：“彼善如是”，即称不容口；“彼恶如是”，即唾骂之，声色俱厉。此其素所畜积也。温守李公端，先生从宦时相与甚善，及守温，固邀见，公不为行。有奉金求嘱者，公谢绝之。郡二守吴公景、黄岩尹刘公赞，先生从宦窗友也，冀语一事，觇其峻绝，窃叹久之。兹皆先生余事也。尚书黄公绾，方伯蔡公潮、应公良，参政赵公渊尝相友爱，至则坐语移日，每语人曰："陈后山其古君子乎！"杜门数十年，以义训子，而自以诗酒棋局自娱。厥私长洲吴公楠，为台杰士，每宴会间，相与放吟，联成巨卷，兹又其余事也。每见乡曲少年，辄为戒恶劝善，至今聆其言者，类能诵之，曰：后山公尝言如此。

娶孙氏，千兵庆之孙女，惟德之行。生男三，长即辩印，次延禹、延平。女一，居长，适府庠生、王梧州宗之嫡孙祯。孙男见六：希周、希孟、希曾、希鲁、希鱼、希尧。孙女二。世系宋秘书监赠吏部尚书偁之后，自福唐南剑州沙县徙于台。高祖谷用，曾祖原昔，祖叔英，皆有隐德，弗仕。父纪，登天顺己卯第，授宁国府倅，自少以圣贤自期，至老而践履不倦。天性孝友，清介绝俗，仕有德惠，著述可传，宁国名宦，本府乡贤，两邦崇祀。公之德盖有所本云。

公讳淑，字惟善，别号后山，诞于天顺甲申十一月二十二日，卒于嘉靖二十年辛丑五月十六日，享年七十有八。嘉靖二十一年壬寅正月初四日葬于城之东二十里二并三都下管孔墓洋大井头，坐巽向乾，从先宅兆也。铭曰：

后山之年，逾七望八，并不为夭。后山之德，佩仁服义，亦不为少。惟不康吾民，未尽其道。后山之心亦为未了。然道之将行也欤？命也！道之将废也欤？命也！又何扰扰。呜呼！千载之下，有钟鼎天爵，浮云富贵者，虽陵古木，乌乎不保！

时嘉靖二十年辛丑岁九月吉旦。

赐进士第奉直大夫湖广按察司佥事奉诏进阶、同邑姻家介石蒋颙撰。

注：①陈淑（1464—1541），字惟善，号后山，临海人，陈纪之子。未仕，有文名。该志于2012年9月与陈纪墓志同出于临海邵家渡溪边村，志石白石质，高55.5厘米、宽48厘米、厚8厘米。文连题25行，行33字，字径1厘米。现藏临海市博物馆。

陈光哲[1]墓志铭

明工部都水司员外郎潜斋陈公墓志铭（篆额）

赐进士及第嘉议大夫掌詹事府事吏部左侍郎兼翰林院学士总校永乐大典教习庶吉士前南京国子监祭酒太子左谕德同修会典专管主事诰敕同邑秦鸣雷撰。

赐进士出身中宪大夫福建按察司提督学校副使前南京吏部验封司郎中金立敬书丹。

赐进士出身资善大夫刑部尚书前吏部左右侍郎都察院副都御史仙居应大猷篆盖。

水部郎陈公卒于家，公弟光祖以诸孤之□□公□□丐予铭而内诸墓，以予于公联姻，世推知公者也。呜呼！予忍铭公哉！

忆子□□□……明年公……每……公饮酒赋诗，或夷犹□回□□嶂间，意愿甚适，□时□□异日得之流舍公孰与归者□□，归而公则已矣，夫蔓□□□□□宅……哉？□□□哉？予洵忍铭公也。

按状：陈出国子司业左辅公后，实□婺之□□□□阳后，仙居□□□□□□则□仲□将仕郎始。高祖员韫，曾祖华，祖璘，祖晦迹以诗礼世其□□□□中□□王氏，子四，□□□□也。公……数千言……召部使者阅郡诸生治……有司……公应补弟子□不逾年，学成□有声郡庠间矣。嘉靖癸巳应选贡……七……足以动人，譬则青□□选百中如此，……人值……天子明堂礼成，□大□公使□□执礼惟……英发如□河出，……语谪闽之藩□公闽监司闻公才，欲试之□□□理……亲蒙福……之于□哉。……亲之也，迁□淮县令□县滨河为治，水潦频仍。又皇陵所在中使镇守者，需□无度，以数百……敝□豪抑强，抚守有方，供应有节……往往失节，至于狱讼□□超越处之，各有条绪，故犹□□□□□也。犹□□夜分理也。……觐铨部课公政独优，擢今官，未几，□竹木税□□公以榷税□细易……朝官□以夙隙□□公者……矣。公闻……面是时……诸弟……岁时伏腊，舞□舞觞之际，则……竟日夕，不复□人间。□□□□得丧，……□诫诸弟，……醒则万事□裂，□吾先世为……恭愍公□也 ……节祀典□恭愍公所置义田，捐资赎而拓之，其他□□防□□□□□不□□□多切伦理□世□焉，□□直□亮□藩屏初未尝求人知而世之□□□道□□□□□不能及之，天性然云□喜吟联□□谈合意处即心为通□，饮醉更浮白，终始无□□语，子□□□□教有方□□□□□逮不为□其高□□□类如此。所著有《云□集》若干卷藏于家。

嘉靖乙丑冬，忽感□□疾□□至十二月二十三终于正寝，距生正德戊辰五月二十□日得年五十有八。惜哉！

公讳光哲，字子愚，号潜斋。元室俞氏，生子用中，娶余考功约中公宽孙女，用宾娶予伯兄副郎□峰公鸣春女，继潘氏，俱国学生。女适郡庠生秦懋恒，则予仲兄宫允白崖公鸣夏季子也。继室令王氏主，以贤□闻，生用贵，聘余女，侧室出，□庠生用璧娶许郡伯古泉公仁卿女，用溥聘张参戎剑崖公铁女。用傅□妹一、弟二：曰光韶，庠生，先公卒；曰光台，任浮梁县簿；季即光祖，府庠生绩学待聘，尤公所属望者。孙男七：应凤、应熊、应□、应鹗、应蛟、应龙、应鹏；女二。用中等以卒之明年丙寅十二月十六日，葬公于下管龙华乡之原。

铭曰：坦坦康衢，载驰载驱。岂曰无辅，忽摧我车。泛彼中流，以游以休。未竟厥济，亦完我舟。可能者人，不能者命。遇有险夷，顺受其正。孝友维则，是谓谷诒。匪伊朝夕，百世是宜。嗟嗟陈公，天鉴孔通。偿所未赢，在尔孙子。

注：①陈光哲（1508—1565），字子愚，号潜斋，临海人。嘉靖十七年进士，曾任工部下属水部员外郎。志石青石质，高 68 厘米，宽 63 厘米，厚 12 厘米，字径 1 厘米。文连题 39 行，行 43 字。墓在临海市邵家渡溪边村，据述系 1958 年折毁，墓志被村民置于村中小店前作阶石，后被村民侯崇伟收藏。2012 年 9 月该村出土陈纪父子墓志时一并被发现。现藏临海市博物馆。

陈肃之妻侯同寿①墓志铭

陈孺人侯氏墓志铭（篆额）

陈孺人侯氏墓志铭（题）

孺人名同寿，姓侯氏。曾大父方伯公臣，大父凤阳尹公序，父藩相公铿，父族之所可言者如此。侍御李公钊之甥女孙也，母族之所可言者又如此。妣李氏，有其行。

孺人自幼颖悟，协替家务，夙夜靡靡，宁危坐一室，晏如也，妣钟爱之最。诸子年二十而归于陈，克敦妇道，家室甚宜乎诸内外，岂但咸获之称而已哉。嘉靖丙申三月初三日巳时，以产难不治，卒于正寝，距生正德四年十月二十七日巳时，亨年二十有八。呜呼痛哉！呜呼痛哉！是年冬又十二月初三日，葬于里庄内山之原，去家仅舍许。其夫肃之甫束口立请铭授予，子与肃之利金交也，知孺人为稔，安忍铭耶！孺人有舅，弗克终事，有夫弗克偕者，有子弗克敬甫，夫何夺之，若是其速取，岂消息盈亏之理，互有得失耶，抑宿缘有数而勿不外，可子固不得而知也。所幸者，长男时用，次男时英，皆崭然头角，可占其成。一女桂奴，犹克肖庶，可自慰□九泉之下矣。旬子日葬埋，殁葬其□□祭祀敬事其神也。其铭诗系世敬，传其名也。予故之铭，铭曰：

妇德有四，纵之而全。人寿满百，速□□□。吾将何也，彼苍者天。勒之贞石，寿尔□□。

嘉靖十五年岁次丙申仲冬望告姻家生王印顿首拜书。

注：①侯同寿（1509—1536），陈寿之妻，里籍及生平不详。志石高 86 厘米，宽 60 厘米，厚 9.2 厘米。行 13，满行 30 字，字径 2 厘米。白石质。出土情况不详，此系临海彭连生在路桥古玩城友人店中访得，并捶拓以存。此由彭连生提供。

叶昆①墓志铭

桥亭叶氏（篆额）

墓志铭（题）

府君讳昆，字存岗，行四，号凝翠，姓叶氏，台之黄岩人也。原祖讳仲咸，自宁海东仓迁居黄岩，丞相西涧公十世孙也。不就遗逸诏，乐隐仙村小山侧，因名叶屿。后迁居桥亭之南。曾大父从志、祖葵，世继令德，为邑著姓。生府君，性质宽厚，由亲亲逮族逮乡，所志虽殊，无不忺与焉。华栋宇必先于庙祀，广田粟克输于贫难，是以来府推王公廷表任以公正宜民，继郡侯李公金征为郡宾，不赴。由是，士大夫若大参蔡公余庆辈，咸乐以诗文为寿，梓传有表于世者。

生于天顺己卯二月十五日亥时，卒于嘉靖甲午正月念四日子时，享年七十有六。母娶湖头吴氏，宜家偕老，先府君四年卒，生于天顺甲申五月初九日子时，卒于嘉靖庚寅五月念日丑时。男四人：长昺；二昙，早亡；三朝秩，任右迪功郎；四拱，从事未职。子妇三：昺娶洋屿罗公遗逸之季女，朝秩娶柏山张公烟村之仲女，拱娶大岙杨公西塘之长女。一女，适临海栅浦苏公莹之仲子珉。孙男八：杰、龙、鹏、凤、偕、鹞、传、俯。孙女六：倖、侏、儒、金、禄、侥，字来未艾。

卜葬于方山五瓣莲麓，界连五世祖墓。柩窆于嘉靖己亥正月四日之吉。呜呼！抱恨终天，泣志梗概，刻石而铭曰：

匀匀原隰，肯构肯堂。家赖以启，族赖以昌。令闻令望，弥久弥光。乐丘邻祖，永固其藏。呜呼痛哉！

嘉靖十八年正月四日。

赐进士第、贵州道监察御史、姻生何赞撰。

孝子元昺泣血志。

注：①叶昆（1459—1534），字存岗，号凝翠，黄岩人。生平不详。志石高 64 厘米，宽 52 厘米。文 20 行，行 25 字，字径 2 厘米。出土于黄岩区鼓屿乡方山下，现藏黄岩区博物馆，此据该馆录文。

应明德叔祖母石氏[1]墓志

叔祖母应安人石氏墓志（题）

安人姓石氏，临海人。飨年七十有四。嘉靖十八年九月初七日卒于正寝。夙及于我。叔父羽山先生，先安人廿三年卒，权厝童家山，至是始合葬焉。叔父捐客，诸子皆刀尺长，安人畜之惟谨。肆凡应氏之得有今日者，胥安人力也。安人生三男子、一女子：长曰润，娶张氏，往役卒于冀，今亦祔葬，孙曰顺德、成德，孙女一，归施春；次曰敏，娶杨氏，孙春德、达德；次曰汉，娶徐氏，孙至德、孙女一，尚幼；女适金镇君之子曰纵。观孙子之成，可以敦安人矣。卜以卒之二月，葬于兴国乡许屿。其侄明德因略纪其事以志云。

嘉靖十八年冬十月明德泣血书。

注：①石氏（1466—1539），临海人，生平不详。志石高 47 厘米，宽 42.7 厘米，厚 6 厘米。文 13 行，行 18 字，字径 1.5 厘米。志有盖，素面，志额雕云纹。1984 年发现于临海市西郊乡许墊，同年征藏临海市博物馆。

应明德[1]墓志铭

明故中宪大夫湖广黄州府知府养虚应公墓志铭（题）

赐同进士出身文林郎礼科给事中侍经筵官邑人王士性撰。

盖在肃皇帝癸丑之春，严相嵩子世蕃执大政，横甚，容城杨公继盛以司马郎抗疏斥之，杖朝堂，诏狱当死，满朝目摄，不敢问杨生谁何……应公初谒选，得西曹，以亦当视狱，乃从血肉中出之别室，医药□□□□得不死。王侍郎者与严相连，风尚书督过之。公复盛气走尚书所，令……杨生争片言，万一可免赴西市。尚书谢不敏，亦竟不能有所督过。□□□欲自疏其事，念大安人中止。已，竟论报死。语具杨忠愍所自为谱中……苏王元美亦为纪□□。余读二种书，未尝不掩卷三叹，敛衽于公也。公□己忤宰执意，承望者欲以京察中之，几落职，为何司寇救而免。秩满，副兵部职方郎兼董三殿。工且竣，以秋当阅边，吴中时有以边材起者，欲得之，公遂力让于尚书。所闻者咸服公君子。己未晋武选郎。武……天下军帅之籍，每迁转，例以堂旨关白元相。分宜杲虽外围温谕相接，子蕃则恨公衣食其仇，每以厉语诧之。公亦内自揣不免，会二弟物……大安人有旦莫之伤，遂谢病议乞休。蕲黄冯少宰者知公，思托桑梓忧，升公为黄州守。先是武昌有僧无验者涅般，授记其徒曰："墓裂，我……"至是，公过武昌，谒之，墓遂裂，群僧罗拜曰："是吾师也。"公笑颔之。抵黄任，黄固岩郡，民俗健嚚讼，贩夫、贩妇競百钱之得，仍受法至臀肉皲……休。地虽腴，然数被水，闾阎索然，多相率为盗贼。麻城、黄陂之交，万山盘亘，去郡可五百里，群不逞纠左道者穴之，为民忧。公至诹利害缓急……妖术、处藩禄、条水道、减支应四事，先县示以拯疲民。次授方略，剿武家穴，并为拣其颖秀者一子，衣冠之黉序间，而群丑争来降附。然后……史台，议立黄安县于万山中以驱蛇虺之窟，民用安堵。辛酉夏，景王之国，道经齐安，三楚大夫自开府以下，鲜不惴惴恐丧其所，谋虑……布置。有中贵人刘仪者知公于董工时，最惮之。会王欲停舟而陆，公繇□以水、盗二端为请，竟止不陆，省十余万金。□台之特荐例，荐……戌奉绩入京。沈安人以血疾顿作卒，公归哭之哀，往往写忧于竹楼赤壁间。时袁别驾自负能诗，辄与公论诗，不合，遂呶呶谮公；詹佥……却从中赞之，柱下遂举弹文。部例犹以武选不及，止当谪，公则决意东归矣。

公归，买山青隙地一区置别业，构其堂曰"闲堂"，桥曰"盟鸥"……垒小石为山洞，周遭旁架书史，日倚树而啸，据梧而吟。风晨月夕，拉二三良饮者于中，与之浮白酣歌，淋漓慷慨，视世故如浮沤幻景，……平，恢廓大度，不问家人产业。惟善好施，亲戚故旧，待以举火者，食指常数十。即衣鹑衣不右揖于人者，见乃公贵倨，无不走避，公见……剌剌道故。遇诸涂闻愁叹不成声者，无论识不识，即下车饮食之。死无殓、殡无葬者，为具棺椁。仇岱、曹谦、朱辅、翁浙辈，其尤著也。值……力为居间，有言而人不知与有司所不能谅者，不计也。尝谓儿牧辈曰："阴骘如耳，鸣意已杳然矣。"公性又孝友，念贵不及父春谷君，……人赵，依依如孺子慕。大安人素善饮，公日觞宾客，夜归侍大安人饮，道夙昔为娱，每夕必至夜分。比大安人卒，公历已不载，犹茕……春谷君。时兄敬德□游，以越分事相累，公无几微见颜色。比感痿疾不能行，公又日夕侍床褥，殁而治丧，犹丧大安人时。岁甲申……血卒，公痛伤心，惫甚，逾年而公竟亦不起矣。

公淹贯典籍，繇诸子下及稗官氏载，靡不穷探。于本朝典故，尤所狱究。诗文简淡清……为精工。中癸卯乡试，累不第。以大安人故，欲乞为禄仕，为持铨者所抑。又七载癸丑，始举进士。又官十一载，要黄金归拜母氏，复……白首服丧，□台人皆传为盛事云。

公讳明德，字在明，别号养虚。其先宁海杲林人，宋末讳鎏者迁临海。数传至明，讳奉仙者生永，……亦传其业。伟生鲸，则公之父也，娶赵氏。鲸始受儒不竟，□之医，医道遂大行，于人多所全活，人称为春谷先生。晚年学采真之……病发卒。时公犹隶博士弟子。殁后十九年，以公贵，封刑部主事，赵为大安人。公娶于黄岩下洋沈隐君书之女，与大安人同日……子七：汝耕、汝牧、汝渔、汝陶、汝稼，俱沈出；汝御，孙氏出，汝舟，李氏出，俱贰室。汝耕、汝渔、汝陶俱庠生，汝稼中己卯乡试。汝耕、汝御均先公卒。女二……子大学生义檄，沈出；次适王庠士子道行，李出。孙男十四：翼生、轸生、娄生，耕出；箕生、璧生，奎出；斗生、星生、柳生、角生，渔出；……尚幼。孙女五。公所著有诗文十卷，《西曹记》二十卷，藏于家。距生正德癸酉五月初四日，卒万历乙酉二月十一日，得岁七十有三……同年十二月初六日与沈安人合葬于郡北松山之原。

王士性曰：余志应公，盖有君子之道三焉！方严相势炙毂，以睚眦生杀人……谪，即素孰杨生者，皆匿去，而公独奋螳臂，以活万死之罪人，可以为义士；解衣推食，遍乡闾之众，而泽及枯骨者尤伙也，可以为善士；……引分逍遥，出处升沉，一不置齿牙间，而二十年无一日之戚，可以为达人。世人无片长自荫者，亦贵亦富亦醉梦于生死，公……

铭曰：累累冢者出郭门，半为荒草没不存，惟有令德传其馨。公持众美垂世闻，怀仁抱义为达人，死也瞑目全其真。松……载贻子孙，行道叹息指其人，曰惟应大夫之坟！

大明万历十三年十二月吉，邑人陈风翔书丹，建阳陈奎刻石。

注：①应明德（1513—1585），字在明，号养虚，临海人。嘉靖三十二年进士，曾任刑部主事、黄州知府等职。明中期著名谏臣杨继盛遭严嵩迫害入狱后，应明德不惧严党打压，多方照料并试图营救杨继盛。杨继盛曾称“杨得有今日，皆养虚赐之耳”。志石已毁，下截残去2至9字不等，残高58—69厘米，宽71.8厘米，厚9.5厘米。文连题36行，行存54—47字，字径1厘米，隶书。出土于临海市西郊松山，1985年征藏于临海市博物馆。

丘植①墓志铭

明太学生云冈丘君墓志（篆额）

明太学生云冈丘君墓志铭（题）

於乎，吾尚忍志吾弟哉！吾弟讳植，字元立，云冈其别号也。与余同庚，少同笔砚，弱冠同为邑弟子员。吾弟有大志，克苦问学，为文务理胜，累试居上游，独不售场屋。正德丙子补廪饩，以内艰靡及，服阕，遂以例贡补国子生。初，祭酒而下概以易视，及试，大异之。既而循例归。敦尚行实，修祠宇，急贫恤孤，家居无疾言遽色，族党中凡吉凶礼必亲与处。世之纷华侈靡，举弗之事。于脂韦取媚者，每颦蹙曰：“奚乃是！”虽贵而弗矜己，富而能俭。匪公事不轻诣公府。将起选，曰：“吾由县诸生升太学，惟以了吾事耳，曷以官为！”未几以疾卒。识者以为有见，否则非考终矣。

揆生成化癸卯十一月二十七日戌时，嘉靖壬辰正月三十日卯时，卒之辰也，享年仅五十而已，於乎惜哉！配山西蔡氏，涉书史，有淑德。子男一，大准，亦克肖。女一，适屏下陈大验，淮府引礼仲轩君少子也。孙男二，孙女一。卒之日，适少弟元上省祭归，幸一见，目遂瞑，人咸谓友爱之致。於乎！吾家其先汴人，荣十三府君从师陵南渡，居台之城南，再迁，至心泉公始居泉溪。泉溪今为县治。高祖讳镛，曾祖讳录，皆有隐德。祖廷清，邑大夫袁公例为席宾。考讳墀，输粟冠带，乡称吉人。至吾弟宜大有所发，何仅至是耶！大准将以十一月初三日奉柩葬于下河五龙山石夫人之侧，请余铭，遂为之铭曰：

惟积之厚，宜发之弘；惟学之邃，宜位之崇；厚积薄发，位弗学充；最为有见，获考令终；年虽弗永，流庆无穷。

嘉靖辛丑十一月朔，兄九皋子云鹤。

注：①丘植（1483—1532），字元立，号云冈。生平不详。志石高 64 厘米，宽 62 厘米，周饰云纹。文连题 18 行，行 32 字，字径 1.9 厘米。出土于温岭市，具体情况不详。

王靖[1]墓志

明处士耕南志（楷额）

明处士王耕南墓志（题）

处士讳靖，字邦宁，姓王氏，号耕南，台之黄岩[2]。祖讳晔，在唐由工部侍郎谪刺永嘉，遂占籍焉。追宋讳钥者为大理评事，徙居黄岩之戍浦。历七世，族大昌，佳四省元讳埛者析宅于邑之仓头街，生泰来及进士朋来公。处士乃泰来祖也。又迁于委山。父讳璟，世德不仕，生处士兄弟四人，又一女，已配东门陈绾宁。处士配西桥赵氏。子男一，曰亦，娶委山徐氏。孙男四：曰绅，娶路桥洪氏；培，娶项浦林氏；填、塔孙也。嘉靖乙未十二月十八日，处士以卒于家路。生成化庚寅十二月七日，享年六十有六。赵氏生于成化甲午五月十日，卒于嘉靖辛卯十二月十七日。亦买东浦顾明方山五瓣莲地营二冢，上以葬处士合赵氏，下左圹以葬徐氏。葬者俱于嘉靖壬寅十二月十五。徐氏生于弘治戊午十一月十九，卒于嘉靖乙未正月六也，是为志。

嘉靖二十一年岁次壬寅县学□□撰。

注：①王靖（1470—1535）字邦宁，号耕南，黄岩人。生平不详。志石高 42.5 厘米，宽

48 厘米，厚 5.5 厘米。文 18 行，行 18 字。出土于黄岩区鼓屿乡方山下，现藏于黄岩区博物馆，此据该馆录文。

②此处疑漏“人”字。

潘藩[1]墓志铭

潘氏墓志（篆额）

明台州卫指挥同知南洲潘君墓志铭（题）

君讳藩，字省卿，别号南洲，姓潘氏。系出宋儒时举之后，世为天台人，自厥父方伯公始迁郡城，遂为临海人。曾大父讳伯庄。大父讳伟，领乡荐，掌教宣城。生四子：讳祯、讳祺、讳祥、讳禧。祯登成化丙戌进士，山东督学佥事。祺登成化乙未进士，历山西左方伯，是为君父也。母临海赵氏，楚雄知府熙之女。生二子，长即君，次薇。

君少孤，事母太夫人极其孝养。以余力攻举子业。年十七，补郡诸生，益奋励冀必树立。既以太夫人丧明，旦夕忧念，不敢远去左右，用是绝意进取，就例拜台州卫指挥同知。出有冠盖之荣，入遂庭闱之养，人以为创见云。楚雄祀事浸微，出其腴田若干亩，以佐时需。知识有贫者，刻意周贷无靳。族属迁远，敦常源之爱。友好其弟，未尝以词色相凌轧。接人务谦抑，无骄贵态。性喜吟诗，遇兴辄为之，往往有佳致。识者谓君嗣沿世泽，宜遂显耀，顾为母屈，竟抱素御以殁，殁又望艾不至，惜哉！生弘治己酉四月十八日，卒嘉靖辛卯九月初八日。

配陈氏，都宪公世良女，贤慧能诗。侧室王氏，生子璐，抚若己出。娶都宪公从女孙，即今行人光哲君之妹也。

君卒距今十二年，璐始购得善地于方伯公墓右，将以壬寅十一月十四日，奉君合王氏而窆焉。先期介从兄仁夫来请铭，余素知君，其乌可辞！铭曰：

业以养辍，选阶为荣。我行其志，何必公卿。念母孔勤，肩息担弛。土田膏如，以归赵祀。亦有良配，笃育遗孤。恪虔襄事，终以远图。

嘉靖壬寅冬十一月吉旦。

赐进士第，河南右布政使，前翰林庶吉士，邑人霞山蔡潮撰。

注：①潘藩（1489—1531），字省卿，号南洲，临海人。初为郡诸生，后任台州卫指挥同知。志石高57.1厘米，宽44厘米，厚9厘米。文20行，行30字。出土于临海西郊松山，原藏松山响板坦卢良达家，1984年征藏临海市博物馆。

孙铿[1]墓志铭

明福建建宁府通判石筠孙府君墓志铭（篆额）

明福建建宁府通判石筠孙府君墓志铭（题）

赐进士出身大中大夫资治少尹福建布政使司左参政邑人陈子直撰并书。

嘉靖二十二年十二月二十五日，福建建宁府通判孙君名铿，字希和，号石筠，致仕家居，卒于正寝。台人咸悼之，为台善类惜也。孙，台之右族，其先扬州人，宋进士、元路治中名实甫授临海县尉，遂家临海。□其□祖文儒，浔州同知；次文安，东流县尹；次文渊，同陵教谕。祖文泽，父璜，咸□□□□。叔珍，宁国□令；从叔琰，袁州推官。嗣是书香之继，实君承之。

君由幼□学，颖悟越人，补□庠生，蜚声一时，众谓场屋唾手可待，仇于命，卒不得志于有司。□□入胄监，时祭酒崔公深嘉许，□文评最。六堂天官卿授海南乐会令，盖以其地左迁谪所，非才足以有为者，不可为也。君毅然请行，叹曰：非盘错何以别□要。矢心竭虑，期上不负朝廷，下不负所举。出古意以为之，律己必严，□用必□，赋税必核，版籍必明，凡可以阜民厚生计者，不惜为也。是地夷獠往往负阻毒民者曰生黎，曰熟黎。君甫一考，生黎向化，熟黎□心，若孺子之慕慈母。□□域，郡邑视乐会为□县，藩臬廉知之，交章剡荐，铨曹遂拔□□宁。考未终即为□乡荣迁海滨邹鲁，监州建宁。夫以清才理文明之地，奚啻驷马之下长坂，惜长辔未骋而蚤蹶，悲夫！

君生于成化壬辰十二月初八日辰时，卒于嘉靖癸卯十二月廿五日亥时，享年七十有二。厥配杨氏。子男二，长名仪，卒业国学，未仕；次名代，且连业，劬于学。女一名瑜，适宋提刑陈公庯十三世孙陈嘉议。孙男三，懋口、仪出；懋刚、懋宽，代出。甥一名望。咸岐嶷有谢廷兰玉之美。即以乙巳岁正月初八之吉，卜葬封域于灵江之南。诸孤领其叔乡进士锐状来乞铭，君，生之良友也，谊不可负，为之铭，铭曰：

厚积薄发，司造□兮。显忠遂良，持衡平兮。谓昭实幽，理不可征兮。我人夺气，惜此生平兮。吞声饮泪，铭此贞珉兮。松楸蔽域，世守□□兮。

嘉靖二十三年岁次甲辰十二月吉旦。

注：①孙铿（1472—1543），字希和，号石筠，临海人。曾任乐会县令、建宁府通判等职。志石高 81 厘米，宽 76 厘米，厚 10 厘米，四角作菱形，周边饰蔓草纹。文 23 行，行抬头不计 32 字，字径 2 厘米。1993 年 5 月征于临海市王宗亭家，现藏临海市博物馆。据述，志石原出灵江南岸，“文革”时高炮营移至后山营房铺地，后辗转至王处。

徐逢旸①圹志

明迁率徐公墓志（篆额）

明先君□□府君圹志（题）

先君讳逢旸，字显昭，别号迁率。先君之高祖讳德震，字太启；曾祖讳宜栗，字颖牧，国子监生；祖讳毕照，字呈辉；考讳弘埙，字伯道，迁居孝行坊。

先君生于天顺四年庚辰三月初四日丑时，卒于嘉靖二十年辛丑六月十五日巳时，享年八十有二。母娶南门管氏，蚤世。生兄立瑚，无嗣。续娶母湖塘郑氏，子男二：长立玉，娶上岙童氏，后娶五十五都灵乡店王氏；次立壑，配邵家浦虞氏。女妻北隅施公庆。孙四：守沔、守澧、守渼、守滪。女孙守娩。玉等卜于今年十二月二十一日丙申附祖葬于方山下五办②莲之源③。恐陵谷变迁，□□难免，泣血谨志。

嘉靖二十一年十二月二十一日男立玉志。

国子监生童瓒篆额。

望北张校书丹。

注：①徐逢旸（1460—1541），字显昭，号迂率，黄岩人。生平不详。石高31厘米，宽48厘米，厚4.5厘米。文15行，行20字。出土于黄岩鼓屿方山下，现藏黄岩区博物馆，此据该馆录文。

②应作“瓣”。

③应作“原”。

陈基妻蒋氏①圹志

明陈孺人蒋氏圹志（题）

孺人姓蒋氏，郡宾思琴公镗之女，适庠生陈竹汀子基，乃福建大参公珹之孙，旌义栗斋公良正仲子也。孺人之在家及于归，其庄敬仁孝，甚得妇道，竹汀子之学有成，而家业益光者，皆孺人之助也。孺人生于弘治乙丑十月五日寅时，卒于嘉靖甲辰三月二十五日未时，得年四十，人咸惜之。竹汀子卜葬地于四十三都之苍头山，择今岁正月八日厝焉。因预造竹汀子之寿藏于右。时子尚幼，女诺余叔侍御公之嫡孙懋台。适余以忧归，兄太学君子明率余致奠于临穴，用竹汀子命，纪其略云。

嘉靖二十四年乙巳正月吉，华峰秦鸣雷顿首识②。

注：①蒋氏（1505—1544），陈基之妻，临海人。生平不详。志石高46.5厘米，宽47.5厘米，周饰蔓草纹。文12行，行20字，字径1.5厘米。1984年出土于临海市水洋乡（今沿江镇）苍头村，原藏陈希钊家，1985年征藏临海市博物馆。

②下刊“状元”二字，阳文篆文印。

刘祚[1]墓志铭

明故怀远将军筠崖刘公墓志铭（题）

赐进士出身亚中大夫江西布政使司左参政前两奉敕提督广西云南学政钱塘陈善撰文。

内阁经筵制敕官征仕郎中书舍人钱塘林凤书丹并篆盖。

筠崖刘公，嘉靖乙丑六月十九日卒于家。丁卯十月，孙都阃用光持状请铭，予稔闻公硕德，法宜书。

按状：公讳祚，字天锡，号筠崖。其先辽阳宁昌汉人。至元，曰敏，仕左丞管军万户，岁丁卯，率众入附我太祖，改授台州同知卫事，历官骠骑将军，是为刘氏一世祖，因家台焉。至公六世，皆袭卫帅。父讳昶，字彦明，早世。公方襁褓，母张太淑人独抚成立。弱冠受职，督漕掌篆于台松海者三十余年，多著劳绩。至丙午丁未，东掖连捷武科，公遂致政焉。

公平生慷慨有大节，文武忠孝，禀于天植；中坦夷无城府，有古长厚之风焉。宿有痰疾，卒以是毙。以子贵，封昭毅将军；孙贵，封镇国将军。类请未颁，仍用生前封号云。距生弘治辛亥正月初二日辰时，享年七十有五。配李氏，故参将竹坡公女弟，事详蔡方伯霞山所为志中。子三：长即故参戎东掖恩至；次川至，继族弟祉；凤至，庶出，先卒。女一，适本卫使赵子椿。孙男五：长即用光，以武功袭升都阃，次用张、用中、用贤，皆参戎出；用和，川至出。孙女五：长适郡庠生朱家相，次适本卫使裘敬谟，皆参戎出；余未聘，皆川至出。曾孙男三：宗权、宗衡，用光出；宗裕，曾孙女二，皆用张出。兹卜隆庆丁卯十二月二十二日葬公于山垧之阳，附骠骑祖茔，与李淑人合窆焉。书曰："世禄之家，鲜克由礼。"如公厚德懿行，宜其有子若孙为文武显宦，鹖冠者争歆礼荣之也。铭曰：

刘为世阀，昭代称贤。维公嗣服，裕后光前。视篆督漕，誉闻迢起。忠孝仁慈，子孙继美。寿考令终，奠斯佳宅。百□□□，视我铭石。

注：①刘祚（1491—1565），字天锡，号筠崖，临海人。以父荫曾任台州卫指挥使。长子

刘恩至为明代抗倭名将，曾与戚继光、俞大猷等并肩作战。志石高60厘米，宽50厘米，厚8.15厘米。文连题21行，行字抬头不计32字。1986年10月于临海市城郊山宫后山村农民李洪家征得。伴出志盖一块，在另一农民家，未征。据述，刘墓前原有石坊，1985年连同墓室被拆毁，石材被改建为市区群英桥的栏板。

刘祚妻李氏[1]墓志铭

诰封刘淑人李氏墓志铭（篆额）（题同）

赐进士出身通奉大夫河南布政使姻家蔡潮撰文并书篆。

淑人姓李氏，讳德芳，昭毅将军味清李公之爱女，今怀远将军筠崖刘公□□□□□□□，浙江都指挥佥事东掖刘君之贤母也。幼聪慧醇厚，通内训女典□□□□□□□□□□适刘氏之孤，盖味清公念文友彦明卫使之旧，妻以女而育其孤，□□□□□□□□□□姑张氏太夫人，肃恭诚恳，遇剧疾焚香吁天，愿以身代，姑疾□愈，人以孝□□□□□□□抚僮婢，处内外宗戚，罔不纯适。夫子莅官政时，或龉龃激怒，务委曲劝解。常令饬□□□□习骑射，究经史，饰言行勖之，筠崖恒自庆，以为司漕务，视□学□□□□□内助□□也。

淑人性贤孝，仗义赒贫，恤孤拯患，汲汲若不及。岁侵，遇告贷者，□担石由□入门，悉以赈□□，遑为家谋。义举多类是，未遐殚述。其教子孙也，时稽日儆，惟恐少□，先□严戒俗习，务□□于豪杰，甚至鬻衣脱珥以备。隆师亲友之仪，提撕诱掖，殆有均□。凡□□织之□□□，竟能令文齐武魁选京闱，迁秩有加乎世爵，远到未涯，足征慈训。□乎捷书南驰，而淑人谢世矣。逮夫昼锦之旋，采帷已为缟幕，哀毁几不能生。呜呼！极人世之惨怛，孰有甚于斯时耶！当其卧疾时，常扶惫治阃事，不废纫纩。濒危，语夫子及内外上下，曲尽伦理，听者潸然。哭曰："吾恨不及见子荣归，子必以禄养不逮为恨，伤哉命也，吾其奈何！"语毕而终。为嘉靖丁未八月□九日申时，享年五十有三。溯其生，则弘治乙卯四月廿二□时也。

子男三：长恩至，即东掖阃帅，娶王氏，景洲副留守彬公女；次川至，娶江夏王君秩女；季凤至，庶生，未室。孙男二：曰用光，聘海门李卫使卿女；曰用张，出继。女一，适同卫赵挥使子椿。卜以戊申季冬十九日窆于山扃，祔骠骑将军祖茔侧。恩至驰状哀泣请予铭。予为李姻契，今四世矣，于味清为心友，且淑人之兄竹坡参将节、梅亭庠彦篪暨筠崖桥梓均受业馆下，俯仰今昔，不忍泚笔，而义不容辞也。乃铭曰：

福之兴，恒肇乎闺门；家之侪，亦由乎内阃。慧或伤于察，朴或垫于昏，阃范之纯，岂易其人！宜圣人之戒典，极垂训之谆谆；观淑人之素行，实邦族之罕闻。嗟乎！命不侔德，其谁与论！意彼造物者，或留之以遗后昆。

时大明嘉靖岁次戊申季冬吉旦。

注：①李氏（1495—1547），临海人，刘祚之妻，刘恩至之母。生平不详。志石高 60 厘米，宽 50.5 厘米，厚 7 厘米。文连题 25 行，行 35 字，字径 1.5 厘米。1986 年 10 月于临海市城郊山宫后山村农民卢大友家征得，现藏临海市博物馆。

陈经①墓志铭

半窗陈公墓志铭（篆额）

明故处士半窗陈公墓志铭（题）

赐进士出身右春坊太子右中允兼翰林院修撰经筵官同修国史秦鸣夏撰文。

赐进士出身奉直大夫……书丹。

赐进士出身亚中大夫……同邑王洙篆盖。

处士陈公者，工部都水……字天常，别号半窗。以嘉靖戊申二月辛酉终于正寝。先是公寝疾，鸣夏以通家子往候之，水部……以药进，公却之曰："吾年望七，揣平生无□□事，又汝曹事我顺，吾愿且足，俯首庸医何也？……也。修短数也。媚神求活，神必□之，是殆不可矣！"吾□知何望□，且公果卒。讣闻，鸣夏复往哭，……矣。夫气穷则神离，魄夺则□乱，乃公垂绝之言井井若□，可谓得正而毙非耶！

公少业儒，有大志。甫……厥考守拙公，家故不裕，四子惟公□无有室，而□其……公，公乃抑慕自强，勤心干蛊，于经营丧葬外，竭力奉母。诸弟婚娶门户，一以身任之，家用是振。……以堕。久之，水部……公自是异之，曰：“吾宗代有名哲，嗣而光之，其在兹乎！”乃以光哲名之。提诲日夜，□延师取友，靡馆谷廪饩之……天振□，以贡领解顺天，……官行人……闽，道邑里，乃大置酒奉觞上万岁寿。……于是君子曰：孝哉陈君，非公其孰……落职，当政□知其枉……贻书诏曰：闻损下益上，……使得至公□一往……光哲，跪留之，……以治最闻。未满考，水部之命下矣。于是君子又曰：贤哉陈君，诽公其……恩典，例不得貤封其亲，……得封……。于是三晋孔公天□，实董两浙学事，闻而叹曰：“是非司风教者责耶？”乃移檄郡公，若……硕德，亲成其子，未膺一命之锡，……君以清才善政，遭谗去位，末……若□者。马方伯……佥宪共为扼腕，……故……士论快焉。

公生成化辛丑，盖棺日得年六十有八。性跌宕豪迈，平生不见戚容。与人交，无畛域城府，虽终日言，罔纤毫矫伪。□喜饮，力能得之，日与所过逢治具款宴，宴必为之引满尽欢，各以其情而止。然性狷介，好面折人过。凡被公容接着，初若落落寡合，有顷语得，则欢然如故，视前竣言厉色，若固无之。居家惟勤，戒子孙以浮费为惜。至意见所到，及事关大义，千金一挥，无□芥蒂。宗族贫不能丧者周之，远祖废不克祀者举之。有里人斗，将讼之官，公徐以片言为解，各帖然伏退，不敢□一语。郡守陈公□、邑大夫胡君叔原，□□良吏也，乡饮戒宾，必首推公。陈氏有相讦者，以其人遗之曰：“陈半窗自足了此，奚烦余为！”其为有司所禀礼如此。呜呼！若公者可谓令德考终，无忝所生者矣。

按：陈氏系出东阳，宋国子司业左辅公后。元徙仙居，再迁临海，遂为临海人。其先世赠文林郎讳泰生者于公为高祖。泰生生员缊，仲曰员韬，即恭愍公选父也。父子仕终右布政使，文章行业，海内望之。员韬生华，华生璘，号守拙。守拙公隐德，尤为乡人推重。娶洪氏，生公云。公配王氏，有淑行。子男四人：

长水部君；次光韶，郡庠生；次光台、次光祖，学生。女一，婿邑庠生余立则。孙男七：用中、用宾、用极、用璧、用敬、用易、用明。孙女二，其一，余子懋恒聘焉，水部出。以卒之明年春正月癸酉葬于西郊龙顾山先茔之侧，山去城仅三里云。先是公未病，常从容语诸子曰："葬之近郭为宜，祀以时展为孝。吾先祖考窀实在龙顾，吾得岁时往来其间。某所某树，吾少时所手植也。吾偶死，得从祖考游于兹土足矣。"水部君藏其言。已而公卒，择地凡数十，未有若龙顾者。水部君曰："卜之。"卜人曰："吉。"遂葬之。铭曰：

于赫陈宗，得人斯盛，或见或潜，先后辉映。孰为公先，嘉遁而肥，孰为公后，奋极而飞。先孰绍之？后孰开之？有美一人，被褐而□。圣有谟训，聿崇孝理，锡类广仁，以劝臣子。桓桓大夫，独啬其封，匪系朽□，□系其逢。轩冕倘来，于我何有？人之好德，而卒予授。直躬而行，卒岁优游，论定盖棺，展也太丘。龙山有丘，公意所止，不基□□，以相厥嗣。

嘉靖二十八年正月初二日立石。

注：①陈经（1481—1548），字天常，号半窗，临海人。据陈妻墓志铭，陈经曾任工部都水员外。志石高 63.5 厘米，宽 54 厘米，厚 8 厘米。文 35 行，行 48 字，字径 1 厘米。出土于临海市后岭下油库所在地，1984 年征藏临海市博物馆。字多漫漶，名字原泐，据《台临石屏重修陈氏宗谱》补录。

陈经妻王氏①墓志铭

陈太安人王氏墓志铭（篆额）

陈太安人王氏墓志铭（题）

赐进士出身右春坊太子右中允兼翰林院修撰经筵官同修国史姻家秦鸣夏撰文。

中顺大夫知江西瑞州府事姻家许仁卿篆盖。

赐进士出身行人司行人姻家邓栋书丹。

余少时褊介寡交，所与游，惟今工部都水员外潜斋陈君莫逆。比水部尝语余以母氏之贤，曰："哲家严处士翁倜傥豪迈，不问家事，顾独喜宾客，有孔北海之风。惟母氏实曲承之，柔甘滑髓，时时为具，罔敢以有无告。夫以哲之不肖，何能□立，而母氏属望之，提诲日至，言必称祖德以诱其进，自奉俭啬，而于延师聚友，则不□□□不止。此其凡也。"予心识之。故水部时未知名，而余独窃觊其成者，以太安人之贤且□也。未几，水部果成进士，起家大夫，以禄养者十年，以色养者又十年而后卒，盖得年七十云。太安人既卒之明年为嘉靖癸丑，水部卜以腊月十有八日奉祔于龙顾山先处士半窗翁之墓，先期乞铭于予。予曰："铭固宜我。意先处士立石，夏尝志其略矣。独念登堂展拜之后，重以婚姻，太安人又具厚德，宜享年无疆，庶几申儿女通家之好，而今又死矣，伤哉伤哉！"乃为之抆涕按状而系之铭。

太安人姓王氏，父曰寿，母曰徐氏。太安人生而殊异，在室有闻，守拙公为处士聘焉。入门而上下胥庆，家人宜之。初守拙公四子，长即处士；守拙公殁，而三人者咸未有室，有累然离襁褓者，婚媾树立，处士身任其劳，而太安人相之毋怨言、毋私畜，周旋其间，卒成厥志。乃其与妯娌处，则又雍然和穆，不以一毫加乎其身，人以为难。至处士公亦四子，长即水部君光哲，次光韶，次光台，次光祖。而光台为他姬子，太安人母之无偏□，无异□，饮食教诲，各□之职。诸子用矜奋，以文用誉，而光台者亦斩斩立门户，人复以为难。太安人慧而靖，贞而有常，自防以礼，奉舅姑以孝，送往事存，耦俱无失。麻枲之力不废于既衰，□雁之□不移于禄养，宗戚之贫窭者仰其施，闺阃之儇薄者肃其化，皆可书也。生成化甲辰年七月二十三日，卒嘉靖三十一年十二月初七日。铭曰：

龙顾之原，有□者丘，云谁共藏，处士与游。参差墓木，其阴旆旆，云谁从之，倬彼佳配。肇允才淑，阃德斯良，居室有行，徽音孔长。烨烨众雏，为邦之彦，匪予实哲，母氏圣善。荒埏载启，幽陇长扃，有赫新命，来贲其封。

嘉靖三十二年癸丑冬有十二月吉日立。

注：①王氏（1484—1552），陈经之妻，临海人。生平不详。志石高 64 厘米，宽 50.5 厘米，厚 8.3 厘米。文 26 行，行 36 字，字径 1 厘米。出土于临海市后岭下油库所在地，1984 年征藏临海市博物馆。

王舍转[1]墓志

浙台黄邑明故慨东王氏墓志（楷额）

明故慨东王氏墓志（题）

存讳舍转，字希迴，姓王氏。其先江西人，宋理[2]宗年按治黄岩州州牧，任满，买居黄岭下。理通生讳滔，赘居赵氏，遂随女父迁居六十都打角桥后居焉。大父五正。父讳贤，母金氏，生下兄舍息号西安、弟舍衮号柏亭，舍转号慨东。妻姚氏。为人性行端庄，里役无私，今古无一语及人过失。人有犯者，未尝辄以怒气相加，其德量尤为予。于嘉[3]靖二十四年十二月廿二日而卒，寿年八旬。生下二男一女：长慷号省东，娶马氏；次朗，娶夏氏；女，妻港头徐计。长房孙豪，娶施氏，玄孙颜渊；次献，娶杨氏；盈，娶许氏；交，未娶；女孙，妻陶洋戴豸，甥孙潮浪。次房长孙轩，娶江氏；谋、序，未娶；二女：南门叶根，本都徐毛。卜以嘉靖二十六年十二月庚申日买得六十一都戴本坟地四分，坐落被都山壕，土名沙岗，造坟二圹，合葬于吉安公之兆。东戴慕清坟，西杨地，北牛路。

嘉靖二十九年十二月（阙）日立志。

注：①王舍转（1466—1545），字希迴，黄岩人。生平不详。志石高 44.5 厘米，宽 42 厘米。文 17 行，满行 19 字，字径 1.9 厘米。出土于椒江区（其地原属黄岩区），此据椒江区文物管理委员会拓本录文。

②原文误作“礼”。

③原文误作“加”。

林贵房[1]墓志铭

团江林氏墓志铭（楷额）

林公梅趣先生墓志铭（题）

族弟乡贡进士白峰贵兆撰文。

侄婿邑庠生白洲陈德化题额。

同里邑庠生平江子江师韩书丹。

嘉靖之癸巳岁春正月六日，族兄梅趣公卒，越乙未十有二月癸卯，葬于晋岙之福泉山。又十有五载庚戌七月五日，厥配安人吴氏卒。越壬子岁正月乙酉，二子尧、代奉柩而合葬焉，予往商葬事，二子垂涕言曰："先君墓木拱矣，而泉壤片石未有纪也。"予矍然曰："是予责也！"乃序而铭之。

惟公讳贵房，字宜处。其先闽人也，徙黄邑，至十五府君欲，复徙于太平之团浦。历宋抵元，簪绂辉映先后，论世者称文献家。国朝初，倭夷东寇海岸，家遂圮焉。由高、曾来二百年，虽累世振葺，终惭光复。厥考承清公奋欲有为，然弗竟其志也，遗厥绪于梅趣公。梅趣公少岐嶷，恢恢乎有大人量。及长，宽厚质直。事亲孝，奉尊长翼翼惟谨。接弟侄宗族曲有恩意。族子弟有嗜学者，雅敬之，为之延明师，内交良友，劝励引翼以需其成，孜孜焉若弗及也。性坦易明白，无险刻私，故一接咸知其为长者。自兄弟宗族邻里以至于府、县长官，罔不爱且信。方公在时，亦无甚欢悦人意处，及卒，远近悲痛，曰："今日安得复见如梅趣公者！"时公专经理于外，公弟宾野公好文敬士，秉礼法以训诸子姓于内，我林氏至公兄弟，于昔有耿光焉。安人荒田吴鼎信公女，温良惠慈，事舅姑孝，尤善理阃内事，故公之家益和以裕，而内助之力居多。

公生于成化十有一年腊月三日，距公卒凡五十有九年。安人生于成化十有八年四月乙卯，寿六十有九。曾祖讳应衍，祖讳文木。考讳良恪，字巡敬；母，同里朱乐耕公灿之次女，生公兄弟二人。子三人：长继述，早卒；次继尧、继代，俱善克家。孙男六人：显默、显沉，沉为从叔运之子；显浑、显应、显褒、显阁；孙女一：显顺。公既葬，宾野公哭之恸，曰："吾与兄生同居也，吾他日安忍于相远哉！”遂联圹而虚其左。

铭曰：

阳明阴晦，淑慝由岐，持此鉴世，人孰遁而？猗与我兄，君子人与，宽而无虐，直而易知。造我厥家，有仪有则，以绳祖武，以贻燕翼。谁其相之？有贤阃德。福泉允臧，万世斯宅。

注：①林贵房（1475—1533），字宜处，黄岩人。生平不详。志石高、宽各57厘米。文连题26行，行35字，字径1.2厘米。出土于温岭市，具体情况不详。

赵大佑妻牟德秀[1]墓志

明敕封赵孺人牟氏墓志（篆额）

敕封赵孺人牟氏墓志（题）

孺人讳德秀，无字，姓牟氏。家本黄岩畲川里，西崖先生之孙，松石公之子。年二十，归于我。归我十年，以前官御史贵，敕封孺人。又十六年，而当嘉靖三十二年癸丑九月甲辰朔，以疾卒于南京大理官舍。距生正德戊辰，得年四十有六。明年甲寅，余拜大理少卿，孺人之丧以归。卜又明年乙卯元旦丁酉，葬金岙鹤止山之麓。

昔我先大父道州太守解组时，含饴之爱，独余一人。太守于西崖先生为中表，间相见，因见其不肖孙，谬得在先生意中。而松石公一女甚怜，不轻予人，既而媒往，一言乃字。孺人自富室来归，而余业举子，宫仅一亩。孺人乃悉写其赀装，治给余业，食不重味，衣布帛无纨绮，由衣服饮食，由执事，毋敢倦勤。太守家居严辨，孺人奉重闱，谨执妇道，太守喜，顾谓吾亲曰：“得家妇矣！”遂敕余毋得预家事，竟以业儒起一经，四仕而至今官，食指百余，卒岁以无冻馁，咸赖孺人贤有相之道。

自归六年，丧其父，独母林安人在堂。每念至，辄下泪。岁时飨水土物，供养不衰。义方教子，常赞余礼严师。虽病，犹强起治生，视中馈、祭祀、宾客，然亦由此得损致衰。呜呼，此其人岂非富而能俭，贵而能勤，子孝妇道，抑列女之徒与！继自今已矣！凡百咸视于吾身。视吾之不能，乃知孺人之能。高祖讳梲，别号诚斋；曾祖讳炌，大父讳燔，父讳琴。牟氏之来远矣，巨家以数十，诚斋最大。诚斋子孙，贤以十数，而西崖最雄，而松石公又似之。自公之卒，其家政皆在林安人。其女之贤，本自世德，而阃范有素，又焉可泯哉！

四子：妥长，次孚，又次忠，愈最少。女一人，淑也，未字。孙男三。余将北征，不及视襄事。先期，妥偕其弟妹雪涕请志石，呜呼，吾不忍书也！虽然，非死者无惭德，安使生者无愧辞！

嘉靖三十三年九月望日，中顺大夫都察院佥都御史、夫赵大佑志。

赐进士、奉议大夫福建按察司佥事、姻生吴朝凤篆额。

赐进士、文林郎知将乐县事、姻生王铃书丹。

注：①牟德秀（1508—1553），赵大佑之妻，黄岩人。生平不详。志石高 73 厘米，宽 64 厘米，周饰云纹。文连题 26 行，抬头不计每行 27 字，字径 1.8 厘米。出土于温岭市白山白塔马嘴山。

赵大佑①墓志铭

明故南京兵部尚书方崖赵公墓志（篆额）

明故南京兵部尚书方崖赵公墓志铭（题）

赐进士及第特进光禄大夫柱国少师兼太子太师吏部尚书建极殿大学士知制诰知经筵事国史总裁致仕华亭徐阶撰。

赐进士及第通议大夫资治尹吏部左侍郎兼翰林院学士掌詹事府事经筵日讲官国史副总裁兼修玉牒新昌潘晟篆。

赐进士及第嘉议大夫吏部左侍郎兼翰林院学士掌詹事府事前两京国子祭酒春

坊太子左谕德会典国史纂修官同郡秦鸣雷书。

公讳大佑，字世胤，号方崖，台之太平人。举嘉靖乙未进士，为凤阳推官，召拜广东道监察御史，迁南京大理寺丞，历少卿、都察院右佥都御史、副都御使、刑部左右侍郎，迁南京都察院右都御史，转南京刑部尚书。岁乙丑，以留部之绩上，世宗皇帝若曰："兹予能持法任职之臣也。"进公阶资德大夫，勋正治正卿，赠祖广德知州崇贤，封父相如其官，祖妣、妣皆夫人。明日，公谢恩阙下，退谓予曰："某亲老矣，愿得致其事归奉一日之养！"予再三慰留之，公亦再三言，泪涔涔与声俱下。行至德州，遂疏以乞，得予告。后三年戊辰，今皇帝用台谏荐，悉召起贤士大夫，诏征公复为南京刑部尚书，寻改南京兵部尚书，参赞机务。于时，诸缙绅相与私议公之出处，或曰："公大臣，当以国家为重，其必来！"或曰："公素孝，曩以亲老去，今亲加老，其必不来！"已而公再疏乞终养，解之者曰："公志坚不可回，且公未衰，其为国家用，固有日。如姑听之以训世之为子者，于风化庶有益乎！"吏部谓然，拟如公请，诏从之。盖群情于公深有冀于将来，故听其归如此。而公以逾年己巳正月四，遽得疾卒。于是论者咸叹讶于事之不可知与国家之不幸不获究公之用。然又必曰："公于事亲，其可谓无憾也已！"

公为人能介然自守，而济以明敏博大。其始为推官，则有声。为御史按贵州，宣慰安万铨所为多不法，公械其党指挥张仁、李木，毙诸狱，将遂按铨。巡抚刘某纳铨赇，使伪授甲，而为移文诸司，指仁、木之死为召衅以胁公。公口语人曰："人臣苟利社稷，死生以之，吾何爱一身哉！"更遣吏按铨反状，铨知不可撼，即以其日囚服出就理。酉阳、永顺苗相攻杀，有司招之不服。贵与湖广邻也，公檄界上严为之备，而奏请合兵剿之，二省以宁。比还，条上八事，日兴学校、设哨堡、禁侵渔、杜骚扰、省刑罚、备边储、均徭役、厚流民，诏下贵州编诸令甲。在台中，疏荐前都御史浚川王公才节可用，且曰："明君用才譬则大匠之用木。大匠不以寸朽废合抱之才，明君不以一眚遗济世之器。"诏复以王公为都御史。已又论时宰不当私所好，引故尚书王尧封、周期雍、侍郎费寀三人者，相继罢黜。为侍郎，奉命勘伊庶人，分宜属公宽之。公至，则尽发庶人所为僭拟及事之与祖训违者。分宜怒，遂以明年出公掌南台。及分宜败，而庶人始服法。在南京刑部，齐庶人杀其仆以诬儒生陆某。某故富家，法曹畏势引嫌，莫敢断，公独毅然出之。劾兵马胡光弼，褫其官，因请敕吏部，岁一考察诸兵马，以儆贪者。阉人马广坐法当刑，或以巨珰意，丐公缓死，公竟奏弃市。有冤狱逮系数年，公叹曰："死，重辟也，法官顾宜知其冤不为白乎？"遂以疑谳。其在告，晨夕侍亲侧。竟四年足迹不入城府。暇辄读书如儒生。创大宗、小宗祠，数赒其族之贫者，至节衣缩食不少靳。乡先正林恭肃公殁若干年，为请于朝，赐今谥。天台夏公鍭以文行称，手校梓其集，又恤其孙。故公勋业著于官，行谊闻于乡。其子姓服习训教而兴于学，弟大伦、大佶及子成孚，踵相接领乡荐。每言动，必曰："吾所见闻于父兄者盖然！"为诗文温厚明畅，合之得《燕石集》若干卷。

公先世自蛟井徙洪洋，宋宝庆中，有处良者以进士守藤州，其后徙关屿，历八世而始生公。公生以正德庚午六月十一日，卒时年六十。配夫人牟氏，有淑德，先卒。子男四：长成妥，右军都督府都事；次即成孚；次成忠，县学生；次成愈，恩贡生。女一，适黄岩太学生王溉。孙：志行，邑庠生；志伊、志周、志德、志道、志孟、志升、志尧。孙女一。

公卒之三月，成妥以恤典请，诏赠□□□□□赐葬祭如故事。其年十二月十六日，成妥率诸弟启牟夫人马止山之阡，奉公合葬，而以中丞悟斋吴君状来征铭。予昔督学于浙，幸识公诸生中。盖尝慰留公，又尝与闻缙绅之议，而其惜公则又倍焉者也。乃抆泪而铭之，其词曰：

维人大伦，君臣父子，孰于其间，克钦厥止？猗嗟赵公，敦是秉彝，三十余年，德位俱跻。曰国有法，吾以为职，奉法而行，其敢弗力！生之杀之，惟法是从，死且不挠，矧彼奸凶。曰吾有身，亲之遗体，岂以宠禄，易我甘旨。巍巍六卿，朝廷所尊，两去不顾，卒陨丘园。进能为忠，退能为孝，公身则亡，公名有耀。匪孝非子，匪忠非臣，刻铭幽墟，永训后人。

隆庆三年己巳，不肖孤成妥泣血纳石。

注：①赵大佑（1510—1569），字世胤，号方崖，温岭人。嘉靖十四年进士，曾任广东道监察御史、南京大理寺少卿、都察院副都御使、刑部左右侍郎，南京都察院右都御史、南京

刑部尚书等职。曾因秉公执法得罪严嵩被贬官，后复启用。志石高 90 厘米，宽 73 厘米，周饰云纹。文连题 39 行，行字抬头不计 44 字，字径 1.6 厘米。出土于温岭市白山白塔马嘴山，赵墓于 1962 年被掘，具体情况不详。

赵相[1]偕妻王氏[2]合葬墓志铭

……恒力田自给食，曰：吾舍仕而农，志也…………庾廪入为费，籍之奏记太守公，于是太守公悬□□□……曰有子……夫人谓公曰：吾与夫子自食其力，志也。然不念舅氏书香自□……然之，则创业书楼，岁延名师训诸子，灯荧荧达丙夜。伯氏大佑成进士，历官南大司马，即所谓方崖公也；次大伦，以戊午，次大佶，以己酉，比举于乡。方崖公、封公与太夫人卒符其兆。公虽以贵子貤封，前后承休，群倨艳，独与太夫人茹菜菹，饭脱粟，非布袍不御，泊如也。里俗所称封公者多以赀势豪举里中，及为人错出八行，以自润泽；公独杜门谢郡邑，不发私书。□戒家人，不得先里人寸趾，即素单门人不右揖者，中以危事系狱，当重辟，已具爰书。公怡然不怨其人，每饭必邀与同食，太夫人亦不之恐也，曰："吾夫子生平无非义，岂其一旦为非命！"诬者卒愧。郡守顾公璘廉知公冤，竟白之。公与人坦腹无他肠，绝口不谈人过失。居亲丧，祥禫间涕泣如初。太夫人性严槁，然事姑嫜亦极婉媚，佐公终身不偶坐。中岁值公遘疾，迎医摄治，药饵必亲。十余年事无巨细，必关白然后行。公初修□宗祠，重建茔堂，树华表于太守公坟次；太夫人卒之前三日，犹庀材饬工，命葺其圮者。其平日以顺为正类若是。

公生成化丁未三月二十九日，卒隆庆己巳九月十有三日，享年八十有三。太夫人生弘治辛亥二月七日，卒万历乙酉二月十有八日，享年九十有五。三子者，长方崖公，南大司马，特恩在养，反先公卒；大伦赴礼部试，先太夫人卒；大佶为泸州守。女二，长适太夫人从侄山东佥宪王铃，封孺人，卒；次适畲川士族牟德淦。孙男十：成妥，以荫历任庆远知府；成孚，以乡贡任石埭知县；成忠，太学生；成愈，恩贡生；成性、成章、成敬、成敏，俱庠生；成名、成政；女三。

曾孙男二十一：志行，廪生；志伊、志征、志孟，俱庠生；志周、志道、志荩、志尚、志卿、志悟、志敍、志钺、志錬、志铨、志铤、志锡、志□、志谠、志谦、志讷、志谐，余幼；女五。玄孙七：师立、师文、师齐、师玄，余幼；女四。

公与太夫人勠力以明农，经术起□□□祥继志，代有奇人。即泸州、石埭，皆慷慨抱奇，不尽所施，其未第者，亦皆英特奇秀，足称家儿。公以一人□□五传而子孙曾玄几半百，太夫人又亲身见之，衣冠福泽，可谓震耀当世，嗟嗟称右族也已。公先卜吉于□□□，时庆远守参中都督府幕，以例请□□□有司营窀穸，从优典也。大伦欲窍石铭之，太夫人泣曰："可置以待未亡人。"于是又十有七年矣。是岁冬□□□□日将启公窆以太夫人柩合葬焉。余于是铭。铭曰：

□□□□，□气归物，胤于山川。其胤维何，深山大泽，龙蛇出焉。人亦有之，惟公明农，种在心田。身啬其施，于此□□，□□□□。麟趾五叶，卒食其报，以至百年。吁嗟惟公，得全全昌，造物固然。郁哉佳城，草木绵芊，灵于此迁。

……万历乙酉秋九月吉旦，不肖男大佶、孙成妥泣血立石。

注：①②赵相（1487—1569），王氏（1491—1585），温岭人，系赵大佶父母。志石右半残，左上亦有残缺，现存残石高65厘米，宽41厘米，周饰云纹。存文26行，满行42字。出土于温岭市，具体情况不详。

潘汝宁①偕妻王氏②合葬墓志铭

明文学孝子暨配烈妇王氏合葬墓志铭（题）

余顷闻潘生逝、烈妇身殉之奇节光古今，即躬持芗楮，偕学谕孝廉池君、诸博士、荐绅、父老，空国往吊，睹刀血坟起，衣袖缕缕染而殷，涕涔涔不禁。会郡驾曹公至，语舆人收泪曰："妇如此不死矣。妇不死，潘生不死矣。宇宙大，名义乃在匹妇，身死固荣于生哉！"既饭含，郡侯杨公、郡丞向公、郡理陈公率踵至，丽牲帛奠，具状上当道请旌典。居未几，孤大临持周比部状而请铭焉，于令不与有光乎！

按状：生名汝宁。父太守公应化。初，太守公与故苑马卿王公亮及其弟文学豪称莫逆。豪为妇父，始举而生聘焉。当生章句时，太守公解蕲州组，谢世。生虽幼，哀痛号泣，感动路人。归承母吴宜人欢，且体太守公心，承大母何太宜人欢，至孝天成，雅为里井所羡。髫年补邑弟子，御妇轮妇。妇体生心，曲承两宜人欢，使生得黾志学问。闻名士至与生剌经讲艺，辄治膳具。岁时伏腊荐祠豆，妇一一躬筐篚。暇则级纴贯杼，丙夜无寐。所举二子夭，则纳妾荐生寝。妾举子，抚育过所生。由是井里羡妇贤，果足成生孝矣。

太宜人卒，生屏居苫次，为风寒中。吴宜人以恸太宜人故，亦染危疾。生力疾侍宜人匝岁，无晨夕懈，积劳成瘵。方有起色，强起主秋奠，夙疾复发。语妇曰："苦尔调护久，我殆矣。母老子幼，重苦尔！"哽咽不成语。妇泣曰："夫妇同生死，何知其他！"医诊生，具云非药所疗。妇洗沐吁祝，引刀刲臂肉，和糜以进。生纳匕稍苏，拱别宜人曰："多负母！"王氏亦抱子对宜人曰："多负姑！"亲属闻妇言，深讶之。生亡，妇拊床大恸，稍间，检殓襚及生居恒玩好，既备，复封识筐箧，纳诸锁匙于宜人，潜入内室，不闻哭声。其母亟视之，流血淋漓，身蹶于地，喉两伤皆寸许。宜人强汤药，坚不纳。至生殓后，忽举手引子向姑，声气稍属，觉颈有涂膏，手抉伤处而逝。时丙辰七月也。生年三十，妇少二岁。生卒于十六日戌时，妇刎颈是日亥时。生殓于十七日申时，妇卒是日酉时。生亡而妇随，生殓而妇瞑。适雷电大作，五云从庭际起，所称浩气还太虚者乎！因得两家奇事焉：生娣字潼川太守陈公承翁子奇策，未嫁，陈子卒，娣闭门绝食死。妇妹聘诸生张凤鸣子一鸾，亦未嫁，往主殓事，断发明志不再适。台山川故灵秀，未有奇于两家者。孤大临将以戊午腊月庚午日治窀穸会安山中，余摛文奠之，赋诗挽之，而又预为之铭。铭曰：

嗟哉彦士，如玉斯温，展孝以死。昭兹婉顺，如冰斯洁，捐躯以殉。气凝斯丹，血化斯碧，映婺须间。峰丽江深，怡尔体魄，以保后人。

万历丁巳岁孟冬之吉。

赐进士第文林郎知临海县事云间乔时英撰。

注：①②潘汝宁（1587—1616），王氏（1589—1616），临海人。其父潘应化曾任蓟州知州。据铭文载，潘汝宁因伺候亲长染病而亡，王氏以身殉夫，这在台州已知的墓志铭中亦属少见。二人生平虽不详，其孝其情，可堪一叹。志石高 49 厘米，宽 40 厘米。文 48 行，分上下两排，行 19 字，字径 1 厘米。1983 年出土于临海市城南长石岭，同年入藏临海市博物馆。

陈满①墓志

明四厅陈圣湖墓志（楷额）

予婿四厅陈氏，讳满，字蕴和，圣湖其别号也。少敦敏士业，以数奇中止。持己接物，内外晏如。不幸婴疾，不起于嘉靖戊午五月廿四日未时，距生年正德己卯七月廿三日卯时，享年四十。呜呼，吉人其萎，可哀也夫！

其先益之翁立本仙庄，世有闻人。至曾大父崇本翁读书尚义，富而好礼，时以大屋陈称。祖俟庵先生隐德，于时雅望。父松沼，纳粟冠带，为一乡善士。妣徐山王氏。庶母郑氏，生蕴和与同母兄蕴礼焉。娶七里王氏。予其随母嫁父也。能协相内治，孝敬雍睦。子男二：僎、倖。居邑四厅巷。于壬子岁乃遭倭毁，寓居上岙之山庄。孤嫠不偶，未堪多难，予□其孤，于是岁仲冬十二日卜葬方山下鲁秦庙后松沼翁寿藏之右下十余步。茕茕之哀，伤如之何，忍铭之曰：

丰其材质而啬其寿期，纵其智虑而限其设施；其所能者人欤，所不能者天实为之。呜呼，其谁能弗为子之悲夫！其谁能弗为子之悲夫！

嘉靖戊午岁仲冬吉日，妇翁、庠生槐庭王达撰。

注：①陈满（1519—1558），字蕴和，号圣湖，黄岩人。生平不详。志石高 47 厘米，宽 38 厘米。文 15 行，行 24 字，字径 1.7 厘米。志主名字漫漶，据他志考补。出土于黄岩鼓屿乡方山下，现藏黄岩区博物馆，此据该馆录文。

黄承文①墓志铭

明故南京通政司经历石洞黄公墓志铭（题）

嘉靖庚申三月初一日，南京通政司经历石洞黄公卒。山阴龙溪王子闻讣，挥泪以叹曰：呜呼！才笔超越之士，志有余而位不足；脂韦秽浊之流，国家无毫毛可赖者，顾久于位而命为有余。芝荣不逾旬，蔓草剃而复繁，天地之生物固然也！然则石洞非其人耶？十一月戊子，嗣子惟嵩以鲁府纪善吴君所为状修币遣使踵予门以请曰：“先君子遗命：‘吾葬必迩吾父母’。将以明年辛酉正月初九日祔葬于净土先大母淑人钟氏兆次，敢乞玄堂之铭！”予曰：“奚忍辞哉？况遗命乎！”

公讳承文，字伯敷，石洞其别号也，黄氏。其先闽人，石晋时昭武镇都监讳绪徙黄岩之洞山。越十五世至国朝，公高祖兵部职方公讳彦俊，曾祖南京工部右侍郎文毅公讳孔昭，祖吏部文选公讳俌，父礼部尚书久庵公讳绾，诸赠谥勋猷详于谱牒恩典中。

公自幼天性颖悟，负大志。比长，修躯美姿，神气英迈，识见过人。时圣天子方兴大礼之议，廷论纷然，各持所见；公方随侍，久庵公与之商确，公酌古准今，佐翁以定其礼，遂为昭代不易之典。既为邑庠生，以文章相砥砺，尤长于翰墨。嘉靖戊子乡试，主司取中式，以谗，遂不及录。癸巳，以久庵公之命奉恩例入太学，益力于艺场，慨然有匡济之志。尝过予阳明书院，与之论性，见其能外器以融道；与之论治，见其能怀古以超今。始知其能推原寻绎久庵公之蕴，盖述者也。

既而南畿屡试屡奇。因伤己之不遇也，不乐仕进，筑精舍，探群书，与久庵公朝野故旧名流聚论古今。四方豪杰皆愿与之交游，若自肆于园池竹石之间。壬子春，翁力谕谒选。阁老介溪严翁先于留都时，知公负才猷、伟器度，欲选比后府，次第大用之。以久庵公高年，因请南畿，图归侍养，乃除受前官。堂上何公云雁考公“廉勤明敏”，屡询利弊，见之施行，士民悦服；尚书张公经以公练达知兵务，每诣公署咨询机宜，复以屏翰期之。每接久庵公家报，未发缄而涕泗交颐。力请奉表北上，以图南还省侍。迨入京邸，闻讣音，既绝复苏，奔丧还家，朝夕哀恸，几于伤生。壬子五月，倭寇焚劫合邑，复营构室庐居止，宦情微矣。虽遭焚荡，犹发未焚仓簏于宗族姻娅，随疏戚之贫者悉赒之，其济人也如此。戚里有孜孜向学者，公资以薪水，助以膏火，务欲其成就，其作人也如是。为钟氏立外思庵祭扫，复以恩德报外祖。美行类此莫述也尔。著有《石洞集》《青崖漫录》。今正寝卒矣。距生弘治庚申二月十八日午时，享年六十有一。惜乎食报于天，于□□能尽偿其才，俾勋名不得以竟于世。四方豪杰之士无不以知公才猷，尚奚憾哉！

公娶典膳竹窗施公之女，与公合德。伯仲七人，交相友爱。子男三人：惟嵩为邑庠生，能读祖父书，克绳先德者，娶舅氏施两桥女；次惟□，性倜傥，聘土屿张信泉女；次惟峻，幼，未聘。女一，适两桥仲子施如镃，文雅远器也。孙男二：学孔、学孟，皆髫年。

嗣子远遣以请铭，以予知公。谨次序之，不使失实也。铭曰：

于穆岩邦，惟黄发系，王国其祯，勋名奕世。宣郎如□，烈祖允继，荆玉其温，南金其厉。阔步无俦，清尘谁俪，越水淬锷，银台建旟。有才尔纵，无位尔高，时不我与，乃屯其膏。净土公堂，山昂水韬，兰芬桂馥，远遗后曹。

嘉靖三十九年岁在庚申季冬既望，赐进士出身、南京兵部武选司郎中、眷生山阴龙溪……

赐进士第、观政都察院、眷晚生仙……

注：①黄承文（1500—1560），字伯敷，号石洞，黄岩人。黄绾之子，初以父荫为太学生，官至南京通政司经历。其父黄绾为王阳明门人，官至南京礼部尚书，后因触怒嘉靖帝，降为礼部侍郎。黄承文一妹嫁与王阳明长子王正亿。志石高 86 厘米，宽 81.5 厘米，厚 10.5 厘米。文 30 行，行 44 字。出土于黄岩区，原在王林乡，今藏黄岩区博物馆，此据该馆录文。

黄绾母鲍允俭[1]墓志

皇明诰封黄太淑人鲍氏墓志

先妣太淑人初葬于委羽山中岗之东，因穴中水湿，于嘉靖十六年正月初六日改葬于委羽山南岗之原。

皇明诰封黄太淑人鲍氏墓志

嘉靖二十一年十一月二十二日，男资善大夫、礼部尚书兼翰林院学士绾记。

先母诰封黄太淑人鲍氏墓志（题）

先母太淑人讳允俭，姓鲍氏。父讳恩，号简庵，厚德博学，举正统丁卯乡荐，为夷陵、颍二州知州，皆有遗爱。母赵氏有慈德。祖讳恒，敦德而工诗，乡人称曰“云石先生”。其先台之仙居人。始祖讳伍，为梁八部侍卫大将军，迁居温州乐清之杨川里，与黄岩邻壤也。

简庵公初为未有子，连生二女，又生先母，赵欲弃之不育，适星士至门曰：“此虽女，他日必光厥宗。”遂育之。稍长，端庄颖慧，能读《女孝经》《小学》诸书知通大义。简庵公极钟爱之，曰：“必无适凡子。”年十七，简庵公以国学生谒选上天官，先祖文毅公时为工曹主事。先君随侍京邸，日趋学馆，过简庵公寓，见之必恭揖而去。简庵公朝暮坐于门，姑试之，先君亦朝暮揖之不暂辍。简庵公目而异之：“此子幼而能敬，其不凡乎。”一日，文毅公为先君纳采同邑卢氏，设礼告宾，简庵公在座，乃特起酌酒，与文毅公曰：“某有弱息，欲执郎君箕帚，惜未及发，乃为卢氏所先。”文毅公素重简庵公，归语先祖母蔡夫人，为之怅然，因请以先叔父贞三舍为议。简庵公与其友进贤杨公峻皆通星术，乃合先君、先叔、卢氏、先母四人禄命而观之曰：“先叔必夭，卢氏决非先君之配，不远必将来议，弗坏此事。”逾年，卢氏果丧，简庵公慨然以先母许归先君。

吾邑富室张氏与鲍世姻，亦以其子来议，赵母令族子持书至京请命，简庵公业已许先君，叱之使归。族子受张厚贿，乃伪为简庵公书曰：“惟家中议。”先母闻而默思曰：“吾父谒选天涯，吾终生所托，岂可不待父归而凭族人谩议哉？”时乃取己庚命，潜缚其祖妣徐床箦下，及张氏来乞庚帖，觅之不能得。既而简庵公领选夷陵，以先君归，将成合卺礼。张氏闻之，乃聚众持兵欲为篡取计，因诈令赵母以先母寄藏族人家，用白金贿族人，伺夜行之。先母又默思曰："我女子之身，犹白璧，万有一失，何以自赎？"乃执刀绳自随，度果不得已，必死之，不致辱身。逮晚，适祖妣徐令老婢来视，乃托如厕，遂逾墙间道之他族母有素行者藏焉。老婢稍纡逗不行，辄口啮其肩，使促走，竟赖以免。

绾家自始祖都监公以来，时居邑南海上万山中，曰"洞黄"。至文毅公为秀才，始迁邑中。先母既归先君，文毅公方为文选郎中，一室萧然，徒四壁立而已。先母因念绾家祖先累世为官，皆清白自守，而家贫如此，以家人不得生业故也，由是遂矢志克家。虽先君仕宦终身，未尝予俱，作家之始，悉以所有妆奁鬻之，得五十金，典田为亩五十，岁入可得租百石。由此益务俭勤，滋树畜居，旁有园几二亩，百种具备，岁时宾祭及人事往来之需，皆取给于此。作二十余年，有田千余亩。文毅公久在宦途，始闻之，以为他人诡藉，乃问方知其详，乃骇而难之。其创造室庐也，亦二十余年，积聚山木，无一不备。文毅公殁于宦，舆柩归，襄事毕，先母乃白先君曰："诸子皆将有家矣，无室以居之，奈何？"先君检遗箧，仅存俸金数百两，余则一无所有。先君颇难之，先母曰："吾久备之。"乃尽以所有告先君，先君乃喜，始获有居宇之庇。

其教子孙也，不以华衣，不以美食，一言之妄，一行之差，必不轻贷。平居必以古人德行节义阴功贻后，足为持身治家之法者，谆谆语之不倦。岁时必集诸妇、诸孙妇、孙女为燕会，亦谆谆语之不倦。绾童子时，文毅公及先君皆在仕途，常谆切记，寄书训教，毋学市井子弟，见人面敬背侮，与人语面是背非，流于轻薄，终不可反。若此之训甚多，先母皆揭于所坐壁上。绾兄弟少有过差，必令跪壁下诵之，曰："尔祖尔父之所以惓惓教尔者何如，尔可不遵耶？"甚之痛棰之乃已。

先母每日必昧旦而兴，夜必终二鼓乃寝，率以为常。平生寡疾，间有痁疟疾，虽寒热交攻不可堪，亦拥衾默坐一榻，子妇更以为劝，亦少偃即起。先君早年尝读书山舍，既仕，则多离居在外，暂归而生绾兄弟五人，即生五弟，即居外寝。日间问入内寝，先母见必起立，寝中置一座，先君中坐，先母傍坐，而不敢并帷。

岁时子孙罗拜，则暂并坐，退又复故。虽先君契阔在外，略无离索之叹。绾为子终身未尝见先君与先母稍有一动之狎，一言之戏，真所谓相敬如宾，情欲之感无人乎容仪者也。

先母情甘澹薄，日食惟淡饭蔬菜，饮以熟水，非有宾客未尝自买一肉，宰一鸡，至于祀先，则在极其诚敬丰腆，具物无俭。嫁时装衣服之终身，虽极弊坏，重复补缀，犹洁净而无垢。属纩之日，始脱而常存，将宝藏之以视我子孙。亲戚及子妇辈有馈，必收畜以待宾客之用。子孙侍侧，常有赐馔，亲旧来谒，无间疏贫，久留款酒食，未尝多市，而尝见有余。先君在外之日，极严内外之防，其门之高系之以绳，穴壁引绳入室，启闭消息，皆在室中。室前之窗，垂之以帘，帘之四围，各以片竹钉之，使不可卷，以纸糊帘之下半，使无所窥。未晨则促侍婢坤起，炊爨既具，则盛以盂，置于门内庋板上，立室中呼诸仆至窗前，付属之，乃令开门使人携去。食讫以器置门外庋板上，唱云："收食器。"然后令侍婢往携入。他若治家之常，饔飧之候，集事之节，不一不可为法。绾至今想之，犹宛然在目，惕然可省而不敢懈也。

先母平生慈孝，逌下无一不尽其道。于先文毅公之言，终身记之不忘。凡遇时祭，犹忆之而哭，哭已又述以教子孙。及绾既仕，则励自守，朂之尽忠，必有以光前裕后可也，尔苟能以尔显其身，使我一日见之，死无憾矣！临终前四日，犹呼绾儿承文，执其手而语之曰："我一生辛勤，上为汝家祖父，下为汝家子孙，无毫发不尽其心。今得汝父竭忠事[②]君，我愿足矣。更得汝父益懋显扬，慰我地下，我愿尤足。"自此语讫，遂不语。凡有问，只目视之而已，於乎痛哉！

绾几欲弃官归奉菽水歿世，而吾母每止之，岂意吾母遽止于此，竟负终天之恨，吾尚忍言之哉。於乎！於乎！吾之痛之恨，当何日而穷乎？

先母生于景泰辛未十月初八日亥时，卒于嘉靖乙未三月十七日寅时，享年八十有五。初先君为兵部武选主事，封安人；后为吏部文选郎中，封宜人；今绾以侍从之恩，加赠先君詹事府詹事兼翰林院侍讲学士，封先母太淑人。子男五：长伯兄绍，铸印局儒士；次仲兄绎，邑学生，遇例冠带；次即不孝孤绾；次叔弟约；季弟紒，邑庠生。伯、季俱先卒。孙男十七：承芳、承文、承箕、承孝、承廉、承道、承德、承仁、承佑、承亨、承翰、承逊、承敬、承礼、承忠、承孚、承惠。承芳、承文俱国子生。承箕、承道、承德、承仁、承亨俱邑庠生。承箕、承道先卒。承佑、承逊夭。孙女九：婧适国学生王宏；娟适高洵；婵适施坦；嫦适余说；婉适应本；端适应木；严适孙瑶；姞姆许聘王正亿。洵、坦、本、木俱邑庠生，正亿为阳明先生嫡嗣。曾孙男九：应召、应台、应选、应节、应泽、应泮、应迁、应吕、应淙。曾孙女三：应聪、应金、应玉。

绾忝式礼卿，上念绾略效犬马微劳，遣官谕祭，赐葬及祭先考，诚异数也。遂以其年十二月二十八日，奉柩于委羽山合葬先君墓兆。绾深惧至德未扬，无以逭不仁不孝之罪，谨泣血志诸幽，惟且为子孙永著闺门之式云。

明嘉靖十四年岁次乙未十二月二十八日，不孝男绾泣血谨志。

南京刑部郎中姻晚生叶良佩填讳。

注：①鲍允俭（1451—1535），祖籍乐清，嫁与黄岩黄俌。黄绾之母。志石高 82 厘米，宽 60 厘米，文 39 行，纪年及下款 1 行，计 41 行，其中 1 至 29 行，行 65 字。2000 年因委羽山建老年公寓，在委羽山南岗发现该志石，现藏黄岩区博物馆。据志书，黄绾墓在父母墓旁，其祖孙三代俱葬委羽山。经查，黄绾墓已迁葬北城紫霄山。此据《黄岩金石志》转录。

②原文此处空一字。

任承输[1]墓志铭

横山桧窗任公墓志（额）

明故任处士桧窗墓志（题）

处士任姓，讳承输，字崇纪，别号桧窗，浙台之黄岩横山人。其先自□之祥省□□□□□□，祖□□□□徙今地。家世业儒，为邑南望族。曾大父讳宗□，字叔茂，□□□□□□□□□德不待，□讳原韬，字宾略，例授散官。母土屿张氏。长兄讳榜，亦以例授官□□□□。

处士先娶土屿王氏，继娶天长柯氏。子男三，长克瓒，王氏所出；克忠、克检，柯氏出。□□□丧王氏；忠娶洋屿罗氏；检娶南门王氏；予从侄崇湖女□。男孙钦奇、钦益、钦□、钦□、□□。孙三人俱幼。

处士早失怙恃，待长兄犹严君焉。凡家之巨细，皆兄主之。处士性□□□□遂□利药山，花木之外，别无所□□，克家创置，绰有余饶，而向善乐义之□□□□□□，预营寿域于本里药山西岙清修寺西，大父墓右。先以王氏葬，更拓墓下之□，为□□□，为身后享祀之所居，其□传守之。每亲朋燕集，又持[②]觞至之游乐竟日。

呜呼！大有□□□其家后有厥子，□□□□徜徉容与，无所羁系，迨晚年鹤发霜髯，角巾野服，□□□□□也。日然遘疾，知不可疗，无一语及后事，从容瞑目，殆亦人所难□此。生于成化□□□月十一日，卒于嘉靖癸丑十月二十日，享年八十。柯氏享年六十，先处士□六□，□□扰攘，瓒乃即奉二柩归窆。走疏请铭，遂摭其世次而序之。

铭曰：□□□□□□□□□□□曰孰不富，唯好礼而不侈；曰孰尔寿，唯康宁而多祉。蛰蛰说说，天呼何私。唯德是上，载[③]铭斯石，俾后人而知任氏。

时大明嘉靖三十二年岁次癸丑十二月二十有二日。

赐进士第资善大夫南京都察院右都御史邑人姻生南渠王爌。

注：①任承输（1474—1553），字崇纪，号桧窗，黄岩人。生平不详。撰铭者王爌为明代黄岩籍名臣。志石高 65 厘米，宽 44 厘米，厚 10 厘米，石质坚硬，有白色条纹。文 13 行，行 34 字。2004 年 4 月，黄岩清修寺西一农户拓房基时发现志石，部分字已漶漫不清。另有志盖，无字。此据《黄岩金石志》录文。

②原文此处空一字。

③原文作“我”。

任君试[1]偕妻王氏[2]墓铭

明念所任公配王氏墓铭（篆额）

明故念所任翁偕配王氏墓铭（题）

文林郎知黄岩县事古荆王德纯撰文（印）

黄岩县儒学教谕姑苏徐士廉篆额（印）

赐进士第南京刑部郎中前国子监博士弟大冶书丹。

余治之南稠山念所翁者，隐君子也。族弟秋部会祭，谈其悉面其孙曰尽、曰缥，则□所取德也。寿父时以状请铭于余，余语其德，因为志之。

□秋翁姓任氏，钦宠名君试，别号念所。先自宋讳伋者，紫阳先生棕水，任先生十六传至□，为稠山始迁祖。其七祠□即翁高祖也。曾祖元昔。祖承乔。父克柳，配林氏，生二子。长承卯翁，翁生而朴直，事机□，少读书，已而卒去就椽曹，顾夷然不屑也。为人敦尚本实，孝宗之素声著遇，坦夷直率，兴缗强□，归意□人，居谈论直。□悃怀亦□，以□□□人，□我何拘志□哉。□族之□，靡不抑其易面而董之者，念□□未卒业问学□者孙所令不早畅其书，乃处地尤孙是家塾裒集经史，窅家言延明师旨授之，□时□其□□□，吾孙子□，学吾□娚山水完囊箧之盛，□辄□弗问然□达于用。□之□多所假□即□使□。跃犹□卒□之性善饮饮。虽处宾主之情，□洽□不衾形发焉，□为人大都如此。

王氏，邑南门许伯孙庠生王习之女，幼失怙，事祖母伯叔咸奉教□谨，伯父母戴尤□受成焉。每痛父无嗣，续娶吾女子者未有尝也。□经书义□，养尊章恃，□妇道□未子，德于人而不厚责报，崇集孙子口授书意，多述古事，未诉□善，逮未□塍□□□□□，受家咸使就养不供。□右之指示，前令同君□其堂曰姬，认徽音斯，□魂乃公之□□哉。

翁生嘉靖庚申六月十七日子时，卒于天启丁卯六月□四日巳时，享年六十有□。王氏生嘉靖壬戌四月十四日卯时，卒天启乙丑二月十六日午时，享年六十有□，□长卯时，邑庠生，嫡出，娶同庠王汝揖女，继娶张氏；次瞻，郡□沈出，娶礼部儒士何□女；次睠，丁出，娶邑庠生王廷恺女；次媖，张出，娶太邑庠生赵思斋女。王氏皆丁际。男十，孙女□。曰熙，娶郡庠生彭汝杲女，蚤世。焘聘同庠牟享檠女。□聘徐山王永□□，俱庠生，照幼，皆时出。曰□、曰镳；孙女适鹿城方兴尹，皆瞻出。曰国英、□皆塍□出。□□□叔皆暎出，俱幼。时等以今年丁卯十二月十二日卜兆于药山毓龙岗之麓而合□□，其地负癸面丁，距稠开二里许。王子曰：余读紫阳先生寓台□而知任氏之世长□□。株守竞竞，不失尺寸，身无后禄，胆无秾焉，何以□子孙为仕，□足□履市门。癸未，□其颜面及观状所疏，生平殆有隐德，子姓彬彬，佳士吾知，□民能□厥宗也，爰为之铭。

铭曰：

毓龙之岗，美秀而长。唯翁兆宅，永迪吉□。

尔室同德，合窆以藏。厥有今屋，卜世□昌。

天启七年丁卯十二月中浣吉不孝男时等泣血立石

石之铭，贞而文，维尔之材。丰而贲，□越□□。公之坯，载六世德，□其亦台。

林□书。

陈昇兰勒。

注：①②任君试（1560—1627），号念所，黄岩人。王氏（1562—1625），任君试妻，黄岩人。生平均不详。志石高 69 厘米，宽 62.5 厘米，厚约 6 厘米，青石质。篆额 10 字横书，铭文 4 句，行 2 句。出土于黄岩鼓屿药山村毓龙岗，后被村民用做洗衣石，中部文字已漫漶不清。此据《黄岩金石志》转录。

赵询①墓志铭

明邑宾庭翠赵公墓志铭（题）

赵公之先汴人，宋安康郡王次子讳不弱者丞台之黄岩，家焉。孙枝繁衍，代有显人。公高祖讳伏，会仲子贵，赠知县。曾祖讳珂，正统甲子举于乡，署教华容，擢博兴尹，以文章政绩著，从祀乡贤。祖讳汉，隐居好义，有子九人，其六讳本，弘治乙卯举于乡，由赣二守擢南京刑部员外，公之父也。母宜人张氏，有淑德。

公讳询，字世古，别号庭翠。予致荣府事归，会公将治葬，其子瀚谒予请铭，予恻然叹曰：“自佐霍丘，转判临清，别凡六载矣。予知公最深，恶乎辞！”

公德性雅直，志行光明，淡然有古人风。侍员外翁定省有常。迨翁卒，侍母宜人愉色怡声，垂老不替，事无大小，必咨决焉。抚弟侄，均财产，一无所私，时以孝友称。常用诗书课其子，曰：“汝祖所遗也。”处家尚俭约，耻奔兢。好诗酒□□，声色势利漠然无所动于中。乡士大夫贤之。邑宰蒙泉汪侯闻公名，亲往拜其门，延公乡饮。退曰：“赵老古貌古心，用镇雅俗。”呜呼，公其行积于家而名孚于邦也欤！

配张氏，早世。继娶卢氏，又继娶童氏，皆无子。侧室黄氏生子瀚，为邑学生。予以长女妻瀚，慕公德也。女二：长，张氏出，适张朝谏；次，童氏出，适蔡宗韬，皆邑庠生。孙二：正纲、正维。曾孙：逢琩、逢璿、逢珰，其来未艾。

公卒于嘉靖庚申十月八日，享年七十有四。越明年辛酉十一月二十八日，卜于仙村之原，启张孺人之墓合葬焉，实祔员外翁墓右也。

铭曰：维公之德兮，天纵独厚。懿行积中兮，曰孝曰友。永锡纯嘏兮，享兹黄耈。俾公斯晦兮，用昌厥后。

时大明嘉靖岁次辛酉腊月之吉，文林郎湖广荣府审理致仕，姻生程予鉴撰。

注：①赵询（1487—1560），字世古，号庭翠，黄岩人。生平不详。志石高 32 厘米，宽 41 厘米，厚 6.5 厘米。文 15 行，行 39 字。出土于黄岩区沙埠镇，现藏黄岩区博物馆，此据该馆录文。

张铁[1]墓志铭

明浙江参将剑崖张公墓志铭（篆额）（题同）

赐进士出身资善大夫刑部尚书邑人蔡云程撰文

赐进士出身中宪大夫福建提学副使金立敬篆额

赐进士出身承直郎礼部主客司主事陈锡书丹

剑崖张公卒之明年，其孤大维辈举襄事，泣持二谷侯方伯所撰状请铭墓石。余雅善公，不可辞。

按状：公讳铁，字宠之，别号剑崖。世家直隶滑县。其先讳山，以元帅扈从太祖高皇帝有功，授京卫将军，景泰调台卫千户侯。曾祖讳宣。祖玫。考瑞，赠骠骑将军；妣淑人李氏，卫挥使李公顺女。正德壬申，王浩八寇江右，考敌忾死绥，李氏冰节。公八龄，与弟锦事母孝。读书过目成诵，林守损庵授毛诗，举业有声。比袭祖勋，精骑射，博群书，工诗文。殿院钱云洲以文学孝友旌，督学孔文谷、郡伯陈梧岗相唱和，叹曰："君翰苑宗工也。"三魁武闱。嘉靖甲辰登进士第，授台卫指挥。始总海宁，历七任，抚按屡荐，升温处参将。值倭寇孔炽，委身战守，自乐清、鹿城、宁□，赖以全者十余城。树碑像祠五处，擒斩掳回者万数。暇兴文教，累科连捷。自壬子积劳成疾，地方谧后，辞疾归。谭二华征檄屡至，杜门奉母教子，删诗文成帙。

公性廉介，历官不入义外一钱，罔致一人于死。语及先翁，泪簌簌下。侍李淑人，冠服候寝膳。居丧如礼。弟□州笃学屡□，友爱弥至。□给寡婶，弟钺与延叔祀。感林损翁，以长女归其孙叔龄；念姻侄王君□龄节孝，以女孙妻其子熙佐。诸缙绅击节称谢。凡姻邻乐为周急。配裘氏，赠淑人，早世，誓不复娶。嘉靖丙寅四月十二夜梦卜，作《游仙词》六章及遗嘱藏之，召弟男曰："惭负国恩，将十九日辞世。□辈勉之！"时毛郡侯属敬所王公葺郡志，载先翁暨李淑人忠节传成，公设奠泣宣□曰："忠节留芳，庶慰在天之灵。铁将永侍九泉矣！"礼毕，端坐而逝。盖十九日戌时也。

公生弘治甲子八月初十午时，年六旬有三。子大维、大经、大纶，俱庠生，大纲以嗜学称，大纪、大绩岐嶷。次女聘陈工部潜斋子用溥。孙：子铭、子书、子蒙。女孙二。卜隆庆元年十二月二十二合窆鲤鱼山祖考之原。铭曰：

桓桓华胄，奕奕忠贞。文武孝友，魁元干城。山河带砺，富贵云仍。鼎彝世勒，视我碑铭。

隆庆元年丁卯冬月吉旦立石。

注：①张铁（1504—1566），字宪之，号剑崖，临海人。嘉靖二十三年武科探花，曾任台州卫指挥、温处参将等职，长期作战于抗倭前线。志石高 77.5 厘米，宽 76 厘米，厚 8 厘米。文连题 31 行，每行抬头不计 27 字，字径 1 厘米。1986 年 6 月发现于临海市山宫鲤山路后山村农民陈桂生家，后征藏临海市博物馆。同出志盖一块，已毁，据述无字。另，清晚期，地方官员曾嘉奖“双节存孤”匾额给张氏后人，以表彰张铁的母亲李氏与庶母刘氏守节抚育张铁兄弟。

郑信①墓志铭

郑氏□石（篆额）

明故屏崖郑君墓志铭（题）

赐进士出身资政大夫刑部尚书前吏部侍郎都察院右都御史容庵应大猷撰文。

赐进士出身中宪大夫赞治尹广东广州府知府前工部郎中三溪包应麟拜篆额。

赐进士出身中宪大夫赞治尹湖广黄州府知府前兵部郎中养虚应明德拜书丹。

郑君讳信，字伯行，号屏崖。其先荥阳人，宋进士任台州判嶙家税务街，迁南门。宋元代有显人，至国朝，仕版益耀，若行人华、太守忠、侍御泉，尤其甲出者。君之父邦耸讳嵩，号慕淡，世有隐德。母王氏，生三男子，而君居三。能事父十载于病床，事母暮年尤竭力。君自置四十四都庄后洋山造坟葬亲，丧祭□□□□友爱天至，让平岭山葬长兄次□，□□尔我意。初学不遂，与安人萧氏勤俭成□家□□□□□□□□□□□□直尤济人□□□□□□□公家富户举，造未给兵备，城御器械□（此缺一行）□□□□□□□□□将益大矣。□□□□□□□□□□□□□□□□女□□奴咸加英异。二□长适□□□□□，次适江下王台山子沼□□□□□□然繁盛。君又续买庄后洋周家等山，坐庚向甲，造寿域三圹，侧室同穴焉。君葬于隆庆三年十二月念三日午时。生弘治庚申十二月念三日午时，卒隆庆三年正月念五日戌时，享年七十矣。

子明达持状恳铭，予素服龙重君，乌能辞？遂为铭曰。

铭曰：维郑之先，路判始迁。大行睢阳，于郑益光。隐学不仕，孝友备至。公正端平，出粟给兵。贤子盛孙，必耀先君。庄泽之阴，百代千春。

大明隆庆三年季冬吉日。

注：①郑信（1500—1569），字伯行，号屏崖，临海人。生平不详。志石约高 69 厘米，宽 52 厘米。文连题 17 行，抬头不计行 38 字。原石情况不详，此据临海市博物馆藏残拓片录文点校。

李岱①墓志铭

明故将仕郎汾川李公墓志铭（篆额）（题同）

公讳岱，字镇南，号汾川。先世陕西西安人。鼻祖讳素立，由唐明州刺史，以夷人市舶事滨海，过台境，遂家台之大汾乡。朱阁门第，著于□②。宋主以椒房之戚，特书“经畬”名堂。历元至今，食址繁衍，虽归滨海沃野，平原乔木，阴连二十余里，诚巨族也。

弘治壬子，厥考讳温，迁居治城帻山北麓。公时弱龄颖悟，日诵数百言。及冠，明律，就邑属椽。初授广之潮州程乡仓使，随迁江西赣州雩都平头巡宰。时寇獗充斥，公每获元勋。当道荐擢南徐之砀山少尹。发奸摘伏，征需以时，灾氓赖公宁谧。

岁嘉靖壬戌，引年告归。视诸子各有成业，遂角巾野服，笑傲山水间。一日同见崖陈翁甫游东郊，得牛眠于蔡岭而襄事焉。是冬告竣，人乐一佳城也。

每叹伯氏早逝，抚犹子若所生，具完室家，合食迨今，庭无间言。人佥以为今之张公艺也。

公考先娶丁氏，生兄岚；维娶林氏，生公于弘治丙辰闰三月八日午时。配蒋氏，早逝。后娶孙氏，生一女二男。女适西舍庠士金立本。子应桂、应瑞，各从府椽。应桂配徐氏，应瑞配沈氏。孙嗣宗、词宗，即应桂子也；胤宗，即应瑞子也。

公卒于隆庆壬申仲冬十日辰时。卜次岁万历癸酉正月四日窀穸蔡岭之原。应桂等抚柩泣余勒石以铭其墓云。铭曰：

宗海析川，其派渊源，顺流滂沛，经畲沃然。三滋大邦，遍及洪纤，汇归溟渤，鱼龙伏潜。

万历癸酉春正月吉旦。

赐进士出身、中宪大夫知黄州府事、前兵部武选司郎中、眷生养虚应明德拜撰。

金陵蔡春镌。

注：①李岱（1496—1572），字镇南，号汾川，临海人。初为本地佐吏，后任潮州程乡仓使、赣州雩都平头巡宰、砀山少尹等职。志石高 65.5 厘米，宽 53.5 厘米，厚 10 厘米，周饰云纹。文连题 22 行，每行抬头不计 26 字，字径 1.5 厘米。“铭曰”二字横列。原藏临海市城东高堪头汪安妹家，1987 年 10 月征藏临海市博物馆。

②此处空字未刻。

叶国品[1]墓志铭

明庠湛泉叶公墓志铭（题）

予弱冠与湛泉同游泽宫，其人貌肃而言端，可仰而不可狎，时以未能纳交往来于怀也。及予薄游南北，公依栖兰袍，相失者逾二十年。迫岁夕，悬车故里，方谋与公缔泉石之交，而公复长逝矣！有子崇臬，一日持币携庠友蒋君名鸣状来乞铭。略曰：

公讳国品，字天民，姓叶氏，湛泉其别号。始祖宋侍郎立，由会稽卜迁吾邑之石岭。四传至从政，再迁沙溪焉。曾祖轩蓝，累世读书好礼，屹为西南望族。蓝配肇庆府判卢谷施公之三女兄，实生公。七岁为孤，能哭父；读书能识奇字。少从乡先生受毛诗，能攻举业。督学宪臣识拔之，选充邑子弟员，岁期以远，亦奋然自许，深居刻励。缘念母寡，伯兄一轩公悃愊略世务，家蛊百责丛委，遂薄进取之念，然未尝释卷，洞究百家，时形歌咏，以陶灵性，人不得窥其际也。居常寡言笑，虽甚怒不至詈。事母晨昏定省，竭奉甘旨，寒暑无间。痛父早世，每遇忌辰，祭必感泣。中岁益增产业。甲子岁歉，邑令劝赒伯兄，毅然请均出谷，令惊异而奖之。娶西桥葛氏。所有奁田，谓诸舅曰："初不敢违命，义也。今颇自给，可贪恋附益乎！"卒让还之。平居睦邻族，厚宾客，至今乡颂思之。村氓有来输租者，误呼公名，公笑而不校。同来者归语其父，詈其子，同踵门谢罪，公慰之曰："彼非有心，何罪焉！"

公生于正德己巳七月九日，卒于隆庆己巳八月四日，享年六十有一。葛氏有贤行，卒先公十七年，葬沃沄坟之原，公自志之。子男一，即崇臬，能世其业。女一，适黄维沛，侍郎之曾孙。孙男二：德愿、德妥，娶予伯兄太学生五山先生之孙女。崇臬卜今岁癸酉日奉柩启葛氏安人之圹而合焉。铭曰：

早岁思公，脉脉踽踽。中岁思公，我出公处。晚岁思公，我存公变。不及生，敢诬死。其凿我辞，贻公千祀。

万历元年岁次癸酉仲夏既望。

赐进士第、奉政大夫、山东提邢按察司兵备海右佥事、前南京工部营缮司郎中在告、进阶一级、姻里九难王铃撰文。

注：①叶国品（1509—1569），字天民，号湛泉，黄岩人。生平不详。志石出土于黄岩区，具体情况不详，此据黄岩区博物馆录文。

章世之①生坟记

临海县四十九都章公，字世之，别号南溪，祖居章溪。今买本都土名新庵百步脊民山，择取万历三年十二月二十日，同妻陈氏造葬生坟二椁，立碑为记。

注：①章世之，名不详，号南溪，临海人。生卒年及生平不详。生坟指人还未死，先找地作坟墓。石高 46 厘米，宽 33.3 厘米，厚 6.5—10 厘米。文 6 行，行 10 字，字径 3 厘米。1987 年 1 月，临海市城南章家溪村民蒋小方等于原台州地区供销学校附近小猫头挖掘出土，送藏临海市博物馆。

童圯①圹志

大明童先生圹志（篆额）

安东教授童先生圹志（题）

先生姓童氏，讳圯，字睦之，号乐古。父□嘉□□氏，其先吾邑童洋里人，高曾以下皆□德□□。先生念光绪弗儒，于时与弟姻之、声之，相□□友攻苦力学。洪熙改元，先生复奋□志□邑廉，肆意进士业，诗文之□□长，以优等举□□□国学生。正德丁卯领②京闱高第以归。暨试南□中乙科□□□□□□，造就多士，转坠安东教授。寻致事而□□，□亲戚情话不倦。越五载，终于正寝，享年周甲□七□。生于洪武丁丑八月十有四日，卒于成化丙戌□二月三日。配茅畲牟氏。子三人：应钟、应雍、应乾。孙男三人：曰槿、曰渊、曰澜。女二：长适吴浩□广，次适施淮信阳，皆吾邑诗文士也。

於乎！先生之为人也，纯粹其姿□简真卒，遇人接物罔人□□诚焉。善人云：亡可悼也，夫成化己丑嘉平月十有九日。应钟窆先生与邑西讴韶南山之原。同先兆也。应钟请书其事，以纳诸幽，姑摭先生之概，以云谨志。

成化五年冬十有二月望日。

赐进士钟宪大夫、都察院左佥都御史、友人李□存翼志。

致永丰知县后学赵宾书丹。

注：①童圯（1397—1466），字睦之，号乐古，黄岩人。生平不详。志石高 70 厘米，宽 64 厘米，厚 8.5 厘米。文 22 行，行 18 字不等。白石质。二十世纪六十年代出土，后被黄岩长潭讴韶村杨桂梅家作洗衣石用，致右下角字迹漫漶不清。此据《黄岩金石志》录文。

②此处空十一字。正德丁卯为正德二年，未举行京试，后文乙科指举人试，因空缺较多，无法考证。

梁一崖①墓志

墓志吉昌（楷额）

梁公一崖墓志（题）

始祖讳汝嘉，自新昌山背分居百步东山之下。至五十四世孙梁世盛第三子，讳□，字德政，号一崖。母丁氏。娶天台县第七都亭头张讨之女，抚字三子二女。旧宅狭隘，创立厅堂楼房于新路大田岗。值隆庆三年水荒，粟粮赈饥民，恩赐冠带。男女婚嫁，有子有孙，干蛊能事。寿年六旬有六，不幸卒于万历己亥三月初二日未时。一乡人民感德，合门痛悼。停柩在堂，恐失孝道，泣先风水屏石黄先生择取是年十二月二十八日卯时，安葬于大路街屋后田园荷花，奇穴坐兑向震，永远荫映孙枝荣秀，相承祭礼万万代。故为书墓志文，崇之以铭曰：

公之为人，□□□□，彰善□恶，激浊扬清。惟明惟公，惟廉惟明，不忮不求，不□不□。内肃外宽，外方内恕，廉洁之操，万代流芳。

万历三年冬季月二十八日。

注：①梁一崖（1534—1599），名不详，字德政，号一崖，临海人。生平不详。此志系 1972 年 11 月由临海市文化馆曹小六访见，位于临海市大石区（今河头镇）宜山公社百步村大

路东侧水井旁。志石未征得，据记录，志石高 60 厘米，宽 57 厘米，厚 10 厘米。文 13 行，行 24 字左右不等，字径 2 厘米。

俞峤[①]偕妻童氏[②]合葬墓志铭

明故南京鸿胪序班诚斋俞先生配童孺人合葬墓志铭（篆额）

赐进士出身资政大夫南京吏部尚书前工部左右侍郎奉敕巡抚福建提督操江两京都察院右副佥都御史眷晚生临海何宽撰文。

赐进士出身通奉大夫广西承宣布政使司右布政前河南按察使奉敕云南恤刑眷晚生应存卓篆额。

奉训大夫内阁制敕房管理事务尚宝司少卿兼司经局正字会稽章如铤书丹。

先生姓俞氏，讳峤，字迁之，别号诚斋，宁海人也。其先居邑市。高祖文林，始迁娄坑之里。再传至大父封刑部主事仲玉者，潜德不耀，起家桑麻数千亩、材数千章。又善教子。若衡州守恕庵公稳，其长君；临清经历诰山公稍，其季也。临清公以贡起，与衡州公兢爽。配章安人。有二丈夫子，伯桐冈先生峣，仲即先生也。

先生能世刑部公之业。以邑校弟子员例贡入太学。予娶桐冈先生女，自为诸生，往来先生门，先生实知予于骊黄之外，予亦雅知先生行谊濯濯，裒然邦之彦也。庚戌春，予举进士，居京师。先生来谒选官，得京秩。不数月，予亦授官而南。邸舍暇日，每相过从。一日，先生忽谓予曰："吾母老矣，吾将拂衣行矣！"予曰："公辛勤三十余年，得一命，太夫人尚强健，宁不能隐忍少待邪？"先生不应。无何，遂上疏乞致仕，诏许之。

先生归膝下，日问寝侍膳以为欢。越二年而章安人卒。会室庐焚于寇，先生营溪东地为一亩之宫，徜徉其间。邑人重先生，数以礼请先生宾乡饮之席，先生弗获已，仅□再赴，余皆谢不往。凡家食二十五年，忽一日衣冠坐而逝。万历丙子二月三日也。

公生而性纯悫坦夷，与人嬉嬉谈笑无城府，重然诺不欺，以是人称之曰“诚斋先生”云。临清公性方严，先生事之谨。临清公独钟爱先生，每怒挞僮仆，先生前稍稍慰解之，辄释。桐冈公亦严峻，先生不敢抗，友爱弥笃，亦是让者多矣。俗方尚靡，先生独务纤约，绝声妓，绨巾草舄，不御新缯绮縠衣，累然若寒士。顾乐施予，好礼士大夫。居孔道，士大夫过其里，必访先生，先生必设燕饮，馆谷越宿。宗族姻旧闾里遇贫乏以告者，辄出钟釜周之，无德色。岁乙丑饥，先生启庾减价量口给乡里窭人，期以来岁稔，收其直不责其息，一乡藉以举火。于是士大夫莫不交口称先生贤，而宗族姻旧闾里每莫不德先生，至有作一小唱，叙以歌于道者。尝一人贷麦二百斛，券成而价踊，人曰：“已诸！”先生曰：“业许若矣，一诺千金，无爽也！”贷者坐而权息五之。先生治财平，市人产，尝多与之值，贷薄其息，不急其偿，岁凶或已责，以是膏壤腴田乐售者众矣。平生谨身以礼，无论对宾客，即燕处，盛夏未尝岸帻坦裼。岁时俎豆其先人，必恭必敬必虔。宗族子弟多化之，无敢嬉笑跛踦以临者。待僮仆有恩，即违犯不忍加棰楚。尝一僮人入盗其财，或以告先生，先生曰：“失防，吾过也。吾不周，吾安敢再而罪□僮乎？”置不问。迹先生行履，大都忠信重原慈惠，有长者风，其富而好行其德者与！仲子沇，邑庠名士也，绩学善属文；诸孙亦皆崭崭露头角矣。传曰：“一季树之以谷，十年树之以木，百年树之以德。”予以是知先生之后必大也。

先生生于弘治十二年十二月初七日，享年七十有八。配童孺人，生于弘治十五年正月十三日，享年六十有六，卒于隆庆元年十二月十六日。孺人性懿淑勤慎，事舅姑不违颜色，赞内政、训诸子、处娣娌，咸中规则。于万历四年十二月念六日合葬娄家岙之原。子男三：长渐，太学生，任南靖主簿，娶石氏，都宪玉溪公女；次沇，己丑贡士，娶包氏，继娶陈氏；次汲，礼部冠带儒官，娶童氏，继娶章氏。女一，适仙居庠士应存通，尚书应公侄也。孙男十：汝栻，太学生；汝楠，邑庠生；汝梃、汝朴，渐出；月新、月章，沇出；一桂、一槟、一樟、一梿，汲出。孙女三，一适金子轮，一适儒士鸣颜，一适邑庠名士陈道吉先生甥春元，陈大用子也。曾孙七。

先生卒，沇具状为书束帛介陈子大用来京师丐予言。予知先生深，乃陈子又为先生请，予不敢辞，乃为之次其事。铭曰：

家世昴食富击钟，翩翩冠佩杂之葰。

中笃纯懿称温恭，身抱浮侈还太冲。

駿砰駖礚流溟东，蕴莅葰楙摩苍穹。

郁葱廖豁斯之宫，景行□□享贤踪。

万历四年十二月吉旦。

注：①②俞峤（1499—1576），字迁之，号诚斋，宁海人。生平不详。童氏（1502—1567），俞峤妻，余不详。志石高62厘米，宽79厘米，厚8厘米。文41行，行35字，字径1.2厘米。1978年4月出土于三门县上叶乡山董村雪山，后藏该县马娄乡娄坑村村委。志石石面被腐蚀，文字剥落甚多。后经三门县包崇跳、杨道义等研录，并参酌娄坑村俞茂豪的抄本和郑学海《三门县文物考古记事》，整理成完本，现据此本移录。

李让[1]墓志

明故白墙李先生墓志（篆额）（题同）

白墙李先生讳让，字明德。先世名旌，曾大父慕逸翁墓志详矣，经不赘。先生少负异材，以易游乡校，甚为大父环清翁珍爱，数奇未就。德性淳厚，接人蔼然和气。大义所在，则殷然自持，不少脂韦。且好施予，遇人乏急，倾囊无计。其在知己，尤注意焉。惜乎遭际之多艰耳！

宾峰翁，先生之父也，早世谢事。节母何氏安人垂白在堂，极其孝养，以佐守其先业。妻配南禅巷项氏，吾邑名家。子讳汝茂，年逾三旬，子妇前娶阮氏，皆相继先亡。继妇娶朱氏，志励冰柏。孙一，毓秀，年方龆龀，劳心抚字。女一，适东门良辅陈生，又厚奁遣。此皆人所难处者，先生兼而过之，亦兼而尽之，真所谓亢李氏之宗者矣，宜乎造物引先生之年也。讵于万历三年正月十三辰时倏遘一疾，遽尔告终！以嘉靖[2]辛巳十二月廿七日子时生辰，仅享寿五十有五而已。

何先生丰于德而独啬于寿如是耶！呜呼哀哉！今卜万历六年十二月廿六日与子合葬五瓣莲，附父墓。

经与先生会友，雅好有年，念之甚深，伤之甚切，不敢以不文为辞，故为之志其略。

万历六年戊寅十二月二十六日。

文林郎、知鹰山县事汪太经篆额并书丹。

注：①李让（1521—1575），字明德，号白墙，黄岩人。生平不详。志石高66厘米，宽63.5厘米，厚10厘米。文22行，行19字。出土于黄岩区方山下，出土情况不详，现藏黄岩区博物馆，此据该馆录文。

②根据享年及干支纪年，应是“正德”。

戴希亮①墓志铭

明从仕郎光禄寺典簿怀江戴君墓志铭（题）

赐进士及第资政大夫南京礼部尚书前吏部左侍郎兼翰林院学士掌詹事府两京国子祭酒春坊太子左谕德会典国史纂修官同邑秦鸣雷撰文。

赐进士出身通议大夫顺天府府尹前奉敕提督福建四川学校同邑金立敬篆盖。

赐进士出身翰林院侍讲承德郎纂修两朝实录兼理诰敕经筵讲官长洲韩世能书丹。

戴之先，闽人也，五代时有为魏司马者，讳景珍。其徙台之黄岩，则由扈宋南渡始。几传而至十三省干，赘杜岐杜氏，遂占籍临海云。戴自双江先生知临江府，平逆濠，著靖难功，超擢云南布政使，道卒，赠光禄寺卿，英风义烈，炳□□□□，而戴氏门阀遂光大矣。先生讳德孺，举弘治乙丑进士。父曰守心，封主事。母高、配彭，俱封安人，于君□□□□也。先生生三子：伯瀚，娶彭氏；仲泮，娶王氏，生君；季济。伯仲皆蚤世，而伯且无嗣，君后之。济以

□□□□□受荫，寻亦卒，故君荫焉。

君当诸父见背时，甫十余岁耳。大母所后母茕茕在室，戴氏不绝如线，家势□□□□衰焉。乃君蚤慧，文端重谨饬如老成人，翘然为一家之特。弱冠以《毛诗》游庠校，见者无不目为伟器。而先生门下士敖公璠、胡公叔廉，后先莅吾土，于君语通家，致殷勤，君一无所干。比入太学，则又资赠同堂友之被盗，与有丧之不能归者。于是君之贤声灼然著远近矣。癸卯试不第，归。归而乙巳岁大杀，乡闾饿殍相望，君出粟赈之，不少靳。己酉以母丧，服阕，将就道，适倭奴肆掠，入内地，老稚奔窜。君独念大母垂白在堂，背负入山谷，他无所问。大母卒，君以嫡孙守制。终丧，谒选铨部，授南京光禄寺大官署署丞。署务烦琐，出纳易污，又需索积弊不易稽察，粮户受困，君综理精密，而事无大小，咸亲为指画，吏卒不得下上其手。抑且茹蔬服绶，俭约自持，寺卿杨临溪公每见辄叹曰："可谓无忝尔祖矣，孰谓任子无奇哉！"不逾年，改光禄寺典簿。人以君改稍先常格，贺君以为中朝有知者，而君有宿疾，艰于行，抵六合，即疏归矣。越万历丙子十一月二十六日卒。距生嘉靖壬午四月二十四日，得年五十有五。於乎，人患无才与志耳！有才与志，患无其位；有其位矣，非假以年，则位未必崇而施有限。语曰："长篁苦于短目。"若君者，岂不重可伤哉！

君恂恂质愊，朴于貌而讷于言，视其外若一长无有。然躬行孝弟，于义利大闲，未尝少逾。奉所后母，生事死哀，情文兼备，无异所生。追远之敬，严于祀事。季父有遗女，君鬻田遣之往。北上就选，道遇临江人熊腧，馈君以金。君叩问其故，曰："腧家往坐法当籍，先方伯公怜腧在襁褓，释之。今大焉，余生固公赐也。腧尝绘公像以示不忘。矧幸而遇君，聊藉为报耳！"君笑曰："吾祖全若，盖所谓施恩不报，而余固受君报邪？"麾不纳。熊氏叹服，并君像绘之。至杨村，又有还遗金事。余按状至此，则掩而叹曰：君真不愧先生后哉！盖仕宦子弟，席父兄之有，侈裘马，耽曲蘖，扬扬然见谓得意：不则矜其门第，夸己凌人，不识礼义为何物，比比而是；是谓坠盛毁美，乌在能似其先而世其家也？矧君蚤孤，居起作止，即知自为防检；□则勤于职，归则施于家，出处有所立，虽名位不亨，而心迹可述而称矣。岂先生有大功于国，而未尽之报于其孙子乎！

君讳希亮，字崇信，别号怀江。配王氏，太学生西桥公梯云女。西桥公，先大夫参政、赠尚书雪峰公婿也。故君配于余为甥。颇有淑德，君甚宜之。子四：理卿、瑞卿、珍卿；又瑚卿，侧室出，与珍卿先君卒。理卿娶陈氏，瑞卿娶冯氏，皆积学廪于庠。孙男三。

初君以多故，学不克就，授其子，故二子文望日起，不能无望其成立。□□身亲见之，而二子亦以不能当君之身有□□以显其父为憾，故丐铭于余甚恳，曰："庶几扬吾亲，使得不憾其无知者于土中。"余不能辞，为之志其大者如□。□地在杜岐南山祖茔之次，期则戊寅十二月十四日也。铭曰：

显显方伯，展也大忠，垂于编简，迹名骏鸿。遗范孰承？是维孙子，蹈义履仁，可谓济美。囊颖斯脱，卧病而归，岂□□□，有物司之。约尔身，昌后人，世有显，名诜诜哉！

注：①戴希亮（1522—1576），字崇信，号怀江，临海人。其祖戴德孺任江西临江知府时，因与王阳明共灭宁王朱宸濠有功，授云南右布政使。赴任途中，船至徐州时，溺水而亡。袭荫幼子戴济后亦亡，故以孙戴希亮补荫。戴希亮曾任南京光禄寺大官署署丞、光禄寺典簿等职。志石高 81 厘米，宽 70.7 厘米。文 36 行，行 43 字。原藏临海市杜岐乡上岙村戴宽地家，1981 年征藏临海市博物馆。

戴希亮妻王巽①墓志铭

明戴母王孺人墓志铭（题）

赐进士第中宪大夫两奉敕提督操江巡抚广东都察院右佥都御史前吏刑工三科给事中侍经筵官仙居吴时来撰。

赐进士出身中议大夫广东按察司副使仙居应存卓篆盖。

赐进士出身奉议大夫南京兵部武选司郎中缙云李鋕书丹。

万历己卯腊辰，有衰绖踵门者，门者曰："奚自？"自郡城戴生理卿也，将为母孺人以墓志来言。瑞卿与余长儿初友善，昨岁为其祖光禄公请铭其墓门之石，已勉不斐追述之矣。郡中多名家，奈何复见辱为？理卿曰："向者吾祖铭，吾父有遗言。兹者吾母知书喜文章，闻当世一言一事可砥砺世人者，忻忻为理卿辈道之，令知向往。有如先生，固吾母亟指以训法理卿辈者。非先生言，奚以慰吾母？先生幸而惠我勿辞！"谨按瑞卿状而次第之：

孺人王姓讳巽，临海之衮绣里人。父，太学生梯云，娶尚书雪峰秦公次息而生孺人。雪峰，台大贤也，为三女择配，长得尚书应公，次佥宪戴公，次即太学公。王故诗书旧族，太学博雅有奇节，而秦氏复以夙承礼教相之，以故孺人生而端淑，不苟言笑，踵止有则，尝存抑畏，盖本之名家阃教云。既长，归署丞公希亮，则光禄卿戴公之孙也。光禄公，故尝以临江太守与王文成勠力平逆者也。戴自光禄有大功于宗社，不克永世，诸孤相继夭逝。戴氏之不绝者，仅署丞一线耳。初，孺人之于归也，署丞藐焉才弱冠，惟太姑彭夫人，姑彭安人茕然在室。彭安人孀居久，性严，事者罕得其欢。顾独惟孺人每侍侧时，知安人喜聆《孝经》《小学》《论语》及《列女传》诸书，即以己所习《孝经》《小学》《论语》及《列女传》诸书，历历陈说于彭安人之前。署丞方力学，不治产业。孺人慧敏，凡钱谷之出入，亲戚之往来，臧获之衣食，皆能记注其数，而相姑剂量之。以故姑彭喜甚，知孺人之能其家也，悉以家政委孺人。孺人能量入为出，化腐为新，以致赢余，业井井有条，凡出纳，必禀安人而后行，示不敢专也。署丞以补恩入太学，孺人缄书相勉，类伊陟召公等语，皆伟丈夫之所蔽者，而孺人以之事夫子。又念署丞未有子，戴氏单弱，为置媵。媵受妊，为保护之；媵当褥，为缉衣具沐。既而孺人自举子，佥以为天所以报孺人也。署丞多交游，客至，孺人能视馔具，随丰约顷刻立办。有欲周恤者，倾箧予之，无难色。姑有末疾，终岁不愈，孺人左右扶持，时时供汤药问嗜欲。姑或竟夕不寝，孺人亦竟夕不寝。若是者累月，不自知其疲也。姑殁，哀毁至呕血，哭之以诗，其词曰："三枝遗一叶，几覆及本实。老姑历贞洁，培护恩罔极。百念苦心攒，血泪频挥滴。生为嫠妇规，殁垂贤母则。"闻者洒泪焉。家庙数世十二主，其忌辰皆一一能记忆，至日夙戒，其祭馔必亲视之，惧弗洁也。署丞有疾，吁天请代。既补南京光禄寺，孺人从，每旦先起理盥栉以俟，归必先具食而后食。署丞尝多病，虑医不常得，每自览方书，制汤药以进。未几，转光禄寺，滨行，孺人劝之归。归凡五年，甚适。署丞故名家子，以雅饬有闻，而言踵有否者，孺人必周旋劝正。自结缡以至白首，相宾友如一日。内慈外严。诸子总角，即遣就傅于外，夜则篝灯课所授业。稍长，加意督责，尤以佚游燕朋为戒，惧其即淫而辱其先人也。丙子，署丞见背，孺人哭之哀，得痞痿，形容已癯瘠矣。己卯，以中热遂卒，为六月二十九日。距生嘉靖壬午三月初二日，年五十有八。子男四：理卿、瑞卿皆博士弟子，娶皆名家女；珍卿、又瑚卿，即媵子，皆蚤世。孙男三：靖忠、献忠、大忠。理卿以是年十月十一日启署丞窆而合焉。墓在杜岐南山之麓。先是署丞之葬也，有尚书华峰秦公铭，事详铭中，兹不具。

余尝读《毛诗》而深思之：夫《诗》本里巷歌谣，圣人删之为经，谓足以达王化而兴世教。乃其所载，如《关雎》言居室，《卷耳》言审官，《蘋蘩》言祀事，《樛木》言逮下，《葛藟》《鸡鸣》言俭与勤，凡皆家常微琐之事，而云以此著教何耶？至后世《列女》诸传所载，皆贞烈奇伟。至于安常处顺，岂无尽道其间者？并不一见，又何也？吁嗟！圣道造端夫妇，王事本之，闺门贞烈尚矣！而孝敬顺慈，固人伦日用之常，不可旦夕忽者。此圣人之所以雅言乎诗，而诗之所以可兴也。惟其以是为常，忽而不讲，斯教之所繇缺，而世之所繇益降也欤！士有愿为良臣，不愿为忠臣者，何独士女不然？以余观于戴门，若彭安人抚恤抱之孤以完节，终其身柏舟不衰矣；若王孺人之事姑尽孝，敬事夫子，以劝以仁，启迪后人，式似有光，妇顺母教，咸备无缺，视《卷耳》《采蘋》《樛木》《葛藟》诸章，又何以择焉！谓彭安人女中之忠臣，而孺人亦可谓良臣也已。爰系之以铭，铭曰：

杜岐有山，异人毓兮。赫赫临江，夷大难兮。家步中微，畴振立兮？有母贞节，力抚孤兮。继以昭懿，亶克家兮。相夫训子，不陨问兮。双璧珍藏，亦孔徽兮。千载有光，百世康兮。

注：王巽（1522—1579），戴希亮之妻，临海人。志石高 81 厘米，宽 62.5 厘米。文 36 行，行 48 字，字径 1.5 厘米。出土于临海市杜岐乡上岙村，原藏农民阮阿香家，1984 年征藏临海

市博物馆。

秦鸣雷[1]墓志铭

明资政大夫南京礼部尚书华峰秦公墓志铭（篆额）

赐进士及第特进光禄大夫左柱国少师兼太子太师吏部尚书中极殿大学士知制诰经筵总裁国史会典予告吴郡申时行撰文。

赐进士出身资政大夫奉敕参赞机务太子少保南京兵部尚书提督军务巡抚江西都察院右副都御史工部左右侍郎南京吏礼工三部尚书吴门杨成书丹。

赐进士第资政大夫吏部尚书前奉敕提督操江兼管巡江都察院左副都御史吏兵二部右侍郎南京都察院掌院事右都御史姚江门人陈有年篆盖。

万历癸巳二十一年秋七月七日，南京礼部尚书秦公卒于家。讣闻，天子为赐祭二，以配赵夫人之前赐葬地，开窆合焉，使使者莅其役。于是，公之子冀州守懋约，徒遾诣余于乡进士张君伯起家，涕泣而言：“先子起家词林，以留卿归老，籍上宠临，获备春秋窀穸之事，而墓石未有纪也。盖先子生平所口诵而心仪者惟公，其惠徼一言之辱，殁且不朽。”余谢，不获，则为诠次其事，而系之铭。

按：公讳鸣雷，字子豫，号华峰。其先闽人也。唐大顺中徙台之黄岩，再徙临海。曾祖宗传；祖彦彬，生子五人，长参政文，次佥宪礼，长配杨，次配包；包生公，公少孤，为伯父后。故考参政而妣杨，后皆以公贵，参政及佥宪赠至礼部尚书，配赠夫人，盖殊典也。公髫年隶博士，则两兄鸣春为部郎，鸣夏为太子中允。杨夫人时举以勖公，公深自感奋，努力为学。癸卯，领乡荐。明年甲辰，以礼部贡士对策，置公卷第七。肃皇帝奇公对深得敬一之旨，擢至第一。时方祷雷坛，睹公名大喜，出御札以谕阁臣，谓天子所亲擢也。授翰林院修撰。寻丁杨夫人忧。丁未，服阕，补职充会典纂修官，教内书堂。庚戌，同考会试。壬子，同考顺天。肃皇指公名曰：“此吾所取冠多士者也。”闻者翕然，以大用期公矣。丁巳，满九载，擢左春坊谕德。戊午，转翰林院侍读学士。己未，擢南京国子监事，再擢礼部右侍郎，转左侍郎。乙丑，知贡举。丙寅，改吏部左侍郎，兼翰林院学士，总校《永乐大典》。已奉命教习庶吉士。言官有所承望，寻端龁公，遂去。辛未，台使者交荐，起南京礼部右侍郎，未至，升本部尚书。癸酉，上疏乞休，会有谩言侵公，遂决意再上，乃允致仕。公在翰林，天子方斋西宫，简词臣橐笔供事，与者辄得骤显，公独假行恬然，无所屑意。先后三校士，再典成均，所陶育人才比比，最著者则冢宰陈公有年，司马王公一鹗。而元辅太仓王公尝为弟子，都养尤见奖异，佥以人伦之鉴归公。其贰礼部也，显灵庙适产芝，更名瑞芝庙，设提点当给关防，有旨照太行式，而旧式无考，众皆错愕，公从文移中辨认阅验，意决定为提点瑞芝庙关防。奏上，称旨。僚属推公敏练，以为不可及。长陵神道桥圮，中珰请改建，欲因以为利，费且万亿，诏礼、工二部相度兴工，而司空从旁辟睨，公属经始。公阳率诸曹按视，而阴喻台宫以岁行不利为解，群珰语塞，事遂寝。司空乃叹曰：“礼部有人。”公在留台曹会，逢穆皇登遐典礼丛沓，台省几辅就质旁午，皆以公为指南，故事当疏慰。公言：“南都奉哀诏最后，安得如辇下哭临时礼？”遂罢。时论韪之。部领医师、历官及象译之政，诸司人员鳞集待试，率因贵势力关说不行，则构为蜚语，事多壅隔。公独如期锁部，严试之差次升黜，不逾日而定。众帖帖无后言。初江陵与新郑有隙，以新郑雅重公，疑其异己，遂见指摘，公欣然就道。朝右多惜公，公绝不言。有问者，漫应之曰：“四时之序，功成者退，君何见之晚也？”家居二十年，日以典籍自娱，暇则游雁宕、天台，及穷览白岳、武林之胜。时从里中觞咏故旧为乐，虽年老，壮健如中年，徜徉甚也。已而遘疾，遂不起。盖殁而人人追思悼惜之。公伟貌修髯，欣然玉立，望而知为巨人长者，其孝友天，笃事杨夫人及包夫人备极诚敬，孺慕终身。事三兄尤敦友爱，抚其孤嫠，具有恩纪。尝曰：“孝弟不必皆泣竹卧冰，灼艾共被，尽心焉尔已。既以八座里居，清约如布素，至其赈贫济急，慷慨赴义，即甚费无靳也。与人交爽朗和易，未尝为町畦。常过市中，道有轵市，人望见车盖，亟撤之，已知为公，乃悔曰：“吾以他贵人来，乃秦尚书耶，渠不吾谴也。”其宽厚孚里中如此。伯子懋绳已领乡荐而卒。及仲懋约荐顺天，再试南宫，不偶。季懋绅以诸生承荫。公皆使就官，曰："树身干国不必一第，吾老矣。尔曹其务宣力以报上恩。"盖公之识远矣。公所著有《倚云楼稿》等书若干卷，行于世。

距生正德戊寅二月初二日，享年七十有六。配赵氏，累封夫人。子男四：赵夫人出者三，长懋绳，辛酉举人，娶叶氏，大理寺丞忠孙女，早卒。次懋约，顺天丙子举人，授冀州知州，娶侯氏，布政缄女。次懋绅，左军都督府经历，娶符氏，知县良佶女。侧室出者一，懋纲，娶吕氏，司马公光洵女。女二：长适县学生应存征，司寇公大猷子；次适府学生陈用贵，工部郎光哲子。孙男二：烨、灿。孙女三，婚娶皆名族。墓在城东之西溪大道地之原，盖公所自卜其葬也。懋约以卒之年十二月十二日合赵氏夫人兆。

铭曰：瞻彼天台，郁何穹窿。炳灵毓秀，以有秦公。对策大廷，帝心特简。天禄承明，雠书捌管。参华储禁，晋长词林。菁莪有造，东箭南金。卿贰回翔，庶常是式。家食再起，留都宗伯。考礼度衷，典型在兹。骎骎衢路，止或尼之。进何委蛇，退不返顾。鸿飞冥冥，弋者何慕。才不究施，竟以考终。皇有恤恩，以慰宗工。赐茔崔嵬，公神所宅。树厥贞珉，万世无泐。

注：①秦鸣雷（1518—1593），字子豫，号华峰，临海人。嘉靖二十三年状元，曾任南京国子监祭酒、太常寺卿、礼部右侍郎、吏部左侍郎兼翰林学士、南京礼部尚书等职。万历元年，因兵科给事中赵思诚弹劾而致仕。秦氏一族时为大族，其兄秦鸣春举人出身，官至工部员外，兄秦鸣夏为嘉靖十一年进士，官至兵部主事（未任）。秦鸣雷是临海家喻户晓的人物，留下诸多传说。如嘉靖帝以梦闻雷而点状元、秦鸣雷为孝改元宵等。志石高 62 厘米，宽 63 厘米，厚 12 厘米，方格字纹，字径 1 厘米，文 60 行，满行 32 字。同出有其妻赵氏墓志，赵氏志石高 55 厘米，宽 55 厘米，厚 10 厘米，方格字纹，字径 1 厘米，文 49 行，满行 32 字。墓系 1966 年 6 月被牌前村民所掘。墓前石翁仲、墓道场、神道碑均被拆。墓志出土后立于墓前。后一度不知去向。2015 年 1 月，临海文物保护所彭连生与秦氏族人秦海飞、秦选龙等在牌前村寻访遗迹，在村中郑保平新屋道地前发现秦鸣雷墓志及赵氏墓志，又在隔壁郑良军后门废弃厕坑发现赵氏墓志盖。据郑保平述，两志石于 1998 年村前建高速公路时发现。秦志因作踏石，文字所剩无几。赵志尚能辨识 130 余字。秦墓志盖已失，赵墓志盖篆文："明诰封夫人肃懿赵氏墓志铭"，分列四行，每行 3 字，径 9 厘米高。志文录自民国二十四年重修《临海秦氏宗谱》。

秦鸣雷墓表

资政大夫南京礼部尚书华峯秦公墓表（篆额）

赐进士及第光禄大夫太子太保吏部尚书兼建极殿大学士知制诰经筵总裁国史会典予告门生太仓王锡爵撰文。

赐进士出身资政大夫奉敕参赞机务太子少保南京兵部尚书前提督军务巡抚江西都察院右副都御史工部左侍郎南京吏礼工三部尚书侍生吴门杨成书丹。

赐进士出身资政大夫吏部尚书前奉敕提督操江兼管巡江都察院左副都御史吏兵二部右侍郎南京都察院掌院事右都御史姚江门生陈有年篆盖。

肃皇帝寿考作人，一时敦庞鸿硕之士。不激不随，进退一轨于道，其醇德雅量足以表仪宇内，征千载太和之盛治。若华峰秦公者此其最矣。公讳鸣雷，字子豫，历官大宗伯，致其事归，卒于家，春秋七十有六。例当树隧道之石表之。而公往典南雍，余当执经，称门下士，故公之子冀州守懋约，走千里以属不佞，不敢以病且不文辞也。公之先故闽人，唐大顺间徙台之黄岩，再徙临海，今为临海人。曾祖宗传，有青鸟遗卵于庭，遂生子颜彬。彦彬生丈夫子三：伯参政文，仲佥事礼，季御史武。佥事娶于包，实生公，弥月而母包卒，五岁而佥事卒。参政无嗣，与其配杨见公之居丧如成人，而奇之，因乞为己子。参政后以公贵，佥事获赠侍郎，而参政赠如公官，盖异数也。公幼多贵征，十四补邑弟子员。参政物故后，家日旁落。时公兄鸣春为司寇郎，鸣夏为青宫中允，并贵。杨夫人艳之，且自悲也。日夜课公学，公益自淬励不少懈。嘉靖癸卯，举于乡，明年，成进士，廷对策以敬一语称上旨，亲擢为第一人，授翰林院修撰。九载考最，升左谕德，戊午，转侍读学士。己未，壬戌，为两京祭酒，秩太常卿，晋礼部侍郎，寻改吏部左侍郎，视詹篆骎骎柄用矣。而言官探华亭意，中公飞语，公遂乞身归石梁，为终隐计。会穆朝录用耆旧，台官屡荐公才可大用，再起南京礼部右侍郎，未抵任，升本部尚书。适江陵嫉新郑，却疑公有左袒心，衔公，公恳疏乞骸，未报。言官复捃拾浮辞论公，公遂终于去国矣。公先后在禁近几三十年，一纂修《会典》；一总校《永乐大典》；一使徽藩；一同考会试；一主顺天试；一知贡举；一教内书堂；一教庶吉士，俱称其职，彰彰耳目，而大节隐德，世有不尽知者，公亦不求世知也。当肃皇帝奏厘太乙时，词臣争珥笔待诏宣室，俱得骤显，而公恬然乞假，婉避其役。其在礼曹也。科名先于兴化李公，而屈为之贰，无纤毫积薪之感。使当华亭江陵柄国，时公稍有粉饰性命之谈，附和束湿之政，宁至以闲局终其身哉。至于密意授台官而寝长陵之桥工，诎中贵人干没意，省少府缗钱万亿。以太行山故牒辨提点篆文，成瑞芝庙关防而得论旨，释当事者之错愕惧谴，具见经济大略矣。若人伦之鉴，尤称得士济济，如大冢宰陈公有年，大司马王公一鹗，中丞陆公万垓，及余碌碌亦与棫朴之化，则庶几以人事君之大臣欤。公诗文师心舍筏，而时有真诣，惇伦厚俗，务期实践而不求似于古人形迹，居乡多九里之润，乡人敬而昵之。内外亲党，待以养生送死者未易屈指计也。位跻八座，上寿考终，疏闻，天子痛悼，予二祭，专使俾莅窀穸，可谓备极哀荣矣。而惜公者犹以扼于衢路，未究厥施，为之扼腕。余窃谓不然，夫悬车束马于孟门之道，而后知税驾者之为逸也。困于酒食，而后知不深染指者之为适也。故古之君子恒以其淡然无欲之心而顺适于所遇，何升何沉，孰止孰行，譬之神龙隐见，大小倏忽变化，不可方物。而冥鸿九霄，凤凰千仞，即欲以弋致豢縻，也得乎哉！公风猷在朝，宁德望在乡闾，进退之间，悠然自得，则知公之遇而不遇，乃造物之所以原公，而公之获全其天也。余故服膺于公，而敬题曰有明大宗伯秦公之墓，以告来者。若生卒年月，婚嫁氏族详具志中，不复纪。

注：原碑情况不明，据民国《台州府志》载："石高九尺，广四尺，额篆'资政大夫南京礼部尚书华峰秦公墓表'十五字，与题同平列，字径二寸，碑正书，二十五行，行七十二字，字径一寸。"碑文录自民国二十四年重修《临海秦氏宗谱》。

秦鸣雷妻赵氏[1]墓志铭

明诰封夫人肃懿赵氏墓志铭（题）

赐进士及第朝议大夫南京国子监祭酒前左庶子掌翰林院事谕德冼。

马掌院充东朝侍班经筵讲官纂修实录兼理奉诰敕四明余有丁撰文。

赐进士及第嘉议大夫詹事府詹事兼翰林院侍读学士实录副总裁经筵讲官太仓王锡爵书丹。

赐进士第翰林院国史编修文林郎日讲兼经筵讲官起居注四明沈一贯篆盖。

肃懿夫人者，宗伯秦公配也。余职史馆，幸从宗伯公后，公伯子懋绳辛酉与余同年，于是称通家云。今予告在里，宗伯公手所述夫人状，属余志之。余读而叙其事，曰："猗哉，宗伯公主盟斯文，蔚为国桢，烂焉，声施于世者，非独其树立厚也，亦内德茂焉。"

按状：夫人姓赵氏，父铿，仕通判。宋宗室魏悼王德昭后，南渡时，散居浙越婺诸郡间，其徙台者，讳与彪，为通判始祖。通判公父，广东番禺教谕，世所称仕族也。夫人生而慧，有贵征，通判公奇之，宗伯母杨夫人亦奇之。通判公与宗伯公父参政雪峰公为同年友相爱，而两家子女皆颖异，齿又相若也。里中咸以两家既相亲爱，子女俱颖异，各为两家贺。一日通判会参政公，曰："夜梦雷击，吾手与郎君名合，天作之矣。"遂成姻眷，而听委禽焉。嘉靖辛卯，参政公卒。乙未，夫人归公，年十五。杨夫人以其少，欲试之，有意程督。杨夫人治家严，臧获有过失，辄谯让不少置，夫人唯谨。已而趋事辨理悉当，杨夫人乃悟夫人能而又孝谨也，威严稍霁。杨夫人念参政公所遗淡薄，门祚将中落，有意督夫人，恐以燕婉损公学业也。而夫人先劝公出舍山中，甚且脱簪佐公勤学费，语之曰："归无数，若奉姑则妾在耳。"公试有司稍诎，杨夫人又督夫人曰："奈何不能相其夫早成也？"夫人唯唯，不敢稍有拂意，愈劝公勤学，甚切至。癸卯，公举于乡。甲辰，举进士第一人。而杨夫人病矣，夫人适值病初起，侍杨夫人，朝夕执馈进药饵，即至厕牏洗浣不以委诸婢。杨夫人垂绝，见夫人劳顿，以头触枕曰："愿来世为若妇报也。"夫人执丧，哀毁瘠立，甚有礼。公跣归无后事悔，夫人力也。既公起翰撰，列上卿，历两都，践扬三载，无不携夫人以行。夫人所至为谨扃键防闲，戒左右出入，至公食虽饎煬甘毳，必亲，无不当公意。即仆若婢皆如夫人指向往，不告夫人，即不当，夫人复为指示是非如见也。然不自喜，辄为置妾，曰："我所不及，冀以相我。"亦未尝自以为仪有所适，主可否，事虽至微，必咨公，然后行。有所施予，非出公意，即寸帛斗粟不敢发。既贵显，常自抑损，粝蔬布素以为恒。至困穷，则屡见周恤，虽倾箧无厌色。夫人处贵不难于《樛木》《葛藟》之风，斯公所得，委蛇素丝而竭忠无二也。至尤所难者，公尝中流言，去位者再，夫人曰："天也，何愠！"既再起任事，夫人曰："是职也，勿易称也。"不喜。及诸子试或不利，夫人曰："命也。"不怒，尝为慰解。伯子举于乡，而早逝。中子复举于北闱，夫人曰："遇也。"处之不为动。既病笃，曰："吾死也，敛手足形而窆，无以我厚殓，累吾夫子。"端坐而卒，不少变。此不谓通达，持大体者哉！余尝观古今人称令妻寿母，罕得其备，何以故？妇职婉而易驰，母教溺而靡方，斯女史无闻而彤管不炜也。乃夫人奉姑孝，相夫恭，育诸子惠，善终始，罔斁矣，斯不足书乎！生沐褒封，死祭葬，可以劝矣。夫人卒以丙子十二月十六日戌时，距生正德辛巳四月十三日寅时，享年五十有六。生子三，女二，婚嫁已见上篇。时万历五年十二月十五日葬于大地道之原。故述其状，以铭之曰：

嗟淑媛兮，神明贵也。洵美异兮，德音茂也。君子逑兮，维左右也。宜室家兮，主中菁也。子之来兮，杂佩授也。人有丧兮，匍匐救也。采苹蘩兮，奠宗室也。为絺绤兮，服无斁也。拟鸤鸠兮，其仪一也。佩象服兮，其之翟也。相素丝兮，自退食也。祈偕老兮，御琴瑟也。福履将兮，归乐只也。长发祥兮，麟之趾也。亦振振兮，宜孙子也。嗣徽音兮，媲任姒也。生获封兮，曰士女也。殁隧口兮，百年祀也。

注：①赵氏（1521—1576），秦鸣雷之妻，临海人。志石出土等情况，详见秦鸣雷墓志铭附注。

秦鸣雷妻赵氏墓表

明诰封夫人赵氏墓表（篆额）

赐进士及第光禄大夫柱国少傅兼太子太傅礼部尚书武英殿大学士知制诰会典总裁余姚吕本撰文。

同进士出身资政大夫南京工部尚书前兵部尚书兼都察院右都御史奉敕巡抚云南赞理军务新昌吕光洵书丹。

赐进士及第资政大夫南京吏部尚书前礼部尚书兼翰林院学士国史副总裁经筵日讲官新昌潘晟篆额。

诰封夫人赵氏者，大宗伯华峰秦公之配，举人懋约母也。万历丙子十二月十有六日卒，天子轸恤，赐祭营葬，恩至渥也。时懋约登隽京闱，待试南宫，闻讣，奔归，号恸几绝，率若弟肖夫人像者，诣华峰前长跪，请曰："惟母相大人，鞠儿辈，阃德懿行可范今式后。即藐焉诸儿，亦未能尽知也，愿大人具述，徼惠宗工表之墓前之石，庶其不泯。"泣尽而继之血，华峰呜咽，泪亦承睫，手书夫人行实，凿凿不诬者。征余言，余念秦长公玉峰同领乡荐；次公白崖同登进士，读中秘书；今余弟大司空沃州女，字华峰季子，世讲葭莩，谊弗获辞，乃按状而序次之，曰：夫人系列驾我泉赵公季女也，宋宗室魏悼王德昭后，南渡析处越婺间。名与彪者，为徙台之初祖。世以《诗》《礼》传。别驾公配高安人。侧室熊氏生夫人，夫人生而秀整，早慧，别驾公喜谓高安人曰："此女贵征种种，当不偶凡儿。"是时华峰为伯父参政今赠尚书公后，甫六岁，母杨夫人解相法，大奇之，语参政公曰："儿异日当大显，必与择佳配。"参政公与别驾公道谊相莫逆，同宴鹿鸣。一日别驾张燕会客，召参政公，置夫人膝上，客有言："公二人者友也，子女各颖异，齿又相若，常联之姻，以继世好。"乃令夫人呼参政公曰舅。夫人应声曰："舅。"如此者三。宾从大笑，谓天禄也，举卮酒为两公贺。是夕别驾公梦雷击手，翌日参政公遣媒通名，别驾公欣然曰："郎君名与梦协，殆天合耳。"遂诺。嘉靖辛卯，参政公卒，杨夫人独秉家政，亟欲得妇为辅。乙未，夫人归华峰，年仅十五。杨夫人性刚果，有丈夫志。虑先公无厚遗，而门祚或不振，日冀华峰远到，且以妇童年，宜正其始。凡臧获稍违，辄呵叱之，盖寓规诲意也。夫人婉曲顺承，务得欢心，杨夫人以为贤，遂安之，堂上亦不闻有声矣。华峰读书山中，夫人戒毋数归。膏炬膳羞之需，间有不给，则脱簪珥佐之。已则攻苦茹淡，晏如也。华峰学赡，数奇，试辄居诸生后。杨夫人虞以燕婉分心，夫人知之，伺间言曰："君非惰学，暂困耳，终必售，但姑望殷甚，非旦夕脱颖，何以慰之？"华峰益淬励。癸卯，举于乡。甲辰，廷对，首擢第一。杨夫人大喜，酌酒劳夫人，曰："吾儿之有今日，若功也。"未几杨夫人病作，华峰在京，独夫人扶疾侍汤药，亲涤厕牏无难色，容日憔悴，杨夫人以为笃孝。及病革，云吾当来生以报。夫人呼号曰："天乎！天乎！夫子方一第以慰姑望，何遂夺吾姑之速耶？"棺殓悉遵礼制，今华峰无遗憾焉。丙午年，华峰服阕，赴阙下，自翰撰至上卿，历两都，夫人与俱所至，扃户，戒童仆慎出入。两典试事，夫人谓华峰曰："人才治忽所关，必慎选以称任使。"已而果称得人之盛。夫人以巾栉乏侍，为纳侧室毕氏，礼遇之。抚其遗子，逾己出。且笃义方，诸子稍逸绳墨，程督不少贷，策其上进，不减杨夫人之于华峰也。其处娣姒，不知己贵，接内外宗姻，欢然有恩。至有以急告者，悯而周之。雅不谈人过。偶闻他妇骄侈事，辄微言讽之，多所感化。性嗜俭素，从宦三纪，食不重味，帛不妄裂。华峰罹浮议归，委诸造物，喜愠不形，即伟丈夫或不能焉。夫人夙病痰，丙子夏大作，遇良药而愈。越月，闻懋约捷报，为喜色，曰："吾儿学有征也。"十月病复作，祷药罔效，知不起，执华峰手曰："命矣夫，得见儿捷无憾矣。奈君左右无当意何，耆年值此，幸毋过苦。"顾二儿曰："善事汝父。"已又速呼约曰："尔远在数千里外，得我讣，当如何。"既又曰："尔父历官清华，恪守常度，不善治生，囊无长物，殓我当以旧衣，毋为我费。"强起，沐浴更衣，端坐而逝。呜呼！饰巾待终，志明不乱，至此哉！子男四：长懋绳，举辛酉乡试，早卒，娶叶侍御忠孙女。次即懋约，娶侯方伯缄女。次懋绅，官生，娶符大尹良佶女。次懋纲，毕氏出，即聘余弟光洵女。女二：长适应存征，大司寇大猷子；适陈用贵，工部副郎光哲子，俱庠生。孙男一，烨，懋约出。孙女二，懋绅出。卜万历丁丑十二月十五日，如制葬于大地道东山之阳。华峰同年友王司寇敬所，谥夫人曰肃懿，距生正德辛巳四月十三日，年甫五十有六。嗟嗟妇德不外见，不于其夫于其子。余于华峰知夫人为贤妇，于懋约知夫人为贤母，且事杨夫人以孝闻，即庄淑公主之事姑，乐羊子妻之诫夫，士衡母之勖子，不啻过也。顾年不及下寿，天之意何如哉？虽然，夫人累膺纶诰，赫然显矣。矧华峰抡魁硕望，求旧方隆，名位未涯，懋约发轫云衢，口昂伊始，光荣炽茂，将千百祀无疆也。无宜大书以表诸墓，世为士女邦媛范云。

注：据清《台州金石略》和《台州府志》载，《明诰封夫人赵氏墓表》又称《秦鸣雷妻赵氏墓表》，墓表高九尺，广四尺，篆额“明诰封夫人赵氏墓表”九字平列，字径四寸，碑正书，二十七行，行七十五字，字径一寸，万历五年丁丑十二月立，在临海东乡大地道冢园。民国时期尚存，今下落不明。

张志淑[1]墓志铭

明故中宪大夫广西思恩府知府石桥张公墓志铭（篆额）

赐进士出身中宪大夫四川按察司副使同邑金立爱撰文。

赐进士出身中宪大夫湖广黄州府知府前兵部武选司郎中同邑应明德篆额。

赐进士出身中宪大夫广东广州府知府前工部都水司郎中同邑包应麟书丹。

万历七年己卯二月二十二日，广西思恩府知府石桥张公卒于正寝。其嗣嘉祐以十月十三日奉公柩于小溪白水山之原，启先宜人窀而合窆焉。先期持状来乞铭。念公与余同里闬，年差长，先余举于乡而交最厚，铭乌敢辞！

按：公讳志淑，字世彦，一字在旌。其先祥符人。始迁祖六一府君，当宋隆兴间卒于台，遂占籍焉。世居郡城南偏。高大父讳大有，大有生曾祖缘吉，缘吉生祖昱，昱生父镒，赠刑部郎中，配章氏，赠宜人。刑部公业儒，为邑诸生，绩学砥行有声。因郡城火，宜人归海游母家，得异征而生公。年甫十龄，即颖异，刑部公喜，授以毛氏《诗》，寻改习《春秋》。精通三传，为文出侪辈。大理山南叶公招致馆下，与其子伍习艺文，辄啧啧赏公，因妻以女弟。年十八，充郡博士弟子员。郡守东川许公校士，阅公卷，大惊曰："奇才！奇才！"遂取以冠多士。由是名称籍甚。嘉靖甲午岁大比，侍御汝宁张公欲得誉髦解两浙，按至台，览公文大喜。及棘闱拆卷，首及公名，益大喜，亟录之。已而屡上春官不偶。至己未，遂决意谒选，授江西瑞州府节推。抵官，监司素知公名，委查核旁郡。所至廉平，人咸德之。嘉靖辛酉，景藩就封，道出江右，民疲于供应。公综理周密，上下咸宜，时以王事独贤奖之。俄而考绩以最称，获赠父母如公官。迁南京刑部主事，秩满，赠亦如之。转正郎。庄庙嗣历，覃恩宇内，复赠其考奉政大夫。盖筮仕历官几十年而三膺锡典，人皆荣之。时秋曹有纂修之举，难其人，众以推公，乃独任焉。己巳，升广西思恩府知府。思恩，古百粤地，俗不雅驯。公至，欲变之。首事文教，修"阳明书院"，集郡士立会课艺，文士始复中式。见胥吏衣短衫素襦，乃授以中州服式，俾如其制，民始化为衣冠文物之区。土酋为梗，素称难制，公传檄谕以威信，皆帖然款塞。庚午，广西省试，公与受卷。事峻，入觐抚院，议留公保障。疏未上，驱车及汶，值御櫷之变，不欲更进，因致政。上允其请，得归。既遇恩，例晋秩中议大夫，赞治尹。家居几十年，岁推耆德。每宾筵，必裒然以公举首。余时则杜门扫轨，一切不关涉。惟创宗祠以合族，表世祖古学先生之文行以崇祀于乡。其他礼所当为，力所能为者皆注措，未竟而卒。卒之前一日，谓子祜曰："吾愿汝曹淬志累行，无忝名德。若功名自有命，非可妄求也。吾居官无玷，居家无贻乡人羞足矣。"言讫，端坐而逝。距生正德己巳二月三十日亥时，享年七十有一。

公晰颜丰颊，器度甚伟。举动悉遵绳检，处心质直，不事表暴。与人交，不以贵贱疏密异视，尤雅敬有道之士，惟不喜接权贵人。出语恂恂款笃，无脂苇习。至于荣辱利害，处之泰然，无所芥蒂于中。遇有犯之者，亦不之较。平居衣不华采，食无兼味，澹如也。少工举业，文甚奇丽，人辄取为式。比为古诗文，尔雅邃洁，不袭流俗人语。书迹遒劲，为士林所珍，然非所笃好也。配宜人叶氏，有贤行，先公七年卒。子男一，即嘉祜，府庠生，才称克家，娶林氏。孙男四：应明、应期、应朋、应朗。女孙一。於戏！公行谊准古人，服官至大夫，亦足表于世矣。顾少年以才名魁全浙，乃不及列上第，跻膴仕，斯未嗛舆望耳。余尝历览古之贤哲，位不满德者必有后。然则天道奚爽哉！姑志之以俟。铭曰：

文雄两浙人所矜，公则粥粥若无能。宠锡三期众所荣，公则欿焉如不胜。泽沛葭荫有徽称，公则泊乎若无成。归老何为？志靡所营。雅有独尝，前修令名。白水之阳，郁郁佳城。灵秀所钟。矗立霞蒸。长发其祥，奕叶云仍。

注：①张志淑（1509—1579），字世彦，一字在旌，临海人。曾任瑞州府节推、南京刑部主事、思恩府知府等职。志石高 75 厘米，宽 62 厘米，厚 8 厘米。文连题 35 行，抬头不计满行 44 字，字径 1 厘米。1985 年发现于临海市江南街道小溪村，同年征藏临海市博物馆。另在该村小梅玉家，发现张妻叶氏墓志一块，高 76 厘米，宽 64 厘米，厚 10.5 厘米，周饰蔓草纹，额篆“明故累封宜人张母叶氏墓志铭”，何宽撰文，邓栋篆额，陈锡书丹。志文大部被磨，未征。张墓所在之白水山，在小溪村南一里，今仍旧名。

罗南川[1]偕妻郑氏合葬墓志铭

明南川罗先生配安人郑氏合葬墓志铭（题）

赐进士出身中宪大夫湖广黄州府知府前兵部武选司郎中眷生应明德撰。

黄岩县南行四十里，为洋屿山，山特立海滨，堪舆家以为其下有异人宅焉。环山麓大姓数家，皆莫与罗并；罗族属几千人，皆莫与南川先生并。先生世居洋屿，九岁丧父，知哀戚，有小了誉。十五丧母，丧葬祭祀，一循礼法，人皆异之。世父讳仕，出宰浮梁，谢政归，训子侄甚严。先生事世父如事父，事必询而后行。浮梁公尝对人曰：“昌吾族者，此子也。”

先生尊人性好施与。先生痛其蚤逝，人之称贷未偿者，焚券三百余纸，几及数千金。昔人代人焚券，犹曰市义，况亲身行之耶！

先生幼好勤学，不治家人生业，坐是家渐落。嘉靖乙酉，迁居郡城，曰“吾不立业，将以望吾后之人。”教导诸子，不假辞色。诸子亦率教，罔敢怠遑。今为郡中巨族，先生犹及见之。

先生著《小学讲》及《中庸读》二书，诗赋五百余篇。诸子将欲板行，遇隆庆火，不幸毁灭。尚有传诵在人者，皆格言也。

厥配郑安人，太平新建右族。居常谕诸子曰："汝父未尽之志在汝。抚育汝成立以慰汝父去后之心，在未亡人。"诸子受教，含泪悲号，惟恐置身匪类，以负慈训。今皆成立，安人可以下报先生矣，先生无遗憾矣。

先生生弘治辛酉二月，终万历己卯八月，享年七十有九。曾祖讳忠正，博学能文，有隐德。登景泰辛未进士，任御史，名洪者，伯祖也。登天顺壬午乡榜，名伦者，仲伯祖也。祖讳渐近，贡期逝。考讳武侃，家业饶裕，值岁海啸，田禾淹没，捐帑藏赈给，所全活者几千家。乡人尝曰："罗氏多世德。"今验之益信。子六人：长验，次要，次春，次有，次道，次敬。男女孙十六人：良瑛、良璋，要出；孙女一，适余日章，良瑛、良瑞，咸为验后；良玑、良琛，春出；良璧、良吉、良民，有出；良复、良翰、女良贞，道出；良上、良栋、良珍、女良珪，敬出。春与友精医业，台人寄死生，当路屡旌其间。道与敬及良玑俱为学官弟子员，皆期大就。余之蓄积待发者，尚未艾也。嗟乎，罗氏一门可谓盛矣！

先生先择地破石湖之原，先葬，迄今卜襄，遂以六月三日启宅兆而合葬焉。诸子以状请铭，爰从而铭之。铭曰：

洋屿之山，巀嶪巍峨，钟英士族，厥姓维罗。藏龙隐豹，朝云暮烟，笃生异人，曰维南川。卜居台郡，构室城西，栉比翩联，攸息攸居。绵绵翼翼，百千万亿，语默动静，先范是式。大江东流，群山趁绕，郁郁佳城，永世是保。津流不息，山色长存，铭言不磨，爰系后昆。

万历九年岁舍辛巳季夏谷旦。

不肖孤要、春、有、道、敬泣血刻石。

注：①罗南川（1501—1579），名、字不详，南川应为号。原籍黄岩，后迁临海。生平不详。志石高 72.5 厘米，宽 55 厘米，厚 7.5 厘米。文连题 26 行，满行 35 字，字径 1.5 厘米，周饰云纹。志石原藏临海市西郊龙潭岙金立钵家，据述系二十世纪六十年代平整土地时发现于龙潭岙口，1987 年征藏临海市博物馆。

□潮[①]墓志铭

……年表侄陈渊持其婿翁府学生江君学所为事状请铭。予曰："吾叹荷……以报，志恶乎辞。"

按：将军讳潮，字文秀，号南洲，新河人氏，居行伍。长八尺，……大司马谭公见而异之，募为勇士。每遇敌，辄横槊冲锋，俘馘倍诸将，补偏……士卒有恩。所过霸衢、大嵩、前仓等处秋毫不敢犯，咸留靴建亭思之。尊敬……献酬达旦乃已。一饮斗酒而仪未尝乱，或劝其求实官，笑止之曰：吾福薄，……归，治装觅舟以告，宪副周公难之，三告乃允。周篆"树勋完节"四字送归第。……道乱，诸统立毙杖下，而将军之归，舟尚未出定海关也。当是时也，使将军不……矣。卒之抵家六十日，终于正寝，幸矣哉！尝诵江君学祭文曰："爵虽不显，泽亦……正衾。"噫，此实录也。

将军生嘉靖丙申八月九日，卒万历庚辰四月十五日。……配陈氏，无为州学正迎之曾孙，有齐德。生子二，长有声，武学生，娶西门陶氏……泽，配江君长子之鳌，未归。辛巳十二月庚申，葬于茆岙山流庆古寺后。……尽才，位不满德。穹哉兹域。聚灵发祥，虎变鸾翔。英英洋洋，后其大昌。

……右侍郎、前都察院右副都御史东明范钦撰。

注：①□潮（1536—1580），字文秀，号南洲，温岭人。因志石上部已缺，志主姓氏不明，由铭文可知，志主行伍出身，后由台州知府谭纶招募入军中。"宪副周公"或为周如斗。志石残高35—39厘米，宽25厘米。文13行，行存字26—29。出土于温岭市，具体情况不详。

何宽妻俞氏[①]墓志铭

明故诰封何淑人俞氏墓志铭（篆额）

明故何淑人俞氏墓志铭（题）

赐进士第资政大夫太子少保南京兵部尚书前工部尚书都察院右都御史奉敕总督河漕巡抚江右副都御史兼理军务提督北直隶学校河南道监察御史归安潘季驯撰文。

赐进士出身通议大夫工部左侍郎前本部右侍郎顺天府府尹提督四川福建学校副使邑人金立敬篆额。

赐进士出身中宪大夫广东广州府知府前工部都水清吏司郎中邑人包应麟书丹。

今南太宰何公，与予为同年友，同观司马政，意气偶合，盖甚欢也。公为人侃侃有度，无叔季士人态，以故缙绅中雅器重之。间有知者，谓公得内子之助云。予识之久矣。越三十年而俞淑人卒。时予与公又同官留都。公告予曰："予室人亡矣，不忍其汶汶也，而以属公。"则以其冢君大缙状来请。余曰："予以公之贤而知淑人久，固安所白哉。今愿有以志之矣！"

按状：淑人为太学俞生尧之□□□，世居宁海之娄坑。祖父稜，业儒，以贡为临清参军。而伯祖稳，起家进士，守衡阳郡，盖甲族也。淑人生有令仪，在髫丱，凝重如成人。衡阳□□之，曰："此女□也，不者当大吾门。"太学君受以《内则》《列女传》诸书，辄能解其意。每饭，淑人必侍侧，偶一不在，太学君为之不怡。以故偃蹇其配，及笄未有当意者。而太宰故居栅浦，去娄坑二百里而遥，声问不相及。而太宰父赠左司空从良者，先任江西进贤县尉，一日，参军公勾当江西，假道进贤，司空公以乡故觞之。太宰适以省觐至。时已补郡诸生，有司第艺，则裒然上列，声闻蔚跂矣。司空公见之参军，太宰不事苛礼。时参军有偕游者董生，乃为太宰以淑人请之参军，而未之诺也。则归而言于太学君，太学君曰："何郎果才耶！"寻司空公满归，复以太宰见之太学君。太学君心窃喜之，而奈何挠之者众也。则令人扣之淑人曰："女子字人，其择赀乎？"淑人曰："亦择才耳。"太学君曰："决之矣，宜莫如何郎者。"遂以淑人字之，馆太宰公于二室而婚焉。司空公曰："是贵族女，而吾寒酸，子强项，恐不相下。"乃淑人故自抑损，太宰虽居处饮食于淑人乎，而淑人无几微德色，种种求当太宰意。每夜读，辄多篝灯拂拭几砚，温粥茗，寻声将之，而已则织纴相之。岁庚子，太宰公领乡荐，淑人敛衽启太学君曰："非吾父尘埃中识田舍郎，女不终身为田舍郎妇哉！"则又跽而请曰："女妇于何，而何尚未得一日妇吾也，奈舅姑何！"遂徙于何，而以事其父母者事司空公与太淑人汪。授资斧使自给。家素约，淑人拮据室中，愈益攻苦，然犹时时调甘毳与太宰公，捧杯案而进之，斤斤如也，二尊人庶几忘约矣。未几，司空公病，淑人备极医祷，经月不解髢。逾年而司空公卒，淑人经纪丧事，倾装箧不少靳。而戚里观者乃以夸司空公曰："天以贤妇报善人也。"庚戌，太宰成进士，授南京刑部主事，而汪淑人亦就养邸中。淑人日再问安否，务探志弗懈。汪性严急，虽儿女间不少假颜色，而与淑人独煦煦焉。已而太宰公擢成都守，汪淑人以老不能行，淑人亦以奉汪于家，不肯行。太宰独居成都者五年，得毕力公家事，以淑人之代供子职也。擢湖广按察司副使，汪淑人谓淑人曰："尔不偕吾儿游久矣。且吾尚强饭，第无虑！"淑人不得辞。又数载，太宰公历升湖广按察使，心动谋归，而汪淑人之讣至矣。淑人匍匐自责曰："天乎！胡不少憖而使我得侍汤药也！又胡不使我少忍于夫子之行而使吾姑睊睊望我于数千里之外也！"旦暮号泣，悲酸不忍听。太宰公起家，晋中丞，节镇闽中。闽素多纨縠珍玩之物，淑人一无所好，虽脂沐亦不以烦县官，以安太宰公于廉。擢大理卿，垂橐受代，淑人忻然相慰也，曰："君为廉吏，吾不得为廉吏妇耶！且吾纵不得持葳蕤钥为守财媪，独不异职吹爨事田舍郎耶！"淑人以夫贵，屡拜今封，呼大缙谓之曰："咄嗟！吾一老妇耳，而三被玺书，荣宠极矣。若不能为我少塞万一耶！"乃督其子课于家，俾太宰公无内顾，得致其身于主。则又曰："燕中苦寒，寂寂遥夜乎。且吾夫子鲜余日，缙一线耳，得无寒心哉！"复置一妾佐太宰公行，人谓其有樛木之风焉。

淑人素有痰疾。庚辰再仕时，太宰公为南京刑部尚书，再疏不得归，更晋今官。淑人呼其子而泣曰："吾不及与汝父诀矣！"遂瞑。淑人率素无他肠，处妯娌间，相习为婉娈，终其身无间言。御臧获，役任必中其度，而恒优其力不令尽。米盐琐屑，必躬必亲，寸缕粒粟，勿漏也。而族党有窭生，以缓急请，捐橐周之，不虑伏腊。女弟嫠也而贫，淑人岁时顾问，需□不给，卒则衣衾棺椁，靡不为备。姑族有孱孙贯者，汪淑人实拊摩之，淑人曰："此吾姑所援立也。"抚之勿替。太宰公割腴业若干亩推赐宗族，淑人岁手籍其贫者给之，不足则佐以他田租。以故死之日，人巷哭之。生于正德辛未十一月二十二日，卒于万历庚辰八月二十八日，享年七十。丈夫子一，即大缙，荫生，娶少司空存庵金公女。女二，长适山西行太仆寺卿澄庵邓公子光祐，次适赣州守华庵孙公子惟进，俱廪生。孙二，舜赓、舜替，俱幼。卜以辛巳八月廿一日葬于钓鱼岭蒲岙之原。司马氏曰：世之谈内行者敏给详干，精赖枲谨饬之。复拮据治生，曷可不称妇德哉！然要之非其至者。淑人为富室女妇，而贫则忘其富；为贫家妇，既贵矣，则安其贫，是可铭也。铭曰：

夫子褎然其儒兮，相之赀兮，分子职兮。夫子伟然其官兮，守之约兮，裨臣节兮。吁嗟乎！丈夫者女兮，岿其宫兮，树之梓兮，胤发祥兮。

注：①俞氏（1511—1580），宁海人，何宽之妻。何宽为嘉靖二十九年进士，官至南京吏部尚书。其兄何宠为嘉靖三十二年进士，潮州任后，被当地百姓奉为城隍。临海今存《桃渚城新建敌台碑记》即是何宠所作，桃渚城敌台被认为是北京明长城敌台的先导，即赖此碑文记载。志石高99.5厘米，宽73厘米，周饰云纹。文36行，行54字。原藏临海市水洋乡（今沿江镇）人民政府，1985年征藏临海市博物馆。

何舜岳①偕妻金氏合葬残志

明文林郎越畸何公暨配孺人金氏合葬志铭（篆额）

明文林郎知当涂无锡两县事越畸何公暨元配诰封孺人金氏合葬……（题）

赐进士出身翰林院庶吉士……

赐进士出身南京刑部河南……郎中姑苏门人□荃篆额。

赐进士出身刑部观政王孙兰书丹。

余忆诸生……甲巳成指日……生讳舜岳，字廷畴，越畸其别……为临海大族。高祖侃，曾祖从良，俱以大……祖宠，由进士终潮州守，为时名臣。赠当涂尹大益，则先生父也。母包孺人，□子四，而先生为仲。年十二，邑令……用公字……相器重，未几，首补邑弟子。壬子，以麟经□浙闱，癸丑成进士，释褐为当涂令。当涂，千湖旧治，地势卑下，田藉圩为……

注：①何舜岳，生卒年不详，字廷畴，号越畸，临海人。何宠之孙，何大益之子。万历四十一年进士，曾任当涂知县、无锡知县等职。其子何来晖曾任漳浦知县。志石系1972年临海市文化馆曹小六访于大田塘里下沈大队社员金启文家。志石仅存上半，曾遭火锻，字迹已不清，仅存部分内容。残高44厘米，宽59厘米，厚8厘米。文31行，行存17字，字径2.3厘米。

金立敬妻陈氏①墓志

明通议存庵金公初配诰赠淑人陈氏之墓（题居中）

淑人出自翰林逸庵陈公璲之裔，司训西溟之女也。生于正德乙亥十一月二十六日巳时，享年二十有九，卒于嘉靖癸卯四月二十九日午时。

淑人孝慈恭顺，不能备述，府君尝称良内助。生女一，适府庠胡承恩。原厝施岙，万历壬午正月初一，合葬于此。

不孝男锡宸、锡周、锡韩、锡申、锡命、锡绥。

注：①陈氏（1515—1543），金立敬原配妻，临海人。金立敬为嘉靖二十九年进士，官至工部侍郎。其父金贲亨为当时“台学”领袖人物。陈氏早亡，原厝施岙（厝指把灵柩暂时停放或浅埋以待安葬或改葬）。万历十年与金立敬合葬，墓原在今临海市河头镇缸窑村月亮山，县志有载。墓毁于1952年，发现该志及金立敬继妻王氏墓志，金立敬墓志则未见。1973年1月，临海市文化馆曹小六访见，志石被架于缸窑村南边溪涧上，予以录文，尺寸等未知。王氏墓志仅录得大概，有载“子男六人，锡宸侧出，锡周等己出；女四人，长适胡县尹子重子，庠生，次适蔡乡进士柏龄子”等内容。

蔡潮[1]墓志铭

明通奉大夫河南右布政使霞山先生蔡公墓志铭（题）

赐进士出身中宪大夫江西按察司提督学校副使致仕门人金贲亨撰文。

赐进士第资政大夫南京都察院左都御史前刑部右侍郎同郡王爌书丹。

赐进士出身右春坊太子右中允兼翰林院修撰姻家晚生秦鸣夏篆盖。

吾师霞山先生蔡公考终之明年，为嘉靖庚戌，其孤亨之始得地于滩溪龙华之冈，袛谋窀穸事，云知先君无如吾，其墓间之石，将唯子属焉。贲亨谢弗胜，固让于名笔。亨之列举以告几筵，已乃偕其季以状、币来，拜且泣曰："卜协于灵矣，子奚辞！"贲亨泣拜，受状辞币。於乎！我公爱我，没而不忘如此哉！

公讳潮，字巨源，别号霞山。其先鄞人，五世祖（乐）三公徙家临海，高祖仲贤、曾祖明善、祖廷贵，隐德不仕。父永升，号贻庵，仕闽嵴峡大使，赠兵科右给事中。母杜氏，赠孺人。公自少颖异不群，蚤失怙恃，孤苦自持。嗜学若饥渴，通《毛诗》《春秋》一经。督学吴工伯通、赵公宽擢冠庠彦，期以大用。

弘治辛酉，以春秋魁两浙；乙丑成进士，选入翰林；丁卯除兵科给事中。戊辰同试事干礼闱，所拔多名士。时逆瑾用事，建议遣言官及中贵人杂出阅视各藩帑藏，意在怙势渔利。公诣闽，独持公法，存大体，同事者莫敢如何，闽人感悦。庚午，转右给事中。明年，升湖广按察佥事，奉玺书督理学政，严条教，先行后文，甄别不爽毫发，士大悦服。既久，相与称贤督学必曰"霞山夫子"云。

乙亥，转贵州右参议。时以清平，苗寇据香炉山。往镇其地，贼势猖獗，围城不解，远迩震惊。公昼夜拊循军士，激以大义，誓死守城。间道馈粮而饥卒济，吁天浚泉而古井出。于是人心益奋，卒歼巨寇而荡平之。太宰唐公龙时以御史按滇，适睹其事，乃破格论荐，至以"张、许守睢阳"为比。其士民肖像立祠，岁时俎豆。后亨之督滇学、参政贵藩，每过其地，则相率遮道，问公起居，稽首称谢曰："若翁实生我也。"

自镇远抵会城，道远险巇，行人倦无所息。政暇为之十里一亭，亭必有井。至今过者憩亭酌水，颂德而行。会奉诏市木川贵间，部院叙劳以闻，受文绮、白金之赐。

嘉靖壬午，转福建督储参政。至则运方暑、足兵饷、厉卒伍以御海寇，漳、泉底宁。创修各郡桥梁，蔽以亭宇。辟万里林、凿盐田谿，设北岭、飞鸾、云岭、敷化，诸关荟蔚，屏剽夺息，行人如在康庄。且经画有道，民不知劳，四明丰学士熙为之记。与漳、泉兵民所勒大事石并显于闽，至今观者作“堕泪碑”云。

丁亥，转河南右布政使。道出建阳，有桥跨悍流而坏，民遮留以病涉告。公恻然弭节，解衣为倡，垂成而后行。既抵汴，汴旷衍多盗，令广植榆柳，纵横成列，由是盗不得肆，而薪蒸用需。幕僚有死而不能归者，为之措画及捐俸金以相其行。

公自贵闽以来，久抱归志。至是疏凡五上，浩不可遏。抚、按交剡乞留，则已飘然天姥之巅、霞山之麓矣。急流而退，人以为难。居闲逾二十年，波及乡井，赈贫恤孤，散医药、助敛葬不倦。凡通道要津，无舟梁者创之，废者举之，圮坏者新之。捐赀倡义，人多悦从。其尤难为力者，如平大恶滩、筑邵家渡架以修梁、移三江埠头、疏东泉二井，除千百年之患于一旦，而贻之以永利久安。盖逸人而忘其劳，裕人而不自知其不足也。岁旱必祷，祷必应。己酉夏，亢旸为甚，仍斋素出宿，不避炎暑，因而致疾，竟不起，是岁七月十九日也，距成化丁亥六月二十八日，得年八十有三。

公天性孝友，痛二亲禄不逮养，每忌辰，涕泣不已。二兄湘江旅窆，嵢峡宦游，再至则缉冢、置田、擐守者。一日草奠词，有二鹃鸰绕树悲鸣，下栖茔所。观者咸叹，谓非偶然。从兄弟有流落都下者，挈之归而衣食之，其愿留者振业之，咸俾得所。于姻故宾客，无问疏戚，率欢叙款治。虽间出雅讷，语不违理。道闻人一善，欣诵不忘。至悼俗闵时，辄形于色。居常好读书，非疾疢不废。为诗文不求甚工，肆笔而成，有请辄应。喜大书，多巨坊名扁。尤善启迪后进。赍亨少时，尝与秦侍御武、赵大参渊、徐县令商、陈司训綮侍讲席，咸荷曲成。赍亨与商获执暮年几杖，每进濶必受益而归，而今则已矣，於乎痛哉！乡人无老少靡不含悲会吊，谋立石以纪旦评。其缙绅有柴拟平生者，则云：“务施泽物，爱人忘己，有先忧后乐之志。信谊攸孚，乡闾崇式，有陕洛化德之风。乐易优容，与物无忤，品题吟咏，傲睨古今，有花外小车之趣。”识者以为不诬。

公初娶陈氏，先卒，赠孺人。继洪氏，封孺人。及亨之筮仕南曹，荷郊祀恩，进公阶通奉大夫，二孺人加称夫人。子男三：长即亨之，名云程，举进士，接武翰林。历转广东左布政使，袍带相禅，远业未涯。娶秦氏，累封宣人。次云翰，蚤卒。俱陈出。次云津，侧出，方励志儒业，娶谢氏。女二：长适指挥吴臣，封淑人；次适卫经历施瓘。孙男四：松龄、柏龄、椿龄、枘龄，其一、二皆都诸生。女一，适乡进士戴汝愚。曾孙男三：瞻恩、迎恩、贻恩；女二。所著诗文数十卷，《湖湘学政》一卷，《判义》六卷，《编韵名言》二卷，《对偶菁华》一卷。

亨之卜十月十一日奉柩襄事，敬序而铭之。

铭曰：公之学，岂惟词章，履德而光。公之泽，岂惟甘棠，遍及梓桑。公之名，有□□锡，□□无疆。公之后，有子趾芳，有孙孔良。於乎！龙华之冈，山深水长。我铭公藏，以永勿忘！

注：①蔡潮（1467—1549），字巨源，号霞山。临海人。弘治十八年进士，曾任兵科给事中、湖广提督学政、贵州右参议、福建右参政、河南右布政使等职。志石高66厘米，宽60厘米，厚9.5厘米，青石质，文38行，满行50字，字径1厘米。2012年9月出土于临海城东滩溪石马坦蔡墓，系新83省道马鬃岗段修建变电房时被挖掘机挖出，工人将其回填，后被农民蒋显作留意，重新挖出后搬回家中保存。同出还有蔡潮继妻洪氏墓志，志石高70厘米，宽57.5厘米，厚11厘米，白石质，文26行，满行35字，题“封太夫人蔡母洪氏墓志铭”；潘晟撰，秦鸣雷书丹，王宗沐篆盖。今二方墓志均保存在邵家渡街道年坑村蒋显作家。蔡墓原有谕祭碑亭，石人、石马、石虎、谕祭碑、蟠龙望柱等，均被毁，墓被挖，棺被分，石雕移作他用，嘉靖四十年“奉天诰命”及嘉靖四十四年“谕祭文”二碑，于2014年3月征藏临海市文物保护所。此由临海市文物保护所彭连生提供。

金锡宸妻陈氏[①]厝志

明淑慎金孺人陈氏（题）

孺人者系出陈氏，吾台簪缨望族也。高祖逸庵公，讳璲，乡会咸第一，历官翰林；若翁瑞竹讳钿，慷慨义士也。

孺人慈祥恺弟，容止端重。事予先君存庵、先妣淑人王氏、生母韩氏，蚤夜服劳，孝敬曲尽，一馈必亲；岁时朔望，即有小恙，必揖拜堂前，甚得姑舅欢。尝语人曰："吾长妇，不忝大家妇矣。"初，先君以庚辛年督学八闽，不得事大父学副一所翁与张淑人养，留予周旋其间，乃孺人问起居，具瀡髓，惟毖惟处，人皆啧啧焉。相予三十余年，勖以大义，未尝效儿女子嘻嘻。予得专心章句，而家不至落托，谓非孺人之功，是耶非耶？妯娌处之醇和。待母家不惟长老致敬，即卑少咸宾而□□悫悫，意裕如也。课子惟勤，男之稷、之皋相连泮水，皆孺人匡植之力。至若樛木之风，又将上追徽音矣。长男之稷，及长女适见任东流县尹蕙斋蒋公次子幼学者，皆孺人出；次男之皋、之契、之益，次女适刺史元斋陈公长子奇畴，皆侧出。睹此而孺人之贤，不言可知矣。大都女人之贤，慈敬为主，孺人之贤，慈敬具焉，无惑乎予心痛之弗置也。故书之于石。

孺人生于嘉靖二十四年三月十六日午时，享年五十有六，卒于万历二十八年三月初十日戌时。卜厝于府治西南护郭岭之北，时万历二十九年辛丑正月初二日亥时之吉。

夫金锡宬识，男之稷、之皋、之契、之益，孙娄立。

注：①陈氏（1545—1600），金锡宬之妻，临海人。志石高 76 厘米，宽 70 厘米，厚 11 厘米。文 22 行，满行 25 字，字径 2 厘米。1999 年 8 月征于临海市西门外校场巷 37 号一农户家，现藏临海市博物馆。

莫贤①墓志

明故□□□□（楷额）

明故处士印池之墓铭（题）

先弟讳贤，号印池。其先世太平唐下莫氏，父迁黄岩六十四都黄槛居焉。生兄弟三人，长即皎，次亮，次即贤。娶胡氏。贤卒于万历十一年五月廿七日。卜于十二年九月十一日葬于壕头山之原。皎与亮俱祔于侧。亮二子：长文蛟；次文献，娶罗氏。坟地阔二丈□尺，长四丈。皎恐世远人微，谨具岁月世系如右，以纳于幽。

大明万历甲申九月，兄思南谨志。

注：①莫贤（？—1583），字不详，号印池，黄岩人。生平不详。志石高 40 厘米，宽 27.7 厘米，左上角略缺。文 11 行，行 14 字，字径 2.2 厘米。出土于黄岩区，具体情况不详，此据黄岩区博物馆拓本录文。

王胤东①墓志铭

明故常州府学训导封文林郎盖竹王先生墓志铭（题）

先生讳胤东，字伯祚，号盖竹。其先由琅琊，唐天佑间徙浙，有都尉荣公由浙徙车溪。宋时，代有显者。十九传而至奉元路判官渊仕元，为肃州知州，判奉元。遇我太祖进兵关中，渊固守，再战再胜。虽识时真王，要不为不忠所事也。天命既属，弃官归。已为仇家所快，遂得罪，宗族散亡。有居安公者，甫十三，潜遁海门，依李氏，以言于姻家范用善，育为己子，因冒范姓。居安公起藐孤，已能其家。置宅城南以居，是为南门王始。于先生为六世祖也。高祖宗，魁礼闱，为梧州太守。曾祖文，参政广西。祖愿，赠刑部员外郎。父度，建昌太守，始奏复王姓。一门累叶文章节义，而建昌公尤表树，为当代名臣，称石梁先生。建昌公三十无子，与吕宜人祷，见梦赤虹入口而产先生。

先生幼颖异，五岁能书衣裾，有“为人当学文丞相”语，赋诗有“九天日月鸟双飞”语，建昌公奇之。九岁属千言不休，书过目成诵，所读五经、诸子、两汉，旁及天文地理、阴符六甲、黄老禅释。靡不镜览，而得肯綮。十七，从建昌公宦游江西。时念庵罗公与罗近溪、徐东山以心学相发，建昌公遣从之游。罗先生曰："小王岂特师门哉，即儒林千里驹矣！"于是先生复忻忻勃窣理窟。建昌公喜甚，捐俸倡道一书院，辟诸名士讲习其中，先生预焉。弱冠入郡庠，试辄高等。遭建昌公丧，哀毁骨立，竭志以事吕宜人。大司寇海陵陈公来守台州。锐意文教，亦如建昌公之为建昌也，得先生见，以为无双。已而宗师孔公试见，以为凤毛麟角，首拔之。自是试靡弗居首者。凡几上省试，不利。举子家猥惟色泽之工，先生多自得语，不专尺蠖。既不获逞，益搜猎以为雄奇，与时义益背而驰。乃叹曰："瑟竽异好，吾无复之矣。虽然，与吾谬为竖臭语以攸显荣也，无宁故舍是而从我！"于是发愤专理古文字，非秦汉不谭，诗必建安、开元，字法右军。兴到挥笔成篇，吟诵不辍。出视同志赓和，诸赓和章半出先生。意不当，望望去之，或丐只字不得也。

先生以善属辞雄台南，而台南谭艺家必曰小王，以建昌公作之前也。沧溟李公藩参至浙，雅先生，以诗赋往来湖山间，赓咏连句，名家于先生屈一指。兵书谭公最善先生，试之韬略、星占、风角、六壬、八门，辄左验。出军载先生车上，所至遇敌以奇胜，先生腹画居多。居久之，以岁贡上京师，授常州府学训导。彀率以身，士风一振。念吕宜人年高，恳养不获，闻丧，深自痛恨。曰："□哀以邦君夫人缺甘旨也，勉就微禄，奈何使我不慎终哉。"毁瘠如丧建昌公。维时佥宪君第进士，诸司谓先生长者，先生谢弗谒也。佥宪君入给事兵科，先生释吉赴部，请曰："臣何敢卑校官哉！臣力已不任矣。臣又何敢忘始终进退之节。臣有男亮以三载绩，蒙恩推封及臣。若之何其以一命而不拜天子之赐也。"即阙下膺敕封文林郎、进贤县知县。已，谓佥宪君具裘南还。抵家，感脾疾。适佥宪君升湖广按察司佥事，取道省侍。凡二月，竟弗起。

先生性既敏，而苦嗜读书，每日早读某书，中读某书，晚作何务，率有课程。自少至老迨没，书一编在枕席也。内行敦备。念鞠子哀，唯一弟孺东在郡庠，友之。建昌公廉，殁后无遗赀。弟妇陈，富室女也，不能共苦乐，不获已，异居。顾独取荒顿敝朽，窃比于我薛孟尝。已而，弟妾有子，陈为恚甚。携归养之，陈切齿。资其多财，为飞语以持先生，卒之公论不能蔑。弟之子高成人，厥亦保任以哉。家贫不能治生产。太守安义周公出建昌公门，有富民乞冠服者，曰：“必王生言乃可耳。”先生入辞曰：“即贫，第安之，敢坠先子家声耶！”赴贡时，谭尚书在本兵，有参将以金币寿，麾之。讵以不敏累知己哉！诸若还牛盗以所偿金，焚资宅者券，乡人一一诵义焉。

先生有君子之道三：博雅也、筹策也、学术也。藉令得志，扬文彩于词林，重声称于竹帛，岂其难于囊倒？而所就一校官，天生才于先生，胡为哉！人亦有言：“不于其身，于其子孙。”佥宪君之为给事也，朝拜夕上书，唯所建论蹇蹇，无亦沃于庭训乎！余少先生六年，当嘉靖甲辰，陈、孔二公之贺得士于先生也，仙亦于余。己酉未入场之先一日，余方寄遨西湖，以荡宿霭、发性灵为得意，先生与一友人先在，相与大笑，赋诗愉快。先生指刘诚意见五色云事，雅自负也。又亟称方逊志、王新建之为人焉。窃意先生倜傥非常人哉！先生亦呼余小弟。乃余以竖臭语叨第，先生竟落落不获纵其所如！顾其著作，传诵人口，如石梁寒明，足以鼎足天台、天姥而为三。其他长歌短篇，辟易唐人。士有一言，可以不朽，魁杓台鼎，乌足重先生哉！先生见李于鳞！叹曰：“吾已旁睨世人，无足抵掌谭者，乃今有于鳞！天生余，又何生于鳞？”或曰：“以子之才，稍见一二流布，将排闼于鳞，奈何深秘不出，而使于鳞独步当世？”先生笑曰：“才不胜命，名不背时。彼致身青云，顺风而吹，为时人耳目；而吾不量，与之分庭而抗，谁其与我者？昔之名山石函，出一语希声千古，后世自有定价。我即不能跨于鳞，其犹在伯仲间乎！”所著有《台岭集》《庚辛集》《兰陵集》《云言舟行集》《回浦集》，盖十余卷云。

生于嘉靖②辛巳二月二十日丑时，卒于万历甲申八月二十六日午时，享年六十有四。配赠孺人戴氏，佥事戴公时弁女。明敏孝敬，涉猎经史，为先生偶。先十一年卒。子男二：长即佥宪君亮，娶戴氏，省祭汝科女；次豪，郡学生有声，娶陈氏，庠士公纶女。女三：长娥，适生员赵时卿；次惺，适生员柴应龙；次随，适儒士张九围。孙男三：曰骞、曰裒、曰骘，亮出。孙女三：长顺，聘应某，尚书公大猷孙，次整，聘戴某，知州汝愚孙，皆亮出；敬，尚幼，豪出。先是赠孺人已葬蟠龙之山，公所自卜也。佥宪君将以十二月三十日奉而合葬，丐余铭其墓。

铭曰：

帝鉴文祖忠且愚，读书一脉流人誉。七叶领批赴公事，四登甲第美琼琚。便便尔腹五经厨，高视阔步空人徒。夷然鼓瑟踬棘闱，间出奇策佐军麾。胡不投笔弃乃缥，俎豆折冲允通儒。领教毗陵髦士宜，匪直也经人其师。上表陈情拜恩私，飘然止足澹自怡。我仪铭之亦匪夷，父作子述哲士规。

赐进士第、中宪大夫、两奉敕提督操江巡抚广东、都察院右佥都御史、前给事吏科、仙居眷侍生吴时来撰。

注：①王胤东（1521—1584），字伯祚，号盖竹，临海人。万历年间，曾任常州府学训导，后因母病回乡，以讲学为业。志石高64厘米，宽50.5厘米，厚9.5厘米。正文39行，满行55字，字径1厘米。出土于临海市括苍镇旺人墩村附近，原藏农民张启福家，1985年7月征藏临海市博物馆。

②根据享年及干支年推算，应为"正德"。

王豪[1]墓志铭

兴公王先生墓志铭（碑阴正书）

明故文学兴公王先生墓志铭（篆额）（题同）

公讳豪，字茂贤，别字兴公。亮同母弟也。学者称为苍峰先生云。其先闽□□□忠懿王审知裔，唐末分封台州，始居焉。六世祖宗，进士，梧州知府。高祖文，进士，广西参政。曾祖愿，赠刑部员外郎。祖度，进士，建昌知府。父胤东，兰陵郡博，赠奉直大夫。母戴氏，赠宜人。

公生而颖异，博雅英奇，以《诗经》补府学生，屡试高等。壬午秋闱副榜，首拔。壬辰选贡，业中青钱，□□数□□□□馥袭人焉。生平留心圣贤性命之学，即稗官野史，靡不目击而心□□□□占星望气，则公之余也。幼事太王母吕宜人暨先妣考，备极色养，侍□□□□剪须共被风。遇境夷犹，登高赋诗，名山巨镇，靡不寄君履迹者。归来□□□□莳花种荷。客至，对酒淋漓，傲睨千古，有先辈清高之概云。晚年玄□□□□□□不二之门，以故四十二章之镌译，放生文疏□□□。聚图书，则颜之□□□□□□，筑菟裘，则扁之以种智之龛，著作声流，树槐示后，皆公之旷达□□□□□□□。便便笥腹，棣棣标仪，当世每以高发许之。公独自知不永，□□□□□□□□有《天台游考》一卷，《鼓橐要言》二卷，《吟□》二卷，《罗经》一卷行于世。

公生于嘉靖癸丑七月初八日亥时，卒于万历丁未四月初九日未时，享年五十有五。□□陈氏，庠生公纶女。男二：长鸑，补府庠生，配陈氏，贡元公选女；次□□□□□□氏，庠生诩女。女三：长适庠生潘汝宁，知州应化男；次女贤，尚幼，俱□□□□□□□将以本年十二月念四日葬于三鱼之山，坐酉向卯焉。则先奉□□□□□□亮，举以赠吾弟，亮之寸心良不昧矣。为之铭曰：

吁嗟兴公，博学能文，精贯百家，旁及典坟。□□□□，以光先哲，期厄数屯，赍志以没。三鱼之扞，山回水绕，□奇获□，□□□□。卯酉之藏，潮□□□，□□孙子，甲第世芳。

赐进士第、上中大夫苑马寺卿、前湖广兵备……经筵官、愚兄亮撰。

注：①王豪（1553—1607），字茂贤，别字兴公，号苍峰。临海人。生平不详。志石高 60 厘米，宽 49.7 厘米，厚 1.1 厘米。文连题 24 行，行 30 字，字径 1.1 厘米。碑阴八字分列两行，大字正书。原藏临海市古城街道龙潭岙吴老七家，1987 年征藏临海市博物馆。

李果①墓表

明故处士丹丘李君之墓（隶题）

墓表

余忆与丹丘生读《唐书》，至傅太史之自表其墓曰：“傅奕，青山白云人也，以醉死。”生则跃然曰：“使我异日以醉死者，亦何忧其不瞑矣！”闻其语今十年，奈何生之死竟不以醉也。悲夫！

生父梦云，为旌德令，生亦贵公子。他人号贵公子者，上之挟策取高第绳其先人，次则美食袨服以豪于里闬快尔！生独弃去举子业不事，事诗歌，宁衣白衣为山人。又不治家计，徒为山人，则家渐落，何但无美食、袨服以豪于里闬，乃绨绤凄风，日不具饘粥者有之。生固甘心焉，无厄穷之色，此其怀抱可想已！

生为诗闲雅，又不以贫故为牢愁悲歌，听之可挹。又旁通字与画。久之，字画入精品，反更胜于为诗。画则学吴中诸名家。当其意得，方笺便面，淋漓点染。临池学眉山松雪诸体，亦俱逼真。生为人坦中，旷宕不羁。诸贵□□□□□□□浩歌剧饮，杂以诙谐，无不可人意。□□□□□□□□□□为人游说，自肥泽，故最为□□□□台俗□离乡土，生独好游。尝与余言：“吾脱□□俟婚嫁毕，则就木矣。吾□及今蹑□□武夷，因遍游五岳名山，复入蜀，登峨眉，望天山雪，下观两都宫阙，息足西湖之滨，此时我诗字画当有进者！”余颔之。亦果从武夷之行。竟以旅踬，不及五岳而归。

岁辛巳十月，以寒疾七日卒。其内潘氏亦能画，先生二年卒。时余官郎陵，不及与生决，归而讯于陈次经氏，知二木尚殡于浅土，且蚀矣。因醵金于生二三故知，以万历丙戌十月初四日，择地于山宫之麓，合而窆焉。生年卅有九。有一子名闽，未冠。生姓李，名果。其先为太平人，侨居临海之东门，自号丹丘生。

余既已葬生，因为识其岁月。余亦结茆溪头，与生墓远不百武。当其风晨月夕，举酒属客，思欲虚左李生，一与之握手道说平生，可得哉！则时时咏景、宋《招魂》诸篇，遥酹之，林响如答云。时万历丙戌重九日。

赐同进士出身、文林郎、吏科给事中、侍经筵、友人临海王士性撰并书。

注：①李果（1543—1581），字不详，号丹丘生。临海人。生平不详。王士性任职郎陵为万历五年，则李果卒年“辛巳”为万历九年。志石高 32 厘米，宽 72 厘米，厚 6.7 厘米。正文 34 行，行 18—20 字，字径 0.8 厘米。出土于临海市区北面晒网山，已断为二截，且缺一小块。原在水磨坑潘家，1984 年征藏临海市博物馆。

项思教[1]墓志铭

明嘉议大夫立庵项公墓志铭（篆额）

明嘉议大夫广西按察司按察使立庵项公墓志铭（题）

赐进士及第资政大夫南京礼部尚书前吏部左侍郎兼翰林院学士掌詹事府事教习庶吉士总校大典两京国子祭酒春坊太子左谕德会典国史纂修官同邑秦鸣雷撰文。

赐进士出身中宪大夫奉敕整饬川东兵备四川按察司副使同邑金立爱篆额。

奉政大夫福建建宁府同知前知直隶滁州事奉招进阶朝议大夫同邑应镳书丹。

万历乙酉三月二十七日，广西按察使立庵项公卒于官。先是公行不以夫人从，所生五男子，曰复弘，以河间郡司理应征召抵京，曰复曾、复良而下侍母，具以诸生羁于郡邑庠，比讣闻，则各后先仓皇奔奉公柩以归。归而得吉于今丙戌之十二月十三日葬公于城西七里之原，礼也。司理君一日偕兄若弟缄币持状诣予，再拜且泣曰：“孤先子生平所敬慕者惟先生，而先生慎许可，独于先子有取焉。今不幸弃诸孤，敢以墓中之石累先生，庶足垂永久，以慰先子之灵，即孤辈或可少逭不孝之罪也。”言已，又拜且泣。予闻恻然，曰：“若予与令先公役，敢自外邪！第今老矣，不文矣，何以塞责？抑谓予戆直不溢美，使后人信其言则可耳！”乃按状志之：

临海之有项氏遐矣。故第谱牒毁于兵燹，不可详。可详者，世居黄岩沙埠，至讳仁者徙居郡城任家巷，遂称临海人。此则公占籍所由来也。仁生公高祖省。省生曾祖赐。赐生祖匡，登弘治壬戌进士，任太常博士。博士公生三子：长鳌，领正德癸酉乡试；仲熙，登正德辛巳进士；季讳廉，娶戴氏，生公。此则公之世裔与所从出也。公弱冠补学官弟子，戊子领浙江乡荐。壬戌成进士，使金陵。癸亥授刑部湖广司主事。甲子以建三殿，调工部屯田司，有金币之赐。未几，居父忧。隆庆丁卯，复除刑部贵州司。戊辰以建储恩，赠父如其官、母安人。己巳，升署员外郎。庚午，升署广西司郎中。辛未，升湖广永州府知府。居母忧。万历甲戌，复除陕西汉中府。满考，加赠父中宪大夫，母恭人。己卯，升湖广按察司副使，函表入贺。辛巳，升广西布政司参政，以平府江辰沅功，复有金币之赐。壬午调湖广。甲申升今官。此则公之出与处也。

公生而颖敏异凡儿，少不跅弛。稍长，日诵数千言，忘则取瓦砾置膝间跪诵之。逾十年，经旨乃大明习，摛文清峻。赠中宪公抚而叹曰：“吾曾有志科目矣。缘吾父博士公与吾二兄皆既成而逝，家用中落，母周诫曰：‘岂天不欲项氏以儒显耶！汝他营，毋事此也。’遂废学，尝以为恨。今观稚子志质颇异，绍先业者或在兹乎！”公闻，益感奋。一江少参王公尝奇公，为择佳配。公受室今朱淑人，王公力也。自是试辄优等。比登第奉使，取道归省，时中宪公与恭人皆无恙，人以为荣。

在刑部治狱平恕，察词辨色，参伍以验，未尝以喜怒加人及他寄耳目。久之，部尚书有疑狱，辄呼项主事来，意以非公不能决。公雅有心思，计筹详密，工部所督理，独费缩而工倍之。及再补刑部，则以熟路轻车，迎刃而析，无爽锱铢。历员外郎、郎中，名殷殷出诸曹署上矣。汉地界雍豫，夷民不错杂，不易驯，岁又大侵。公至，抹煞烦苛，推诚步惠，起民之窳，而且兴作士类，为创方正学祠，新文庙斋庑，建射圃、文昌书院，士彬彬向风，俗为之变。富民有杨昌者，以淫女事觉，乃散赀势要，匿其家。公收鞫，置之法。城南多盗，掠里中以为常，令不能制。公廉知为巨豪，招集开谕：“如是则生全，如是则戮死。”不逾时，豪自缚就辟而盗戢。士民德公特深，闻宪副之擢，诣阙请留不果，则遮道板卧。已，乃肖公像而祠之。楚地疆界遐旷，公至，且摄四道，投牒受辨，旁午立门外，入则惟闻脱校声。所辖盐课掣法，亲为调停，诸贾人大悦服，余羡悉归帑藏以佐公费，无染也。司掾陈大华奴，因直宿盗主财被杀，鞫者疑其妇与人私，人杀之。公置妇不问，别得同宿人张五，一讯而服。老吏摇手相戒曰：“公神明耶？不可犯。”转粤西，适府江猺僮窃发。召其巨魁申谕朝廷威福，即奉首窜避。水浐营营长岑仁为生猺唐则婆所攻，公部精兵千骑抵其营，生猺闻公至，夜遁。岑仁乃斩熟猺，且俘获千余以为功。公廉其貌不类生猺，遂抵仁罪，被俘者获生。又辰、沅为湖北重镇，苗、猺盘结，出入无常，商旅昼梗，抚台移公辰州控制之。公为严城守，募精锐，除戎器，谨堠儌，威惠并施，诸蛮帖然，民乃大安辑。公此二功在楚粤中最巨。抚按上其事，故两受恩赉焉。比得总宪报，即驰归展墓，有卜室终焉之意。盖公所历皆有远道，所肩而任者皆巨务，心力为疲。乃亲知促使就道，寻即中疾矣。抵任，又当论谳。公以民命所系，竭昼夜力为之，疾遂增剧。乞休，为抚台所泥，迁移竟不起。古称为国尽瘁，公其有焉。呜呼痛哉！

公隆准白晰，神观修明，接物有容，制行惟谨。在汉中，为教授郭如暄所侮，称横逆，公不为动。比郭褫职，犹资其归，即其廓达恢宏，于世如无所择然。当再补刑部时，吏、工二尚书择属，争欲得公。公守以恬静，曰："吾岂资人以进邪？"则是中有畛域，而简别精审，细入曲折也。又其任事之勇，可为弗沮，可疑弗顾，所在底绩，要皆径情任质，非欲与人为异，有所战薄于才鹜声角之场，可谓难矣。使得就日力以竟其中所蕴蓄，其可称述者何限？将有靳之然者，岂非命邪！性孝友，内行甚修，事父母生顺死哀，抚诸弟有恩，怡然无间，一门之中，雍雍如也。

公讳思教，字敬敷，立庵其别号云。距生嘉靖戊子七月十九日，得年五十有八。所著有《白云》等稿，藏于家。朱淑人者，处士宠女也，以司理君贵加淑人。生男四：复曾，邑庠生，娶广东少参王公洙孙女；复宏，即司理君，登庚辰[②]进士，娶建宁府同知应公镳女，封孺人；复良，郡庠生，娶工部郎中金公克厚孙女；复泰，郡庠生，娶保定府同知吴公翰女。又复彝，邑庠生，聘松藩参将刘用光女，则侧室张出也。孙男四：齐皋、齐夔、齐衡、齐用，女四。

予尝怪世降俗漓，士沾一命，或稍有树立，即扬扬见眉宇，恃以傲睨一世。若公位逼尊显，而宦辙所树，又复尔尔，乃谦退不少矜伐，若处子然。天顾不假之年，俾竟其志之所极，则所谓祸盈福谦者非耶？第观司理君负才卓荦，如丰城之剑，光芒上烛斗牛，人逆知其大用；即余称诸生者，亦皆国器，志[③]在千里；意者挹彼注此，使浚其流为长乎？则又不敢尽疑天道也！余既志其行实，复为论如此。铭曰：

惟项有光，科名赫奕，乃闳厥施，于公其食。其食维何？踵武奋迹，民曰怙恩，谳曰无冤。文经武纬，外谧内安，孰如公者，克会其全。劳谦不居，声誉孔籍，悠悠而行，尽瘁为国。不吊昊天，夺之胡亟，蓄不尽泄，其流则长。诞厥嗣人，为圭为璋，理岂终蚀，天道之常。嗟嗟项公，可称不死，虽鼎并之未极，而令名其不已。勒铭载石，展也君子！

注：①项思教（1528—1585），字敬敷，号立庵。临海人。嘉靖四十一年进士，曾任刑部主事、刑部郎中、永州知府、汉中知府、广西参政、湖广参政、广西按察使等职。志石高75.5厘米，宽67厘米，厚11厘米。文49行，行50字，字径1厘米。出土于临海市西郊车门桥，1984年征藏临海市博物馆。

②原文误作“癸庚寅”。

③原文误作“千”。

张蒙泉①墓志铭

蒙泉张公墓志铭（篆额）

明故龙川县蒙泉张公安人侯氏合葬墓志铭（题）

张公蒙泉者，台之乡先生也。少业儒修，服先王，为博士弟子，蜚有声闻。以上舍官龙川簿。公律己严，中实恺悌，人与之处，始敬惮，终甚爱慕。事亲敬先，孝友循笃，抚循诸侄，给田剖赀，嫁二兄女俾成室家，绰有公艺风。处乡党族戚，尊老恤幼，就贤周贫。出粟以赈荒，取龙以济旱，施不望报。人有小恩，终身不忘。詈言不及奴隶，处色不见颠沛，隐恶彰善，犯不人校。好学，虽老未尝卷手释。居官廉恕明允，□荒田，治学舍，龙彬彬多文学士，民庶且富。平盗狱，免大辟者七十余人，而邑化无盗。甘泉湛公曾以武侯、文翁治蜀称之。闻长嗣讣，辄挂冠归。乡大夫士民扳号赴留，如失慈母，立祠致思焉。

公文章行谊，动方古人。壮游京师，名公硕辅相敬爱，遣子就学。晚归林下，延师教子，讲明孝友爱敬之节。尤善吟，乐棋酒，凡佳辰良夕，亲朋宴笑，潇然烟水间，花乌一筇，烟霞双履，真鸿飞于寰区之外者矣！

公初配董氏，侍郎介庵公之女孙，懿德母范，见称中外。继配即今安人侯氏，出自宦族女，母训熟闲，慈祥成性，奉姑事夫以孝敬闻，处妯娌宗党以和敬闻，恩待婢妾，咸得欢心。抚前子若孙如己出，每以古今继母为戒，未尝私其所生，惟劝之以学，规之以礼，稍有过差，不以恩假。自奉朴素，及享祀宴宾，必修馔丰洁。人以孟母、陶母称焉。

公生于弘治戊午二月十三日，卒于万历丙子五月二日。安人生于嘉靖癸未六月七日，卒于万历丁亥十一月七日。合厝于东廓凤山聚礼之原。子六：长汝言，次汝让、入邑庠，董氏生；次汝诚，侧室生；次汝诏，汝诰，汝誉、入郡庠，安人出也。

按状：端国公后讳直，自闽、温徙居黄岩青旸，传至佥宪公元志子庆，始迁临海。四传父坤举孝廉。葆真耀灵，世有潜德，笃生公淬志砺行，泽仁义礼乐之教，为一郡表，非若人所谓“没可祭于社”之乡先生耶！余与四子诏为道义交且契，雅重其请，为之志，继之铭曰：

嗟彼张公，邦家之良。名重于国，行崇于乡。嗟彼安人，懿范佶伉。以德配德，梁鸾孟光。钦□□□，仰止凤岗。

时皇明万历丁亥腊月谷旦。

赐进士中宪大夫奉敕提督军务福建按察司副使，前吏部文选（司）郎中缙云昆岩郑汝璧拜撰。

同邑教授象峰邓景篆盖。

乡进士蕙斋蒋承勋书丹。

注：①张蒙泉（1498—1576），名、字不详，蒙泉应为号。临海人。以监生任龙川主簿。官至南京兵部尚书的张邦奇有诗《送张蒙泉上舍还天台》。志石系 1972 年 12 月在临海市区北面晒网山东南麓电焊机厂工地出土，距地表两公尺，共五冢。临海市文化馆曹小六于次年 1 月录得志文，志石未征得。据记录，志石高 72 厘米，宽 61.5 厘米，厚 10 厘米。文 27 行，行 35 字，字径 1.3 厘米。

潘应化[1]墓志铭

明故奉直大夫蕲州知州时所潘公墓志铭（篆额）（题同）

赐进士第山东提刑按察使司佥事□□□道监察御史黄岩同门年弟林国材撰。

赐进士第中宪大夫提督广西学校提刑按察司副使前陕西布政使司参议蕲阳李际春书。

赐进士第中宪大夫□河南□□□□前户部广西司郎中督江北粮储大理寺评蕲阳刘如宠篆。

隆庆丁卯，公与余同举于乡，□同经□，以□交欢甚。又余居黄岩，以事出，必取道郡城，至必访公。时公构书院帻峰之麓，案头堆□□□□□□□于国家治乱之际，贤豪经济之大，多所犹究。又喜谈国事，以此游搢绅先生间，得其绪□□□□□□□□者，辄用为自笑，而公不止也。时余瞷公有大志，窃谓它日磊落仕途，□必□也。及余以□□□□于□，归卧委羽洞中，而公乃以吏才翱翔吴楚间，津津响用矣。乃一日讣至，则卒于镇江之□□□□□□□比榇还舍，亟为典丧。亡何，公之子汝宁持乡进士陈君用庆所为状来乞铭，曰："宁先子临革时□□□言，以后事累于先生，今愿窃有请。"余义不敢辞。

按状：公名应化，字雨之，别号时所。父曰淮南翁，□□□马氏，再娶何氏。公马出。后以公贵，淮南翁赠文林郎，妣赠孺人，何暨配吴俱见封。潘之先有讳天□者，登宋宝祐四年进士，仕知潭州府事，子涧，赘临海长潭陶氏，遂占籍焉。涧徙肯步，生子秉广，秉广生本然，本然生息，息生桥，是为公大父。

方赠公生公，有异征，稍长，头角崭露，颖慧不群。乃私念曰："枳，一也，移之江南，则为桔，地灵安可诬也。"议徙家郡城，卜丹丘之旁居焉。为择师，从前博士余少溪游。时门下多名士，少溪对人必称潘生才。所作古雅中绳墨，易入彀。甲子，督学秦公弘洲试第一，游邑庠，声名噪耆髦间。自此试必高等。丁卯偕计，年二十五耳。时公以新进入隽，酬如左券，人皆奇之。公益折节读书，谓一第可唾手拾之。乃以数奇，连蹇不得志，凡七上春官不第，年已逾强，犹然难之。

先是，吴孺人产一女汝德，公绝怜爱之，居常训以大义，为择配今潼州守陈君承翁子奇策。女及笄，而策忽以羸疾卒，汝德遂忧幽绝粒，后数月亦死。晋绅文学共怜之，为立传，事载贞女传中。时公以会试，闻之亟归，怨伤痛悼。始去就选天官，得太平令。太平者，三吴之沃区也。公始至，一以廉白自持，约己裕民，凡所注厝，必中窍系，往往片言折狱，称为神明。某甲子以富囮怨，为飞语所中，公廉知之，立为出。后公应朝，其人盛馈遗以报，篋置堂下，公第挥之去而已，终不借之以博名。而华才茂实官誉不能舍所当，先后台使者无不削荐剡给，由上考功，以治行为今上所嘉，予晋秩文林郎，获沾恩数，长吏多荣之。

比行取至京，名在甲科者，上已报擢西台，为忌者所中，出知晋秩蕲州。公始悒悒不得志，勉之蕲。蕲连岁旱暵，征发不前，大为藩禄忧。公素著才望，据拮经理，民始有起色。尝步祷龙宫，角巾芒履，甘澍随降，国人欢呼。然竟以祷竭而疾作，决为归计。书上，诸司慰留之，自藩王世子以下至氓隶，连章控诉者日数十上，车发不得前，哀动一国，如失考妣。公用是亦悲酸，挥涕而别。舟至镇江，遂卒。时万历乙未八月十一日也。距生嘉靖癸卯七月廿九日，得岁五十有三。

公固以吏才显。然又忠厚恻怛，与人交有恩意。尝在太平时，齐人赵青屿以右史谪丞，落拓不拘细谨，公推诚相与，约之以礼，赵后感公，尝对人称公长者。藉令天假之年，究其所施，讵可量乎？而乃止此，命也夫！

公竟无子，立弟子为嗣，即汝宁，颇俊伟。吴孺人择地杨梅之乡鸡冠山下，坐甲向寅，卜以今丙申三月二十九日，奉公柩而窆焉。

铭曰：惟士居位，患无其才；其才既裕，遭时乃济。孰为扬之，

天子是葵；孰为执之，复试于蕲。岂天道之默定，抑人事之迁违。嗟乎！才非不展兮而数则奇，退非不勇兮而志则赍。郁郁新阡，曰止曰时。

注：潘应化（1543—1595），字雨之，号时所。临海人。曾任宁国府太平县令、蓟州知州等职。志石高75.6厘米，宽63厘米，厚6厘米。文连题34行，行抬头不计40字。隶体，字径1厘米。1991年4月征于临海市汛桥镇杨梅村周岙项得福家，现藏临海市博物馆。

蔡松龄[①]墓志铭

明故经元蔡君直卿墓志铭（题）

赐进士出身中奉大夫山西布政司左布政使前提督江广学政刑部郎中王宗沐撰文。

赐进士出身中顺大夫福建按察司提督学校副使前南京吏部郎中金立敬书丹。

赐同进士出身……

□嘉靖癸亥九月十有四日，余友蔡君直卿亡，余时寓□庆浮屠，是夕□三梦，□明晨而得讣，亟往哭，入见□父刑部尚书鹤田翁，又相□嘘俱□，翁曰：儿□□□□□□□□□□□□以友人邓君林之状来索铭曰：君讳松龄，字直卿，别号龙华。七世祖乐三公自鄞故□，徙家临海。世有隐德。□曾大父贻庵公，讳永升，仕闽沧□□□□□□□□□□□□□右布政使，□□□□赠□□□刑部尚书，父即鹤田翁云程，娶夫人秦氏，生君。儿时岸然脱略不群，霞山公奇之，曰："蔡氏有孙。"十余岁，侍鹤田翁督学滇中，与诸名士角艺，浸浸□□□□□□□□□□□□□己酉且入试，□霞山公病□革，□□□□□广，君闻即弃场屋奔归，士论咸叹其□□□□□霞山公□时公所与君往□第时有司□□□□书，□□第一，曰：此吾故物也，爰畀汝。君□□□□□□□□□□□□□□□□连累直□□□□□□□□□□□□□□生年俱同霞山公也。君才继先志，□价□□□□亦奇矣。

先是君□弟筑室白云山中，□家独□□寻，志业笃古，逾寒门士。戊午，余归息江□□□□□□□□志□□，□□□辅仁，余□约讲阐理□□励过人，而□君山居为地，是时创始，见众书方□顾□然□所以戒某□□必出君□多□夫人□□子□与□往来有姻缘，而余知君底里自此始，□□□□事二亲□洽，□长兄少弟欸欸怡怡，出与人交相下抑抑，无一语忤物，非收名也。累世大□□□□□□□□□□□□□□□□□态□□□□□□□□□□□□□□鹤田翁方抚方岳处中轴，君游行□□□□不以丝毫□馈受人，尝曰："士□师圣人，以学行惊世，藉父□夸闾里姻党，狐蜮窃影，奈何！"君志□□□□□□□□□□□□亦信，君可谓爱惜□□□□□□□□□君何以殁？嗟夫！世降态□溺人，即有乡先生以节义闻四海，□□□年前藉藉，□宦归，计赀囊上下棼□□□□为□其去几远。余方求友，□□出如□轮夹行，而君辄尽，□独蔡氏失良子弟哉！□□寿奇，彩云多风，珍器遇撞，孰知君抱？余之恸君以此。

君娶鲁府纪善张公□女。男一宇恩，女一，俱侧出，尚幼。以甲子九月七日葬于中津桥南山之原。君殁去生丁亥甫三十有七岁，顾其叔云津曰："何德更寿于颜子！"张目视其内，□弟汲在□侧，曰："吾死君手，不妇人矣！"余前道君志，属行如此，可信已。铭曰：

木□□□，众咽津津，君培其根。将实而华，□□□成，而□有芬。天乎何知，君得其心，余以为恨。

注：①蔡松龄（1527—1563），字直卿，号龙华。临海人。因文多缺失，生平不详。据其弟蔡椿龄墓志载，曾任某府经历。其父蔡云程为嘉靖八年进士，官至刑部尚书。志石高 77.5 厘米，宽 59.5 厘米，厚 10 厘米。文连题 25 行，满行 40 字，字径 1.5 厘米。1987 年发现于临海市白云山原部队营房区，中间已被刻为象棋盘，且断为二截，文字凿损较多。原出于临海市南郊，且有志盖，志盖已失，志石现藏临海市博物馆。

蔡椿龄①墓志铭

明长洲县县丞勖斋蔡君墓志铭（题）

赐进士及第资政大夫南京礼部尚书前吏部左右侍郎兼翰林院学士掌詹事府事两京国子祭酒春坊太子左谕德会典国史纂修官秦鸣雷撰文。

赐进士出身通议大夫工部左侍郎前顺天府尹提督福建四川学校副使金立敬书丹。

赐进士出身承直郎礼部祠祭清吏司主事陈锡篆盖。

长洲丞勖斋蔡君者，余甥也。以今年四月初二日卒于家。始君疾且革，张目呼其子曰："吾德薄位卑，生平无可称述，独以家法为兢兢，求无坠于先人之间。幸知我者，赖我舅氏大宗伯秦公耳。我即死，得公志一言，吾事足矣。"越数月，其子殊恩述父意俨然，请余志。余益重哀悼之而谓曰："余亦胡忍而志而父耶！虽然，余即不志，独令而父卒卒无存耶？倘余言而足以存而父，余何辞！"

志曰：君讳椿龄，字寿卿，别号勖斋。王父讳潮，号霞山公，以进士起家方伯，□赠尚书。父讳云程，号鹤田公，累官刑部尚书，赠太子少保。尚书公配余先大夫女，余女兄也。有子三人：长松龄，□封□府经历，次柏龄，举辛酉乡试第三人，俱余姐出；次则君，侧出。

君生而端饬恭谨，恂恂雅醇。尚书公最钟爱之，督令向学，与其昆仲习举子业。□□□补郡诸生，旋以例贡入太学。君复工书法，意在中书，不果得，得鸿胪序班，非君志也。遇例诰封登仕郎。未几，闻仲兄卒，悲不自胜，又惧伤尚书公心，亟告归觐，□曲为慰解。岁余，尚书公趣之京授职。又未几，尚书公讣至，匍匐东归，哀毁骨立，居丧如礼。已而图襄事，一切熙朝恤典，君悉心于其□，不遗余力，故一时礼数尤称殊隆焉。复丁生母忧。迁延数岁，方谒选，□□□□□□之，□江西新淦县主□□□□□束于长吏，君独守以廉谨，绰有才□，以故令多咨□□而日益有闻。升江西按察司照磨。督解□□，料理如法，当道者之才。巡抚潘公方以县尹荐君。君适以赍捧至都下，独自负贤声，不□□□□。迁福建漳浦丞。至，则才名蜂起，督抚耿公雅重君，欲□名荐君补旁邑令。会太夫人讣至，遂□□，盖困于数也。居丧复如礼，如丧尚书公时。服阕，谒选铨部。太常严公素知君，欲授君令，谓君秩尚浅，先授长洲丞。未至，公已乞休去，君又困于数也。长洲，东南财赋辐辏，土沃民饶，先□丞至，民初见，率有常例，君独斥不受。莅官一禀于法，不少借颜色。然以一职自爱，亦莫有所遇，展布其夙资，不欲以簿丞行其心也。一旦拂衣叹曰："夫世之尊官显秩，积功劳，长岁月，倦飞不止，思以□□□大所竖立。其卑者，则拜跽起伏，诺诺唯唯，视主人眉眼为欣戚也者，徒以五斗为耽耽耳。吾今以一丞屈于人下，即终岁劳苦，□无所□长。藉令循资而起，犹然我耳！复何望？矧吾先人所遗，尤足以自资，不亟去，且辱我，我胡以此为拘拘也！"即解官东还。父老相率号泣车下，不能留。囊箧萧萧，惟图书及曩时衣带而已。

归即杜门，绝宾旧朋好，孤立行一意。日焚香静室，取所藏诗画及时人墨迹，时一展玩。已则对花命酌，伏枕长吟。如是者数岁，竟因郁得疾不起。人咸谓君不能自解脱，以愁卒，其心容少恢恢乎大也。而知君□□才而以卑卑扼塞，计画无复之，其同悒之矣。嗟嗟！君初终以行谊自饬，出入必依于人伦，处仓卒亦雍容整暇，遇僮仆亦必以礼，居官亦必以廉介自持，锱铢悉慎。虽家世禄食，君独坦率阔略，辄不问产业事，以故窭然如寒素，少不为动，斯亦难矣。人以是多君终长者。彼以□职为市，浚削捆载，扬扬里闬，弗为有道所□，其以视君，相去盖何如也？噫！君所得不已多矣！于家声信无坠矣！固知士苟洁名修行，奚问峻秩下位哉！而世之所以品士者，亦在此不在彼。此余□□□知君者也。

君娶太湖县知县项公鼎女，先君十八年卒；继娶庠生张君大化女。男二：长即殊恩，侧出，聘余□□□懋绅女；次宸恩，尚幼，张氏出。女三：长适山西行太仆寺卿邓公栋男庠生光伟，次俱未字，侧出。君生于嘉靖庚寅十一月初六日巳时，卒于万历己丑四月初二日卯时，享年六十。殊恩将以今年十月廿三日藏君于水家洋杨岙之原，启项氏柩而葬焉。余固重悲之而为之次其生平，且铭曰：

谁持尔衡，不为尔平？谁操尔赢，不为尔盈？籍籍者评，翩翩者名，种而弗成，以贻后生。山南之京，江流有声，曰惟尔莹，郁哉佳城。

注：①蔡椿龄（1530—1589），字寿卿，号勖斋。临海人。蔡云程之子。曾任江西按察司照磨、漳浦县丞、长洲县丞等职。志石高 67 厘米，宽 52 厘米。文连题 36 行，行 43 字。出土于临海市水洋乡（今沿江镇），原藏该乡下洋岙蔡正守家，1984 年征藏临海市博物馆。

蔡旁①墓志铭

翁讳旁，字守溢，别号鲁斋，行御八，□□六处士，讳九有之长子也。生于大明弘治辛酉年七月十九日卯时，翁□□□真，悖问经史，仁父待人，义以律已，

□□葆醇，不求问举输粟，天朝戚典，王□□饥而倒库赈困，民贫而代纳盐米。□□七十，于隆庆庚午年正月初六日后□而卒。娶宁海四十六都横渡何□□女，生于弘治甲子年七月二廿二日□□，能兑相夫子，曲尽母仪，治家勤□，□惠普施，天夺之速，先翁而卒，五十□□，白云出窟，终于嘉靖辛酉年四月□□日酉时。产三男，长曰惠、次曰黠、三曰□，俱入泮。采□孙坦填奎壁享吉□□□隆庆四年正月初八日戌时，合葬于凤凰山之原台州府临海县十八都南阳蔡鲁斋之墓。

隆庆四年正月初八。

注：①蔡旁（1501—1570），字守溢，号鲁斋。临海人。生平不详。志石系二十世纪九十年代盗挖出土，被蔡氏后人发现，立于临海市小芝镇南洋村后西蔡鲁斋公墓前。墓前旧有隆庆四年“兔穴罗春”墓道坊，后毁，额石今存车口下宅村。此由临海市文物保护所彭连生提供。

蔡止兰妻汪三奴[1]圹志

亡室安人汪氏圹志（题）

亡室安人姓汪氏，讳三奴，世为台之临海岭后卢岙人。先神童公洎、绍兴五年状元汪洋，皆其远祖也。父叔洋，母江氏，以天顺庚辰九月初四日辰时生安人。性仁厚端淑，夙闲姆训，迨归于予，孝奉舅姑，和处妯娌，祀先以洁，宴宾以礼，长幼婢仆，靡不得其欢心，且能攻若笃勤，为免家计，初予从家君奔驰宦海十余年，家事巨细，安人一以经理。新栋宇，辟菑畬，未尝以公私有间，或人事有不可意者，则处之怡然，未尝小改颜色，故予平生虽迂僻，而□政赖以不坠，皆斯人力也。而今不可复得矣。

呜呼！尚忍言哉。子男一，婢李氏所生，甫及八月。女一，适同里横街初大尹次子慎，安人所出也。安人尝育三男，俱以□阙，用是悒悒，以宗祀婴情，遂成痼疾，乃于正德十年七月初一日申时终于寝，享年五十有六。卜以是年十二月二十日未时，葬于同邑二都善化乡东岙良山祖茔西侧，爰述施□刻而纳诸幽，庶后之仁人君子或于陵谷□□之余，见而指之曰汪叔洋之女，蔡□之妻也，闵而掩之，诚所望焉告。

正德十年乙亥岁十二月望日夫止兰志。

注：①汪三奴（1460—1515），蔡止兰之妻，原籍临海，嫁与黄岩。志石高60厘米，宽69.5厘米，厚8厘米。文20行，行17字，纪年1行，直书。今在黄岩新前镇东岙里村道林寺内。此据《黄岩金石志》录文。

蔡余庆①偕妻合葬墓志铭

明故山东布政使司左参政致仕进阶大中大夫资治少尹蔡公偕厥配太淑人合葬墓志铭（篆盖）

明故山东布政使司左参政致仕进阶大中大夫资治少尹蔡公偕厥配太淑人合葬墓志铭（题）

赐进士第奉议大夫湖广按察司佥事致仕奉诏进阶奉政大夫修政庶尹年生临海蒋颙撰文。

赐进士第承德郎尚宝司司丞在告姻弟王坊篆盖。

赐进士第文林郎贵州道监察御史姻晚生何赞书丹。

黄岩瘦石蔡公殁之明年，其子滇南太守绍科，偕其弟庠生绍先丞其姻家广德守赵翁次山所撰状，谒余稽颡再拜请铭，以余与公辱同年雅，且白首相知也，呜呼！敢以不文辞！

按状：公讳余庆，字从善，姓蔡氏，别号瘦石。晚爱其子寓鹤高寿，乃更号一□。□先业□州□□天□□地黄岩□□川。入宋淳熙徙邑孝友桥之西，端平间讳和者，复徙桥东，遂为西桥蔡氏。世治儒业，好义父敦，学行兼优，用贡仕至丹阳县儒学教谕，封南京刑部郎中，号全隐。妣济州重，久之无犯，识者已卜其后也。成化丙午领乡荐，明年丁未登进士，初授，中老宜兴徐公知爱，欲收充直阁，实荣进捷径也，公辞之峻，识者韪之。会□□□□□□□□□□□□□□□□□□□□□□□□□□□□平，未几转郎中，谳狱明允，大□司寇松涯戴公所器尝考最擢福建汀州。□□□□□□□□□□□□□□□□□□□□□□□□□□□□□□□而尤作兴文教，访核乡贤为之立祠，仍刻禄以传。居七载，请师懋着，百□□□□□□□□□□□□□□□□□□□□□□□□□□□□□被中伤，瑾诛获免。尝阅课解部得羡金若干，亟封识报官，毫发不私。三载，擢山东布政司左参政□□□□□□□□□□□□□□□□□□□□□中□与太宜人方齐寿康强，风日晴和，必治盘飧，邀诸伯仲，称觞为寿，与伯兄澹泉，从兄切庵诗篇酬唱，有埙篪□夫大人□□久卧，身□汤□□□□□□□，内外遭丧，膺自败执礼。越族中有□□不能举者，必随力赒恤，为众人倡。

石盘莹山仇家，执膺券越古，公得神梦□□□获大白，人以为孝感。□□一生守官廉介，不事封殖，□后人计□□□□□□□□□□然自适。太守君初刺海邦，尝以衣物，远将，必作诗戒阻，仍贻书缄一帙□之，曰□简余情大要勖一以约己裕人□□□□□□□□□□□□□□□□□□□□□腴田，贵族多图之，或以劝公，摇手曰：“子将以劳败吾逸乎？”居侧妙智寺废，邑尹宣城刘君□以其地官售于□□□□□□□□□□□□□□□为难。平生酷嗜载籍，尝扁一室曰瓮牖，检帙操觚，寒暑不废。易□前一日，犹楷自□。书写□文，平实典雅，自成一家□□□□□□□□□□□□□□□□□□石窗业记诸帙，藏于家。嘉靖戊戌冬十月十一日终于正寝。距生天顺己卯，终年八十。先以山东左参政致仕，后以□□□官□□同知□□进阶大中大夫资治少尹。初娶邑罂川王氏，弘治丙辰卒于宦邸，享年三十有三。续配临海阮氏，先□□月卒，寿六十三。俱贤淑协德，各累赠封太淑人。子男四：长绍仁，秉礼应门，先公一年卒；次绍科，即太守君；次绍先，即庠生，行业树立□□未艾，□皆名族；次绍休，蚤殇。女京，嫁同邑施公怡，卒。仁、科、先、京，俱王出；休，阮出。孙男九：阯、院、升、隆、陳、阬、陬、隅、隔。女孙六。曾孙男一，字聪，先是太守□□□□□，以公八十诞辰将届，征宫保三山林小泉公为寿，适滇南[②]命下，乃不候部檄，驰归以献，此及阅月，而内外凶变作矣。论者谓公仁□□于一门，□尹大翼之也乎。兹卜己亥十一月二十七日，葬于邑西良山之原，启王淑人圹，合阮淑人而窆焉，噫！公其已矣。

君召索尚风节，午来气存，所以障頺波而复东者庶有赖也，鲁谓天不憖遗而尔趣返真哉，因挥涕濡笔而为□□□。

西桥占胜兮申甫储岳，繄公挺生兮应期奋跃。扬历通显兮声华昭□□□□□□□□□□□□，缨继美兮渊源□□□□□□□。

坚持风概兮凌冰壑，柔懿协德兮化征帷箔，刚柔合窾兮佳气盘荡□□□□□□□□□□，讬我笔匪掾兮□□□□。

桃镌。

注：①蔡余庆（1459—1538），字从善，号瘦石。黄岩人。成化二十三年进士，曾任南京刑部郎中、汀州府知府、福建盐运使、山东左参政等职。先娶王氏，继娶阮氏，皆合葬。出土有志盖、志石，志盖高 95 厘米，宽 80 厘米，志石残高 93.5 厘米，宽 70.5 厘米，厚 7.5 厘米，无额。文 21 行，行 56 字，词 2 行，末盖印章一方。今在黄岩新前东岙里村道林寺。此据《黄岩金石志》转录。

②此处空一字。

蔡澹泉①墓志

（上缺）第文林郎黄州道监察御史姻晚生赵大佑填讳。

泉九世祖讳和，宋端平间自象川徙西桥家……俟轩府君俱潜德弗仕，父全隐府君以□仕至丹……母邑西李氏，封太宜人，半山二李之后。府君自少力……师惧莫致郎中，公雅不谙治生，府君所得东脯自奉……公游崇仁、丹阳，在仕赀皆府君斥创基屋田业及……勚性爱考摭故典，故名贤行实与时事之可师戒者……积成巨帙，虽盛寒暑不辍笔砚。喜吟咏，弟参政□致仕……尸，数辈结为诗社，嘉日必会，会必有诗，评诗者威曰沉……为人简默、客语及典故辄亹亹谈弗倦，必究极源委。子……子太守绍科尝助成其志，有恩焉。娶临海庐岙汪氏……食萧如也。宾客至，曲成府君意，洗腆有加……府君家业也。府君素强壮，晚年感心气疾，不药自愈。最后绍第……基所，绍第忽心动，遑遑欲归，比至则在府君前疾复作，几……也，是日卓作，观书如平生，并经理家务，迨暮辄不起……酉时，呜呼痛哉！距生景泰七年四月二十一日巳时……府君，次瘦石翁，以赐进士仕山东参政。次山斋翁、次□……绍第娶蓍岙程氏，次绍福娶柏山王氏，二庶母俱姓李……庵之三子柯尽先卒有年。孙男一：宗孙，聘汪氏，先妣之……弃去，因号止斋，晚年凿池于前轩，酌而乐之，改号澹泉……胸中泾渭甚明，人以为有诸季野皮里春秋之风。性……平章吐面自干之量，待臧获宽如数。能贯其通人望……本惇慎而复晋意谨言，每书磨兕坚于座隅以自警……尹郑公亲至强挽为一赴，后亦竟不复出。宣城刘……谊焯焯勒石旌善，额示乡俗劝，先妣汪氏，卒于正……西良山即中公墓侧，卜今嘉靖廿二年十二月廿……绍第鄙俚不文，聊直述行概，共知信者，知此不……镌石而纳诸圹。

不肖孤哀子绍第泣血百拜谨志。

注：①蔡澹泉（1456—？），初号止斋，改号澹泉。黄岩人。蔡余庆长兄。因志石上部已失，文不能齐，生平欠详。残志今在黄岩新前东岙里村道林寺，残高 35.5 厘米，宽 49.5 厘米，厚 7.5 厘米。文 28 行，行字不等，依残石行款写。此据《黄岩金石志》转录。

张元勋[1]墓志铭

明中军都督府右都督特进光禄大夫上柱国东瀛张公墓志铭（题）

赐进士出身嘉议大夫礼部左侍郎兼翰林侍读学士前编修修撰侍讲春坊谕德国子祭酒南礼部侍郎教……起居注经筵日讲官长洲韩世能顿首撰。

赐进士出身中大夫苑马寺卿前奉敕整理陕西靖虏兵粮四川驿传盐茶水利湖广衡永兵备学校提邢按察司佥事兵科侍经筵官临海王亮顿首书。

赐进士出身中宪大夫四川按察司副使奉敕提督川东兵务致仕临海金立爱顿首篆。

国朝建都幽燕，边防视前代为棘。而转饷属东南，故直浙为国外府，而闽广沿海奥区时虞寇窥。国初设备甚密。自岛寇内讧，嘉隆间东南大被荼毒，卒赖其时名将如戚太保继光、俞总戎大猷及今都督张公元勋力殄绝之。余昔事史馆，迹往事，深有慨焉！夫令甲非军功不侯。张公水平倭，陆平寇，为时虎臣，受国恩赉郅隆矣；然恶睹所谓军功而侯者哉！昔李广叹数奇不封，假令广生今时，岂得言数奇？顷西北急创虏而东南复策备倭，圣主拊髀思良将，安得如张公者起而任干城，计敉宁哉！余不识公而识其子金吾光烈君，泣奉状以志铭请，余谨按而书之：

公名元勋，字世臣，浙之海门卫新河所人。出晋司空华裔。六世祖德山居顺天之东安，元末为别驾，善天文，望见白下王气曰："真主出矣。"遂弃绶聚士兵，部从太祖，历战有功，授锦衣副千户。陈友谅围南昌，德山死焉，庙祀南昌十三忠臣间，赠锦衣指挥佥事。子二，长陆，次升。陆袭职。靖难师起，陆□职山西镇武卫百户，升以才德授官江西参政。陆无嗣。升子二，曰贵、曰荣。贵袭百户，荣举乡进士而卒。宣德八年，贵疏改复南京锦衣百户。正统八年，始调今卫所。贵生清，历官都司，配杨氏。清生恺、怀。恺袭职，即公父也，配朱氏。恺为人慷慨忠义。嘉靖己酉，倭犯台州，恺奋曰："吾家世受国恩，誓歼此贼以报。"遂散赀率所统力战，斩首十数。贼众援绝，死之。死时犹尸行七步而仆。自贵至恺，皆以公贵累赠光禄大夫，王、杨、朱皆一品夫人。

朱夫人娠公，梦日光入怀。既而公生，风雨昼晦，有青龙见屋角。生十日而母卒，育于继母雷。七岁入传舍，每画兵甲车马山谷如行军状。与群儿戏，辄为阵法，以果实行赏罚。十岁涉书史。初，倭寇台州新河，公上总督李公诗，众诵而奇之。十五试督学入彀。寻遭父变，痛至几绝者三，喟然曰："父死国，子死父。男儿生不万户封，死即马革裹尸葬耳！"誓杀万贼以泄父愤。嘉靖庚戌，任百户事。尝夜行，有鼓吹声拥灯来，意上官仪从也。忽闻言粤大将军至，辄避之从间道去，公心知其神。又十年，有绍兴倅吴成器者，见公伟之曰："此封侯相也。异日当悬玉佩。”大将□符荐之备兵使者谭公纶，因委部兵众，训练有法。会倭犯长沙，斩首二级。冬，从征江西弋阳，斩首三十五级。明年秋，从征福建，剿倭之陷宁德者，斩首百五级。明年剿倭之陷兴化、陷平海者，亲擒五人，部斩二百六十级。始受赐镪。冬，剿倭之陷仙游者，擒斩千五百级。明年剿倭之犯漳浦、仓平者，斩首三百七级。是役也，公部兵三百，伏截贼以千众，围公于小山三昼夜。会天大雨，公进部卒谓之曰："今乘雨突围，出贼不意，则生，否则俱死，若属能安死乎？”众咸奋，无不一当百。公单骑跃马声如霹雳下空中，溃围出，贼披靡败，卒成是功。擢都指挥，守卫福建北路。明年夏，复剿倭之寇福安者，斩首二百三十余级，论功复赐镪，世授海门卫指挥使。明年冬，授福建游击将军，而公之威名，大震南服矣。

隆庆丁卯，臣寇曾一本乱广福，战舰千艘，进逼海上诸郡，退保沙岛□，官军战屡却。公策之曰："贼势炽，请毋以小北罪诸将，毋以多议挠军法，某独当破之！”当事者唯唯听。计凡六战，擒斩千七百余级，获战舰三百六十余艘，悉就沉溺。贼平，钦赏白金三十两，擢福建南路参将。己巳春，倭犯云盖、龙赤，擒斩百二十级，钦赏白金十五两，升禄职一级，都指挥佥事，擢福建副总兵。冬，击倭之犯漳浦东洋地者，擒斩四十余级，受赐镪。辛未，岭南盗黄高鹰、唐亚六等倡乱从化龙门间，公以荐受镇守广东总兵都督佥事之命，往大征之，擒斩千百九十余级。钦赏白金三十两，文绮四。明年春，倭破化州、电白诸城，擒斩千七十五级，钦赏白金三十两及一品服、文绮四。秋破藤洞等十三巢，擒斩二千四百六十余级，钦赏白金三十两、文绮四。冬，奉敕大征岭东路积寇，荡平之，所攻破大小巢穴三百处，生擒渠魁蓝一清、赖元爵等十人，斩首万二千二百八十余级，卤获称是。先是，蓝一清率盗匪公行，官军莫敢诘，延据近地州县，城外贼垒相望，当事漠然，百姓不聊生二十余年。至是诣[②]□□□状，天子□□□□遂命总督大中丞殷公正茂暨公往，兴师十万，画地而战，五阅月而□□，时万历元年春也。捷闻，天子诏告□□□丞曰："倭寇延据郡国，为地方害久，今兹荡平，推尔张功，其升署都督同知，荫一子副千户，仍赏白金八十两，大红飞鱼衣世袭，文绮八。”冬，破海贼林道乾、许俊美、林凤等，擒斩三千五百三十余级，获战舰二百八十余艘，钦赏白金三十两、文绮四。

其明年春，又破劲贼朱良宝。良宝狡狯勇悍，数为漳、潮患。筑城为巢，险而坚，官军屡北。时公为兵海上，奉命转征，贼大恐，募献万金乞抚。公让之曰："汝为乱贼久，百姓重罹惨毒，罪在不赦。吾今奉天讨，曷敢逋诛！其以所纳金付有司饷士。"引兵攻之。贼致死拒战，我兵损伤过当，相拒数月。公制车可避铳石箭枪之击者数百辆以进攻之，七日不拔。有飞铳伤公左腕，公战益力，手剑刃数卒不用命者，一踊先登，诸将士从入，遂大破之，斩首千五百五十余级，地方悉平。天子曰："恶寇荡平，尔张效有劳绩，其升禄职一级，赏白金四十两，文绮六。"秋，潮州抚贼魏朝义等四人，各拥众千余称乱。公逆揣情形，传檄宣谕，旋麾兵出其不意，急围之。贼罗拜求生，愿散归农，悉焚其巢。事闻，钦赏白金四十两、文绮四。忽一夕，公理戎政，见厥考前告曰："儿亟发兵如岭西，毋缓！"公愕然惊怪。隐几少息，考又促之。公即遣裨将帅师限六日驰千百里至彼待寇，约亲率标兵为应，众莫能测。比及境，则倭已破双鱼城，前兵击未克，标兵继至，遂大破之，斩首千四百七十余级。天子曰："倭寇突犯破城，尔张预应料兵，获此全捷，其升实受都督同知，赏白金五十里、文绮八。"

明年冬，有罗旁之役。罗旁者，古盘瓠种也。其洞穴延袤千里，旁连四省，掘山为城，堑谷为池，从来薮集亡命酿乱。奉诏议征。诸将人持二三，公曰："兵事当先定谋。"因出罗旁山川图及进兵方略，总督中丞凌公云翼见之大喜，计议遂定。是役也，带甲四十万，十道并进，破巢穴五百七十四处，斩首三万九千六百四十余级，拓地千八百里，置州一、县二，增国赋岁以数万计。捷闻，天子曰："积寇盘踞恃险，久抗王命，尔张不惮心力，谋猷成绩，其功可嘉。"特诏告庙，升右都督，改荫锦衣世袭，赏白金一百两、锦衣一袭、文绮四。是役也，公先入破巢，发其大墓数丈，出石铭曰："东海蓬瀛，一凤飞鸣，千百年后，发我兹茔。"又王文成尝画安兹，上疏曰："夷倭图恶，皮肤之疾，罗旁内附，腹心之患，是□摇动。克此者须得元勋之将可也。"元勋，公名，东瀛，公号也，实符其兆云。

公念盛满，亟戒止足，三疏引疾乞身，上不报。而会有求公不遂者，飞语中公，天子念公暴露于外久，特准回卫。广父老攀辕泣留，又纷然诣两院乞代奏留公，公皆慰之曰：“元勋结发从戎，赖主上威灵，获建微功，皆由将士用命，诸大夫协谋，元勋何功之有？”乃劳苦父老，出黄冠野服视之曰：“吾制此久，所为未去，以疆场未靖也。”公报国力殚竭，从此逝决矣！父老留不得，哭声震原野，遂肖像祀之。识者谓公此行，仿佛班定远归西域故事云。

公虽起家甲胄，□然雅好读书。习左氏、汉唐名家诗、王右军字，鸣琴投壶，有儒将风。治兵纪律严明，私毫无犯，先计后战，战无不克。条陈十二边事，皆凿凿可行。所至折节下儒生，或推食助之。既归，口不言兵，号“逍遥道人”，日尚羊山水间，种竹养鱼。士大夫相过，击鲜为乐，洒然也。视世之操权位不退，或以祸累终，相去迳庭矣。里居，为人解纷周急，造塔建庵，卜地为终焉计。如是者十年，呕血疾发，自知不可疗，预言考终之期。遗戒诸子葬礼无逾制，惓惓以仕者委身报国、学者身体力行为后人训。所著有《镇粤疏稿》、□《暇堂集》。临命犹手书二绝而逝。身长七尺，广额修眉，面如紫烟，髯长一尺六寸，电目钟声，人望而威之，不敢欺以伪。决机若神。尽瘁为国，其天性然也。讣闻，天子震悼，赐祭赐葬，恩数甚厚。呜呼，可谓其美善终矣！岂非不愧其先，追古名将功名史册者哉！

公爵历中军都督府都督，特进光禄大夫、上柱国。生于嘉靖癸巳四月初十日，终于万历庚寅七月十六日，享年五十有八。癸巳腊月吉日葬小屿山敕建新阡，公所自择吉壤也。配杨氏，累封一品夫人。子四：长光烈，锦衣卫指挥佥事，娶金氏，封恭人；次光显，海门卫指挥使，娶冯氏，继王氏，封淑人；次光祖，郡庠生，聘戴氏；次光□，国子生，聘颜氏。女三：长适都司兵建袁，次适国子生金以平，次适春元□立程。□□□□女二，长许字王苑马卿亮子□，次许字赵太守成妥子志行，余尚幼，俱光烈出。养男一□，海门卫指挥佥事，娶李氏，封恭人。孙二：长□□，□生，娶王氏；次志□。孙女许字擢指挥使□□子万契。铭曰：

有茔□□，有剑有弓，天子封之，曰□报功。考以□□，□以□□，纪德□□，将军万年。

临海陈□□摹朱，太平陈应娄刻石。

注：①张元勋（1533—1590），字世臣，号东瀛。温岭人。十五岁中秀才，后因父抗倭阵亡，为杀贼报仇，袭为海门卫新河所百户，从谭纶、戚继光抗倭，升任把总。后以战功，历任福建南路参将，副总兵，都督佥事、代行总兵官，都督同知，都督等职。是东南抗倭名将。卒后朝廷赐祭葬，特进光禄大夫、上柱国。志文分刻二石，石高、宽各 80 厘米，文各 45 行，行除抬头不计外，各 48 字，字径 1 厘米。1972 年出土于温岭市长屿乡屿干村小屿山东，此据拓本及录文校录。因第二石蚀泐较多，部分文字勉强辨认，刻石者据《蒋大佑墓志铭》刻工署名补。

②至此以上为第一石，以下为第二石。

蒋大佑①偕妻邵氏②合葬墓志铭

明邑宾星楼蒋公墓志铭（篆额）

明故处士星楼蒋公配安人邵氏合葬墓志铭（题）

公名大佑，字世宛，别号星楼。其先缙云人也。曰省元者，徙台之黄岩，已分隶太平，称鞍山蒋氏。公六世祖菊望，为汉阳令，高大父悺、曾大父□、大夫继并以义旌。父得泉翁，讳廷翰，匿声田野间；娶陈氏，继娶曾氏。陈生丈夫子二，公其长云。

公质性愿厚，故自羲皇上人。然灵台洞解，晓畅世故。自其少时，颇以积著自喜，因谢举子业，讲陶朱之术。因天分地，宵旦拮据，阃内者又率操作佐公，家用是骎骎以饶。公故中人之产乎？今不啻什百之矣！公饶于赀，惟得泉翁所欲为，靡不称意指。事母与继母，庭无烦言。公性不善华绩，快意淡薄，至宗盟姻娅间，问遗赠恤，绝无纤啬态，尤乐振人之乏而不尸其德。公居恒饮人以和，披拂春风，各厌其意。一当宗祊外侮，必毅然正色曰："吾早被服黄老家言，慈俭不敢为天下先。设以非义相陵诟，吾何恇怯之有？苟不陨吾家世，必身尝之！"闻者俪指而退。公不苟取予，至惜嚬笑。然要于其当，纵厚施若遗。横湖抵邑治四五里许，往来络绎，旁无间道。偶飓风作，二梁无先后圮，费且不赀，徘徊久不举。公闻之恻然曰："是□直溱洧埒乎？彼尚濡足可涉，此非航不济，顾安所得航？吾窃惧行者之咨嗟也。"挈五十金畀主者，二梁次第告成，公为之倡也。其轻财好施，大都类此矣。岁癸未，会今上覃恩宇内，下玺书郡邑，简□善良，令冠服褒嘉之，公辞弗获。又明年，邑唐侯计得人以重宾席，无不啧啧推许公，公又辞，又弗获。公无弋誉而誉随，其素所蕴积也。

公年甫逾始衰，辄喟然太息曰："吾奈何垂白刀锥为二子虏哉！所为修业而息之，后人事耳。"屏居远俗轩，间从宾友游览山水，然一切不关家事矣。优游十余年而卒，盖万历辛卯年八月十二日也。距生嘉靖丁亥年十月初二日，得年六十有五。

配安人邵氏，有淑德。公诺义举，必怂臾力赞，又时解其筐箧，波及其宗。更加赏识于才隽。至无子有子，安人洵贤矣哉！后公三年卒，为万历甲午年九月十一日。距生嘉靖丁亥年四月初十日，得年六十有八。子男二，侧室张氏出也：长德涓，太医院吏目，娶虞岙邵氏；次德沉，娶鹜屿陈氏。孙男三：邦钦、邦仰、邦族。

乙未仲冬，卜兆于舍北鞍山六世祖茔之西□。公之伯子俨然请铭于余。余既耳公行谊，又得与公从弟游，论次颇悉，为缀其始卒如此，是为铭。铭曰：

山岧峣兮，瑞霭长秋。海拜澎兮，灵光长浮。玉树摧残兮，还兹央丘。琼枝秀发，郁彼道周。

辛卯进士眷侍教生金孚兑顿首拜撰。

邑庠眷侍教生林宗候书丹篆额。

长山陈应娄刻。

万历二十三年岁在乙未仲冬吉旦，不肖男德涓等泣血纳石。

注：①蒋大佑（1527—1591），字世宛，号星楼。温岭人。邵氏（1527—1594），蒋大佑妻。生平均不详。志石高约59.5厘米，宽约52厘米。文连题10行，行30字。出土于温岭市，具体情况不详，此据拓本录文。

施欢[1]圹志

先君讳欢，字良玉，别号成庵，姓施氏。其先汴之凌仪人，赵宋讳致悫者为临海簿值。元乱，弃官居黄岩石柜。再传祖讳伯彰，复徙邑之庆善坊。高祖讳永铉，旌表义民。曾祖讳溱，仕福建延平经卫，赠刑部员外郎。祖讳槃，登进士第，历官天津兵备副使。父讳纪，仕直隶建平训导，嫡母柏山张氏，生母赵氏。

先君少颖异，以葩经补邑庠弟子员，由例贡授广东海南经卫。台省以才练署儋州事，有遗爱在民。适黎蛮扰乱，巡抚张公岳以先君参戎事论尝间，忽丁外艰，衰毁逾礼，服阕，改中都凤阳卫。中都为国家根本重地，先君一以清慎自守，徐州为驿冲，民疲于夫，力守官者率无以应。巡抚连公钅，欲革分关而难其人廉，知先君公清敏才干，委俾领其事。先君悉裁以法，徐方赖以贴席乃四载，值乡族倭变，先君遂促装南还，囊无长物。及归，日与宾客棣竹觞咏欢洽，且朴素自持，凡仕台者挹见，咸以君子见称者。夫创祠堂以尊祖，修宗谱以睦族，则又先君处家之大概也。所著有遗稿若干卷。

娶府城方伯蔡公潮女，先卒，附葬于黄茆山宪副府君墓侧，继娶金岙黄公资女。子男四：如镐、如钅、如鏃、如键。如鏃，黄氏出，女一曰圣姒。镐娶南门叶公昺女，余尚幼未聘。孙男一，克润；孙女一，懿婉。以嘉靖乙卯八月六日丑时卒于正寝，距生弘治戊午九月八日午时，享年五十有八。是岁十一月四日寇乱，奉柩迁于石柜禅舍，越十二月十二日敬葬于兹山之原，附始迁祖之墓右。

呜呼！先君履历多矣，如镐不肖，无似阐扬，尚俟达人椽笔，以尽先德，兹特谨书行概，以纳诸幽，以垂诸久，云尔。

赐进士出身、通议大夫、刑部左侍郎、前都察院右副都御史，姻弟蔡云程填讳。

赐进士第文林郎知将乐县事姻生王铃篆额。

嘉靖三十四年岁次乙卯十二月吉日。

不肖孤如镐泣血谨志。

注：①施欢（1498—1555），字良玉，号成庵。黄岩人。曾任广东海南经卫、署事儋州、凤阳卫（职务不明）等职。其原配妻为蔡潮之女。志石高60厘米，宽40厘米，厚约6厘米，青石质。文19行，行32字不等，其中填讳、篆额姓氏各1行，纪年1行，均直书。有盖，上镌“施公之墓”四字。2009年3月，黄岩石柜岙开发工业园区时出土，被纳回新墓中。此据《黄岩金石志》转录。

李楠①墓志铭

明隐君赤泉李公墓志铭（篆额）（题同）

赐进士出身吏部文选清吏司员外郎前直隶河涧府推官眷生项复宏撰文。

乡进士奉直大夫四川潼川知州前衡阳黟县知县眷生陈承翁篆盖并书丹。

赤泉李君卒越五纪，窀焉。其子一贤等以状谒予曰：“不腆先人之行，辱长者赐片言，以垂不朽。”予心怜之。夫志在幽宫，日就蚀也，强以慰吾子。

君讳楠，字梁卿，赤泉其别号也。先提举扈从南渡，由昌化县迁霞城，冠盖鳞集，甲第云连。祖黄门侍郎，□节度使公，政绩炳炳。迨国朝，宪副公湛恩秽泽，尸祝八闽。暨学博公生东梧君，称邑庠中前茅，日工万文，遭奇不偶。东梧君生三子，君其季子也。长松与朴，早就木，而东梧君亦归玉楼。母安人不克遂所志，适杨氏。生君而颖异，以先大人没，不克受铅椠。稍长，辄曰：“丈夫具弧矢，胡意必于是！”手緋絣，洗新堂第。娶室人朱氏，有淑行，善操家。育五子：长讳贵，娶胡氏，早殇；次子贤，初娶□氏，其宅祔君侧，继室闻氏；三子宝，娶杨氏；四子质，娶孙氏；五责，侧出也。诸郎皆善治生，能不坠家声，绳绳靡既。女适前进士陈主政山石公孙、省祭承周子奇计。孙女十数人。孙：光绣、光纹、一女，次子贤妇张氏出；光绍、一女，三子宝出；光绮，四子质出。五子责，髫年，冠婚有俟。惟长郎艰嗣，止出一女，以妇再醮陈都宪孙用璋，遂婚□□□。

君为人慷慨负力士，不屑细务，好施不倦，能急人之厄。涉世不尚脂韦，待义家如亲伯仲。□寓遭祝融□烬，君之心晏如，复卜筑丰泰里，视前业倍加崇。妻外家大父母殁，丧殓一出于君。待外家如骨肉，为之完聚。君在乡无颇誉，邑多美颂。其世泽之厚，流光之远，不待予言，因述其行谊之尤者于左。君生嘉靖辛丑岁十二月十三日寅时，卒于万历戊戌三月十六日子时。营吉地于大固西金字山。壬寅十月初六日亥时，其沟墓辰也。因为铭曰：

衣冠何归？归城之塾。魂于何施？在江之浒。俨然如昨，优游田土。相彼佳城兮崔巍，死而不死。羡夫人兮多美子。

不肖孤子一贤、一宝、一质、一贲泣血稽颡刻石。

注：①李楠（1541—1598），字梁卿，号赤泉。临海人。生平不详。志石高 76.4 厘米，宽 55.4 厘米，厚 9 厘米。文 22 行，行 32 字，字径 1.5 厘米。出土于临海市后岭下原油库所在地，1984 年征藏临海市博物馆。

张世炼①偕妻陶氏②合葬墓志铭

明龟石张公安人陶氏墓志铭（篆额）

先兄龟石公配陶安人合葬墓志铭（题）

龟石公者，先伯父倚南公之次子也，讳世炼，字朝纯，别号龟石。以嘉靖己丑二月初四日生。配南鉴陶氏。陶故名族，安人生富室，习姆教，年二十归公，装奁都丽。安人于于然事舅姑尽孝敬，而以顺正事公。公性豪爽，有干略，不拘细谨，安人随方左右之。倚南公多外侮，公持门户，不肯轻下人，有拂逆，辄椎席起，即倾赀期必报。然知己者困急，则出钱谷以振之，不责其偿。入语安人，安人曰：“赫怒笃祜，义也；覃恩拯瘠，仁也。君子勉之！”公喜酒，客至，浮白谈处，呼酒不置，安人日治肴簌，无难色，第徐徐谢：“幸勿以酒伤生。”公弗听。隆庆己巳年二月十二日竟卒，年四十有一而已。何天之夺公速耶！时诸孤幼，安人抚摩训育，迄于成立。安人故精勤，虽生长温裕，子孙仆妾满前，犹日事纫缀罔休。万历壬寅九月十八日，平善无恙，忽端坐而逝。距其生嘉靖己丑九月初八日，享年七十有四。子男三：逢运，娶叶氏，继娶颜氏；逢廷，先安人卒，娶陈氏，继娶毛氏；逢达，娶解氏。孙男八：满、浙、添、派、源、浚、涧、瀚，女孙一。曾孙男应斗。初公卒，卜葬于长腰屿之西南麓，至是启公窴奉安人合焉。铭曰：

螽斯诜诜，麟趾振振，不有关雎，孰赞维新？或修而促，或短而伸，天啬公年，不于其身。山椒水滨，若堂者坟，子子孙孙，永保我后昆！

乡贡元、从弟仕巍顿首拜撰。

表侄叶恩诫篆额。

表侄、邑庠生陶思典书丹。

大明万历三十年岁次壬寅冬十二月吉。

注：①②张世烁（1529—1569），字朝纯，号龟石。温岭人。陶氏（1529—1602），张世烁妻。生平均不详。志石高 52 厘米，宽 46 厘米。文连题 20 行，满行 30 字，字径 1.4 厘米。出土于温岭市，具体情况不详。

汪燕[①]及子子奇[②]夫妻合葬墓志

明邑南门汪氏志铭（篆额）

明处士芦州汪先生偕安人陈氏、侍州汪先生偕安人蔡氏合葬墓志（题）

家之兴也，莫为之前，虽美而不开；莫为之后，虽盛而不传。能创能承，刑内助以保子孙，若芦州汪翁之家足纪焉！

翁讳燕。其先南京人，讳熙桢，为宋侍中，至三世讳德望者，因乱徙居岩之灵乡。又十三世讳怡睦者生翁。翁思振式微，创业于邑南门居焉，号南门汪氏。翁生而徇齐，长而朴茂。未尝商子母而家道隆起。厥配太邑陈安人，夙夜匪懈，助翁以立门户。君能粢盛告洁，樛木垂仁，故翁侧室讳秀筠，得邀惠于安人而生子焉。

翁子侍州公讳子奇，字贵材。读书有大志，由厄数奇，由是绍父业而光大之。尤善持盈，人莫不诵义焉。厥配路桥蔡安人，孝敬勤俭，克称内相，一陈氏之徽也。

翁生于嘉靖十二年十月十三日子时，卒于万历二十七年二月初十日戌时。陈安人生于嘉靖廿二年九月三十日子时，卒于万历三十七年正月廿二日寅时。生一女，适坛前焦朝显。侧室卒于万历二十九年八月廿七日子时。侍州翁生于隆庆元年六月初七日寅时，卒于万历念六年七月念五日午时。蔡安人生于隆庆三年，卒于万历念六年五月念九日午时。生子三：长大佐，业儒，聘张敬箊女；次大佑，又次大任，俱读书。

翁佳城在方山壕头。将毕葬，惟予小子忝属茑萝，又于令孙大佐辈居一日之长，谒曰："请先生以纪姓系。"故不辞而拭袂志其墓，系之铭曰：

壕山之阳，松柏苍苍。立茔维吉，胤嗣汪汪。钟灵毓秀，奕世永昌。

大明万历三十八年岁次庚戌九月丙戌朔，越二十八日吉旦。

制眷晚生王邦敬稽首拜志，不肖承重孙大佐同泣血拜志。

注：①汪燕（1533—1599），黄岩人，生平不详。陈氏（1543—1609），汪燕之妻。志石高93厘米，宽71厘米，厚11厘米。文23行，行27字。出土于黄岩区，具体情况不详。根据古代丧葬习俗，父母、子媳合葬一墓的较为少见，在台州已发现的墓志中，仅此一例。志石现藏黄岩区博物馆，此据该馆录文。

②汪子奇（1567—1598），字贵材，黄岩人，生平不详。蔡氏（1569—1598），汪子奇之妻。

李昉①偕妻卢氏②墓志铭

明处士文峰李先生配卢安人合葬墓志铭（题）

选贡初授儒林郎同知州事邑人空凡贺宾虞撰文。

赐进士出身大中大夫江西布政使司左参政仙居云溟应汝化题盖。

李先生文峰，负奇弗售而赍志以殁者也。其生平孝友，时人缓急，余颇闻其以质行见重。大司寇容庵应公，少司寇撄宁王公，太守养虚应公，司训麓岩郭公，诸公皆峻绝靳许可，乃独亟称先生，是岂得为诩论乎？先生殁且有年，嗣君齐敬具行实征余志其墓。余外弟室嗣君息，谊不容辞！

按状：先生讳昉，字熙世，文峰其别号也。先世颍昌人，宋节度推官光、秘书监先、学士司空庄公兑，兄弟兢秀，为大河望族。皇祐中，光谪尉仙居，遂家焉。自是冠绥蝉联，文献可征。其徙临海，卜康功者，则文四处士也。数传及松崖，长厚有声，娶蔡氏，侧室石氏出先生。幼颖异不群，稍长，功书史，十有六游郡庠。若师若友，皆道义勋业相期，不独呫哔自命，一甲第犹掇之也。顾郁郁不得志于有司，而同袍士且相继鹊起，遂绝意进取，引分逍遥，宠辱声利，一不置齿颊。松崖公早丧，哀毁骨立。蔡安人操家严，稍有动色，辄长跪请所得过端，必霁颜然后起。有弟早故，视其子如子，曰："若辈不受室，吾食能下咽乎？"容庵公感公义，为之主姻盟。挽饬家塾，课子姓以力学躬行，乡序之间彬彬兴起。性不嗜酒，宾顾则款洽备至，彻丙夜，罔有不臧。人亦式仪，不作蹩倚态。且周急矜无，资毋责偿，亦无德色。与人交，重意气，尤笃姻谊。戚属有非意相干者，置弗校。择师教子，曰："吾数奇，功名事业付儿曹矣。"迨执生母丧，亦过毁。甫服阕而逝。盖先是尝有"浮海不闻尘寰事"之叹，至是遂终，岂亦厌世氛而故逃之寂寞之乡耶！先生质行植于天性，居亲丧以礼，事嫡母能得欢心，抚犹子及长而婚娶之，待宗族有恩意，道众子弟学而尚行。厥配夌膏腴，挈以还舅氏若脱遗，此岂矫假能然者！若其逆至顺观，笑藏薄戚之谩言，坐容逆佃之倨侮，致滑稽者为之敛容，其醇而谨，和而介，可概睹矣。夫福善，天道之常。如先生者，即福不及身，不将庆流苗裔乎哉！

先生生正德癸酉五月初十日，卒嘉靖乙丑三月初四日，仅五十有三。配卢氏，恪持阃懿，肩家政必先勤俭，广业迪胤，以贤慈称。又居常念母氏苦节不章，而自恨身不得为丈夫子，此其意念深矣。倘所谓女中丈夫者耶！万历乙未四月廿八日卒，距厥生正德己巳，享年八十有七。子男二：长涛，聘叶氏，未娶先卒；次即齐敬，娶寿官蔡守充女。女二，长适庠生蔡应科，次未字卒。孙男二：长如珪，聘宁邑包州守一山公女孙，未配卒；次如璠，娶庠生戴奎女，佥宪东华公孙女，常伯弘斋应公外女孙也。孙女二：长适天台州判戴廷锡；次适庠生何舜牧，潮〔洲〕太守文峰公孙也。曾孙国梁。今齐敬以显考妣合葬于〔广〕福寺前山之原，实岁庚戌十一月朔有四日也。余谨志其略而系之铭。铭曰：

三台山水峭而深，钟异人兮为世琛，远庙廊兮瑞山林。正考终兮幽隧宁，夫偕妇兮穴犹衾。吁嗟乎善有庆兮，稽斯刻于百千春。

大明万历三十八年冬仲吉旦，孤哀子齐敬泣血刻石。

注：①②李昉（1513—1565），字熙世，号文峰。临海人。卢氏（1509—1595），李昉之妻。生平均不详。志石高 60.5 厘米，宽 52 厘米。文连题 26 行，满行 44 字，字径 1.1 厘米。出土于临海市东塍镇康谷村，石尚在该镇白岩山茶场，此据拓本录文。

蒋彦①偕妻孙氏②合葬墓志铭

明故敕赠文林郎东流县知县南津蒋公敕封太孺人孙氏合葬墓志铭（篆额）

敕赠文林郎直隶池州府东流县知县南津蒋公配敕封太孺人孙氏合葬墓志铭（题）

盖余忆童时，郡父老相传，弘、正间，浙东临海介石蒋公来佥吾楚臬，一介不取，以忤逆瑾罢归，余因识蒋公之为人，古之遗直也。今上改元三十四载，公曾孙蕙斋公来丞吾郡。余慕介石公而不得见，见公之裔孙，如见公焉。适蕙斋公介县庠生余乔等持乃考文林公状来乞铭，余耄不文，然平日高山仰止，谊弗敢辞！

谨按状：文林公讳彦，字景徽，以字行，别号南津居士。先世维扬人。始迁一世祖讳宁辅，元末仕台州路廉访副使，兵乱道梗，不获归，因家焉，遂为台之临海人。再传至二世祖光润、三世祖仲才、四世祖敏叙，俱隐德不仕。五传为钝庵公，领成化己酉乡荐，署教于闽南靖。六传为介石公，第成化丁未进士，历刑部郎，擢楚臬佥宪。七传为两山公，以嘉靖甲申恩贡，仕闽宁德邑庠博士，则文林公父也。娶包氏，一索而得公。

公生而岐嶷。甫十岁丧母，哀毁如成人。稍长，随邑博公宦闽，读书过目即成诵，翱游邑庠。庠先达孙世光妻以女，即今敕封太孺人者是也。

文林公体羸弱而喜折节读书，屡举不第，因感羸，叹曰："丈夫名教中自有荣贵处，何必尔！"遂屏去举子业，取六经子史遍读之，一意于师圣贤，视听言动必于礼而不苟。其与人交，蔼然一团和气，人皆爱而敬之。邻有胥徒，以赀横于里，夺公宅地数武建屋，众谓公宜讼于官，公义不屑对簿，竟让之不较。不数年，邻者败，宅且它售矣。

公有异母弟二人。邑博公逝，议分产，公以家世清白，产业无几，不欲分弟产，悉让不取。既而二弟各破产，公复捐己以振之。用是家计渐落，公亦恬不为意，每以诗奕自娱。

万历丙子岁，蕙斋公举于乡，众为公喜，公了无得色。日旦屏侍从，自置棋囊于袖中，如适意处，与知己者手谈，至夜分不倦。客有以声利进者，即绝不与通。言确而行方，气和而色泽，里中少年多就之。公与子必言孝，与臣必言忠，与弟必言悌，闻者悚听悦服。蕙斋公久困公车，公促之仕，因筮仕泾庠，迎公暨太孺人就养。至即勖以师模自树，为国储材。门下士一科举六人，皆公所启也。忽一日与客围棋，置枰叹曰："吾平生无欠心，□今老矣，旦暮游地下，可见吾先人无愧色。"言讫谢客就枕。次早易箦而目瞑，公真所谓生顺而没宁者欤！蕙斋公持丧归，三年，起补江西新城，转东流令，考绩课最，赠公如其官，孙太孺人拜敕命于官署。

溯太孺人之于归也，以孝养事舅姑，以樛屈顺夫子，以和熊断续训诸孤，口无妄言，足不离闺阃，惟兢兢然勤女红，课诸臧获，俾内外斩然而已。其就养东流也，日怂恿蕙斋公，谓："汝祖自佥宪公以下，官无俸外一钱，小子志之，忝先德矣！"每见公退食，必问今日所行何事，当而后快，稚不称，辄恚不食，公长跪乞改方已。故公所至称循良，二尊人义方之训，不可诬也。

文林公生于正德庚辰八月十三日酉时，卒于万历癸巳八月二十四日卯时，享年七十有四。太孺人生于嘉靖乙酉四月二十八日辰时，卒于万历壬寅九月初三日辰时，享年七十有八。

太孺人举二子：长承勋，即蕙斋公，今由吾郡丞晋蜀府长史，娶林氏，封孺人；次承勅，娶周氏。女一：适邑庠生许元言。侧室李氏，举一子承泰，邑庠生，娶朱氏。孙：用学，正学，幼学，志学、邑庠生，典学，俱蕙斋公出；崇学、勉学，俱承勅出；性学，承泰出。孙女一：敬，亦承泰出。曾孙男四：觌明、觐明、亮明、翼明。曾孙女二：玉润，许聘邑庠生许兆观；玉粹，尚幼。

蕙斋公将归而迁葬二尊人于长石山之阳，故先期乞铭。铭曰：

维公之先，穆然清风。维公之生，淑气所钟。孝友维则，礼让雍容。贤圣之言，守以令终。龙章有赫，以褒以崇。厥配宜家，婉娩顺从。画荻之教，举案之恭。云披凤翟，其志也荣。石山之阳，马鬣新封。千百斯年，不骞不崩。永垂福祉，以莫不增。

万历丁未仲夏之吉。

赐进士第、二品、进阶正奉大夫、正治卿、前礼部右侍郎、翰林院、提督四夷馆、太常寺少卿，礼科都给事中致仕，时年九十，两荷诏恩存问，黄冈丘岳顿首拜撰。

万历戊申夏四月□□，不肖男承勋泣血立石。

注：①蒋彦（1520—1593），字景徽，号南津居士。临海人。孙氏（1525—1602），蒋彦之妻。志石高 69.3 厘米，宽 66.3 厘米，厚 9 厘米。文连题 40 行，行字抬头不计 41 字，字径 1.2 厘米。1991 年 1 月征于临海市汛桥镇阑界桥董吾友家，现藏临海市博物馆。

徐侧山妻张氏[①]墓志铭

明故南浮桥里侧山徐翁内政墓志铭石（篆额）

明故南浮桥里侧山徐翁内政张氏墓志铭（题）

呜呼！慈膝逝五载，外大母徐安人讴谣张氏将窆于宁山壕头之北。时维仲冬□前一日甲寅，舅氏命绳武为铭。按记籍及故里传闻，南浮桥里徐氏的为偃王后避乱南迁嫡派。国初多缙绅荣显。其传家恬静成风，耕读为业。嘉隆间由吏掾以补外邑者颇众。如外大父侧山翁亦由吏掾而省祭于家，好学宽惠，隐逸自高。外大母淑质，真其匹也。前外大母三十八年逝，已厝于宁山近郭之原。缘地窄而墓逼祖冢，不敢复摇土合窆焉。外大母生嘉靖壬午十月初九日，卒万历甲辰三月初五日，享年八十有三。先慈其最长也，女。育舅氏三：长钦楸，亡，娶陈氏，生女一。次钦榜，亦亡。又次即钦标②，娶柔极钱氏。生子三：长庆玉，娶山头金氏，初育女；次庆霞，最次庆□。女一。嗟呼！武母之慈，外大母之遗慈也。武方吞咽于音状之遐，益怨切于外大母之窀穸。□□状之，涕泗涟兮，□容辞为！铭曰：

陟彼山岵兮何巍巍？临此清泉兮声哀哀！

瞻望勿及兮心帷悲，草木萎落兮群山颓。

松楸盘郁兮垄周回，淑气其王兮风莫摧。

魂收魄合兮灵其来，椒浆馨洁兮敬未衰。

派遥干远兮源本培，奕世绳承兮贤兴才。

郡庠生外甥孙周绳武顿首拜撰。

邑庠生眷晚生柯守禹篆额书丹。

明万历四十六年岁次戊午十月二十九日男钦表泣血立石。

注：①张氏（1522—1604），徐侧山之妻。侧山应为号，名、字不详。志石高56.5厘米，宽69.5厘米，厚11.5厘米。文22行，行25字。出土于黄岩区，现藏黄岩区博物馆，此据该馆录文。

②原文即钦标，文末落款为钦表，无他证可考，不能勘误。

徐莱山[1]墓志

明故鲁府典仪正莱山徐君墓志铭（篆额）

赐进士出身承宣郎礼部祠祭清史司主事典太宫推□临海陈锡撰文

赐进士第文林郎知□安县事黄岩林国材篆额并书丹

今制尺牍仕者皆欲……乎。君讳邦□，字大谦，初积考……于人不要微归又□□虑于棂墓……也亹亹搭人耳矣，裔为大……华之之勒，厥后除南宁尉，南宁……卖节步□去见食凡十余事□□夫……光奇焉，当道褒奖，士民歌颂□曰……上下□然移文输辗不日而……则寝庐于墓一如□光复除普□……御寇亦利，为寇也诰，捕尉之职其如……圣训日朔别其顺否而成帝之□乃□□□□□□□□□□吏目嘉定□□□□□□有大□梗江为妖坏舟及人人乘君谒诚设□□□□□□□□为世用□□□□□□忽自起取焉，敬一亭□之东坊天香□陈梁悉……鲁府处君，君曰：吾归耳果归□山□之□□□□□□□□□□先□□□□□人遗业也馆要余缀复得相遇从君发尚未□□□□□□□□□□往女渊□也□□□□不能□者，凡君干人时式遇人愤怒□□□□□□□□不给岁月□□□□逝即□然无少忠不戚态，是为万历戊寅九月十日□□□□□乙酉，时年五十□□□□温节先生本临海人，后隐黄岩，故君为黄岩人□□□□□□□仕者惟君□□□□□仕统祖良便父世卿皆世德勿耀，故君于教子尤……掾吏孙男岳甫、岳钟，孙女岳娀鸣台卜□□年……乞铭于余，而余所知于君者，皆仕途传闻不……勤于君树功于民，大儒后人遗风何远辈……

万历十年正月吉旦。

注：①徐莱山，或字大谦，莱山应为号。因志石磨损严重，多数文字已辨认不清，生平不详。从仅存文字看，或为南宋徐庭筠后人。志石系青石，高75厘米，宽52厘米，厚8.5厘米。文26行，满行34字，字径1厘米。2019年4月，临海市文物保护所彭连生在江南街道小溪村高美仙家访见，并拓文。

张应魁①墓志铭

明故诰封奉政大夫汀州府同知大瀛张先生墓志铭（篆额）（题同）

天启辛酉岁，夏时年十一，先大夫痛见背。惟数禀母氏训，谓而不能及人教而曰有□□大瀛先生，而当以伯父事之。每岁时以杯酒邀入座，令夏□□诗觞呈□□□□□命，先生蔼然，视犹□，稍举动，不律文艺，不稍□，斥且厉。幸而成律或称，先生与在坐诸父执欢呼谓母氏曰："□及华顶翁有子矣！"窍闻旬奋。间途值先生，必旁立□□，容过而敢步，非若近之长者见年少英锋蓬勃，且先起以避者比。噫，先生岂吾一人私□哉！岂吾一邑典型哉！夏癸酉叨贤书，犹及事九秋比，丙子再上春官，先生已弃人间矣。呜呼痛哉！沧桑变，士大夫丘墓庐园几无有也。即先君先先生逝十六年尚未谋土，而先生亦以今□□就窀穸。令嗣郡丞君凤翼与夏尤笃世讲，以状索铭，夏谊弗容辞，收泪搦管□状。

公讳应魁，字星衡，大瀛别号也。其先世从□□□□□□江派入黄岩□□□□十五传。代有闻人，否则亦有隐德。先生生而颖，幼□□□□，及□溪翁为将仕郎，任北平，怜而携□□□□□指而□□□□□□□□而宗父南□翁仗义好施，不治生，家颇落。安人王氏蚤世，先生十龄，与弱弟相依，薪水以事□□□，即抱书而哦，达旦□□。□髫备博士□。时功令必以五艺试童子，入彀者仅十四人，先生冠其军。而向渡钱塘十四人者，先大夫在焉。以故与先生□□□。嗣先生学日富，艺日精，名日盛，方直指、□观察诸公咸以天下士呼之，由是负笈门□者屐履满。先生独□□□□十数载，岂非命哉！己未，以公车□□□□，见知于□□□□，居一二天，□唱和燕邸，相得益欢。大史将□为大用，而先生□□□□□□□□□□□之妣姚固奇□□□□先生至□□□□□不以□□□□□□□□魏既殄其党，姚人陆□□□□台□索之□□□□□□□诸生，先生为之力救得□□□他事□□□□□□□□□□□□□之宁化。宁日辟而文教弛，先先生□□□□□首□□六□□□科之隽□□□省□县□□□□□□□殿□大□□□□□□□□□□□□□□诬士子罪宜加□□□□□□□□托。先生怒而麾□□□□□□□先生怒益□□请□益□□□□□□□□□□见九今视□□□□气待郎□□□□□□□欲□□□□□□□挤□□传孤□□充饿鹰，恐不当，臣敢抗颜哉！旧□□□□史□□□，无欲则刚，天下大勇，称先生也。先生□□□□□□□则刺刺不休。迨□□宁阳，适赣东峒贼阑入汀境，逼宁疆矣。宁人德先生之抚字之也，有警□惊儿抱父母膝先生，□□□□烽堠以方略授于□□，扼险设伏，令城中无哗，复条图说上备兵使及二千石。贼闻之宵遁，先生功也。联方氏以□□□□□迁□□□□□□□。明年，拂□归里，与二三契友饮酒赋诗，如洛社会。于坟典经传医卜星舆诸书靡不精究，终日作咿唔声，鳣□□□□□□□□□族于先生□有也。每宾□□约，邑大夫必敦请为祭酒，师表俨然。至勤课嗣君诸咸，皆英英知名士。仲君以戊辰恩□□之忠孝，期远大业，措世难未殚厥施，以粤东□□令转福汀郡丞恩，赠先生如其官。宁为汀属，先生昔功于宁，赠□以其郡职，奇报也。

先生卒于崇祯丙子，距其生嘉靖己未，享年七十有八。所著有《大有山》《北上》《燕越》《瓯游》诗，《经史考疑》《群书图考》《漆室□议》等集，藏于家。元配太宜人王氏，少娴闺训，归修妇道，以顺相夫子而不忘规，以慈育诸子而不忘诲，睦姻逮下，赈乏好施，笃蘋藻，工女红，其事也。副室吴宜人，事先生五十岁，与王太宜人同欣戚，齐甘苦，有朝夕恭顺之誉，无彼此咎怼之声，亶亦贤哉。太宜人生于戊辰，卒于戊子，享年八十有一。吴宜人生于戊辰，卒于庚辰，享年七十有三。男女三：长适冠屿泸守赵公孙庠生士曜，次男凤苞，邑增生，娶郑氏，继娶林氏，俱太宜人出。次即郡丞公凤翼，娶栅浦赠承德郎虹野苏公女，封宜人，吴宜人出。孙男六：揆时、揆畴，俱幼，凤苞出；揆言，郡庠生，娶赵大司马方崖公孙女，次揆惠、揆度、揆席，俱幼，凤翼出。孙女：长适士曜男应霞，凤苞出；次适茅畲牟宁□，幼未字，凤翼出。以是岁丙申十月初二日，先生与两宜人合葬于方山五瓣莲中瓣之麓。铭曰：

淑人君子仪不忒，厥惟懋哉古训式。允文允武是效则，佑启后人邦司直。宁山崱，带河淢，登其域，抚其植，恪乎莫莫其色。

赐进士出身、前中奉大夫、推巡抚未任回籍调理、直隶河间兵备右参政、历加衔太仆寺少卿、兵部武库职方二司郎中、通家眷侄柯夏卿顿首拜撰。

乡进士朝列大夫福建都转盐运使同知通家眷晚生叶昶篆额。

奉议大夫整饬通密等处兵备按察司佥事年家眷侄石启明书丹。

孝男凤翼承重孙揆时同泣血纳石。

注：①张应魁（1559—1636），字星衡，号大瀛。黄岩人。曾任余姚训导、宁化教谕、汀州同知等职。志石高23厘米，宽45厘米，厚8厘米。文33行，行50字。出土于黄岩区，现藏黄岩区博物馆，此据该馆录文。

辛味静[①]偕妻胡氏[②]墓志

（上缺）公偕安人胡氏墓志。

山东按察司佥事在□进阶姻里人王铃顿首撰。

……通姓辛氏，别号味静，其先婺人。五季时，讳仍称者为……山水，遂家于邑□之象川，其后曰顼者□梁为建……举宋开宝进士，曰文砖者，元至正间赠明威将军……组望族，至公大父讳司迴，隐居不仕，自象川徙居……东浦。杨氏成化丙申正月二十六日生公，状貌魁……庭。乡党未尝有疾言处色，少习举子业，从义斋王……遂弃去，养母以孝闻，勤俭治生而乐趋人急，郡守……囊橐萧然，公首捐金以资归榇。嘉靖辛丑洪水为……后先出金、粟以殓淹溺，郡守周公志伟既……纪其义，以故乡之称，纯德瑰行者，必首味静公云。……日以疾卒，享年七十有三。配安人江田胡氏，事……妇道。生成化丁酉闰二月八日，卒嘉靖壬子七月……有六，孙男二：长葵、次弼，省祭。孙男九，吕省祭奇祥……历丁丑十二月十四日奉二柩合葬于邑西石柜……内弟旸谷，胡君自予从弟乘辂来请铭盖，旸谷为……则奇女也，乃不辞而为之铭。

铭曰：徛与辛公畸人……振穷石柜之源，有巍其封懿范俨然，过者肃恭……公坟坐丙向壬，而二嗣坟附焉。

……纳石。

注：①辛味静（1476—1548），名、字不详，号味静。黄岩人。胡氏（1477—1552），辛味静之妻。志石系2010年春出土于黄岩石桓岙，后藏当地辛富春处。上部已残，残高36厘米，宽50厘米，厚9厘米，文22行，行存19字。边云草纹，白石质。此据《黄岩金石志》转录。

杨三聘[1]偕妻王氏墓志铭

前梯山先生偕配王孺人墓志（篆额）

奉直大夫致云南州政眷弟陈涣顿首拜撰。

梯山杨先生，余内弟也。以万历丙辰年七月七日卒于正寝。先是先生七秩，余尝赠以寿言。越七年，先生捐馆，余复炙絮操文以奠之。至是将归窀穸，其子春生以状属余铭诸墓。夫知先生者莫余若，敢以不文辞。

按：先生先世永嘉人，由宁海徙海门。四传修职郎屏岩公再徙白岩，遂为白岩里人。元至大时，讳元□者为潞州谕，数传至忍斋公，郡庠生。次子东溪生筠庄公，有隐德，先生其仲子也。机颖轶众，象舞时，即善属文。余先祠部见而奇之，曰："吾闻杨氏文龙，岂其人耶？"惜乎无禄，寻而失怙。余以时执羔雁尾于门下，觇先生读礼无缺，且时危灾剧，克振家声，则小子而宏大者与。释吉而归王孺人。孺人慷慨能事王安人，而知咏《鸡鸣》《杂佩》之章。故先生得顷岁就塾，与余游者不三数年，褒服黉序后矣。归更凿池、筑室，引仲、季读书其中，余则日进笋鲤，称觞王母前。奉兄姊，抚鳏弟，怡怡如也。笃挚友□，无论促膝呼炉，丙夜不舍。至有以私憾中，仲以盐事之纪，先生不吝己赀，亦不问所售，协力共济，庶几脊鸰风焉。独惜伯父梅阁公家累千金，三嗣蚤物故后，议者以先生当仲续之。先生与孺人皆不忍，侦之有孕妾出育于尹，谋归之。至今绵瓞渐拓，尤先生之力也。嗣值王安人抱屙十余年，日走长叶家，奉汤液不辍。越古稀三岁，而安人卒。再数年，王孺人亦卒。茕茕远膝，不得不继室于何。何孺人更勤俭克相，尤能继王氏以九机之训。故先生得后先不问家人产，而阡陌十倍于初。营祖庙、增新室，桂子兰孙，森林茀郁。先生志为益畅，尽卷其牢骚不平之气付之自堕也。大抵先生之学，独据名理，不爱训诂绳墨。故少落落诸生中，卒以是受困。先生亦戚欣不见于貌，益得以熟于百氏言。凡天文、地理、律历、仙释，缙绅先生犹屈其辨。而尤好奖引后进，而愿睹芝宇，承謦欬者，刺履籍籍也。潘旸林友与吾儿学章，诵其美于熊侯，加先生以衣冠而颜其庐。呜呼！以先生之才，倘长辔得远骋，其达竖宁有涯哉！而徒令其高夫人伦，型范后学，韫璞而没也！诗曰："高山仰止，景行行止"，岂徒为孺人咏，亦若为先生咏耶！

先生讳三聘，字天觉，梯山其别号也。生嘉靖庚子四月十五日。配净土王逊得女，先先生卒，享年四十有六。男四：长春荐，郡庠生，娶宪副许仁卿孙女；次春生，郡庠生，娶王氏；次春蕚，邑庠生，娶冯氏；次春发，娶陈氏。女一，适王用桢，庠生。孙男十一：长承庆，娶翟氏；承运，聘冯氏；承诏，未聘；生出。承楫，娶庠生戴旭辰女；承桢、承楠、未聘；蕚出。承奎、承壁、承箕、承尾、承毕，未聘，发出。孙女四：一适别驾陈大用孙永年，庠生，荐出。一适汪宗积，生出。一未醮，蕚出。一未醮，发出。兹奉先生柩与王孺人合葬于山头之原。铭曰：

澄灵之涯兮，浩瀚而东。委羽、盖竹之间兮，屹若崶隆。控鹤兮遗踪，公竟厥志兮，勖尔嗣而奚穷！

注：①②杨三聘（1540—1616），字天觉，号梯山。临海人。生平不详。志石高50厘米，宽47厘米。篆额12字，文31行，满行30字。志石三方，均出土于临海沿江镇车埭村山头戴自然村后山，杨梯山、杨绍筠墓。二十世纪六七十年代时，墓被拆毁，棺沉江中，随葬品亦散尽，志石丢弃。后觅回，重嵌于新墓。因曝蚀近三十年，文字多已漫漶难辨。此据临海房公祀、杨世学点校。

杨三槐[1]墓志铭

明礼部儒官杨公绍筠先生墓志铭（题）

予不佞，就馆于□□□□□□□□□□□□□□□□□□□□□□岁时过从其伯姊，而内外巨细之事诹，与予盖不啻兄弟。□□□□□□□□□□□□□□□□□□□□□出都门，忽闻公讣。又适会章江之役，未遑躬炙絮焉。今□□□□□□□□□□□□□□□□□□□□□□予忍铭公哉！予忍铭公哉！逝不及永诀，葬不得来会，徒藉于文字□□□□□□□□□□□□□□□□□□□□□□即不斐，将安辞！

公讳三槐，字天植，绍筠其别号也。先为永嘉人，□□□□□□□□□□□□□□□□□□□□□□□始向儒术。忍斋翁生东溪翁，补郡弟子员。东溪翁生筠庄翁，□□□□□□□□□□□□□□□□□□□三子二女，公为其季。公生九龄辄失怙，茕茕藐诸孤，而□值出□□□□□□□□□□□□□□□□□□□□章句而咿唔之。公亦慷慨叹曰："大夫不遴大人以成名□官，安效□□□□□□□□□□□□□□□□□□□无穷者，又非鲁先生也耶？安效儒生老门下也！"公所视产业，□□□□□□□□□□□□□□□□□□□□□好行其德者为享利。于是予人若弃，假人若忘。里有贫称贷者，公□□□□□□□□□□□□□□□□□□□以无为解焉。其最著者，居停少年以明项盗费公钱甚多，后事□□□□□□□□□□□□□□□□□□而口不及盗钱事，缙绅先生咸服公雅量云。公量恢弘，□□□□□□□□□□□□□□□□□□□□□□尝公第，笑谓乃翁岂不袖朱亥者，若□□吾敌耳。有其弟□□□□□□□□□□□□□□□□□□□公闻，遂大诧曰："视吾舌在否？"奈何当吾世，令出门就死也。力□□□□□□□□□□□□□□□□□□□□□连之为人，而游于酒哉！酒可五六斗而醉，醉而剧谈今古，指□□□□□□□□□□□□□□□□□□□每与公会，必指示予曰："尔舅长髯，伟姿而神，独土生祇恩例□□□□□□□□□□□□□□□□□□□十而卒也。"公对子姓，必课之就学。又尝构楼于城之西隅，公退□□□□□□□□□□□□□□□□□□□子姓多以文学雄，则公之力也。次子春光，近为督学位。公识

□□□□□□□□□□□□□□□□□□□□□也矣。故予志其节侠以遗太史氏，持其必然以俟诸后人。□□□□□□□□□□□□□□□□□□□□则详其状中，无烦予赘矣。

公生于嘉靖乙巳九月十六日，卒于万历□□□□□□□□□□□□□□□□□□□□□□安人，生男女各三：长即春林，娶章安叶公若驎女；次春光，娶□□□□□□□□□□□□□□□□□□□□□□□□否张公霁焕女。女长适黄岩惠安令符公良佶孙，郡庠生□□。□□□□□□□□□□□□□□□□□□□王公宗果孙，庠生立表。孙一，承弼。女孙一，春林出。□□□□□□□□□□□□□□□□□□□□□□□□□盖公所手卜也。铭曰：

嗟嗟绍筠，□□□□。□□□□，□□绳继。懿哲典刑，霳霳□璧。弥弥环秀，以委以识。□□□□，□□□□。□□□□，□□□□。

万历已亥仲□□□□□□□

注：①杨三槐（1545—？），字天植，号绍筠。临海人。该志与杨梯山墓志同出。志石高68厘米，宽66厘米。总计27行，志石中间漫漶，剥落无字可辨。按比例推知满行为42字。按儒官之下原泐，据文意补之。此由临海市文物保护所彭连生提供。

杨三槐妻□氏[①]墓志

杨公绍筠夫人□氏墓志

□□□□□□□□□□□□月十三卒□□□□□□□□□□□□□□□□□□□□□□□□□十月初九，享年五十有□□□□□□□□□□□□□□□□□□□□年孟春吉旦合葬于□□□□□□□□□□□□□□□□□□□□绍筠府君之右。

男春林、春光□□□□□□

注：①姓氏不详，杨三槐之妻。与杨三聘、杨三槐志石同出，今在临海沿江镇山头戴村

后，二公合葬墓前。

赵象[1]神道碑铭

明故中奉大夫湖广按察使赵公神道碑铭（篆额）

明故中奉大夫湖广按察使赵公神道碑铭（题）

资政大夫吏部尚书崔恭撰。

通议大夫□□□左副都御史宁远雷复书。

奉训大夫尚宝卿前中书舍人赵山汪景昂篆。

南宋渡后，宗室多散居四方。予有故中奉大夫湖广按察使赵公□□□祖世居汴，高祖讳益昇，以祖金□□□大夫荫调扬州，遂去其土，籍扬州。曾祖讳元赐，怀珍□□□□讳仲义，以元录宋后，补台州路杂造局大使，遭方国珍□□□□□台之临海。国朝洪武初，复以其才干应诏起授顺德府□丘驿示。考讳瑶，乐善好施，乡称长者，后以公贵，赠刑部湖广清吏司主事。妣郑氏，封太□人。公讳象，字允仪，行学一，号持敬，天资□迈，状貌凝重，童时□□□□凡近以□高，得为郡庠生。初治礼，后改诗。宣德七年发解浙江，明年会试，中乙榜。宣庙□甲□制额□□□命翰林试，得优者二十四人，赐冠带读书太学。公居首选，独给以教官俸。公在太学，四方学者□师事之，若今左都御史李宾、主事汪甫、右布政董显、金□华显、司务王□□、主事汪洋、御史曹宏辈，皆尝执经游其门者。正统元年会试，中第三人，廷试赐进士第，二年疏乞归省，三年擢刑部湖广清吏主事，以廉□己，平恕理刑，凡大狱下三法司办，公必详审。不徇不□，□□□□吴廷颂释之无冤唐室加景佺□□之挠，公无慊焉。未及满，考升本部云南清吏司郎中，操守如旧，勤慎加之。十年，公以父丧去位。时丧礼坏于积习，公举行一循成制，旧俗因而遂变。十三年春，服方阕，适福建盗起，朝廷以方伯失职，命廷臣简拔驰驿，起公为福建布政司左参议。公受命泣曰：“四方多全，卿大夫之辱也，臣敢自爱！”乃属留其妻子养太安人，独携一仆以行。至属郡建宁，距省且六百里，延平当中路，为贼扰不通，公奋不顾身，集我义类，扼其要冲，凶气为祖。会大兵南下，复以平贼策迎见总帅宁阳侯于军门，请分兵剿戮，至有不与贼俱生之言。侯感激从之，径进兵入贼寨，生擒贼首翁生一，溃其余党，盖淮阴□地，后存之法，李最忠义感激之威也。既而总帅以军储不给，命公主其事，操纵举措，以法体情，造次迫促，随机应变，饷足民和，上下倚焉。贼平，镇守重臣以延、守、汀、部四郡被兵为酷，民病特甚，委公专镇抚之。公至，用常典以威好暴，铺大和以惠茕口，耕夫复于田里，商贾交于市街，歌曰："途有荆棘，公为翦之；苗有蟊贼，公为除之；民有疾病，公为剂之；公式去我，谁克嗣之。”冯异案关中，寇恂守河内，越绝千祀，契合一符。景泰三年，太安人以寿终，时公方巡建宁，讣闻，即卸哀奔丧，不复还省，祭葬如礼。六年起复，升广西布政司右参政，寻奉敕清理军伍。广西古号夷服，虽代活王化，而斗暴之性未尽纯。公准酌古政，协以时宜，□□用以□其情，□□则以教之礼，政平人和，狃俗不变。泗城那地土官罗文愈等，尝构结攻据，积岁不解。巡抚大臣以公德望素重，檄使平之。公往，示迟钝朝廷威惠，断以事理曲直，皆惭服而释，各怀数百金奉酬，公峻却之。嘉绩懋著，休闻涌溢。天顺三年，升湖广按察使，奉法□隐□峭刻之文，理事无放纵依违之失，不因怒过遣一人；不厌烦轻断一狱，化成风动，令行禁止，吏无招权纳贿之敝，政无□葺昏塞之蠹。民方怀德，公遽请老。五年秋，得允，即解缓归，老稚攀留。遮□道路，疏广供帐都门，薛华角巾东洛，风□叶响，斯用不□。既归，杜门谢客，淡然与世相忘，惟耽古训，以戒诸子。初若不知荣达为何□□。成化改元，诏凡以礼致仕，进阶一级，公进中奉大夫。三年冬十一月己丑卒于正寝，距生洪武己卯十一月丙子，享年六十有九。子隆辈奉柩葬于义城乡叠石山先茔之位。公要夫人□东百嘉公，初封安人，专静淑镇，允为好述，其在处子，动循《内则》，比归于公，事主事府君与太安人克尽□□□□□惠及媵姜。太安人临终，公官在远，□夫人亲供汤药，衣不解带者徐月，丧而哀，祭而礼，乡族至今通为内式。公历官三品徐三十年，宾祭供奉，仰禄而绘，夫人相之□□□□□勤织红，男婚女嫁，一为经理，使公无顾于内。公冰郎柏之节始终不□，虽日操持之坚，良亦夫人有以成之也。古称使女之节，妇之则，母之仪，必将若夫人者，属之矣。后□□□，卒于成化壬辰夏五月辛酉。距生洪武[②]壬午春正月壬辰，享年七十有一，葬祔于公，礼也。子男四：长曰隆，郡庠生，学有成绩，足绍先绪，娶同邑士族李□女；次曰□□□□□□□□同邑□□□□□□□□娶黄岩士族金英女；次曰□，尚幼。女一，适承事郎同邑孙清。孙男三：铨、铖、恩。孙女三。隆如制奉襄，事既毕，遣弟升诣予官邸，泣而告曰： 当用碑□□□□而未得辞，惟大人先生于先公举为同年，官为同□，立为同道，知莫悉敢清，予义不得避，乃为之词。於乎！宋兴三百余年，深仁厚德，……先代之后独盛，□公承之以刚毅直方之资，济之以宏深该博之□□行乎家者孝友慈和，行于国者廉慎忠恪，配以……而后有不昌者邪？予不□□不诬，用撮其概，表诸墓左，使百代之下，过者知为□□清白宪臣之墓而起敬焉。

铭曰：□□□□，宋宝贤胤，明朝重臣，惟言合轨，惟行中伦，道淑后进，泽润生民。间广之□，湖湘□□，□□□□，甘棠□□，位□□□，□□未均，时不满望，在天匪人，勒词贞石，永光后尘，百代是式，□□□教。

孤哀子隆□泣立。

注：①赵象（1402—1472），字允仪，号持敬，临海人。正统元年进士，曾任刑部湖广清吏主事、刑部云南清吏司郎中、福建布政司左参议、广西布政司右参政、湖广按察使等职。神道碑旧在临海江南街道高阳村叠石赵象墓前，高 168 厘米、宽 84 厘米、厚 11.5 厘米，其中额高 33 厘米，边及额均刻云纹。额篆“明故中奉大夫湖广按察使赵公神道碑铭”等字。碑文楷书，文连题 37 行，满行除抬头外 66 字。2014 年，临海市文物保护所彭连生寻访至此发现碑已失。

②应是“建文”。

王启[1]神道碑

刑部右侍郎东瀛王公神道碑（篆额）

明通议大夫刑部右侍郎东瀛王公神道碑（题）

赐进士第奉政大夫山东按察司佥事在告进阶一级同宗晚生王铃篆额。

公讳启，字景昭，初号学古，后更东瀛，姓王氏，黄岩人。始祖益，自越钱清迁居黄岩柏山之桥头，世称为文正公后裔。曾祖玩初，祖钦，进士，未廷试卒。祖妣章氏，旌表节妇。父淞，儒士，屡试不利。妣郑氏。生母黄氏初归，双鲤跃于崖，众以为祥，乃生公。祖、父二世皆以公贵赠都察院右副都御史，章氏、郑氏、黄氏皆赠淑人。

公幼而颖悟过人，书史过目不忘，甫弱冠领乡荐，连登进士。时犹未婚，告归娶毕，出授霍邱知县，勤政惠民，操慎不苟。有兄弟争财讼不息者，公以宋人所著《兄弟吟》令诵之，使立厅事，朝夕对揖，久之乃悔，让其所争而退，一邑皆感。公益敦教导、重农事、缓催科、锄强梗，霍民至今思之，于是名誉大起。弘治间当道荐之，召选南道监察御史，尽职敢言。尝言皇亲张鹤龄家奴生事，宜置国法，及言守备内官董让不法，人皆韪之。满考升江西按察佥事。诘奸涤冤，既讼者服，未讼者畏。修白鹿洞、濂溪二书院，及文丞相祠堂，毁东岳等淫祠四百余所。政暇则事读书，间有所见则随手笔记，所著有《正蒙直解》《周易传疏》《周礼疏义》及编《古文类选》《大学稽古衍义》等书。正德丁卯秩满，越明年，升本司副使，拟改山东提学，不果。先是以他事触逆瑾，降广西容县知县。谢文肃公赠以诗，有“不挫心藏国士风”之句。瑾又行令广西巡按御史提问，罚米三百石，寻复以他事，加罚二百石。待[2]命未报，久客梧州，会[3]赦免。在梧著《迩言》等书。比瑾诛，乃复为四川蓬州知州。镇抚两广都御史林公廷选以志节论荐，升南雄府知府。履任半载，丁黄太淑人忧，在途闻升贵州左参政。还家守制，服满，升山东按察使。明年升江西右布政使，奏罢宁濠私贡新茶、新笋数事。时濠威虐方炽，人皆难之。寻丁父忧。服满，升广西左布政使，以征蛮督饷有功升俸一级。辛巳升都察院右副都御史，巡抚云南。云南地杂华夷，公辑绥有方，人赖以安。又著《抚滇翊华录》《赤城会通记》《尊乡续录》《王氏族谱》《义蜂记》等书。甲申升刑部右侍郎，详慎刑辟。丁亥以大狱免归，日事田园，闭门著书，足迹不至公府，重修《会通记》及《元鉴年统》。诗文稿尚多，未经汇辑。居闲者八年。及疾，革衣巾，坐正寝，湛然而逝。时嘉靖甲午十一月五日也。公气貌魁伟，虬髯星目，心地坦夷，不矜小节，与人语直率无防畛，亦不肯随俗作好恶低昂以乱贤否是非。及免官家居，未尝怼怨。性好著述，然不甚刻意。平生无富贵相，衣服饮食粗粝如野人。今时俗正伦士习浅薄，惟公尚存古人之风，今复不可作矣！公配杨氏，赠淑人，有淑德，早卒。子男五：曰薰，县学生；蔚有时名，所著有《青林稿》；曰爵，国子生；曰鳌，县学生，俱杨氏生；曰炎，女二，俱庶室何氏出；曰煜，庶室陈氏出。薰、炎及长女俱先公卒，爵后公一岁卒。煜及仲女俱幼，鞠于次室乔氏。孙男九：曰守坑、曰守壁、曰守墈、曰守堦，俱县学生；曰守玺、曰守墀、曰守祖、曰守坦、曰守聘。孙女八。

铭曰：仕始克勤，允终惟惕，既历既谙，厥声斯奕。崇偕攸跻，贰卿爰趯，方期懋官，阿丞可陟。距知果蹇，云草草适，遁而不尤，是云忠悊。矢诗不朽，以俟考德。

嘉靖十五年岁次丙申十一月丁卯。

通议大夫礼部左侍郎前詹事府詹事兼翰林院侍讲学士同修国典经筵讲官同邑黄绾撰。

注：①王启（1465—1534），字景昭，初号学古，改号东瀛。成化二十三年进士，曾任霍丘知县、南道监察御史、江西按察佥事、按察副使、容县知县、蓬州知州、南雄知府、贵州左参政、山东按察使、江西右布政使、广西左布政使、都察院右副都御史，巡抚云南、刑部右侍郎等职。神道碑原在院桥柏山墓前，后移雅林王氏宗祠，现存秀岭水库西岸公墓前。高149 厘米，宽 59 厘米；额篆书“刑部右侍郎东瀛王公神道碑”12 字，分 4 行，行 3 字，字径 7.5 厘米；文 21 行，行连抬头 61 字，字径 5 寸。民国《黄岩县新志》有载，漏错处予订正。

②③均空一字。

王启[1]祭葬碑

御赐东瀛王公祭葬碑（篆额）

明通议大夫刑部右侍郎东瀛王公追赠祭葬神道碑（题）

赐进士第资政大夫刑部尚书前南京都察院右都御史太平方崖赵大祐篆额。

吾乡先达东瀛王公，在先朝为侍从台部执法之官。素励风节，忤权贵，摈居故里。既没逾三十年，天子俞诤臣吴公时来之请，诏复其官，追赐祭葬，朝野哀而荣之。铃忝乡后进，执役墓所，既竣事，载笔于其墓前之石。

按公系出越钱清王氏，徙居吾邑柏山，为著姓。曾祖玩。初祖钦，进士；祖母旌节章氏。父淞，儒士，累应省试不售；母郑氏，生母黄氏，感双鲤之祥生。

公自幼颖悟过人，敏记问，甫弱冠，领乡荐，连登进士，告归毕婚。筮仕霍丘令，以清勤致誉，政先教导，重农事，缓催科。民有兄弟争财者，令朝夕对立于庭，诵宋儒《兄弟吟》。久之，各愿让其所争而退。弘治间，当道荐授南道御史，首言张皇亲家奴生事，及守备太监董让不法事，直声凛然。秩满，升江西佥事，诘奸涤冤，所至望风詟服。暇日修白鹿洞、濂溪书院及文丞相祠堂，毁淫祠四百余所，寻升本司副使。

正德丁卯，触逆瑾，降广西容县知县，又行令该省提问，罚米五百石。迁延久客梧州，会赦免。瑾诛，复迁蓬州。巡抚林公廷选，以志节特荐，擢守南雄，升贵州左参政。丁内艰，服阕，起山东按察使。寻迁江西右布政，奏罢宁濠私贡杂科。时濠威焰方炽，人咸危公。寻丁外艰，服阕，升广西左布政。以征蛮督饷有功，进俸一级，升都御史，巡抚云南。云南地杂华夷，公辑绥有方，边境告宁，升刑部右侍郎。值大狱，公与颜尚书持法不阿，忤当国，罢居故里，越八载，日惟闭户著书，足迹不入公府。疾革，正衣冠，坐正寝，湛然而逝。时嘉靖甲午十一月五日也，距生成化乙酉正月廿九日，享年七十有一。公性坦夷，不矜小节，与人直率，无防畛，不随俗作好恶低昂，居处饮食衣服泊如也。平居好读书著述，如《正蒙直解》《周易传疏》《周礼疏义》及《古文类选》《大学稽古衍义》。佥江右时著《抚滇翊华录》《赤城会通》《尊乡续录》《王氏族谱》《义蜂记》。巡抚云南时著《元鉴年统》，重修《会通记》。居闲时，著其余诗文稿。家藏未经汇辑者尚多。配淑人杨氏，有淑德，早卒，不再娶。子男五：曰薰，县学生；蔚，有文名，著《青林稿》；曰爵，国子生；曰鳌，县学生；曰炎、曰煜。孙男九：守坑、守壁、守墉、守堦，俱邑学生；守玺、守墀、守祖、守坦、守聘。孙女八人。

予童时已仰公英名，公尝徒步过城市，予从里中群儿迫视，道侧见公虬髯星目，猬毛被手腕，真人中龙也。论曰：士君子怀才逢时，得行其志，而恨不及尽摅其生平者，古多有之，独王公然哉！昔皋陶在虞法执而官崇焉，柳下在鲁道直而位黜焉，王公岂不愿为虞臣，而甘于鲁士师哉，亦时有遇有不遇耳。当其既遇，则以法而殉身，非要名也；及其不遇，则为国而受法，非辱身也；是则王公而已矣。

万历二年孟秋之吉。

赐进士第奉政大夫山东按察司兵备海右佥事前南京工部营缮司郎中奉敕提督长江庐州在告进阶一级乡晚生同宗王铃拜撰。

注：①王启，生平事迹见前神道碑附注。祭葬碑原在黄岩院桥柏山王启墓前，后移雅林王氏宗祠，现与“神道碑“俱在秀岭水库西岸公墓前。碑高5尺1寸，宽2尺9寸，额篆书“御赐东瀛王公祭葬碑”9字，字径3寸，分3行。文21行，行连拾头56字。

赠都御史病隐王公墓铭

正德己巳八月二十六日，黄岩病隐王公，以寿终于家。其子爌，属奉敕旨，有事于滇蜀，道里修阻，讣不时闻。及是得有司公檄，乃奔告于朝，乞归终制。诣予邻屋，泣而请铭。

公讳玭，字永泽。父阜，并茂隐德；母李氏。公少颖敏力学，欲事进取，以病勿克果，杜门不出者七余年。颐神幽静，非素厚者不见。见则虽狎，必衣冠成礼。祀先养亲，力疾躬事，未始旷废，家庭之间穆如也，肃如也。自奉俭约，一切华靡之习，心酷厌之。客至，食无重味，然亦尽欢乃已。与人不轻诺，诺则终不变，其教子姓，惟以诗礼，次则力本平居，手不去书册，入夜目乏或倦，使人诵而听之，若有所得者。每病不药不祷，或问之，曰："命如何可移，富贵者不死。"见星卜之士，僧尼巫觋之流，不许一踏。其门有司礼，请乡坚辞不赴。其侄兴化太守存敬在刑曹时，久未归省。公寄诗曰："若得来看百岁祖，何妨迟做十年官"。都下传为美谈焉。一时公卿遂用分韵赋诗为寿。公德名素孚，远近敬尚之，不独以能诗也。

距生宣德壬子十一月十三日，享年七十有八。配蒋氏，有贤行，相家于成。子男四：长烨，县学生；次烈；三即爌，由壬戌进士为太常博士，转工科给事中。再次炫。女一，适施采。孙男七。公治命惟从其祖父兄弟以葬，不必泥风水之说。至是烨等卜以卒之明年庚午月日奉棺于壕头先陇，公所自定之兆。爌谨慎官守，例获驰恩，所生而公逝焉勿待，此其所以哀倾不已，而欲勒铭垂永，以泄其志也。铭曰：不出户庭，内斯治也。不理矩德，斯懿也。虽未褒封，有以自责也。焘后惟休，遂将光其世也。

明 王瓒

注：王玭（1432—1510），字永泽，黄岩人，生平不详，其子王爌曾任应天府尹、南京右都御史等职，以"名臣"载入《明史》。墓及志石情况不明，此系临海白水洋王氏族谱转录，编者点校。

清代

王为范[①]墓志

先考妣墓志铭（篆额）（题同）

顺治临御之八稔正月六日，不肖始克葬先府君于方山壕头先垄之侧。忆府君殁以万历丁巳九月二十六日，违兹三十有五载矣，伤哉贫也！不能别营善地暨求铭于当世贤豪长者，抆泪陈词，复何言矣！

府君姓王氏，讳为范，字懿之，别号洪所。自唐少卿避□宁川，十六传又徙邑南门居焉。再传为南耕公，以孙爌贵，赠右都御史，十八传讳璁，为学稼公，是府君之高祖也。曾祖为�窗公讳夔。祖思筠公讳暌。考少筠公讳承宦，妣东山周氏。

府君少习举业，累赏于有司，后以病不就。三举邑宾不赴。凡徭役钱粮之事一委诸人，终身未尝一至治门云。

生嘉靖戊午年正月十五日，及卒，享年六十而已。娶母钱山陈氏，早逝；继西街池氏，克勤克俭，善相厥家，孤守寒帏三十余岁，以顺治戊子二月四日卒。距生嘉靖丙寅三月二日，享年八十有三。今皆合窆故土。男二：长廷介，陈母出，不幸已弃世，娶牟氏、张氏；次即廷会，池母出，列于郡诸生，娶涌泉冯氏，继焦坑彭氏。孙六：人龙，娶西街蔡氏，及人任，为兄之子；人骏，邑廪生，娶涌泉冯氏，继司前梁氏，及人熊、人彪、人骐、为会之子。兄女二，一适冠屿赵氏，一适涌泉冯氏，皆庠生。玄孙二人，人骏子名扬，人龙子名栋。

呜呼！有厚德者必有厚报。府君殁三十五载矣，而乡里称善者至今不去人口。语云："不于身，于子孙。"宁能无厚望哉！

时大清顺治七年岁在庚寅十二月吉旦，不肖男廷会泣血谨志。

注：①王为范（1558—1617），字懿之，别号洪所，黄岩人，生平不详。王为范在世时为明代，卒后35年始葬。因铭文撰于清代，故归入清代章节。志石高47厘米，宽37厘米，厚7.5厘米。文18行，行30字。出土于黄岩区，具体情况不详，现藏黄岩区博物馆。

王宝鼎[1]暨妻马氏墓志铭

王公杏村暨德配马安人墓志铭（题）

公姓王氏，字守治，谱名宝鼎，号杏村。性倜傥，为谋必中，与交必敬。以郡守吏科典史，不屑……家居。母逮存，事奉尽礼。义方教子，宗族乡党，绰有繁称。行年七十有一，尚矍矍如地行仙……人性情温和，勤俭操家，内助称贤，故手创门楣，大启土宇，广置田畴，子孙荣福。公孝行克……能者，毛匪窜台，城陷，弟兄被虏，不越月，兄宝鉴虎口脱归，母嗟予季，日盈盈泪下，乃复踪迹……涉山川，沾受霜露，奔驰数千里，探访季弟宝伦，卒得言旋。未几而萱堂告殁，丧祭亦复尽礼……善承父志。恒以年老，喜惧交集，由是越陌度阡，登山涉水，欲求牛眠为亲适体。辛苦十年……光绪三十年春，夜梦神人指示施岙村之山为营寿域处，当赴山探穴时，又蒙神化为黑蛇……须臾不见。邀师插穴，泥若五色国旗，班班叠见，佥曰吉地，后嗣必昌，谓非孝友传家而能之……神贶若是乎！爰乐为之志，因并为之铭。

铭曰：村之阳，有山挺拔，凤翥鸾翔。幽深曲突，不必女……五色。孝思所感，天心所及，悠久无疆，其祥长发。

光绪三十四年桂月吉旦，同里七十二老友柳亭许仁寿拜题。

注：①王宝鼎，字守治，号杏村，临海人，生卒年及生平不详。志石下部稍有断失，残高 105 厘米，宽 43.5 厘米，厚 6.8 厘米。文连题 12 行，行存 34—35 字，后又有小字四至一行，多处崩损，不成文，未录。出土于临海市汛桥镇施岙村，原藏该镇李小东家，1991 年 1 月征藏临海市博物馆。

侯嘉缙[1]墓志铭

予自沐移江宁，客贺曰："江宁有侯丞，槃槃大才。佐公，公必喜。"问其名，故予狎也。予壬子乡试，见有野而古者，危冠高履，口傒音，目睒睒斜视，如深山怪松，磊砢自异。识者曰："此天台山侯嘉缙也。"予窃已奇之。与订交，廓落无町畦，益相爱。号夷门子，字元经。诗文迅疾，始于笔染，终于纸尽，挥霍睥睨，瞬息百变。每裹袖泼墨，数十人环而拥之。丞抽思乙乙，十指雨下，字迹旁行斜上，如长河坚冰，风裂成文，莫知条理，而天趣可爱。又如《成相》佹诗，穷劫野曲，可解不解，而俶诡独绝。

先受知于督学帅公，贡于乡，连试不售，出为主簿，调江宁丞。曹进曹退，温温无所试。即不得志于时，愈自纵。

一日大醉，登报恩寺殿，摩古佛罗汉数百尊，各赠诗万余言，书其顶，箕坐大呶。窗外风雨暴至，电光烛其手，益喜，奋笔不能休。且吐且书，取殿旁石臼戴头上，折旋舞如风，众僧疑为鬼神异物，不敢逼视。又疑病狂易，妄笑语昏乱。酒既醒，雷雨亦息。观其诗，奇字奥句，不能读也。举其臼，重千二百斤。运饷至京，以己所坐舆辇其妻秦氏，己策驴从之。妻免乳旅店中，丞徒步长吟数千里。判事喝笞数，辄睨抱牍吏："决当否？"吏曰："是也。"丞大喜，号于众，曰："何如？"

镇江黄太守慕其才，招至署。未浃旬，早起不见，觅之，赫然死厕旁。年五十二。其子某至自天台以柩归，卜葬毕，来问铭于余。余既奇君之才，而尤奇君之死，乃亦为奇语。遣抱磨者陷其石，以质君。

铭曰：文星炽炽，龙啮其系。拗怒坠地，无所吐气。以儒为戏，嵚如是。执不律如执鬼中，可以极无极，穷无穷，而卒不声于崖公。一笑去，泠然风。留委蛇，受机封。

注：①侯嘉缙（1697—1746），字符经，号夷门，临海人，清代著名诗人，时人誉为"浙中人才第一"。其于雍正年间曾被推荐参加博学鸿词考试，因"字迹潦草"落选。但郑板桥却认为"怜君书法有古意，历落不顾时贤嗔"。雍正十三年以拔贡入仕，先后在上元、金山、江宁、溧汤等地任县丞。生平著作五十卷，今存世寥寥无几。侯嘉缙与吴敬梓、张宗苍、郑板桥、袁枚等名家交好，吴敬梓《儒林外史》中有其身影，张宗苍请其为诗稿作序，袁枚则为其作墓志铭，即上文，《小仓山房文集》有载，编者点校。

洪若皋[1]墓志铭

诰封奉政大夫户部清吏司郎中福建按察司佥事南沙洪公墓志铭（题）

赐进士第诰授光禄大夫兵部左侍郎加皿级予告养亲年眷弟杨雍建□□□□□□

年友南沙洪佥宪既卒，予闻讣怆甚。越明年，其遗孤向予泣请曰："先大人葬有日矣。以先生平昔交善，且知先大夫行事详，敢丐题窾石，用光泉壤。"予窃惟四十余年来，同谱雕落无余，所极不忘者，禹航严侍郎颢亭、钱唐顾侍御且庵及佥宪三人。佥宪虽家临海，而行迹半在西陵，会予作寓公时，时迳来谭燕，获睹其撰著诗文，每为心折。记其年仅长余四岁，精神强力，犹似壮时，方拟六桥三竺，杖履追寻，可永晨夕，而岂意从严顾偕游耶！呜呼！予此所以怀旧伤往，不禁执笔而兴哀也。

按状：公讳若皋，字叔叙，号虞邻，别号南沙，系出五代时兵马使斌卿公。入宋有忠宣父子彪炳史策，再传至评事公敏，当建炎时扈驾至浙，以直节忤时相，弃官隐台之三江乡，子孙因家焉。由评事以下十七传至公父鉴兹，公讳日庆，声振胶庠，九赴棘闱，勿获售。以公贵，封奉政大夫，两举乡饮大宾，及没，诸生请祀学宫。其懿行详郡邑志及省志。举七子，公行五。生在奇征，赠公锡名文焕，恐泄露，易之。盖堕地早知以文章鸣矣。稍长，声采葩流，周邑令寿明、蒋司李鸣玉皆决为国器。戊子，举于浙。逾年，果捷南宫。是时驰誉鸡林，士方规抚其制举业，而不知博综旁览。其于六籍诸史百家之书，倾群液而漱芳润，罔不囊括于胸中。所作诗歌古文词，出语蚤惊其长老，而公固不自炫也。

常以平居讲求劘切之余，出任国事，行其干济，善其经画。虽当节错丝棼，胥从容而就理。其为部郎在户曹，一督通昌草厂，下车廉知折干弊久，函其疏厘革，躬自收支刍牧，奸无所容。又清河西务钞银经发部臣自买，永绝里民派解之累。其理厂时，管居庸税事，则复部颁红簿，条曲额，杜陋规，至今着为令。其为郎中在户部，一督西新钞关，征收足课外，丝毫无与。凡商旅税单，悉令亲自填注，宿蠹顿清。其督关时，兼江宁仓储，则以本色给军饷，禁刁弁、惩猾胥，强悍皆慑服。其为佥事在福建，一署全臬事，常清积案六百余条，庭无留狱。时海禁尚严，罔民者多致重辟，公为重诬告罪煽引，所全活甚多。一兼摄粮道，值靖逆在闽，急遣运甲者聚呼，公出，至诚抚慰，立散协饷，哗者遂定。盖佥宪之政事卓卓如此！

予尝论士大夫身履仕籍有过物者始济，然而遭际孔棘，咋舌束手者多矣。至求其遇事能干，下笔成章，总两者之长而一本诸学，虽前世犹不能多见，况近代乎！佥宪盛年致政，又大肆其力于文，抉髓穿穴，浩乎有会。于是以中所自得者开解未学，旷若发蒙。尝辨何仲默“古诗亡于谢，古文亡于韩”二语之非。又言“诗文无他法，通乎情，合乎理而已。夫子不云乎：兴、观、群、怨，则情得；思无邪，则理得。此作诗法也。格精于草创，事核于讨论，美备于修饰，章成于润色。至于辞达则情理皆得，此作文法也。”世皆称为知言。

所著有《南沙文集》《〈文选〉越裁》《临海县志》《乐府源流》《汇书》《〈左传〉正业》《本朝诗文汇选》《两浙十名家》《诗韵四声汇谱》《明文琼液》共若干卷行世。呜呼盛哉！有文惠之风襟，兼容斋之述作，真不愧忠宣家法乎！

公中顺治乙未进士，以按察司佥事居忧归，著书林泉三十年，至七十三而卒。居恒事赠公尽孝，尝云：“仕宦十年，只为禄养计耳。”及亲没，即辞荣。性方严，人不可干以私。喜静厌宾客，所居图书翰墨外不设一长物。善愁，终身未尝有喜色。待人则沥肝输胆，表里如一，人有过即动色相规，勿少假；至于怀诈饰智之流，视之不啻如仇雠，故宵小每多憾之。其言曰：“学者苟存心正大光明，加以忠信笃敬，出其读书之理行事，天下亦何事难为？何地难行？”咏怀诗有云：“生平惧蚁斗，独不畏雷霆。”嗟呼！此可以概公生平矣。

生天启癸亥五月二十四日，卒康熙乙亥十二月十三日，以丁丑仲冬之吉葬于东壁园九龙冈之原。配林氏，赠宜人。继陈氏。子五：熙积，癸酉副榜贡生，候选主事，次室李氏出；熙载，恩贡生，候补教谕，继陈氏出；熙揆，郡廪生，李氏出；熙采，邑庠生，陈氏出；熙祚，国学生，次室吴氏出。女五：叶大士、何文铨、陈述祖、蔡绍桂、蒋际康，其婿也。孙一：承范。

忆予平日交善者颢亭最先亡，且庵继之。今南沙没，又及大祥矣。四顾天涯，风流几尽，而吾浙中落落如许！不独悲吾年友，行自悲也，尚忍铭诸？虽然，以吾友之故，非吾其又谁铭？铭曰：

尾闾水泄朝万派，灵毓瑰奇吸海瀣，蔚为国华熙辉代。贞宪秉度矢匪懈，君子得舆民所载，抟击狡鸷起雕瘵。经术经世扬内外，浮云草露破天械，重敦夙好心始快。沥液不拾炙不嘬，直吞三山无蒂芥，龙见乌澜发光怪。碧树珊瑚倒金罂，七十三年圣同喟，正学之乡文斯在。矧流余庆后贤逮，勿替引之奚所届。我勒斯铭扃幽阂，光昭金石永不坏。

注：①洪若皋（1623—1695），字叔叙，号虞邻，别号南沙，临海人。顺治十二年进士，曾任户部主事等职，官至按察司佥事。后退居不出，在下塘园（今临海市永丰镇辖区）建东壁园，以存史、著书、教学为己任，著作等身，铭文中有详列，此不赘述。曾与冯甦等人在巾山合办愤峰书院，又设南冈书院、东壁书院等，教化乡里。卒后葬在东壁园附近九龙冈，具体位置不详。撰志者为杨雍建为海宁人，与洪若皋为同榜进士，出土情况等暂不详。

□公[1]墓志铭

……贸易居积，勤俭致富，美□则有志竟成矣。君子观公之本末，知远大……庸人所预□且以见贫富荣辱难天定，而……□公生于嘉庆戊寅十二月十六日申……五月廿六日□时，□配王氏，生于道光……五日子时。子三，长锡虎，次锡象，三锡罗，孙支……昌焉。丙戌之冬卜葬于塗镇之寺前山，其少男锡……余为志铭，余义不获辞，因举所见闻，传闻者志而铭。

铭曰：义为利兮富且仁，报于天兮修□人，聿胥□兮堂构新，昌后嗣兮福禄臻，土脉动兮地理真，建佳城兮安元神，气有灵兮在天伸，形有感兮累代春。

大清光绪十二年岁次丙戌仲冬之吉廪膳生王庄顿首拜。

注：①志主姓名及卒年均不详，志石残缺，二十世纪六十年代出土于临海市杜桥镇上王

村寺前山麓，2013 年 4 月临海彭连生和潘昌来在村后溪中发现，志石被当作铺桥石，据石录文。此由彭连生提供。

王舟瑶妻潘氏[1]墓志铭

潘孺人墓志铭并序（题）

江宁邓嘉缉撰文。

南丰赵世骏书丹。

孺人姓潘氏，黄岩王君舟瑶玫伯之元室也。年二十二来归，归十二年而卒。卒以崩中之疾。年三十有四。子一人：敬礼，女子四人。

初，玫伯媒诣潘氏，或谓王生贫士，不足与女。儒人微言曰："果士也，虽贫何病。"家人喻其旨，遂成婚。事祖姑及舅姑婉顺若女。姑性勤，是时夫弟幼者二岁，女妹在襁褓，旦夕操作，不肯自休。事或迕意，至恚愤饮泣。孺人先姑而兴，后姑而息，躬治烦撋，让逸居劳，即有触抵，必委曲开譬，姑为意解。逾年举女，乃分乳女妹，承事不迨。姑心愉而身泰，室以大和。

玫伯营食四方，涉冬出游，孺人典夏衣为置裘，乃夏御敝苎不自恤，虽贫也然。有以非义于玫伯者，许酬颇厚，玫伯拒之。儒人喜以为宜，其能全玫伯之？不如此。劬瘁罔闻，遘疠致剧频绝，戒左右勿告玫伯，曰："彼方侑食重慈，岂以我故惊使辍湌。"比家人奔视，已不可为，以光绪二十年七月二十二日卒。

呜呼！可谓妇德有终，以礼自娴者矣。嘉缉于光绪二十三年晤伯广州，遂请铭其墓，距孺人之歿十三年矣。夫其拮据生事，克相厥家，身歿周星，能令我特追念不置，则孺人之贤可知。而玫伯悼亡之思，不以寖久而稍弛，将永记于文字，义可尚也，是宜为铭。铭曰：

丈夫居室，内助攸资。酒浆纫汲，靡事不为。荏苒中年，衣食奔驰。尊慈奉养，娇稚提携。匪妇持门，孰恤其私。矧伊良匹，盛龄忽摧。室毁巢倾，痛悼曷追。荦荦王君，儒林颂魁。择耦荥阳，通诚托媒。人谓王君，地无立锥。女曰何伤，是家可归。士岂常贫，贫固士宜。感此缔婚，吉协有妫。媞媞孺人，作嫔三槐。娟心姣质，姝态妍姿。饬厉内严，柔顺外施。上媚重闱，下嫱嫛婗。劳先家众，息后等夷。君姑逸乐，亲属娱嬉。孝伴姜妇，贤况莱妻。积劬成痗，灵药难医。夺我婉娈，遘兹惨凄。长幼号咷，婢愠涕洟。呜琴辍御，梦曰空炊。沉沉遗挂，悄悄虚帷。荀令神伤，元相怀悲。夏日冬夜，独处单楼。音容虽邈，寤寝增哀。百年长毕，同穴为期。永播芳徽，视此铭辞。

注：①潘氏（1861—1894），王舟瑶妻，生平不详。志石高 37 厘米，宽 96 厘米。文 43 行，行 15 字。出土情况不详，在黄岩方山下王氏宗祠右壁。

民国

王舟瑶[1]墓志铭

（上缺）危及君亲不能死为恨，君则谓，大义既振，后必有纳兹轨者，宜勉后图，殉身无益。

壬戌，皇帝大婚，君大喜，与其县杨给谏晨，江大令若干等贡贺表方物，蒙赏“福寿”字，赋诗纪恩焉。

甲子九月，国民军入宫，皇帝出奔。时君已久病，闻变益加剧，谓其子曰：“自问读书知大义，今乃躬睹危难而莫能效微力，尚复何言！”因驰书于余，绝愤痛。而君竟卒，呜呼！伤已。

余交君始光绪丙戌。其时士习制艺，能说经治考据、词章兼习时务者，号为通才名士。而君与其县黄珏成明经方庆，治礼经，会汉宋诸说，持其平以冀达于治体，不屑于浮誉。盖君居九峰久，有王子庄先生棻，王子裳太守霓，张子远大令浚、喻志韶编修长霖，暨珏成诸君为之师友，其学大进。以宋五子为体，通鉴、九通为用，终身莫或谕也。然其后子庄先生以老寿终，珏成亦早卒。子裳、子远奔走四方，又皆相继下世。惟志韶与君存耳。然君服官至监司，而专务学堂，而章督课。其平昔所讲求，由身而家国，洲之以礼仪，养之以天和，终之以敬慎。无所事于王霸杂用，义利并行者，乃一不得达，岂不悲哉！君内行完洁，礼亲尤孝，祝殁每临祭必涕泣，恭厥事至老不倦；与诸弟子侄怡怡朝夕，虽极困厄，而夷坦自若，耻求人知；待人则以诚，未尝稍立崖岸，有负之者亦不问也。

君尝闵台学衰息，独治先哲杜清献书，毅然欲有振之。一郡翕然，奉为大师。所著书有：《郑注〈禹贡〉引〈地理志〉释》一卷，《〈周官〉〈孟子〉异议疏证》一卷，《〈戴记〉〈吕览〉〈月令〉异文释》一卷，《〈穀梁〉逸疏考证》一卷，《读经札记》四卷，《读〈说文〉札记》四卷，《经师家法述》一卷，《群经大义述》二卷，《中国学述史》二卷，光绪《台州府志稿》一百三十卷，《默庵居士自定年谱》一卷，《劝学浅语》一卷，《默庵日记钞》十卷，《默庵文集》十卷、《续集》三卷，《默庵诗集》六卷，《西桥王氏家谱》十二卷，《家集》十卷，《台州文征》一百八十卷，《台诗四录》二十九卷，《台诗外录》三十八卷，藏于家。

君初娶潘夫人，继娶周夫人，皆有贤行。子一人，敬礼，举人，内阁中书，英国伯明罕大学商学士，能养志，不求仕进。女四人：长殇；次适同县周卓立；次适泗阳张星烺；次适临海董瀚。孙五人。

铭曰：本朝追学逊宋明，巨儒大臣久无声。君起孤寒抉道精，抗节南湖乡先生。乃遭地坼与天倾，赤心松柏岁寒贞。五子十通治行成，著书满家道终盲。道服消摇元鹤迎，亦儒亦仙朝玉京。深宁梅磵与同盟，万代千秋诒修名。

注：①王舟瑶(1858—1925)，字星垣，一字玫伯，号默庵、潜园、墙东居士。黄岩人。近代著名学者、教育家。初以优行选为贡生，后中举。曾先后在黄岩九峰书院、清献书院，临海东湖书院，路桥文达书院讲学。与光绪二十一年榜眼喻长霖创办黄岩公学，并同修《台州府志》。先后受上海南洋公学、京师大学堂、两广学务处等聘，宣统年间，礼部聘为顾问官。志石在黄岩方山下原王氏宗祠左壁，与《潘孺人墓铭并序》相对。石高39厘米，宽98厘米。文47行，行17字。略有缺字。此据金渭迪《黄岩金石志》录文。

刘春煦[1]墓志铭

黄岩刘府君墓志铭（盖）

刘恩度先生墓志铭（题）

湖北杨桜一篆盖。

晚学朱文劭敬撰。

湘乡张通谟书丹。

余未冠喜习骈体文及词赋，请业于毛师镜诠，毛师素谦抑屡，以余所呈稿烦刘先生恩度削正之，是恩度先生实余文字师也。今年，先生子祖舜将葬先生于松岩之山，嘱余为志幽之文，不敢以拙辞也。

先生讳春煦，字恩度，又字蔼然。祖金炎，考祝三，世居黄岩西乡之余家屿村，耕读相承，隐德勿曜。祖妣邵，妣牟，以贤淑称。先生姿粟颖异，甫七龄，父延师教之读，过目成诵，十六就外传。举业之外，兼习诗古文辞，下笔惊人，见者目为伟器。又游于艺，凡金石篆刻书画靡或不精。年十九，受祁学使世长知，补邑庠生。庚寅岁试，又受藩学使衍桐知，列一等，补增生。三入乡闱，荐而不售者二，应友人招赴闽游幕，旋援例以县丞留闽。大吏试所属裒先生第一者三，周布政使莲重之，聘为西席，复委办兴化府涵江厘局。时清廷预备立宪，各省设法政学堂以课官吏及士子，先生及兼习法律，以毕业成绩最受鹿按察使学良知，委为本署文案，又为福州地方审判厅书记官长，及看守所所长等职。光复后，闽军署委先生为三府清乡委员，除暴安良，竭尽心力，以修墓假归，又应童师长保喧聘，主第一师文牍，宾主相得，留杭数载。遂以民国七年十月廿八日酉时疾终杭寓，年五十有五。

先生赋性孝友，年二十一娶郑氏，能代子职得翁姑欢，乃自出谋馆谷博甘每以怡堂上，不意越年母亡，越三年又遭父亡，哀毁骨立，见者悯之。弟邑庠生，春熙，字仲台，少先生八岁，共起居，亲授读，游闽后一应家事悉委之，不复问出，内友于之爱老而弥笃。洎先生寓杭，弟亦供职德清诸县，遇闲省兄辄治馔设酒，合家围饮尽欢，诏其子□林醉天伦之乐，陶然终身不谈分爨事。有以询者，曰："吾家自岙岸迁余屿七世矣，仅吾手足两人，其忍言分爨耶。"先生操履廉洁，一分不苟取，在外三十年，或居权要之幕，或任繁剧之司，俸给外，无丝毫入清季厘金，仕途羡为肥差，而先生之去，涵江依然，一昑书画而已。殁之日，卷轴外别无长物。于文靡不工而无宗派门户之见，有得于心辄随意为之，画仿石谷别具潇洒，出尘之致顾，不恒作，得者珍焉。先生虽绩学□品，绝不以崖岸自高，遇人和易无忤。有所委，必勤起职而尽其心，不复计崇，卑较肥瘠。不治家人生产，乐天安命，淡泊以终。其无入而不自得，有柳下之风，故书画中常自署和伯，和道人，亦所以明志也。遗稿有诗三卷，《杂俎》二卷。

配郑氏，同邑清附生云香公女。生子二：长祖诰，未婚殇；次祖舜，毕业陆军大学，供职中枢。女二，长采苹，适同邑茅畲村牟思补；次贞娥，适羽村王彝来。孙：谱强、谱椿、谱岱，俱幼。祖舜以民国二十二年葬先生于松岩石柜岙之阳，而以母氏生圹祔焉。呜呼！世衰道微，士君子流风阒宗，吾于先生犹及见斯文之未坠，岂第师承之感已耶。谨为铭曰：

丰其学，洁其履，孝而且友。乐伦纪，和而不同；曰正士，亮节清风。畴弗跂沾，丐后人知靡己策勋，于时喜有子，魂魄千载式凭，此勒铭幽宫，迓蕃祉。

中华民国二十二年癸酉九月吉旦。

古吴黄慰萱刻。

注：①刘春煦（1864—1918），字恩度，又字蔼然。黄岩人。工于诗书及绘画，作品曾在日本大正博物馆展出。著有《适庐诗集》。次子刘祖舜为辛亥革命志士，后为国民党高级将领，曾参加抗日战争。志石在黄岩松岩山石柜岙刘恩度墓前，石高 89 厘米，宽 69 厘米。文 24 行，行 42 字。旧志于二十世纪六七十年代被毁，1989 年重立。金渭迪《黄岩金石志》据毁前拓片录文，今转录，异体字较多，恐微处有误。

后　记

台州，这座屹立于东海之滨的古城，自古以来便是文人墨客、仕宦名流的汇聚之地。从骆宾王贬谪的沉思，到郑广文留教的坚定；从李白求仙的飘逸，到张伯端悟道的传奇；从谢道清亡国的无奈，到方孝孺殉节的悲壮……这些历史人物的生命轨迹在台州这片土地上交织、碰撞，最终化作了三台星下的一抔黄土，掩埋了历史的尘埃。

怀揣着让这些往事重见天日的愿望，我萌发了要编纂一本台州历代墓志合集的想法。编纂的过程并不轻松，需要查阅大量的资料，进行反复的核对和考证。远如《赤城集》《台州金石录》，近则《台州墓志集录（内部资料）》《临海墓志集录》等，它们像历史的信使，把过去的故事一一传递到我手中。当那些被尘封的历史被重新挖掘出来，所有的努力就都值得了。每一段文字，每一块石碑，都让我更加深刻地感受到台州这片土地的厚重与深邃，也更加坚定了要将这份宝贵遗产呈现给世人的决心。

本书得以问梓，首先要感谢恩师马曙明先生给予了无私的指导和帮助，在我遇到难题时，先生总能以他深厚的学识和敏锐的洞察力为我指点迷津。同时，我也要向陈引奭、彭连生、张峋、金渭迪、杨世学等诸位先生表达诚挚谢意，他们的慷慨相助与无私分享，为本书的编纂提供了坚实的支撑和宝贵的资源。此外，我还要感谢本书编辑侯辉先生。侯辉先生是我古琴门的师兄，也是出版界的资深编辑，他深厚的古文功底与卓越的编辑能力，使得本书更具文化韵味和艺术美感。还有许多为本书的编纂及出版提供帮助的人，未能一一罗列，在此深谢。

如今，《锲镂集》终于面世，它或许仍有瑕疵，但它承载的是我对台州历史的热爱与尊重，对文化传承的执着与追求。“千年万岁，椒花颂声”，我衷心希望，这本书能够成为一扇窗，让更多的人透过它看到台州的历史风貌与文化底蕴；成为一座桥，连接起古今中外的读者，共同感受那些被岁月尘封却又历久弥新的故事与情感。

何薇薇

图书在版编目（CIP）数据

锲镂集 : 台州历代墓志选录 / 何薇薇著. -- 杭州 : 西泠印社出版社, 2025.4
ISBN 978-7-5508-4033-1

Ⅰ. ①锲… Ⅱ. ①何… Ⅲ. ①墓志－汇编－台州－古代 Ⅳ. ①K877.45

中国国家版本馆CIP数据核字(2023)第013473号

锲镂集：台州历代墓志选录

何薇薇　著

责任编辑　侯　辉
责任出版　杨飞凤
责任校对　徐　岫
装帧设计　刘远山
出版发行　西泠印社出版社
（杭州市西湖文化广场32号5楼　邮政编码　310014）
经　　销　全国新华书店
制　　版　杭州如一图文制作有限公司
印　　刷　浙江海虹彩色印务有限公司
开　　本　889mm × 1194mm　1/16
印　　张　27.75
印　　数　0001—1000
书　　号　ISBN 978-7-5508-4033-1
版　　次　2025年4月第1版　第1次印刷
定　　价　180.00元

西泠印社出版社发行部联系方式：（0571）87243079